DICTIONNAIRE

PORTATIF

DE CUISINE,

D'OFFICE,

ET DE DISTILLATION.

DICTIONNAIRE
PORTATIF
DE CUISINE,
D'OFFICE,
ET DE DISTILLATION;

CONTENANT *la maniere de préparer toutes fortes de viandes, de volailles, de gibier, de poiffons, de légumes, de fruits, &c.*

La façon de faire toutes fortes de gelées, de pâtes, de paftilles, de gâteaux, de tourtes, de pâtés, vermichel, macaronis, &c.

Et de compofer toutes fortes de liqueurs, de ratafias, de fyrops, de glaces, d'effences, &c.

OUVRAGE également utile aux Chefs d'Office & de Cuifine les plus habiles, & aux Cuifiniers qui ne font employés que pour des Tables bourgeoifes.

ON Y A JOINT *des Obfervations médecinales qui font connoître la propriété de chaque Aliment, relativement à la Santé, & qui indiquent les mets les plus convenables à chaque tempérament.*

PREMIERE PARTIE.

A PARIS,

Chez VINCENT, Libraire, rue S. Severin.

M. DCC. LXVII.

AVEC APPROBATION, ET PRIVILEGE DU ROI.

AVIS INDISPENSABLE,

POUR SERVIR DE PRÉFACE.

IL existe plusieurs Traités de cuisine, tant ancienne que moderne ; il y en a pour les gens de bonne chere ; il y en a pour la santé. Les uns entraînent à de grandes dépenses, exigent un attirail immense : les autres n'ont pour objet que la santé. C'est pour suppléer au défaut des derniers, pour simplifier les autres, pour donner quelque chose à tous les goûts que cet ouvrage a été composé.

Je suis de l'art ; j'ai le droit acquis d'en parler, & je sçais, par ma propre expérience, que quelque habile que soit un officier de bouche, il est quelquefois embarrassé de trouver ce qu'il lui faut. Si un ouvrage, qui, au moyen du nom seul d'un aliment, présente les divers apprêts dont il peut être susceptible, ne peut qu'être d'une très-grande utilité à l'homme même le plus consommé dans son art ; parce que la mémoire peut n'être pas toujours assez vive, pour se rappeller nettement des procédés, qui exigent cependant d'être vus dans le détail le plus circonstancié : combien ne le sera-t-il pas davantage à ceux qui n'en ont pas la moindre notion ?

On s'est attaché, soit pour la cuisine, soit

pour l'office , à donner les procédés le plus généralement reçus , & à les préfenter de la maniere la plus claire. Si cet ouvrage reffemble en cela à beaucoup de ceux qu'on a acuellement , il aura le mérite particulier de ne donner aucune forte de travail pour la recherche des procédés.

Par exemple au mot *Bœuf* , on trouvera la définition de cet animal , l'ufage dont il eft en cuifine ; & aux différentes parties de cet animal , les préparations diverfes dont elles peuvent être fufceptibles.

Une longue expérience foutenue par des fuccès conftants , m'a appris que la cuifine n'eft que l'affaire du raifonnement & du goût; mais il faut mettre un éleve fur la voie des procédés par la pratique , avant de lui faire raifonner fon art; & c'eft l'objet qu'on s'eft fpécialement propofé en donnant cet ouvrage.

La marche en eft fimple ; c'eft celle de tout dictionnaire , dont l'ordre alphabétique fait toute la méthode. Quant aux différentes manieres d'apprêter les fubftances comeftibles , on a cherché à joindre la clarté à la briéveté autant qu'il a été poffible , & à fimplifier les procédés les plus compliqués , fans en altérer la fubftance.

On auroit voulu pouvoir donner les dofes précifes des divers ingrédients qu'on emploie dans l'affaifonnement ; mais comme les goûts font infiniment variés , il n'a pas été poffible de les fixer définitivement , non

plus que le dégré précis de cuiſſon des choſes qu'on met à la broche ; les uns aimant
es viandes plus cuites : les autres moins.

On s'eſt donc contenté de ſuivre du plus
près qu'on a pu , ce qu'on ſçait être du goût
e plus général ; & ſi , dans quelques cas ,
on ſemble fixer la quantité de chaque choſe
qui entre dans la compoſition d'un ragoût ,
on l'a fait pour donner une meſure d'après
laquelle on puiſſe ſtatuer ſur le plus ou le
moins , ſelon la connoiſſance qu'on aura du
goût de ceux pour leſquels on travaille.

Un palais délicat eſt la régle la plus ſûre
en fait d'aſſaiſonnement ; & ſoit qu'on veuille
s'inſtruire à fond de l'art, ſoit qu'on ne veuille
s'en ſervir que dans les occaſions , il faut tenir
pour principe, qu'à moins d'avoir une expé-
ience raiſonnée , il faut tâter , dans le commencement, & pécher plutôt par excès que par
défaut. Nous invitons donc ceux qui feront
uſage de ce livre , de ménager l'aſſaiſonnement, juſqu'à ce que la pratique leur ait donné
ce point précis qu'elle ſeule peut procurer.

Dans le nombre des préparations que cet
ouvrage renferme , on s'eſt attaché particu-
liérement à celles qui peuvent le plus flatter
le goût , ſans nuire à la ſanté ; mais comme
l'intempérance & le régime ſe choquent ſans
ceſſe , à la fin de chaque article on a expliqué la nature de l'aliment , & ce que ſes différentes préparations peuvent ajoûter à ſes
bonnes qualités naturelles , ou diminuer des

mauvaises : ainsi ceux qui pourroient blâmer nos procédés, sont à même de juger jusqu'à quel point ils peuvent se permettre l'usage des choses dont on parle.

On a cherché à ménager, dans ce Traité, le double intérêt de ceux qui veulent une cuisine saine & peu dispendieuse, & on a donné pour les gens délicats & de bonne chere, des procédés plus recherchés, une cuisine plus fine; mais pour les uns & pour les autres, on a eu soin de rendre les procédés si clairs, que les personnes les moins au fait pussent opérer d'elles-mêmes, & sans autre secours que celui du livre qu'elles auront sous les yeux.

Plusieurs articles de ce Dictionnaire renvoient au *Dictionnaire domestique*, soit pour élever, engraisser des volailles ou des bestiaux, soit pour la maniere de faire usage, en cuisine, des uns & des autres ; parce que l'on a voulu que cet Ouvrage fût peu volumineux, & réunît en soi la substance de tout ce qu'on a fait de mieux jusqu'ici en fait de cuisine. Ceux qui voudront plus de détails, & des idées plus étendues d'une infinité d'objets fort intéressans, sur tout pour l'œconomie rurale, trouveront abondamment dans ces deux ouvrages de quoi se satisfaire.

Enfin les gens œconomes verront qu'on peut faire, à peu de frais, de très-bonnes choses ; au lieu que souvent on les gâte, faute d'en sçavoir tirer parti, ou qu'on consomme infiniment plus qu'il ne faudroit pour bien faire.

DICTION-

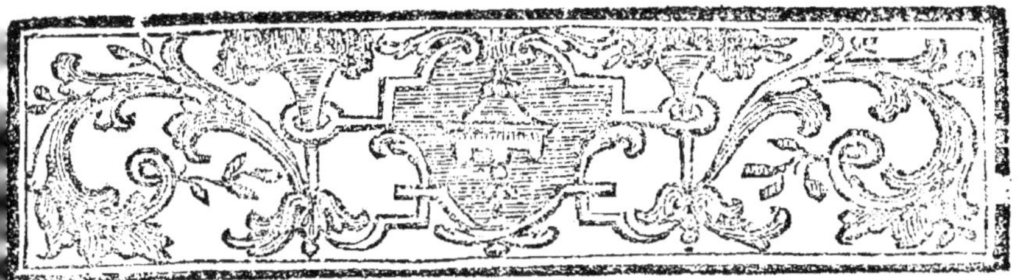

DICTIONNAIRE DE CUISINE ET D'OFFICE.

A B A

A BAISSE : c'eſt la pâte qui fait le deſſous & le deſſus d'une piece de four. Il en eſt de trois ſortes ; de pâte *bize*, *fine*, & *feuilletée*. La premiere s'emploie pour les pâtés de jambon, de groſſe venaiſon, ſangliers, lievres, & pâtés de canards. Elle ſe fait avec la farine de ſeigle pétrie ferme avec un peu d'eau chaude, un peu de beurre & du ſel menu. La proportion du beurre n'eſt que d'une demi-livre pour un boiſſeau. La ſeconde ſe fait avec la plus pure farine de froment, du beurre à diſcrétion, & du ſel dans la proportion de la farine pétrie à l'eau chaude ; ſouple, ſelon l'uſage auquel on la deſtine. La troiſieme ſe fait comme la ſeconde, ſi ce n'eſt qu'on peut y ajouter des jaunes d'œufs ; qu'il faut la pétrir à l'eau froide, & qu'on doit mettre le beurre ſur la pâte étendue, après qu'elle a été rendue maniable, & la replier juſqu'à cinq à ſix fois, en la remaniant avec le rouleau.

A

ABATIS : ce font les extrémités des volailles , comme têtes, cous, pieds, foies, géfiers. On en fait des tourtes, des fricaffées, des potages.

Pour le potage, on les fait cuire dans un bon bouillon, après les avoir échaudés. Quand ils font cuits, on les paffe à la poële avec du lard, perfil & poivre blanc. Blanchis enfuite avec des jaunes d'œufs, filet de verjus & un citron, on les dreffe fur le potage.

On les accommode de même pour les fervir en fricaffée. On donnera la maniere de les employer dans les tourtes, au mot *Tourtes*.

OBSERVATION MÉDECINALE.

La plus grande partie de ce qu'on trouve à manger à la tête, aux aîlerons & aux pattes des volailles, eft une peau affez épaiffe & dure, d'une fubftance gluante ou vifqueufe, & de difficile digeftion pour les eftomacs foibles. Le peu de chair que couvre cette peau participe d'autant plus à la nature de celle-ci, que la volaille eft petite & âgée ; fi elle eft jeune, ce n'eft qu'un mucilage épaiffi. Le foie peut nuire, s'il eft très-gras : celui qui eft fec, n'a pas de goût. Le géfier eft une fubftance ferme qui ne fe digere pas. En général, toutes ces parties font peu nourriffantes. Les convalefcents, les perfonnes délicates ou qui ont l'eftomac dérangé accidentellement *, feront bien de ne pas manger ces abatis & de leur préférer la chair des aîles & de l'eftomac.

ABRICOT : il y en a de quatre fortes ; favoir le précoce, qui commence à être mûr fur la fin

---

* C'eft pour l'ufage de ces perfonnes que l'on a mis des Obfervations médecinales : car, en général, tout ce qui fe fert fur nos tables, peut fervir à la nourriture des gens fains & robuftes, qui ont l'eftomac bon, pourvu qu'ils ne mangent qu'avec modération, & des chofes pour lefquelles ils n'ayent pas d'antipathie, ce que l'expérience feule peut apprendre à chacun.

de Juin ; l'abricot mufqué, ou vrai abricot - pêche,
qui vient à-peu-près dans le même temps ; l'abricot
ordinaire, qui eft dans fa maturité à la mi-Juillet ;
l'abricot de Nancy, que quelques-uns nomment mal-
à-propos *abricot-pêche* : c'eft le plus gros & le plus
tardif de tous les abricots. On ne parle pas de l'abricot
alberge, ou qui ne quitte pas le noyau ; cette efpece ne
fe cultive pas ici, parce qu'elle n'y eft pas bonne.
Dans la Touraine & l'Auvergne, où il eft excellent, on l'emploie aux mêmes ufages que les précédents : leur maturité fe connoît en ce qu'ils ont
un beau coloris d'un côté, & la chair jaunâtre. Il
faut les choifir gros & charnus ; que la chair fe fépare
aifément du noyau. Ceux qui viennent en plein
vent, ont plus de goût & de fuc, que ceux qui croiffent en efpalier ; mais ils ne font pas ordinairement
fi gros. On n'attend pas toujours que les abricots
foient mûrs pour les fe..ir fur les tables ; il y a
plufieurs manieres de les employer, quand ils font
verds : c'eft par eux que nous finirons cet article.

Abricots à la Bourgeoife. (*Marmelade d'*) Prenez
des abricots qui ne foient pas trop mûrs ; s'ils font
en plein vent, vous en ôterez la peau ; s'ils font
en efpalier, vous la laifferez ; vous les coupez
le plus mince que vous pouvez, après en avoir
ôté le noyau ; vous prendrez le fucre que vous
voulez mettre, livre pour livre, ou trois quarterons pour une livre de fruit, que vous pilerez, & jetterez fur les abricots, à mefure que vous les pelerez ;
vous mettrez le tout dans une poële ou chaudron,
pourvu qu'il foit bien net ; cette marmelade fe fait
fur le feu ou fur le fourneau, pourvu que votre
feu foit bien clair ; remuez - la bien avec une écumoire, de crainte qu'elle ne s'attache au fond ; vous
aurez foin, quand elle commencera à fe lier, de
l'ôter de deffus le feu, pour en écrafer tous ceux
qui ne font pas fondus, avec une fpatule fur une
écumoire ; vous la remettrez fur le feu, pour lui
faire faire quelques bouillons ; vous y tremperez
votre doigt légérement ; vous l'appuyerez contre

le pouce ; s'ils se collent ensemble , mais sans grande résistance , votre marmelade est faite ; elle sera belle & simple.

Abricots à la Portugaise. (*Compôte d'*) Prenez une douzaine d'abricots jaunes , fendez-les en deux & ôtez-en le noyau ; rangez-les sur une assiette d'argent , & mettez-y du syrop ou du sucre avec de l'eau : posez-les sur un fourneau , & ne les couvrez point, quand ils sont cuits, vous ôtez le feu de dessous ; vous les poudrez de sucre en poudre , & mettez dessus le couvercle d'une tourtiere ou un plat d'argent, avec un bon feu dessus, pour leur donner une belle couleur.

Abricots à l'eau-de-vie. Prenez des abricots qui soient mûrs ; essuyez-les légérement avec un linge, pour leur ôter le duvet ; prenez garde de ne les point flétrir en les maniant trop rudement : ensuite pesez votre fruit ; & sur chaque livre de fruit, il faut un quarteron de sucre que vous ferez clarifier & cuire jusqu'au grand perlé ; puis vous mettrez vos abricots dans le syrop ; vous leur ferez prendre trois ou quatre bouillons au plus, en les tournant doucement dans le syrop : ensuite on les ôte du syrop les uns après les autres avec l'écumoire , & on les met sur un plat : si le syrop est un peu trop cuit, il n'importe, on ôte la poële du feu ; on laisse un peu reposer le syrop , & on y jette l'eau-de-vie, trois demi-septiers , mesure de Paris , pour une livre de fruit. Il faut bien remuer avec une cuiller l'eau-de-vie avec le syrop , puis ranger doucement les abricots dans les bouteilles , & mettre le syrop par dessus ; boucher bien les bouteilles avec du liége & un parchemin mouillé par-dessus : ils se gardent deux ans entiers.

Abricots à mi-sucre. Prenez quatre livres de sucre que vous ferez cuire à la plume, ensuite prenez quatre livres d'abricots mûrs que vous pelez ; vous les mettez dans ce sucre , & leur faites prendre un petit bouillon pour leur faire jetter leur eau. Vous les laisserez refroidir ; & étant froids , vous les remettrez fur le feu, & les ferez bouillir jufqu'à ce qu'ils n'écument plus. Otez-les enfuite de deffus le feu, & laiffez-les dans leur fucre jufqu'au lendemain que vous les égoutterez fur une paffoire, & faites cuire le fyrop à perlé : quand il le fera, vous le mettrez dans une terrine, & vous y gliflerez vos abricots. Vous les écumerez, & les mettrez à l'étuve, pour les achever. Le lendemain vous les égouttez, & les dreffez fur des ardoifes ou feuilles de fer blanc ; pour les mettre fécher à l'étuve, poudrés de fucre, finon vous les confervez liquides jufqu'à une autre fois, & vous les tirez enfuite au fec.

Abricots à oreille. Il faut prendre des abricots d'efpalier, fans tache, les plus beaux qu'on peut avoir, qui ne commencent qu'à tourner, les bien parer légerement ; vous les pafferez à l'eau bouillante & vous aurez foin qu'ils ne foient point trop blan-chis ; vous les rafraîchirez en les changeant d'eau ; prenez autant de livres de fucre que vous avez de fruit ; faites-le clarifier, & mettez-en un tiers à part pour le lendemain ; jetrez les deux autres tiers dans la poële avec les abricots que vous aurez fait égoutter auparavant ; faites-leur faire trois ou quatre bouillons couverts ; il faut les laiffer repofer dans le fucre jufqu'au lendemain, que vous égoutterez les abricots fur un égouttoir ; mettez le fyrop fur le feu, en y ajoutant le refte de fucre clarifié, que vous avez mis à part ; faites-le cuire jufqu'au liffé, gliffez-y les abricots pour les finir, en les faifant bouillir, jufqu'à ce qu'ils foient au perlé ; & vous les mettrez enfuite dans les pots pour les garder au liquide, & vous en fervir à mefure que vous en aurez befoin ; lorfque vous voulez vous en fervir, vous les mettez égoutter fur des clayons ; quand ils feront bien égouttés, mettez-les fur un tamis fé-cher à l'étuve.

Abricots au clayon. (*Syrop d'*) Mettez fur une terrine un clayon d'ozier ; vous prenez des abri-cots bien mûrs, la quantité que vous jugez à pro-pos ; il faut les peler, & en ôter les noyaux ;

caſſez les noyaux pour en prendre les amandes que
vous pelez & que vous concaſſez ; peſez ce que vous
employez d'abricots pour mettre une livre & demie
de ſucre pour une livre de fruit ; coupez les abricots
par tranches, & les arrangez ſur le clayon qui eſt
ſur la terrine ; faites un lit de tranches d'abricots
avec des amandes concaſſées des noyaux, & un lit
de ſucre en poudre ; remettez ces tranches d'abricots, & enſuite du ſucre en poudre ; continuez de
cette façon juſqu'à la fin, en finiſſant par le ſucre ;
couvrez avec une ſerviette, & portez votre terrine
à la cave, pour la laiſſer vingt-quatre heures ; après
vous ferez chauffer une chopine d'eau prête à bouillir ; mettez-y ce qui eſt reſté ſur le clayon ; laiſſez-
le dedans un quart-d'heure ſur de la cendre chaude
ſans bouillir ; paſſez-le enſuite dans un tamis ſans
preſſer les abricots ; vous paſſez auſſi au tamis le ſyrop
qui a dégoutté dans la terrine, que vous mêlez avec
l'autre ; faites-les bouillir enſemble juſqu'à ce que
votre ſyrop ait la même conſiſtance que le précédent.

Abricots. (*Canelons d'*) Ayez un quarteron d'a-
bricots bien mûrs que vous écraſerez avec la main
& délayez-les avec une pinte d'eau ; vous les laiſſerez infuſer enſemble pendant deux heures, enſuite
vous les paſſerez dans un tamis en les preſſant fort
pour en exprimer tout le jus ; mettez fondre dans
ce jus une livre de ſucre ; mêlez-le bien enſemble
pour faire prendre à la glace dans une ſalbotiere ;
lorſque votre glace ſera priſe, vous la travaillerez
bien & la mettrez dans des moules à canelons,
que vous remettrez à la glace, après avoir enveloppé
les moules avec du papier ; quand vous voudrez
ſervir, vous aurez de l'eau chaude dans un chaudron ;
trempez-y les moules ſeulement pour les faire quitter, vous les aiderez à ſortir en donnant un coup
par le bout avec le plat de la main, en les préſentant ſur une aſſiette.

Abricots. (*Conſerve d'*) Vous prendrez des abricots blancs à demi-mûrs ; vous les pelerez & les
couperez par petites tranches ; faites-les deſſéche

sur un petit feu : vous en peserez quatre onces, & vous ferez cuire une livre de sucre à la plume un peu forte ; vous le laisserez un peu refroidir, & vous y mettrez votre fruit, que vous remuerez avec une cuiller ; délayez bien votre conserve, & dressez-la en petites pâtes.

Abricots demi-mûrs. (*Pâte d'*) Vous prendrez quatre livres d'abricots blancs qui soient à demi-mûrs ; il faut les peler & les passer à l'eau quatre ou cinq bouillons ; après, les passer au tamis, les dessé-cher, & les repasser encore une fois : sur trois livres de pâte, vous mettrez trois livres de sucre cuit à la forte plume, & vous jettez la pâte dedans, que vous remuerez bien avec une spatule ; après, vous la remettrez dessus le feu pour y prendre cinq ou six bouillons : il faut la redresser & la mettre à l'étuve.

Abricots. (*Eau d'*) L'eau d'abricots est fort esti-mée ; & la façon de la faire est fort simple & très-facile. C'est une espece de ratafia : le fruit ne passe point à l'alambic ; on se sert de l'eau-de-vie tout simplement ; on pourroit bien se servir de l'esprit-de-vin ; mais cela n'est pas absolument nécessaire, il est même inutile, à moins que ce travail ne soit commandé. L'eau d'abricot se fait avec le syrop d'abricot confit, lorsque l'on tire des abricots con-fits de leur syrop, pour les faire sécher, on a soin de prendre tout de suite le syrop, sans mélange d'autres : vous en mettez une partie dans de l'eau fraîche, ou la quantité que vous jugez à propos, selon la force que vous voulez donner à votre liqueur : quand ce syrop est bien mêlé avec l'eau, vous y mettrez de l'eau-de-vie ; afin que cette liqueur soit plus agréable, & pour relever le goût de l'abricot, qui est assez fade par lui-même, vous pilerez quelques amandes d'abricots ou de pêches ; & au défaut de celle-là, vous pourrez employer des amandes ameres : il faut les piler à sec, sans y mettre d'eau ; & quand elles seront pilées, vous les mettez dans la liqueur. Il faut observer qu'il ne faut pas mettre vos amandes pilées dans le syrop d'abricot, avant que votre eau-de-vie y foit; car la liqueur pourroit fe blanchir, & auroit de la peine à fe clarifier: il ne faut donc les y mettre, que lorfque vous y aurez mis votre eau-de-vie: il faut auffi le colorer avec un peu de caramel, mais beaucoup moins que l'eau d'or. Vous pourrez, fi vous voulez, ne la colorer que quand elle fera claire. Quand votre eau-de-vie & vos amandes feront dans le fyrop, vous la pafferez à la chauffe; & lorfqu'elle fera claire fine, vous la mettrez dans une grande bouteille, pour donner au dépôt le temps de fe faire, s'il s'en fait; mais cette liqueur dépofe ordinairement; & quand vous l'aurez laiffée repofer quelque temps, fi elle a dépofé, vous la foutirerez, & remettrez votre liqueur ainfi clarifiée dans d'autres bouteilles. L'eau de noyau peut fe faire avec l'amande de pê.he, ou d'abricot, celle de cerife, ou de prune; mais ce qu'il y a d'incommode, c'eft que ces noyaux n'ayant pas une grande amertume, on eft obligé de les faire infufer: d'ailleurs, ou ils font trop fecs, ou ils ne le font pas. S'ils le font trop, ils fe fondent en huile; s'ils ne le font pas affez, ils ont trop de lait, blanchiffent la liqueur, l'empêchent de fe clarifier comme il faut, & lui donnent un goût fade & infipide. Si vous les faites fécher, comme ils n'étoient pas mûrs, ils fe gâtent, & en les pilant, ils gâtent les autres, & la liqueur par conféquent. Le plus fûr & le meilleur eft d'employer des amandes ameres que vous choifirez de l'année, fraîchement caffées: vous ôterez celles qui pourroient être gâtées; car une amande gâtée donne à la liqueur un goût affreux. Les amandes vieilles la font fentir & lui donnent le goût d'huile: vous choifirez donc les plus fraîches & les meilleures. Vos amandes étant ainfi choifies, vous les pilerez à fec, parce que fi vous y mettiez de l'eau, elles tourneroient en lait, & votre liqueur ne pourroit jamais fe clarifier. Quand vos amandes feront pilées, vous ferez fondre du fucre dans de l'eau fraîche; & quand il fera fondu, vous mettrez dans ce fyrop l'eau-de-vie, que vous remuerez bien, pour que l'un & l'autre se pénétrent bien : ensuite vous mettrez dans ce mélange vos amandes pilées, pour passer ensuite le tout à une grande chausse. Observez qu'il faut toujours mettre l'eau-de-vie dans ce syrop, avant que d'y mettre les amandes, parce que si vous mettiez les amandes dans le syrop, avant que l'eau-de-vie y eût été mise, infailliblement elles feroient le lait ; ce qui empêcheroit entiérement la clarification de votre liqueur : une partie de ces amandes ayant la disposition, par le pilon, de se tourner en huile, & l'autre n'étant pas si échauffée conservant son lait, on donneroit tout d'un coup à l'eau de noyau toutes les mauvaises qualités de nébuleuse & d'huileuse, contre lesquelles nous nous efforçons de prévenir nos lecteurs. Enfin, quand votre liqueur sera faite, ainsi que nous venons de le dire, vous la ferez passer à une grande chausse : & quand elle sera claire, votre eau de noyau sera faite. Cette liqueur n'a d'abord pas besoin de la distillation ; & si on se sert des amandes ameres d'amandier, elle n'a pas besoin non plus d'infusion ; elle prend autant de goût de fruit, qu'il lui en faut, en passant à la chausse sur les amandes pilées. Je suppose qu'on veuille faire d'une livre de syrop, deux pintes d'eau d'abricot. Vous mettrez cette livre de syrop dans une pinte, dont vous remplirez le reste d'eau. Vous y ajouterez encore un poisson d'eau, avec lequel vous rinserez la pinte ; & après, vous mesurerez une pinte d'eau-de-vie, que vous mettrez dans le syrop, avec huit amandes ou noyaux pilés : & lorsque vous aurez bien mêlé le tout, vous pourrez le colorer ou attendre que votre liqueur ait déposé ; & quand vous l'aurez soutirée, vous la colorerez, & pourrez encore la passer à la chausse, si elle n'étoit pas assez claire.

Abricots en dragées. Mettez dans un mortier de la gomme adragante détrempée ; ajoûtez-y de la marmelade d'abricots, & vous y mettrez de temps en temps, du sucre en poudre ; faites-en

une pâte & maniez-la fur une table; étendez-
la avec un rouleau, la plus mince qu'il vous
fera poffible, ayant foin de poudrer du fucre deffus & deffous, de peur qu'elle ne tienne à la
table; coupez-la avec un moule de fer-blanc fait
exprès, foit en cœur, treffle, étoile, rond ou autrement, & la faites fécher à l'étuve; menez-la fur le
tonneau, & l'achevez de même que les autres dragées.

Abricots en furtout. Il faut prendre des abricots
confits au liquide, de ceux qui font entiers, que
vous mettez égoutter de leur fyrop; vous prenez
un abricot entier, que vous fendez par le côté, pour
qu'il s'ouvre par la moitié, fans fe détacher tout-à-fait,
& l'appliquez fur un autre entier; de façon qu'il
l'entoure entiérement, & que les deux paroiffent
n'en faire qu'un; enfuite vous les retrempez légérement dans le fyrop, & le mettez égoutter fur
des feuilles de cuivre; poudrez-les par-tout avec
du fucre fin que vous faites tomber avec le tamis,
& mettez-les à l'étuve pour les faire fécher; lorfqu'ils feront fecs d'un côté, il faut les mettre fur
un tamis du côté fec, & les repoudrer de l'autre;
remettez-les à l'étuve, pour achever de les faire
fécher; vous les conferverez dans une boëte garnie
de papier blanc, dans un endroit fec.

Abricots. (*Glace d'*) Prenez une douzaine d'a-
bricots bien mûrs, que vous écrafez avec la main,
& que vous jetterez dans une chopine d'eau; il faut les
laiffer infufer pendant une heure ou deux; vous les
pafferez au travers d'un tamis en les preffant fans remuer, pour en exprimer tout le jus; vous y mettrez
enfuite une demi-livre de fucre; lorfqu'il fera fondu,
vous mettrez votre eau dans une falbotiere, pour faire
prendre à la glace, comme il eft dit à l'article des *Glaces.*

Abricots glacés en fruits. Prenez la quantité d'abricots que vous jugerez à propos, fuivant ce que
vous en voulez faire; qu'ils ne foient pas trop
mûrs; ôtez-en la peau & les noyaux; coupez les
par morceaux, pour les mettre dans une poële avec
une livre de fucre fin pour une livre de fruit; faites-

les cuire à grand feu , en les remuant toujours avec
la ſpatule , juſqu'à ce qu'ils ſoient en marmelade ;
lorſque votre marmelade commence à ſe lier , vous
l'ôtez du feu pour écraſer ceux qui ne ſont pas fondus ; remettez-la ſur le feu pour lui donner quelques bouillons ; elle ſera faite , quand vous aurez
trempé un doigt dedans & qu'appuyant le pouce
contre ils ſe collent enſemble : lorſque votre marmelade ſera froide , vous la mettrez dans une ſalbotiere pour la faire prendre à la glace ; quand elle
ſera priſe , vous la travaillerez bien & vous la mettrez
dans des moules pour lui faire prendre la figure
des fruits naturels ; enveloppez tous les moules
avec du papier , & mettez-les à la glace pilée en
neige mêlée avec du ſel ou du ſalpêtre ; vous aurez
ſoin que le vaiſſeau où vous les mettrez, ſoit percé
& qu'il ne retienne pas l'eau : avant que de les
ſervir , vous leur donnerez la couleur d'abricots que
vous mettrez deſſus avec un petit pinceau , un peu
de gomme-gutte , où vous ajoûterez un peu de
cochenille ou du carmin , comme pour faire une
couleur d'abricots en plein vent.

Abricots jaunes. (*Compôte d'*) Dans leur premiere
nouveauté on les laiſſe ſans les peler ; mais dans la
ſuite vous les tournez & ôtez le noyau ; vous les
paſſez à l'eau, ſur le feu, comme ceux qu'on veut
confire : quand ils montent au-deſſus, & qu'ils ſont
mollets , vous les tirez & les faites rafraîchir ; enſuite vous les mettez égoutter , puis au petit ſucre
clarifié , & leur faites prendre trois ou quatre bouillons. Il faut les bien écumer ; & ſi le ſyrop n'eſt point
aſſez cuit, vous lui donnerez à part encore quatre
à cinq bouillons , & le verſerez ſur vos fruits ; &
quand ils ſeront froids, vous les dreſſerez dans un
compôtier pour les ſervir : s'ils n'avoient pas pris
aſſez de ſucre, vous pourriez leur donner encore
quelques bouillons , & de même au ſyrop, ſup-
poſé qu'il y en eût trop ; & vous le conſerverez enſuite ſur votre fruit.

Abricots jaunes confits au liquide. Prenez des abricots qui approchent de leur maturité; il faut les peler & leur faire une incision par le bout, pour faire sortir le noyau, en le poussant avec la pointe d'un couteau par le côté de la queue; après que vous aurez ôté les noyaux, vous peserez les abricots pour mettre autant pesant de sucre; faites bouillir de l'eau & mettez-y un moment les abricots pour leur faire faire deux bouillons, jusqu'à ce qu'ils commencent à fléchir sous les doigts: vous les retirez doucement dans de l'eau fraîche, & vous les faites égoutter sur un tamis; mettez le sucre que vous avez pesé dans une poêle, pour le clarifier & le faire cuire à la grande plume; ensuite vous y mettrez doucement les abricots pour leur faire prendre deux bouillons, & les retirerez du feu; il faut les laisser douze heures dans leur syrop; pour prendre sucre; après retirez-les pour les mettre égoutter, & remettez le sucre sur le feu, pour lui donner une vingtaine de bouillons; remettez les abricots dans le sucre sans les faire bouillir, jusqu'au lendemain que vous les finirez, en leur donnant six ou sept bouillons; quand ils seront à demi-froids, vous les mettrez dans les pots.

Abricots jaunes confits au sec. Ayez des abricots un peu plus d'à moitié mûrs, que vous pelez proprement, & les jetterez à mesure dans de l'eau fraîche, après que vous aurez ôté les noyaux: il faut les faire confire de la même façon que les précédents; lorsqu'ils seront confits & refroidis dans le sucre, vous les mettrez sur un clayon pour les faire égoutter, & ensuite sur des feuilles de cuivre, pour les poudrer par-tout de sucre fin que vous faites tomber dessus avec un tamis; mettez-les à l'étuve pour les faire sécher; après que le dessus sera sec, vous les mettrez sur un tamis posé sur le côté sec, & repoudrerez l'autre côté de la même façon; remettez à l'étuve jusqu'à ce qu'ils soient bien secs, & également; quand ils seront froids, vous les mettrez dans les boëtes garnies de papier blanc, & des morceaux de papier entre les abricots, &

les tiendrez dans un endroit fec ; il faut les changer
de papier, s'il leur furvenoit de l'humidité. Pour le
mieux, prenez des abricots confits au liquide, que
vous mettez au fec de la même façon à mefure que
vous en avez befoin.

Abricots jaunes. (*Marmelade d'*) Vous prendrez
des abricots bien mûrs ; vous les pelerez & ôterez
les noyaux ; vous les deffécherez fur le feu, &
en peferez quatre livres : enfuite vous ferez cuire
quatre livres de fucre à la perle, & vous y mettrez
votre fruit ; il faut le bien remuer avec une fpatule,
& le faire cuire à grand feu quatorze ou quinze
bouillons ; enfuite après les defcendre de deffus le
feu, les laiffer repofer un quart-d'heure, puis les
mettre dans les pots.

Abricots mûrs confits. Prenez des abricots point
trop mûrs que vous pelez & fendez par la moitié,
ôtez-en le noyau ; pefez ce que vous avez d'abricots, & mettez autant de fucre dans une poêle,
que vous faites cuire à la grande plume ; mettez-y
les abricots, & ne leur faites prendre qu'un bouillon pour jetter leur eau ; ôtez-les du feu ; deux
heures après, vous les remettrez fur le feu pour les
faire bouillir, jufqu'à ce qu'ils n'écument plus ;
retirez-les du feu, pour les laiffer dans leur fyrop
pendant vingt-quatre heures ; enfuite vous les retirerez légérement avec une écumoire pour les faire égour-
ter ; remettez le fyrop fur le feu pour le faire bouillir,
jufqu'à ce qu'il foit cuit au perlé ; mettez les abricots
dans une terrine, & le fyrop pardeffus, pour les laiffer vingt-quatre heures à l'étuve ; après, vous les
mettrez refroidir & drefferez dans les pots.

Abricots mûrs pelés. Il faut prendre des abricots
qui ne foient ni trop mûrs ni trop verds ; fi vous
les voulez faire entiers, il faut, avec un petit couteau, faire une petite taillade à la pointe de l'abricot & pouffer le noyau par la queue ; & quand
vous en aurez quatre livres de préparés, vous aurez de l'eau bouillante fur le feu & vous jetterez
vos abricots dedans ; cela s'appelle *les faire blan-*

chir : prenez garde qu'ils ne fe lâchent dans l'eau. Quand ils font blanchis comme il faut, vous les ôtez bien proprement avec une écumoire, & les mettez dans de l'eau fraîche, enfuite vous les faites égoutter fur un tamis, & vous clarifiez quatre livres de fucre que vous faites cuire à la plume : vous mettez vos abricots dedans tout doucement, l'un après l'autre ; vous les pofez fur le feu & leur donnez deux ou trois bouillons feulement ; vous les retirez de deffus le feu, & les laiffez refroidir ; & par-là ils jettent leur humidité & leur eau, & prennent fucre ; vous égouttez le fucre & le faites rebouillir : quand il aura bouilli fept ou huit bouillons, vous y remettez vos abricots & leur donnez encore cinq ou fix bouillons ; laiffez-les repofer deux ou trois heures, ou, fi vous voulez, jufqu'au lendemain : vous les acheverez & les garderez liquides avec leur fyrop dans des pots ; & fi vous voulez les faire fecs, qui eft ce qu'on appelle *à mi-fucre*, vous les drefferez fur des ardoifes ou feuilles de fer - blanc, après que vous les aurez fait égoutter ; lorfqu'ils feront dreffés, vous fecouerez du fucre en poudre, au travers d'une toile de foie, par-deffus, & les mettrez à l'étuve ; lorfqu'ils feront fecs de ce côté-là, vous les retournerez & les arrangerez fur un tamis ou clayon, & y fecouerez encore du fucre en poudre au travers de votre toile de foie, ou d'étamine ; & lorfqu'ils feront fecs tout-à-fait, d'une bonne maniere, & qu'ils feront froids, vous pouvez les mettre dans des boëtes avec du papier blanc ; & fi, au bout de quelque temps, ils devenoient humides, il ne faut que changer le papier. N'oubliez pas, en pelant ou tournant vos abricots, de les jetter à mefure dans de l'eau fraîche.

Abricots. (*Pâte d'*) Prenez fix livres d'abricots bien mûrs, pelez-les, & les mettez dans un poële bien propre : defféchez - les à petit feu : quand ils feront à moitié defféchés, vous ferez cuire trois livres de fucre à la forte plume ; vous le verferez fur les abricots, & vous remettrez votre poële fur le feu; il faut bien remuer avec une fpatule, jufqu'à ce que vous voyiez qu'elle foit cuite à fa cuiffon.

Abricots. (*Ratafia d'*) Prenez un demi-cent d'abricots bien mûrs, coupez-les par morceaux; caffez les noyaux pour en prendre les amandes que vous pelez & coupez par petits morceaux, mettez les abricots dans une poële avec une pinte de vin blanc, que vous faites bouillir à petit feu jufqu'à ce que les abricots aient rendu tout leur jus; mettez-les égoutter fur un tamis, pour en tirer tout le clair; vous mettrez le jus des abricots dans une cruche avec autant d'eau-de-vie que de jus, & un quarteron de fucre par une pinte de liqueur; ajoûtez-y les noyaux d'abricots avec un peu de cannelle, bouchez bien la cruche, & laiffez infufer ce ratafia pendant quinze jours ou trois femaines; enfuite vous le pafferez à la chauffe, & le mettrez dans des bouteilles bien bouchées.

Abricots. (*Syrop d'*) Mettez dans une poële une trentaine d'abricots bien mûrs avec trois chopines d'eau, faites-les bouillir fur un bon feu jufqu'à ce que les abricots foient en marmelade; vous les mettrez fur un tamis avec une terrine deffous pour en recevoir tout ce qui en paffera; mettez tout ce jus d'abricot dans une chauffe, pour le tirer au clair; il faut pefer ce qui a paffé au travers de la chauffe : fi vous en avez deux livres, vous le mettrez avec une livre de fucre clarifié; vous vous réglerez fur cette dofe, fuivant la quantité que vous en aurez; mettez le fucre avec le jus d'abricots pour les faire bouillir enfemble jufqu'à ce qu'ils foient réduits en fyrop : étant à demi-froids, verfez-le dans les bouteilles pour vous en fervir au befoin. Ce fyrop ne peut fe conferver que peu de temps. Si vous en voulez faire pour l'hyver, vous mettrez deux livres de fucre pour une chopine de jus de fruit, & le finirez de la même façon.

Abricots tapés. Ayez un cent de beaux abricots prefque mûrs, faites-leur une incifion du côté de la queue ; faites fortir le noyau en le pouffant avec la pointe d'un couteau par le côté de la tête ; il faut caffer les noyaux pour en tirer l'amande entiere, que vous pelez proprement & mettez à part ; mettez vos abricots dans une eau bouillante, pour les faire blanchir jufqu'à ce qu'ils fléchiffent fous les doigts, & vous les retirerez à l'eau fraîche ; fur une livre d'abricots, vous ferez cuire une demi-livre de fucre au petit liffé ; mettez-y les abricots, pour leur faire prendre deux bouillons couverts : après les avoir écumés, vous les mettrez dans une terrine jufqu'au lendemain que vous remettrez le fucre dans une poële, pour le faire cuire à la grande plume : mettez-y les abricots avec leurs amandes que vous avez mis à part ; faites leur faire un bouillon dans le fucre, & les ôtez du feu, pour les remettre dans la terrine jufqu'au lendemain que vous les retirerez de leur fyrop avec les amandes, pour les mettre égoutter ; remettez une amande dans chaque abricot, & les pofez à mefure fur le côté, deffus des grilles pour les faire fécher à l'étuve : quand ils feront fecs d'un côté, vous les retournerez de l'autre : ils s'applatiront d'eux-mêmes, fans les taper ; après qu'ils feront également fecs, vous les confervez dans des boëtes garnies de papier blanc dans un endroit fec.

Abricots verds à l'eau-de-vie. Il faut avoir des abricots verds préparés, comme nous le dirons, pour le liquide ; les paffer à l'eau bouillante, pour les faire blanchir & reverdir, enfuite les mettre au fucre clarifié, leur donner fept ou huit bouillons couverts, les écumer & les mettre dans une terrine jufqu'au lendemain : après avoir donné fept ou huit bouillons au fucre, vous les jettez fur votre fruit. Le troifieme jour, vous égouttez le fyrop de votre fruit, & vous lui faites prendre cinq ou fix bouillons ; coulez en même-temps vos abricots dans le fucre, & donnez-leur encore cinq ou fix bouillons couverts ; il faut les ôter de deffus le feu, les écumer, les laiffer refroidir, & les mettre dans des bouteilles moitié fyrop & moitié eau-de-vie par deffus,

& les bien boucher. Ce fruit peut servir en compôte ; & on en peut tirer au sec.

Abricots verds au candi. Prenez des abricots verds confits , & bien séchés à l'étuve ; posez-les sur les grilles qui se mettent dans les moules à candi ; vous prenez du sucre suivant la quantité que vous avez d'abricots ; faites-le cuire au soufflé, & versez-le sur les abricots ; vous les mettrez à l'étuve jusqu'à ce qu'ils soient candis.

Abricots verds au caramel. Prenez des abricots verds confits à l'eau-de-vie , que vous mettez égoutter & sécher à l'étuve ; vous leur mettez à chacun un petit bâton pour pouvoir les tremper dans un sucre cuit au caramel. A mesure que vous les trempez, vous les dressez sur un clayon, c'est-à-dire , vous mettez les petits bâtons dans la maille du clayon , afin que le caramel puisse sécher en l'air ; vous les dresserez sur une assiette de porcelaine garnie d'un rond de papier découpé.

Abricots verds au liquide. Etant bien nettoyés de leur bourre, blanchis & reverdis, vous mettrez du sucre clarifié dans une poële , la quantité qu'il en faut pour le fruit : vos abricots ayant été passés deux fois à l'eau fraîche , & égouttés sur des tamis, vous les coulez dans le sucre & vous leur donnez un petit bouillon ; ensuite vous les ôrez du feu pour les écumer, & vous les mettez dans une terrine ; qu'ils nagent un peu dans le sucre ; il faut observer que ce premier sucre doit être léger en cuisson. Le lendemain , vous les faites égoutter sur une passoire ; vous donnez une douzaine de bouillons au sucre , & vous le versez sur votre fruit. Il faut continuer cette maniere , pendant deux ou trois jours , & l'augmenter de sucre clarifié à mesure que le fruit se nourrit. Pour finir vos abricots , il faut les mettre égoutter, & voir s'il y a assez de sucre : s'il n'y en a point assez , il faut y remettre du sucre cuit au même degré que celui dont vous venez de les retirer : vous remettrez votre sucre sur le feu , & vous ferez cuire jusqu'à la grosse perle ; ensuite vous y coulez votre fruit, & vous lui donnez cinq ou six bouillons couverts : ôtez-les de dessus le feu, écumez-les bien ; & étant à demi-froids, emportez-les. Il faut remarquer que l'on ne fait point grande provision de ce fruit, parce qu'il est sujet à s'engraisser dans les pots.

Abricots verds au sec. Vous faites confire des abricots verds de la même façon que les précédents. Il faut observer que ceux qui sont très-petits, ne peuvent point souffrir la lessive ; vous en ôtez le duvet, en les frottant avec du sel, sans vinaigre ; vous les faites blanchir & les laissez dans la même eau pour les faire reverdir ; après les avoir confits & mis dans les pots, lorsque vous en voulez tirer au sec, vous les mettez égoutter de leur syrop & les roulez dans un sucre fin, pour les mettre dans un tamis sécher à l'étuve.

Abricots verds blanchis ou lessivés. Pour ôter le duvet qui est sur les abricots verds, vous faites une lessive avec de la cendre de bois neuf passée au tamis ; vous en jettez quelque poignées dans une poële avec de l'eau, que vous mettez sur le feu pour la faire bouillir quelque temps jusqu'à ce que la tâtant avec les doigts, vous la trouviez grasse & douce : mettez - y les abricots que vous aurez soin de bien remuer avec l'écumoire, pour que la cendre ne s'amasse point au fond : ensuite vous observerez, quand le duvet de l'abricot s'ôte aisément, de les retirer du feu ; vous les nettoyez un à un, que vous jettez à mesure dans l'eau fraîche ; lorsqu'ils sont tous nettoyés, vous prenez une épingle & les piquez en plusieurs endroits chacun ; vous les mettez dans de l'eau sur le feu, avec une pincée de sel, & le quart d'un verre de vinaigre, pour les faire reverdir ; vous aurez soin de couvrir la poële & de les mettre sur un feu doux, pour qu'ils ne fassent que frémir ; lorsqu'ils sont verds, vous les jettez dans de l'eau tiéde pour en ôter l'âcreté ; après que vous les aurez fait dégorger dedans, vous les mettrez dans de l'eau fraîche pour les y laisser quelques heures, ensuite vous les mettrez au petit sucre, jusqu'au lendemain, que vous les verserez sur un égouttoir : donnez trois ou quatre bouillons au sucre que vous mettrez sur les abricots pour les laisser encore jusqu'au lendemain ; & pour la troisieme fois vous les augmenterez d'un peu de sucre clarifié ; & pour la quatrieme, s'il y a suffisamment de sucre pour les finir, vous donnerez cinq ou six bouillons à votre syrop ; glissez vos abricots pour les faire cuire jusqu'à ce que le syrop soit au perlé. Il faut observer que tous les fruits qui font au liquide, doivent tremper dans le syrop ; lorsqu'ils feront dans les pots, il faut faire un rond de papier pour en couvrir le fruit, & qu'il touche au fruit.

Abricots verds en compôte. Pelez vos abricots, ou mettez-les à la lessive, ou bien passez-les au sel : étant bien lavés & nettoyés de leur bourre, percez-les par le milieu, & jettez-les dans de l'eau fraîche : ensuite faites bouillir de l'eau sur le feu, & jettez-les dedans pour les faire blanchir. Quand ils feront blanchis, ce qui fe connoît en les piquant avec une épingle, & qu'ils ne font point de réfiftance, ou qu'ils s'écrafent aifément fous les doigts, alors vous les tirez du feu, & les couvrez d'un plat & d'une ferviette par-deffus, pour les faire reverdir ; ensuite vous les faites égoutter fur un tamis, & les mettez au petit fucre ; vous leur faites prendre trois ou quatre bouillons, en les laiffant prendre fucre, pendant une heure ou deux ; vous les remettrez fur le feu & leur donnerez cinq ou fix bouillons ; vous les verferez dans une terrine ; & étant froids, vous les fervirez en compôte. Si vous en faites pour plufieurs jours, il faut, le lendemain, donner cinq ou fix bouillons à votre fyrop. Hors de la faifon, fi vous voulez faire une compôte d'abricots verds, pourvu que vous en euffiez au liquide, cela vous feroit fort aifé ; il n'y auroit qu'à en prendre la quantité dont vous aurez befoin, & une partie du fyrop, que vous remettriez dans

une poële avec un peu d'eau pour le décuire; &
lui ayant donné quelques bouillons, vous le verse-
riez fur vos abricots, pour les fervir chauds ou
froids, fuivant que vous jugeriez à propos. Que fi
vous n'en aviez que des fecs, vous ne laifferiez
pas que d'en faire une fort bonne compôte, les mettant dans une poële avec du fyrop d'autres abricots
verds, ou femblable, le décuifant, comme ci-devant; & après quelques bouillons, vous n'auriez
qu'à dreffer votre compôte, & la fervir.

Abricots verds. (*Marmelade d'*) Prenez des abricots
verds, avant que le noyau foit formé, mettez-les
dans une ferviette avec du fel, & faffez - les jufqu'à ce que le duvet en foit ôté; enfuite mettez-
les dans l'eau fraîche : il faut après cela les faire bouillir à gros bouillons jufqu'à ce qu'ils foient bien
mollets; faites - les égoutter, & paffez les à travers
un tamis, recevant ce qui paffera dans une poële;
vous les ferez enfuite deffécher fur le feu, remuant
& retournant foigneufement cette pâte de tout côté
avec la gâche ou fpatule; enforte qu'il n'y refte
point d'humidité, & qu'elle commence à s'attacher à la poële; puis vous ferez cuire du fucre
que vous délayerez avec votre marmelade, ayant
pefé ce qu'il en faut, favoir livre pour livre. Il
n'y a enfuite qu'à la faire frémir & l'emporter, ou
la tirer au fec.

Abricots verds pelés. A l'égard des abricots verds
qui fe confifent pelés, il faut, après les avoir tournés proprement, les jetter dans de l'eau fraîche.
Vous faites enfuite bouillir d'autre eau dans laquelle
vous les jettez; & quand ils feront montés au-
deffus, vous les defcendrez & les laifferez refroidir dans leur eau. Vous les remettrez fur le feu
pour les faire reverdir & blanchir, jufqu'à ce qu'ils
quittent l'épingle, & vous les mettrez au fucre,
de la même maniere que les précédents, tant pour
le fec que pour le liquide.

Les abricots verds font irritants & refferrent le ventre, principalement ceux qui font apprêtés à l'eau - de - vie : ils ne conviennent qu'aux perfonnes dont l'eftomac eft foible & trop lâche, pourvu toutefois qu'elles n'ayent pas une très-grande fenfibilité, comme elle fe trouve dans celles qui ont le genre nerveux attaqué & facile à irriter.

Les abricots mûrs font adouciffants, nourriffants, un peu rafraîchiffants & relâchants. Le plus fouvent il n'y a qu'une moitié de ce fruit qui foit mûre ; ainfi les perfonnes délicates ne mangeront que cette moitié fans la peau : elles préféreront l'abricot de pleinvent, qui eft le plus fucculent : celui d'efpalier eft fujet à être fec ou cotonneux.

L'abricot mûr cuit fe donne, avec raifon, aux perfonnes convalefcentes & délicates, & parce que ce fruit a moins d'acide que la plûpart des autres fruits, & parce qu'étant cuit, il acquiert un goût & un parfum relevés, qui plaifent affez généralement.

ACHE. (*Conferve d'*) Vous avez de l'ache, ou perfil de Macédoine, dont vous prenez les feuilles les plus vertes ; vous les paffez fur le feu & leur faites prendre trois ou quatre bouillons : enfuite vous l'égouttez bien, & la pilez dans dans le mortier : étant bien pilée, vous la paffez à travers le tamis. Vous faites cuire du fucre à la petite plume, & le bouillon étant abaiffé, vous y jettez ce qui a paffé par le tamis, & vous le délayez bien dans votre fucre. Vous travaillez votre conferve, comme nous l'avons dit en parlant de la conferve d'abricots ; & quand il fe fait, une glace par-deffus, vous la vuidez dans les moules.

Cette conferve eft incifive, ftomachique, légérement échauffante & apéritive : elle convient aux perfonnes dont l'eftomac eft foible, qui ont des

glaires, des vents, qui font fujettes à la fiévre, &
aux jeunes filles dans les pâles couleurs.

AGNEAU. Cet animal eft trop connu pour le
décrire. Voici ce qu'on fert de cet animal ; la tête,
la poitrine, les pieds, le quartier ; & ce qu'on appelle *iſſues*, qui font la tête, le foie, le cœur, le
mou & les pieds.

Agneau. (*Iſſues d'*) Coupés par morceaux, blanchis
un moment à l'eau bouillante, on les fait cuire à
petit feu dans du bouillon avec un peu de beurre,
fel & poivre. La fauce fe fait avec trois jaunes d'œufs
délayés avec un peu de lait ; lorfque la fauce a été
liée fur le feu, on y met un peu de verjus. On
dreſſe la tête, la cervelle découverte, le refte de
l'iſſue autour, & la fauce fur le tout.

Les *ris d'agneau* fe fervent comme ceux de veau,
(voyez *Veau* ;) La langue & la queue, comme celles
de mouton. (Voyez *Mouton*.)

Agneau. (*Pieds d'*) Echaudés & cuits jufqu'à ce
qu'ils foient mollets, on en ôte l'os du milieu, on
met à fa place une farce faite de rouelle de veau,
petit lard, moëlle de bœuf, fel & poivre. On les
trempe enfuite dans des œufs battus, on les panne,
on les frit, & on les fert garnis de perfil frit.

Agneau. (*Poitrine frite d'*) On la coupe par morceaux qu'on fait tremper dans parties égales de vinaigre & de verjus, avec fel, poivre, girofle, ciboule
& l'aurier, pendant quatre heures. On trempe ces
morceaux dans une pâte fine & claire de farine,
vin blanc & jaunes d'œufs, puis on la frit à la poële
avec le beurre ou le fain-doux.

Agneau. (*Quartiers d'*) Celui de devant eft plus délicat que celui de derriere ; l'un & l'autre fe fervent
rôtis. On les fert auſſi en fricandeau glacé, en fricandeau avec un ragoût d'épinars. On les deguife, après
avoir été fervis, en *rôt*, en *filets*, en *blanquette* ; en
filets *à la béchamel*.

Pour mettre les filets en *blanquette*, on met dans
une caſſerolle un morceau de beurre, des champignons coupés, un bouquet garni, une pincée de

farine mouillée de bouillon. On fait cuire les champignons jusqu'à ce qu'il n'y ait plus de fauce. On met enfuite les filets avec trois jaunes d'œufs délayés dans du lait ; on fait lier la fauce fans qu'elle bouille, & on met un filet de verjus ou vinaigre. *La béchamel* n'eft autre chofe que de faire réduire de la crême en confiftance de fauce, obfervant de la tourner, pour qu'elle ne fe mette point en grumeaux, & d'y mettre les filets affaifonnés de bon goût, comme pour la blanquette.

Agneau (*Tête d'*), appellée *braife blanche*. Prenez deux têtes avec leurs collets ; ôtez les mâchoires & le mufeau ; faites - les blanchir dans une marmite avec du bouillon, demi-feptier de vin blanc, moitié d'un citron coupé par tranches, la peau ôtée, ou du verjus en grains, fi c'eft la faifon : bouquet de fines herbes, racines. Couvrez-les de bardes de lard; & après la cuiffon, fervez avec une fauce piquante.

On peut encore les fervir cuites de même avec la fauce à l'Efpagnole, la ravigotte, la poivrade, ou avec le bouillon de leur cuiffon, dans lequel on aura délayé trois jaunes d'œufs avec une pincée de perfil haché, après avoir lié cette fauce fur le feu.

OBSERVATION MÉDECINALE.

La chair de l'agneau que l'on a tué tandis qu'il tettoit encore, ou depuis un mois jufqu'à deux, car c'eft fur tout à cet âge que l'on prend ceux que vendent les rôtiffeurs, & qu'on accommode des diverfes manieres indiquées, eft relâchante & peu propre à nourrir des gens qui travaillent de corps ; c'eft un mucilage qui a à peine pris de la folidité, & qui donne par la digeftion un fuc vifqueux. Les eftomacs glaireux, pituiteux, foibles, comme font ceux des perfonnes qui ont les fibres lâches & des convalefcents, ne digerent pas cet aliment, qui augmente la foibleffe & le lâchement des fibres de l'eftomac, diminue ou anéantit l'activité des fucs digeftifs déjà trop aqueux, & eft incapable de donner de la force. Cette chair est humectante, adoucissante, rafraîchissante pour les constitutions fortes, les estomacs chauds, les gens qui ont une bile âcre. On regarde l'*agneau* rôti comme moins aqueux, moins humectant que celui qui est bouilli ; cependant il donne le dévoiement à beaucoup d'enfants, & même de jeunes gens, qui abondent déjà en sucs aqueux, tandis que l'agneau bouilli ne le fait pas : ainsi il est mieux de ne le donner d'aucune façon aux enfants, aux convalescents & aux personnes qui ont l'estomac foible & la fibre lâche.

AIGRE *de cedra.* Voyez *Cedra.*

AIL : plante bulbeuse, usuelle, chaude, âcre & d'un goût très-fort. Ses feuilles tendres s'emploient quelquefois dans les ragoûts, ainsi que dans les fournitures des salades.

OBSERVATION MÉDECINALE.

L'ail anime la circulation, augmente la transpiration, donne de l'appétit, rend la digestion plus prompte : il préserve des maladies vermineuses, putrides, scorbutiques : il en dissipe les légers commencements ; il est apéritif, stomachique & cordial : aussi, quand on le prend en petite quantité, & comme assaisonnement, est-il salutaire à la plûpart des tempéraments.

AILERONS : se mettent en *tourte* ; on les épluche, on coupe le bout. On les arrange sur une abaisse de pâte commune, garnie de lard rapé, avec sel, poivre, épices & un peu de fines herbes : on les garnit de champignons, morilles, culs d'artichauts recouverts de bandes de lard & tranches de veau. La tourte couverte d'un même abaisse que dessus, frotée d'un jaune d'œuf battu, se met au four. Quand elle est cuite, on la découvre, on en tire les bardes de lard & le veau ; on la dégraisse, & on y met un coulis clair de veau & jambon, pour servir. On en fait aussi des terrines *à la purée verte,* comme celles de tendrons de veau. Voyez les articles aux *Champignons* & *Mousserons.*

Les ailerons cuits à la braise & égouttés se mettent

rent dans une terrine ; & l'on verfe par - deſſus
un ragoût de mouſſerons & champignons. (*Voyez
Ragoût*.) On en fait encore de terrines aux *marrons
& navets* , comme celles de queues de mouton.
(*Voyez Marrons & Navets.*)

OBSERVATION MÉDECINALE.

Dans les petits aîlerons, il n'y a preſque pas de
chair ; on n'y trouve à manger que de la peau qui
eſt difficile à digérer & peu nourriſſante. Les gros
aîlerons ont un peu plus d'une chair aſſez délicate ,
mais le plus ſouvent viſqueuſe , que doivent s'interdire les perſonnes qui ont l'eſtomac foible.

ALBRAN , *ou HALBRAN* : jeune canard privé ou
ſauvage , qu'on regarde comme tel juſqu'en Octobre ; après quoi , on l'appelle *canard*. On en fait en
ragoût. Bien retrouſſés , on les paſſe à la caſſerole ,
au beurre ou au lard , avec champignons , truffes &
culs d'artichauts. Le lard , ou beurre ôté , on les
fait cuire dans le bouillon avec des fines herbes , ſel &
poivre ; ſur la fin de la cuiſſon , on jette un verre
de vin qu'on laiſſe bouillir un inſtant : on ajoûte
un coulis brun & l'on ſert.

ALOSE : poiſſon de mer , qui ſouvent remonte
dans les rivieres au printemps , où , de ſéche & maigre qu'elle étoit , elle devient graſſe , charnue &
délicate. On la ſert au *court-bouillon* à ſec avec ſon
écaille , bien aſſaiſonnée de perſil ; en *étuvée* ; *rôtie* ,
ſoit ſur le gril ou à la broche.

Aloſe au court-bouillon. On la fait cuire dans le
vin rouge ou blanc , avec un peu de vinaigre , ſel ,
poivre , laurier , oignons piqués de girofle , avec du
citron verd & beurre bien frais. On la ſert à ſec ſur
une ſerviette pour entremets.

Cuite à moitié dans le même court-bouillon , on
la fait rôtir ſur le gril & mitonner enſuite dans
du beurre roux , aſſaiſonnée avec un filet de vinaigre
& perſil verd ; & elle ſe ſert pour entrée.

Aloſe rôtie : s'écaille : on l'inciſe légérement , on

la frotte de beurre & fel , & on la fait rôtir à petit feu jufqu'à ce qu'elle foit de belle couleur. On peut la fervir à l'ofeille cuite avec fel , poivre , bon beurre & un peu de perfil & de cerfeuil. On la fert auffi avec un ragoût de champignons , ou avec une fauce faite avec du beurre frais , ciboules , perfil haché , le tout paffé à la cafferole , affaifonné de bon goût. On fait mitonner l'alofe dans cette fauce qu'on lie avec le foie délayé , ou bien avec un peu de farine frite , fi l'on veut fervir le foie en garniture.

OBSERVATION MÉDECINALE.

L'alofe très-fraîche , ferme , fans être coriace , & d'un bon goût , eft un met fain & fucculent : celle qui n'eft pas fraîche , a plus ou moins d'âcreté , eft irritante & échauffante. Les perfonnes très-fenfibles , & qui ont des affections de nerfs , des maladies de peau , ne doivent pas manger de cette derniere , non plus que de celle que l'on a falée pour la conferver.

ALOUETTE : oifeau connu d'un goût affez délicat : on le fert en ragoût , en tourte , rôti , en falmi , en caiffe , &c.

Alouette en caiffe. Coupez les aîles & les pattes ; fendez-les fur le dos , pour tirer tout ce qu'elles ont dans le corps ; ôtez de cette vuidange les géfiers ; faites une farce du refte avec lard rapé , moëlle de bœuf , foies gras , champignons , fines herbes , fel , poivre & mufcade ; le tout bien haché , & pilé enfuite au mortier. Liez cette farce avec quelques jaunes d'œufs , felon la quantité ; farciffez vos alouettes , & les faites cuire à la poële. Lorfqu'elles font cuites , faites une caiffe de papier ou de pâte , couvrez le fond de cette farce ; mettez vos alouettes , que vous recouvrez de farce. Panez-les légérement , & mettez au feu pour leur faire prendre couleur. Servez avec une fauce hachée & jus d'orange pour entrée , ou à fec , pour hors-d'œuvres. On les met auffi en coques , aux œufs , & en pâté.

Alouette en ragoût. On paffe les alouettes vuidées au roux avec un peu de lard & de farine. Enfuite on les met cuire dans le bouillon assaisonné de sel, poivre, paquet de fines herbes, champignons, morilles. Quand elles sont à moitié cuites, on y met un verre de vin blanc; &, lorsqu'elles sont cuites, un peu de jus d'orange avant de servir.

Alouette en salmi. Prenez les débris des alouettes rôties, ôtez-en les têtes, gésiers & tout ce qu'elles ont dans le corps; pilez le tout avec les rôties dans un mortier: délayé avec de bon bouillon, passez ce coulis à l'étamine, & l'assaisonnez de sel, gros poivre, avec un peu de rocambole écrasée, un filet de verjus; mettez dedans les alouettes entières, & les faites chauffer sans bouillir. Servez avec des croûtons frits.

Alouette en tourte. On met avec du lard rapé les gésiers, foies & cœurs dans le fond de la tourte, & on met par-dessus les alouettes sans tête ni pieds, passées à la casserole avec beurre, persil, ciboules, champignons, le tout haché; & l'on fait la tourte à l'ordinaire.

Alouette pour rôti. On écorche la tête; on les pique ou on les barde: on les fait rôtir, & on met dessous des rôties pour recevoir ce qui en tombe.

OBSERVATION MÉDECINALE.

L'alouette jeune, en chair, & tendre, est un aliment savoureux, sain, assez facile à digérer; & il faut avoir attention, en les mangeant, de ne pas avaler les petits os, qui, en picotant les entrailles, causent des coliques, qu'on attribue mal-à-propos à la qualité de la chair: ces petits os peuvent, en s'arrêtant dans les plis & les courbures des intestins, occasionner encore d'autres maux.

ALOYAU: piece de bœuf prise le long des vertebres au haut-bout du dos de l'animal.

Aloyau à la braise. Prenez l'aloyau où il y aura le plus de filet. Dégraissez-le & le piquez de gros lard. Bien assaisonné de fines épices, fines herbes, persil & ciboules hachées, avec truffes & champignons. Mettez-le dans une marmite de sa grandeur, dont le fond

fera garni de bardes de lard & de tranches de bœuf
maigre, épaisses d'un doigt & battues, assaisonnées
de fines épices, fines herbes, oignons, carottes,
citron, laurier, poivre & sel. Ficelez l'aloyau, &
mettez le filet en dessous. Garnissez par-dessus comme
dessous, & fermez la marmite que vous avez garnie
de pâte tout au tour. Servez-le après qu'il aura été
égoutté, sous un ragoût de ris de veau, foies gras,
crêtes, champignons, truffes, mousserons, pointes
d'asperges & culs d'artichauts; passez au lard fondu
& mouillez d'un bon jus que l'on lie ensuite avec
coulis de veau & de jambon.

On le sert aussi avec une sauce faite de jambon haché, ciboules, persil, truffes, champignons, moufferons; passez ensemble au lard fondu, mouillez
de bon jus, & liez comme ci dessus.

On le sert aussi avec des ragoûts de chicorée,
petits oignons, céleri & concombre.

On accommode les filets d'aloyau rôti aux cardes,
au céleri, à la chicorée, aux concombres.

Aloyau aux cardes. On fait blanchir des cardons
d'Espagne avec de l'eau & un peu de vinaigre; on
les pare; on les fait cuire dans un blanc bien assaisonné avec de la graisse de bœuf & moitié d'un
citron en tranches. On les égoutte ensuite. On leur
fait faire un bouillon dans une bonne essence, &
on les sert avec les filets. La méthode est la même
pour les filets au céleri & à la chicorée.

Aloyau rôti. Il doit être mangé un peu rouge;
il n'en est que plus tendre & de meilleur goût.

Pour ceux qui l'aiment plus cuit, on le coupe
par tranches & l'on fait une sauce avec un peu d'eau,
sel, poivre, vinaigre & ciboules hachées, ou avec
trois ou quatre anchois hachés, avec sel, poivre,
jus de bœuf, & quelques capres. On sert cette
sauce chaude.

On peut encore, si l'on ne sert pas l'aloyau dans
son jus, enlever le filet, le couper par tranches
minces qu'on met dans une casserole avec une sauce
de capres, anchois, champignons, pointe d'ail ha-

chés, passés au beurre & mouillés de bon coulis. La
sauce dégraissée, on l'assaisonne ; on met le filet avec
le jus de l'aloyau. On fait servir chaud sans bouillir.

L'aloyau est une des parties du bœuf les plus succu-
lentes, les plus nourrissantes, quand elle n'est pas
trop cuite : il ne convient qu'aux bons estomacs &
aux gens qui se portent bien, parce que la chair en
est ferme & les sucs un peu âcres.

AMANDES *à l'Angloise*. (*Grillage d'*) Prenez
une livre d'amandes douces ; passez-les à l'eau
bouillante, & les pelez ; mettez-les ensuite dans
de l'eau fraîche, & les égouttez ; faites fondre une
livre de sucre & jettez-y vos amandes ; faites
cuire le tout ensemble jusqu'à ce qu'elles pétillent
& qu'elles commencent à roussir ; ayez de la nompareille toute prête ; versez vos amandes sur un
clayon ; & jettez promptement de la nompareille
par-dessus ; renversez-les sur un plat ; & remettez
encore de la nompareille par-dessus, pour qu'il y
en ait par-tout : séparez un peu vos amandes avec
une fourchette, pour que votre grillage ne soit
point matériel ; quand elles seront froides, vous
les mettez à l'étuve, pour vous en servir quand
vous voudrez.

Amandes à la praline. Faites fondre dans une
poële une demi-livre de sucre avec un peu d'eau ;
mettez-y une demi-livre d'amandes douces avec
leur peau, que vous aurez frottées dans un linge
propre pour en ôter la poudre ; faites-les bouillir
sur un bon feu avec le sucre, en les remuant souvent, jusqu'à ce qu'elles pétillent : lorsque le sucre
commence à se colorer, vous les retournez doucement & également avec la spatule, pour leur donner le temps de se colorer ; lorsque l'amande est
luisante, & qu'elle a ramassé tout le sucre, vous
l'ôtez du feu, & la mettez à l'étuve ; deux heures
après vous l'ôtez de la poële, pour vous en servir.

Amandes à la praline blanche. On fait encore des pralines blanches : pour cela, il faut échauder & peler les amandes, les paſſer dans du ſucre cuit à café, leur faire prendre enſemble un ou deux bouillons, & pratiquer, quant au reſte, la même choſe que ci-deſſus, c'eſt-à-dire, les remuer & retourner continuellement, afin que le ſucre s'y attache bien de tous côrés. On peut auſſi, ſi l'on a un pot à perlé pour les dragées, ou autre ſemblable invention, y mettre du ſucre cuit à perlé, & le faire dégoutter ſur les amandes, le faiſant tenir par quelqu'un, juſqu'à ce qu'elles ſoient aſſez chargées.

Amandes à la praline griſe. Prenez une livre de ſucre que vous faites fondre avec un peu d'eau : quand il eſt fondu, vous y jettez une livre d'amandes que vous faites bouillir enſemble juſqu'à ce qu'elles pétillent ; alors vous les retirerez de deſſus le feu, & les remuerez toujours bien avec la ſpatule. Si vous voyez qu'il y ait du ſucre de reſte, vous le mettrez tant ſoit peu ſur le feu pour le réchauffer, afin qu'il s'attache entiérement aux amandes, continuant de les remuer toujours juſqu'à la fin : ces pralines ſont griſes. Il faut remuer les amandes dans un torchon ou une ſerviette, pour en ôter la poudre, avant que de les mettre dans le ſucre.

Amandes à la praline rouge. Pour les faire rouges, vous prenez trois quarterons de ſucre que vous faites fondre avec un peu d'eau : enſuite vous y jettez vos amandes & vous les faites bouillir, de même que ci-deſſus, juſqu'à ce qu'elles pétillent, ayant ſoin de les remuer de temps en temps, afin qu'elles ne s'attachent pas à la poële ; quand elles pétillent, vous les retirez de deſſus le feu, & les remuez toujours bien juſqu'à ce qu'elles aient pris tout le ſucre qu'elles peuvent prendre, ſans les remettre ſur le feu ; puis vous les criblez, & vous remettrez dans la même poële le ſucre qui tombera du crible, avec encore un quarteron de ſucre & un peu d'eau, pour faire fondre le tout. Faites-le cuire à café, puis mettez-y de la cochenille préparée, ce qu'il

en faut, pour lui donner une belle couleur. Vous
le ferez encore cuire sur le feu, pour le faire revenir à café, parce que la cochenille l'aura décuit:
étant à café, vous y jetterez vos amandes & vous
l'ôterez en même-temps de dessus le feu; vous remuerez toujours comme la premiere fois, jusqu'à
ce qu'elles soient séchées. Si l'on veut faire une plus
grande quantité de ces pralines à la fois, il n'y a qu'à
augmenter la dose du sucre à proportion: cela va livre
pour livre; ce qu'on entend par de la cochenille préparée, c'est de l'eau dans laquelle on a fait bouillir
de la cochenille, avec de l'alun & de la crême
de tartre. On s'en sert pour tout ce qu'on veut rougir,
soit gelée, blanc-manger, marmelade ou autre chose.

Amandes à la Siamoise. Vous prenez des amandes
que vous faites roussir dans votre four; ensuite
vous faites cuire du sucre à perlé, & vous les
jettez dedans, les remuant bien dans la poële, sans
les passer sur le feu: vous les tirerez sur une grille
& les mettrez à l'étuve, si vous voulez les servir
de cette façon, sinon, en les tirant de la poële,
vous les jetterez une à une dans du sucre en poudre. Vous remuerez toujours, afin qu'elles prennent bien du sucre de tous côtés; puis vous les
tirerez, & les mettrez à l'étuve sur du papier.

Amandes ameres en biscuits. Prenez environ un
quarteron d'amandes ameres, & autant d'amandes
douces, qui fait une demi-livre; échaudez-les dans
l'eau fraîche; puis vous les pilerez au mortier,
sans y mettre une goutte d'eau: il n'importe pas
qu'elles deviennent en huile. Etant bien pilées,
vous battrez avec une cuiller quatre ou cinq
blancs d'œufs dans une terrine; ensuite vous y
mettrez votre pâte d'amandes, & la délayerez bien
avec la cuiller; après quoi, vous y mettrez une
livre deux onces de sucre en poudre, en les mêlant
bien avec la gâche; puis vous les dresserez & sur
du papier blanc avec deux couteaux, dont vous
étendrez la pâte sur l'un, & formerez le biscuit de
l'autre, de la grosseur du bout du doigt: ensuite

vous le mettrez cuire au four : il faut le mener à petit feu, au commencement ; & quand il est levé, il le faut pousser un peu plus vîte. Quand il est cuit & qu'il a assez de couleur, il le faut ôter du four, & ne le point lever du papier qu'il ne soit froid : quand il sera levé, vous le mettrez chaudement à l'étuve.

Amande. (*Conserve d'*) Pelez un quarteron d'a-mandes douces, pilez-les dans un mortier ; & en les pilant, mettez-y un jus de citron : faites cuire une livre de sucre à la plume ; descendez votre poële du feu ; blanchissez le sucre, & mettez les amandes dedans : mêlez bien le tout ensemble ; & quand il commence à prendre, vous le versez dans les moules.

Amandes. (*Crême d'*) L'on met quatre onces d'amandes douces dans de l'eau bouillante, pour les peler : il faut les tirer & les rafraîchir dans de l'eau fraîche ; les égoutter & les bien piler, les arro-sant d'un peu d'eau pour les maintenir en leur blan-cheur : ensuite avoir une chopine de bon lait, avec le-quel on délaie le blanc de deux œufs frais, & quatre onces de sucre que l'on fait bouillir à petit feu, & consommer d'environ le quart, le remuant inces-samment avec une spatule Quand la crême com-mence à se former, on y ajoûte les amandes qu'on fait bouillir huit à dix bouillons ; aussi-tôt il faut les passer par un tamis de moyenne grosseur, y joindre cinq ou six gouttes d'eau de fleur d'orange, & dresser votre crême sur une porcelaine, pour la servir froide, garnie autour d'un petit caramel, & même par-des-sus, d'une grille que vous dresserez sur le cul d'une assiette après l'avoir frotté légérement d'huile.

Amandes douces en biscuit. Faites des moules de papier blanc de la grandeur que vous voulez faire vos biscuits, en long ou en petit carré ; échaudez un quarteron d'amandes douces, & les mettez à mesure dans l'eau fraîche ; quand elles seront égout-tées & bien essuyées, il faut les piler très-fin, & les arrosant d'un peu de blanc d'œuf, mettez-

les dans une terrine avec deux jaunes d'œufs frais,
un quarteron de sucre passé au tambour ; battez
bien les amandes avec une spatule ; ensuite vous
y ajoûterez quatre blancs d'œufs frais fouettés,
& une cuillerée de farine ; mêlez le tout ensemble,
& dressez - le dans les moules. Glacez le dessus
des biscuits avec du sucre fin, où vous aurez mêlé
un quart de farine. Cette farine essuie l'humidité
des amandes. Mettez - les cuire dans un four doux ;
quand ils seront bien montés & cuits de belle couleur, en les retirant du four, ôtez - les tout de suite
de leur papier.

Amandes en massepains communs. Prenez trois livres
d'amandes douces ; pelez - les dans de l'eau chaude,
égouttez - les, & les essuyez ; après quoi, vous les pilerez dans un mortier de marbre, les arrosant de temps
en temps de blanc d'œufs, afin qu'elles ne deviennent point en huile. Quand elles seront parfaitement bien pilées, vous clarifierez une livre & demie de sucre que vous ferez cuire à la plume ;
ensuite vous y jetterez vos amandes, & vous incorporerez le tout ensemble avec la gâche ou la spatule, frottant au fond, & par - tout avec soin, de
peur qu'il ne s'attache à la poële, quoique hors
du feu. Vous connoîtrez que votre pâte sera faite,
si, en touchant du revers de la main, rien ne s'y
attache : alors vous la retirerez de la poële ; vous la
mettrez sur une planche, y poudrant du sucre en
poudre dessus & dessous, & vous la laisserez reposer
& refroidir. Pour le travailler, vous en étendrez des
abaisses d'une épaisseur raisonnable, sur lesquelles
vous découperez vos massepains avec des moules
les faisant tomber doucement, avec le bout du doigt,
sur des feuilles de papier, pour les faire cuire. On
ne leur donne le feu que d'un côté ; & on les
glace ensuite de l'autre côté, que l'on fait cuire
de même. Il s'en fait de ronds, de longs, d'ovales,
de frisés, en cœur ; vous pouvez aussi filer votre
pâte & la passer à la seringue : vos massepains en
prendront autant de noms particuliers, quoiqu'ils

ne différent que par la forme & par la maniere dont vous les aurez glacés.

Amandes en maßepain d'après le royal. Prenez des amandes douces ; pelez-les ; mettez-les tremper trois jours dans de l'eau fraîche, & changez-les tous les jours d'eau. Il faut ensuite les piler dans un mortier de marbre : en les pilant, il faut les arroser d'un peu d'eau claire mêlée avec un peu d'eau de fleurs d'orange. Quand elles seront bien pilées, vous en peserez deux livres : vous ferez cuire une livre de sucre à la plume, & vous y mettrez vos amandes pilées, pour les faire dessécher à petit feu, jusqu'à ce que la pâte quitte la poële ; ensuite vous l'ôterez de la poële, & la mettrez refroidir ; après vous la tournerez en anneau : vous prendrez deux blancs d'œufs, une once de sucre en poudre, & une goutte d'eau de fleurs d'orange ; il faudra battre le tout ensemble, mettre les massepains dedans, & les retourner ; les faire égoutter dessus le bord d'un plat, & ayant du sucre en poudre sur un plat d'argent, y mettre les massepains, en les remuant avec le plat ; alors vous les rangez sur du papier ; vous les faites cuire à petit feu ; & quand ils seront cuits, vous les laisserez refroidir ; puis vous les détacherez.

Amandes en maßepain en lacs d'amour. Ayez une demi-livre d'amandes douces échaudées que vous laissez tremper pendant vingt-quatre heures, dans de l'eau fraîche ; après les avoir égouttées & essuyées, vous les mettez dans un mortier, pour les piler en les arrosant avec de l'eau de fleur d'orange, mettez-les dans une demi-livre de sucre cuit à la grande plume, pour les faire dessécher sur un très-petit feu, jusqu'à ce qu'elles soient en pâte maniable ; & vous les mettez sur une feuille de papier blanc, poudrée d'un peu de sucre fin ; abattez la pâte, avec le rouleau, de l'épaisseur d'un écu ; coupez-en de longs filets carrés d'égale longueur, pour les tourner comme un 8 de chiffre, en laissant passer un bout de chaque côté ; ce qui formera vos lacs d'amour : ensuite vous les trempez tous dans un fucre délayé avec du blanc d'œuf, poudrez - les partout de fucre fin, & dreſſez - les ſur des feuilles de papier que vous mettrez ſur des feuilles de cuivre, pour les faire cuire dans un four doux.

Amandes en maſſepains légers. Prenez deux livres d'amandes douces, échaudez-les & jettez - les dans de l'eau fraîche ; il faut les égoutter, les bien piler dans un mortier : vous ferez cuire deux livres de fucre à la plume ; vous y mettrez vos amandes pilées & vous les deſſécherez à petit feu, juſqu'à ce que la pâte quitte la poële ; vous la deſcendrez enſuite de deſſus le feu ; vous la ferez refroidir ſur une planche ; & quand elle ſera froide, vous la mettrez dans un mortier ; vous y jetterez trois blancs d'œufs frais, & vous battrez le tout enſemble, pendant une demi-heure ; vous y mêlerez une poignée de fucre en poudre en la pilant. Vous y mettrez un peu de rapure de citron bien fine, de canelle battue, ou de fleurs d'orange ; après quoi, il faut les feringuer d'un moule un peu gros, & les faire cuire à petit feu ; enforte qu'ils reſtent un peu blancs.

Amandes en maſſepains liquides. Faites une pâte, comme celle des maſſepains en lacs d'amour ; quand elle ſera deſſéchée, mettez - la ſur une feuille de papier blanc avec du fucre fin ; abattez - la de l'épaiſſeur d'un petit écu ; coupez-en des ronds de la grandeur d'une piece de douze fols : enfoncez un peu le milieu de chaque rond avec le bout du petit doigt, pour y mettre à chacun, gros comme un pois, de quelle marmelade vous jugerez à propos, ou d'une bonne crême cuite bien liée ; frottez tous les bords de ces petits ronds avec un peu de jaunes d'œufs pour en coller deux enſemble, en leur faiſant prendre la forme d'un bouton, fans que la marmelade paroiſſe. Faites - les cuire dans un four très-doux ; lorſqu'ils feront de belle couleur, retirez-les du four, pour glacer tout le deſſus d'une glace blanche ; remettez-les au four pour faire fécher la glace.

Amandes en maſſepain royal. La pâte en eſt la

même que pour les premiers. Vous en prenez un morceau que vous filez fur la table, de l'épaiſſeur d'un doigt ; vous féparez cela en autant de parties qui puiſſent former un rond ou anneau autour de votre doigt , affermiſſant bien les deux bouts, afin qu'ils ne fe détachent point. Vous paſſerez ces anneaux dans un blanc d'œuf, où vous aurez mêlé quelques cuillerées de marmelade d'abricots, & vous les roulerez enſuite dans du ſucre en poudre , vous les ſouffterez en les retirant, afin qu'il n'y reſte pas trop de ſucre ; & vous les rangerez ſur du papier, pour les faire cuire au four , ſens-deſſus-deſſous , parce qu'ils ſont dès-lors glacés des deux côtés ; il s'élevera au milieu une bouteille en dôme qui fera un fort joli effet. Pour qu'il ſoit plus immanquable, on pourroit, en dreſſant ſes maſſepains , mettre au deſſus du vuide de ces ronds , une petite boule de la même pâte, ou quelque petit fruit , comme ceriſe, framboiſe , piſtache , ou autre.

Amandes en pralines. (*Grillage d'*) Prenez des amandes douces , piſtaches & avelines , de chacune un quarteron ; coupez-les en quatre, ſans les peler ; ajoûtez-y un quarteron d'écorce d'orange & de citron confit, que vous hacherez bien menu : enſuite faites fondre une livre de ſucre avec un peu d'eau ; & quand il eſt fondu, vous y jettez votre livre de compoſition préparée : faites bouillir le tout enſemble , juſqu'à ce que vos pralines pétillent ; alors vous retirez la poële de deſſus le feu, & vous remuerez toujours avec la ſpatule : ſi vous voyez qu'il y ait un peu trop de ſucre, vous remettrez la poële tant ſoit peu ſur le feu , pour que le ſucre s'attache entiérement aux amandes, & pour les rendre plus rouſſes. Quand votre compoſition ſera bien pralinée, vous aurez un moule de fer blanc fait en pyramide, que vous aurez fait faire exprès ; il faut qu'il s'ouvre en deux, pour bien faire : enſuite vous jettez raiſonnablement de votre compoſition toute chaude dans le moule ; & vous avez un morceau de bois de la même maniere que le moule ; enſorte qu'étant mis dedans , il y ait tout autour l'espace d'un pouce de vuide , pour contenir la composition. Il faut remuer toujours le morceau de bois , & laisser ce qui est dans le moule , jusqu'à ce qu'il soit refroidi , puis retirer votre grillage de ce moule , & le mettre sur un tamis à l'étuve , pour l'entretenir séchement. On fait faire des pyramides de fer - blanc , de quelle façon que l'on veut.

Amandes glacées. Prenez des amandes pilées , & jettez - les dans de la glace préparée auparavant , qu'elle soit composée de blanc d'œuf, de sucre en poudre , de fleur d'orange , ou de citron & orange de Portugal ; vous les roulerez bien jusqu'à ce qu'elles aient pris leur glace ; & vous les dresserez ensuite sur une feuille de papier , pour les faire cuire au four , à petit feu , autant dessus que dessous.

Amandes. (*Grillage d'*) Faites échauder une livre d'amandes douces ; pelez-les & les coupez en trois ; faites fondre une livre de sucre , avec un peu d'eau ; quand il est fondu , jettez-y vos amandes coupées , jusqu'à ce qu'elles pétillent , & remuez - les toujours avec la spatule : quand elles seront à moitié pralinées , vous y mettrez de la rapure de citron & un peu de jus : quand vous voyez que votre grillage est d'une belle couleur, & que vous êtes prêt de le retirer, vous semez dans un plat , de la nompareille , du canelas , de l'anis , & vous jettez vos amandes toutes chaudes sur votre plat ; semez - en aussi une poignée par-dessus , & retournez bien le tout ensemble : quand il est froid , mettez-le à l'étuve sur un tamis , avec une feuille de papier dessous ; & pour le servir , vous le rompez par morceaux , de la grandeur que vous souhaitez , soit que vous le serviez à plat ou à gobelet.

Amandes. (*Grillage blanc d'*) Prenez une demi-livre d'amandes douces & une demi-livre de pistaches ; échaudez - les & les pelez : coupez - les en quatre ; puis faites fondre une livre de sucre ; & quand il est cuit à la plume, vous y jettez vos amandes & vos pistaches ; vous les laissez bouillir jusqu'à ce qu'elles pétillent, & vous les remuez toujours avec la spatule ; & quand vous jugez qu'elles sont assez pralinées, vous les retirez du feu, pour voir si elles n'ont point trop de sucre : s'il y en a trop, il faut l'ôter, & remettre la poële sur un petit feu ; il faut avoir toute prête une poignée de nompareille, de canelas, d'anis & de citron verd confit, que vous aurez haché bien menu ; jetter le tout petit-à-petit dans la poële, & remuer toujours, pour qu'il y en ait par-tout : prenez garde de ne pas laisser trop roussir votre grillage : le reste se fait comme le grillage roux. Vous vous servirez du moule de fer blanc, si vous voulez ; sinon vous jetterez le tout sur un plat que vous aurez graissé d'un peu d'huile d'amandes douces, avec les doigts, & l'étendrez ; puis vous le couperez par morceaux que vous mettrez sur un tamis à l'étuve.

Amandes. (*Lait d'*) Il faut échauder quatre onces d'amandes douces, les peler & les piler fortement, les arrosant, de fois à autre, d'un peu de lait ; les passer par un tamis de crin fin, & cependant faire bouillir une pinte de bon lait que l'on fait consommer environ de moitié ; pendant qu'il est tout chaud, il faut y mêler les amandes avec quatre onces de sucre en poudre, & quelques gouttes d'eau de fleurs d'orange, à quoi on donne seulement un bouillon ; puis le passer dans un tamis ; le dresser dans une porcelaine, & le servir.

Amandes lissées. Prenez des amandes douces & bien entieres : mettez-les sécher, pendant deux jours, dans l'étuve ; ensuite nettoyez-les bien, en les secouant dans une serviette : mettez-les dans la bassine branlante, avec un grand feu dessous, les remuant, un peu de temps, pour les faire bien sécher ; puis faites bouillir de la gomme arabique avec de l'eau sur le feu, en la tournant jusqu'à ce qu'elle soit fondue : ôtez-la du feu ; & mettez, suivant la quantité, la moitié de sucre clarifié, cuit à lissé, que vous mêlerez ensemble ; & chargez-en les amandes d'une couche, les remuant jusqu'à ce qu'elles ſoient ſéches. Il en faut mettre à chaque fois, environ un demi - ſeptier ; enſuite il faut mettre une autre couche de ſucre cuit à liſſé, ſans gomme, & cela alternativement, juſqu'à huit ou dix couches, ayant ſoin de le faire ſécher à chaque couche : quand la dixieme couche eſt ſéche, vous ôtez les amandes de la baſſine ; vous la lavez avec de l'eau, & vous l'eſſuyez : quand elle eſt bien ſéche, vous y remettez les amandes, & vous les continuez de ſucre, juſqu'à ce qu'elles ſoient aſſez chargées, les menant ſur la fin fortement, ſans les faire ſauter ; ce qui les liſſe : on les met à l'étuve pour les achever de ſécher, & enſuite dans des boëtes, avec du papier ; & on les tient dans un lieu ſec.

Amandes ſoufflées. Vous prenez des amandes ; & les ayant échaudées & pelées, vous les mettez dans du blanc d'œuf où vous les remuez ; enſuite vous les jettez dans du ſucre en poudre, & vous les tournez bien. Quand vous les aurez glacées une fois, ſi vous voyez qu'elles ne le ſoient pas aſſez, vous les remettrez de nouveau dans du blanc d'œuf, & enſuite dans du ſucre en poudre : puis vous les dreſſerez ſur une feuille de papier, & vous les ferez cuire au four, à petit feu.

Amandes ſoufflées au citron. Coupez par petits morceaux, de la groſſeur d'une lentille à la reine, des amandes douces que vous aurez échaudées ; mettez - les ſur un plat avec du citron verd râpé, un blanc d'œuf, & du ſucre en poudre ſuffiſamment, juſqu'à ce que vous en puiſſiez former une pâte maniable : enſuite vous en prendrez de petits morceaux que vous roulerez dans les mains, pour en former des amandes de leur groſſeur naturelle, que vous dreſſerez à meſure ſur des feuilles de papier blanc, de la diſtance d'un doigt de l'une à l'autre ; mettez-les cuire dans un four très - doux ; quand elles ſeront de belle couleur, il faut les enlever tout de ſuite de deſſus le papier.

Amandes vertes à l'Arlequine. Il faut prendre des amandes vertes à l'eau-de-vie que vous faites ſécher à l'étuve ; ensuite vous les trempez une à une avec une fourchette dans un sucre cuit au cassé, que vous tenez chaudement sur un feu doux, sans qu'il bouille, & mettez à mesure chaque amande dans de la nompareille de toutes couleurs ; roulez - les dedans, pour qu'elles en soient bien garnies tout autour, vous les rangerez à mesure sur une feuille.

Amandes vertes à l'eau-de-vie. Vous ôterez le duvet à vos amandes, comme à celles qui sont confites ; ensuite vous les mettrez dans de l'eau bouillante, & vous les tiendrez sur le feu, sans les faire bouillir ; seulement qu'elles ne fassent que frémir. Vous aurez soin de couvrir la poële, pour les faire reverdir ; lorsqu'elles seront vertes, vous les changerez d'eau & les ferez bouillir jusqu'à ce qu'elles commencent à fléchir sous les doigts ; vous les mettrez égoutter sur un tamis : sur trois livres d'amandes, faites cuire une livre & demie de sucre au lissé ; mettez-y les amandes pour les faire bouillir avec du sucre cinq ou six bouillons couverts ; ôtez-les du feu, pour les écumer, & retirez - les doucement avec une écumoire, pour les mettre dans une terrine. Faites encore prendre neuf ou dix bouillons à votre sucre & versez-le sur les amandes. Laissez-les vingt-quatre heures dans leur syrop ; quand elles auront pris sucre, vous coulerez doucement le syrop dans la poële, pour lui donner encore sept ou huit bouillons ; ensuite vous mettrez les amandes, pour leur faire prendre trois ou quatre bouillons couverts ; descendez - les du feu ; lorsqu'elles seront froides, vous les retirerez du syrop, pour les mettre dans des bouteilles : ensuite vous faites un peu chauffer le syrop, pour y mettre autant d'eau - de - vie, que vous remuez ensemble pour les bien mêler ; & vous le mettrez sur les amandes dans les bouteilles. Il faut que la liqueur couvre les amandes.

Amandes vertes au candi. Il faut prendre des amandes vertes confites au sec ; vous les dressez sur les grilles qui se mettent dans les moules à candi ; vous versez dessus du sucre cuit au soufflé ; lorsqu'il sera à moitié froid, mettez-les jufqu'au lendemain à l'étuve, avec un feu modéré : fi le fucre n'eft point affez candi, vous égouttez ce qui refte de liquide , & vous les laiffez encore une heure ou deux, avant que de les ôter des moules ; pour être plus fûr de votre candi, vous mettez quatre petits bâtons aux quatre coins du moule ; vous les enfoncez jufqu'au fond, pour vous fervir d'effai ; lorfque vous croyez que votre candi eft fait, vous retirez doucement les bâtons ; & vous verrez s'ils font le diamant deffus ; pour lors vous égoutterez votre candi en penchant le moule par le coin que vous laiffez égoutter pendant deux heures : enfuite vous renverfez le moule fur une feuille de papier blanc, en appuyant un peu fort & également ; vous les conferverez dans des boëtes garnies de papier blanc dans un endroit fec.

Amandes vertes au caramel. Les amandes vertes qui ont été confites au fec, peuvent fe fervir au caramel, pour les déguifer. Vous faites cuire du fucre au caramel que vous tenez fur un peu de cendres chaudes ; vous mettez à chaque amande un petit bâton, pour les retourner dans le fucre ; & vous les faites, à mefure, égoutter fur un clayon ; vous en ufez de la même façon, avec celles qui font à l'eau-de-vie, après les avoir fait fécher à l'étuve.

Amandes vertes au fec. Les amandes vertes que l'on tire au fec, fe confifent de la même façon, que les précédentes ; & ordinairement on prend de celles qui font confites au liquide, lorfque l'on en a befoin. On les met égoutter, & enfuite on les roule dans du fucre fin ; vous les mettez fur un tamis, pour les faire fécher à l'étuve.

Amandes vertes confites. Faites une leffive, comme on a dit à l'article des *Abricots verds*; vous la mettrez fur le feu ; & quand elle commencera à bouillir, vous y jetterez trois ou quatre amandes, pour voir fi elles fe nettoient de leur bourre ; & alors vous y jetterez les autres, & vous effayerez encore fi elles fe nettoient de même ; c'eft ce que vous connoîtrez en les tirant avec l'écumoire , & les maniant avec les doigts : si elles se nettoyent bien , vous descendrez la poële du feu , & vous les retirerez à mesure, pour les nettoyer ; & vous les jetterez , en même-temps , dans de l'eau fraîche. Remettez une poële d'eau sur le feu ; & quand elle commencera à bouillir , jettez - y votre fruit , pour le faire blanchir ; vous connoîtrez que vos amandes sont comme il faut, si elles ne résistent point en les piquant avec une épingle. Alors ôtez-les de dessus le feu , tirez-les , & jettez-les , en même-temps, dans de l'eau fraîche. Ayez du sucre clarifié légèrement dans une poële que vous mettrez sur le feu ; au premier bouillon , votre fruit étant égoutté , vous le coulez dans le sucre, & vous lui donnez cinq ou six bouillons, pour le faire reverdir : du reste , observez la même chose que pour les arbricots verds. Il ne faut point faire de ce fruit en trop grande quantité , c'est - à - dire , plus de cinq ou six livres à la fois. On met communément autant de livres de sucre que de livres de fruit.

Amandes vertes en compôte. Prenez des amandes vertes la quantité que vous jugerez à propos ; faites une lessive , comme nous avons marqué ci-dessus, & dans laquelle vous jetterez vos amandes , pous les nettoyer de leur bourre ; & quand elles sont bien nettoyées , passez-les dans de l'eau fraîche ; ensuite mettez-les égoutter & ayez une poële d'eau bouillante sur le feu , dans laquelle vous les ferez blanchir ou reverdir ; après cela , vous les passerez dans une eau fraîche , & vous les ferez égoutter ; & ensuite vous les mettrez au petit sucre , comme les abricots verds , & vous les finirez de même.

Amandes vertes en filigrane. Prenez des amandes vertes à l'eau de-vie, que vous faites sécher à l'étuve : ensuite vous les coupez en petits filets les plus minces que vous pouvez. Vous avez des feuilles de cuivre que vous frottez légèrement de bonne huile d'olive ; semez-y dessus les filets d'amandes ; vous avez tout prêt un sucre cuit au caramel , que vous tenez chaudement , & où vous trempez deux fourchettes tenant

enfemble ; vous faites couler légérement le fucre
fur tous les filets , de façon qu'il fe trouve des vuides ; ce qui forme un filigrane : enfuite vous les
retournez fur une autre feuille auffi frottée d'un peu
d'huile , pour faire couler du fucre , comme vous
avez fait au côté précédent.

Amandes vertes. (*Marmelade d'*) Ayez des amandes vertes & tendres ; ôtez - en le duvet comme
à celles qui font confites au liquide , & jettez - les
à mefure dans l'eau fraîche ; vous faites bouillir de
l'eau , & vous y mettez les amandes , pour les faire
auffi bouillir , jufqu'à ce qu'elles foient bien cuites ;
retirez-les de l'eau , pour les écrafer & les paffer
dans un tamis , en les preffant fortement avec une
fpatule ; prenez cette marmelade pour la mettre dans
une poële , & la faire deffécher fur le feu , jufqu'à
ce qu'elle quitte la poële ; ayez foin de la remuer
toujours avec une fpatule , de crainte qu'elle ne
brûle ; prenez autant pefant de fucre que de marmelade ; faites - le cuire au caffé ; mettez-y la marmelade , pour la bien délayer avec le fucre , en la
tenant fur un feu très-doux , fans qu'elle bouille ; lorfqu'elle fera bien mêlée , vous la verferez dans les pots.

Amandes vertes. (*Pâte d'*) Vous faites une marmelade d'amandes vertes , de la même façon que
la précédente ; lorfque vous avez bien mêlé la marmelade avec le fucre , & que vous l'ôtez du feu ,
vous la dreffez dans des moules à pâte , que vous
avez rangés fur des feuilles de cuivre ; vous les
mettez fécher à l'étuve.

OBSERVATION MÉDECINALE.

L'amande eft un aliment très - nourriffant , relâchant , rafraîchiffant , calmant , adouciffant , fort
efficace pour faire ceffer l'ardeur interne caufée ,
foit par la trop violente circulation , foit par l'âcreté
de quelque fluide ; il émouffe les humeurs bilieufes ,
& autres , qui irritent par une trop grande acri-
monie. On peut laiffer manger des amandes , avec

modération, à ceux qui font fujets à la foif, à des ardeurs d'eftomac & d'entrailles, à une chaleur féche par tout le corps, ou feulement aux extrémités; à des infomnies, aux ardeurs d'urine, à des difficultés d'uriner, à la conftipation, aux maux de gorge, à la fiévre, à la toux. Les perfonnes qui ont l'eftomac froid ou foible, naturellement ou par accident, feront bien de s'en abftenir ; les amandes détruiroient le peu de force digeftive qui leur refte, en augmentant le froid, le relâchement ; en émouffant les fucs digeftifs, & en engourdiffant les nerfs de l'eftomac; c'eft auffi ce que peut faire l'excès des amandes chez ceux qui ont le meilleur eftomac. Les amandes ameres font une fenfation qui n'eft pas défagréable fur l'organe du goût de bien des gens, & prifes en petite quantité, on les regarde, à caufe de leur aftriction, comme étant légérement incifives, ftomachiques, vermifuges, carminatives & apéritives; mais l'effet qu'elles produifent dans l'eftomac des oifeaux, de plufieurs quadrupedes, & de quelques hommes ou femmes, en leur caufant des convulfions & des vomiffements, qui ne ceffent que quand tout ce qui avoit été pris, eft rejetté, & qui font probablement occafionnés par une action irritante, ou d'un autre genre, mais toujours nuifibles pour les fibres ou les nerfs de ces divers eftomacs; cet effet, dis-je, doit rendre fort réfervé fur l'ufage des amandes ameres, quoique le fucre & les affaifonnements puiffent diminuer cette qualité, comme ils empêchent que les amandes douces ne rafraîchiffent fi fort.

L'huile qu'on retire, par expreffion, de ces deux efpeces d'amandes, eft de tous les médicaments, le plus adouciffant, le plus relâchant & le plus propre à diminuer l'irritation. Il convient à tout le monde dans les vomiffements, coliques & irritations vives, fur-tout quand ces accidents font accompagnés d'ardeur & de fiévre.

AMOURETTES : moëlle des vertebres du veau ou du mouton. On en prend la quantité qu'il faut, qu'on coupe en morceaux de cinq à six pouces de long ; on les fait mariner, pendant deux bonnes heures, avec des oignons coupés par tranches, bouquet de persil, basilic, sel, poivre, jus de deux citrons, ou vinaigre, avec un verre d'eau ; on les fait égoutter ensuite ; on les poudre de fine farine, & on les fait frire, de sorte qu'elles soient croquantes & moëlleuses.

OBSERVATION MÉDECINALE.

Ce mets est très-délicat, d'un goût exquis, stomachique, mais peu capable de soutenir le corps.

ANCHOIS : petit poisson de mer qu'on fait confire au sel dans des barils, après lui avoir ôté la tête & les entrailles. Il entre dans plusieurs sauces & salades. Pour les mettre en salade, il faut les laver dans du vin, les couper par filets ; on les sert ordinairement avec le jeune cerfeuil & la petite laitue.

On en fait des coulis pour plusieurs sauces, & ragoûts gras & maigres.

On en fait des rôties. On coupe, pour cet effet, des tranches de pain d'un pouce de largeur sur quatre de longueur. On les fait frire dans l'huile ; on fait une sauce avec huile fine, vinaigre, gros poivre, ciboules, échalottes hachées menu ; on couvre ensuite les rôties à moitié de filets d'anchois.

OBSERVATION MÉDECINALE.

L'anchois frais & ferme, sans être coriace, est exquis, succulent, délicat, mais peu propre à nourrir. Il se digère très-facilement. Celui qu'on a salé, pour le porter au loin, ne se sert plus que comme un assaisonnement, qui, étant devenu échauffant & irritant par le sel dont il est pénétré, ne convient plus aux personnes délicates & sensibles ; aux estomacs à qui il ne faut que des aliments doux.

ANDOUILLES : se servent pour entrées ; on en fait de cochon, de veau, de poisson. Pour les fervir, on les trempe dans une graiffe douce; on les pane, & on les fait cuire fur le gril à petit feu.

OBSERVATION MÉDECINALE.

On peut voir par ce qui a été dit de la qualité des chairs dont fe font les andouilles, & de la quantité confidérable de graiffe qui y entre, que ce mets ne convient qu'aux meilleurs eftomacs & à ceux qui font beaucoup d'exercice.

ANGÉLIQUE. (*Conferve d'*) L'angelique eft une plante de fort bonne odeur, & qui eft excellente pour la poitrine; elle fe coupe trois fois l'année, au printemps, en été & en automne: vous coupez cette plante, lorfque les tiges font de bonne groffeur, avant qu'elle foit montée en graine; & lorfqu'elle eft fraîchement cueillie, on en ôte les feuilles, & on coupe les cardons par morceaux, de la longueur de la main; on en tire la petite peau de deffus, & à mefure on les met dans de l'eau fraîche: après cela, on fait bouillir d'autre eau dans laquelle vous les mettez blanchir à gros bouillons: on connoît qu'ils font blanchis lorfqu'ils s'écrafent aifément fous les doigts; vous les ôtez enfuite de deffus le feu, & vous les laiffez dans la même eau, en les couvrant pour les faire reverdir. Vous les tirez enfin & les mettez dans deux eaux fraîches; puis vous les faites égoutter, & les arrangez dans une poële avec du fucre clarifié, & leur faites prendre dix ou douze bouillons: vous les retirez du feu; vous en ôtez l'écume, & vous verfez le tout dans une terrine; le lendemain, vous égouttez le fyrop, & vous le faites cuire à la petite perle; puis vous le jettez fur votre fruit pendant deux ou trois jours; après cela, vous égouttez l'angélique fur un égouttoir; vous faites cuire le fyrop à la groffe perle, en l'augmentant de fucre; vous gliffez votre angélique dedans, & vous lui faites prendre cinq ou fix bouillons; vous la mettez enfuite égoutter, & vous la rangez fur des ardoifes ou feuilles de fer-

blanc; poudrez-la d'un peu de fucre, & la mettez fécher à l'étuve.

Angélique (*Eau d'*) Quoique le diftillateur puiffe
fe fervir de toute la plante, il n'emploie guere que la
graine, qui eft la meilleure partie. Il faut plier cette
graine, avant que de l'employer pour développer
fon parfum; quand vous voudrez faire cette liqueur,
vous choifirez de la graine de l'année, qui ait tous
les fignes de bonté décrits plus haut; vous la mâ-
cherez pour en juger au goût: l'odorat même vous
inftruira affez de fes qualités. Quand vous aurez
choifi votre graine d'angélique, vous la pilerez,
& la mettrez dans l'alambic, avec une quantité fuffifante d'eau & d'eau-de-vie. Les efprits de cette
graine, ainfi préparés par la trituration, monteront
affez vîte. Ainfi c'eft à vous de faire attention aux
phlegmes, pour n'en pas tirer & ne pas gâter votre
eau. Lorfque vous aurez tiré vos efprits d'angélique,
vous les mettrez dans le fyrop que vous aurez foin
de faire, pendant que l'alambic fera fur le feu,
en faifant fondre, à l'ordinaire, du fucre dans de
l'eau fraîche, & vous remuerez le tout, pour le
mêler avec ce fyrop: enfuite vous pafferez ce mêlange à la chauffe; & fi c'eft en commun que vous
travaillez pour quelque liqueur de bas prix, vous
ne diftillerez que les deux tiers de votre eau-de-vie;
& vous mêlerez enfemble le fyrop, le tiers d'eau-
de-vie réfervé, & les efprits d'angélique diftillés,
que vous pafferez, comme il eft dit ci-deffus, à la
chauffe; & quand ces mêlanges feront clarifiés, votre
liqueur fera faite. Vous pourrez vous fervir de cette
derniere obfervation pour toutes les liqueurs communes, faites avec les graines.

OBSERVATION MÉDECINALE.

L'angélique eft une plante ftomachique, pectorale, un peu échauffante, & fudorifique, propre
à faire fortir les vents, à divifer les glaires & la
pituite, à faciliter la digeftion, à préferver les hu-

meurs de corruption, de scorbut; qui communique une odeur agréable à l'haleine, & empêche les effets d'une foible contagion; l'eau-de-vie & le sucre ne peuvent qu'augmenter toutes ses vertus.

ANGUILLE : poisson d'eau douce très-connu. Les meilleures préparations de ce poisson, très-visqueux de sa nature, sont de le manger rôti avec différentes sauces.

Anguille à la matelotte. On la coupe par tronçons qu'on passe au roux avec un peu de farine, un peu de bouillon de poisson, ou purée claire, champignons, fines herbes, ciboules & persil hachés, sel & poivre. On laisse bouillir le tout; à la moitié de la cuisson, on y met un verre de vin : après quelques bouillons, on retire & l'on sert.

Anguille en fricassée de poulets. Coupez-la par tronçons; mettez ces tronçons dans une casserole avec beurre fin, fines herbes, champignons; passez-les sur le feu avec une pincée de farine, & mouillés de bouillon & vin blanc. Votre ragoût cuit, faites une liaison de jaunes d'œufs & de crême.

On en met encore aux montants de laitue : elle s'accommode comme en fricassée de poulet. On n'y ajoute que les montants de laitue, blanchis & égouttés qu'on met sur la fin de la cuisson, & ensuite la liaison telle que ci-dessus. Il est une infinité d'autres manieres d'accommoder ce poisson ; mais notre but n'étant pas de donner ce qu'il y a de plus fin dans la cuisine ; nous nous bornons à quelques préparations suffisantes pour l'objet que nous nous sommes proposés.

Anguille sur le gril. On la coupe par tronçons que l'on incise & qu'on fait mariner quelque temps dans du beurre fondu avec fines herbes, poivre, sel, ciboules. On fait chauffer un peu ces tronçons ; on les pane, & on les fait griller à petit feu jusqu'à ce qu'ils soient de belle couleur.

L'anguille ainsi cuite se met à la sauce *robert*, à la sauce *verte*, à la sauce *rousse*, à la sauce *au beurre blanc*. Nous parlerons de ces différentes sauces, à leurs articles respectifs.

Si l'anguille est grosse, on la met à la broche, enveloppée d'un papier bien beurré; & on la sert aux mêmes sauces que ci-dessus.

OBSERVATION MÉDECINALE.

La chair de l'anguille est délicate & nourrissante ; mais par sa nature, & encore plus par la quantité de graisse huileuse qu'elle contient, elle se digere difficilement chez ceux qui ont l'estomac froid & foible, les sucs digestifs peu actifs, & qui menent une vie sédentaire. Quand on lui ôte la plus grande partie de sa graisse, par la maniere de l'apprêter, & qu'on y joint des assaisonnemens de haut goût, elle devient plus facile à digérer.

ANIMELLES : on appelle ainsi les testicules du bélier. On les sert de ces trois façons.

On les coupe par morceaux en quatre ou huit; on en ôte la peau ; on met dessus un peu de sel pilé & de farine ; on les fait frire jusqu'à ce qu'elles soient croquantes.

On fait une pâte avec farine détrempée de bierre, ou du vin, dans laquelle on met un demi-verre d'huile avec du sel. On fait frire les animelles à moitié, & on les met dans cette pâte; & ensuite on les remet à friture ; on les garnit de persil frit, pour servir.

On les fait mariner avec oignons, persil, poivre, girofle, vinaigre & un peu de bouillon; on les trempe dans des œufs battus; on les pane; on les fait frire ; & on les sert garnies de persil frit.

OBSERVATION MÉDECINALE.

Les animelles seules sont un mets nourrissant & fortifiant : elles le deviennent bien davantage, étant accommodée comme elles le sont ici avec de la pâte, des œufs & des épices; mais elles conviennent moins aux personnes délicates & aux estomacs foibles.

ANIS DISTILLE'. (*Esprit d'*) Pour faire deux pintes d'esprit d'anis, vous mettrez dans un pot très-propre, & bien couvert, quatre pintes d'eau-de-vie;

avec trois quarterons d'anis , du meilleur ; mettez le pot sur de la cendre chaude , pour tenir tiéde la liqueur qui est dedans , ou à l'étuve pendant huit jours ; lorsque votre anis est bien infusé , vous mettez le tout dans l'alambic , pour le faire distiller ; après quoi , vous le mettrez dans des bouteilles pour vous en servir, comme vous le jugerez à propos.

Anis. (*Dragées d'*) Il faut prendre de bon anis bien doux, le mettre sécher à l'étuve , pendant deux ou trois jours , ayant soin de le bien frotter sur un tamis , pour en ôter la poussiere ; faisant ensorte qu'il n'y reste que le grain ; puis le mettre dans la bassine , sur le tonneau , avec un feu modéré ; le charger d'une couche de sucre cuit à lissé , en le remuant continuellement avec les mains, pour le faire sécher. Pour connoître quand il est bien sec , il faut que le sucre paroisse comme de la poudre, sur le dos des mains ; le continuer de même jusqu'à ce qu'il soit assez gros pour le petit anis : ensuite étant bien sec, passez-le dans un gros tamis ; celui qui reste dans le tamis, sert à en faire du gros anis que l'on charge à la grosseur qu'on souhaite.

Anis. (*Eau d'*) L'anis de Verdun étant le plus en usage, vous pourrez, si vous voulez, vous en servir ; & je crois qu'il faut l'employer préférablement à tout autre : vous pourrez aussi le piler pour le faire foisonner & y mêler un tiers de fenouil, ou plus , selon la quantité de liqueur que vous voudrez faire : vous pilerez aussi ce que vous emploierez de fenouil ; & quand l'un & l'autre seront pilés , vous mettrez les deux tiers de ce que vous aurez d'eau-de-vie dans votre alambic, avec l'anis & le fenouil ; & vous réserverez l'autre tiers pour ce que nous dirons : vous mettrez ensuite votre alambic sur le feu, le luterez exactement, & graduerez le feu, par proportion à la quantité de marchandises que vous aurez à distiller : vous aurez soin de rafraîchir votre chapiteau , & celui de ne point tirer de phlegme. Quand vous aurez tiré vos esprits à l'anis, vous ferez fondre du sucre dans de l'eau fraîche ; & quand il sera fondu, vous y mettrez vos esprits distillés, & mettrez ce tiers d'eau-de-vie , que nous avons dit qu'il falloit réserver dans votre syrop : vous mêlerez bien le tout, tant les esprits d'anis, que ce tiers d'eau-de-vie réservé, pour les passer ensemble à la chausse, jusqu'à ce qu'elle soit claire. Pour six pintes d'eau d'anis, mettez dans votre alambic deux pintes d'eau-de-vie, & une chopine d'eau ; mettez une once de fenouil & deux onces d'anis, une livre & un quart de sucre, trois pintes d'eau, pour faire le syrop ; & quand votre sucre sera fondu, vous prendrez cinq demi-septiers d'eau-de-vie que vous mettrez avec vos esprits dans le syrop, & passerez le tout à la chausse ; & votre liqueur étant clarifiée, elle sera faite.

Anis. (*Glace d'*) Faites infuser de l'anis dans une pinte d'eau tiéde avec trois quarterons de sucre ; vous aurez soin de la goûter, pour que l'eau n'en prenne pas trop le goût : lorsque vous trouvez qu'elle a pris suffisamment le goût d'anis, vous la passez dans un tamis bien serré, pour la faire prendre à la glace dans la salbociere.

Anis. (*Ratafia d'*) Faites bouillir une chopine d'eau. En la retirant du feu, mettez-y un quarteron d'anis d'Espagne, parce qu'il est estimé le meilleur. Quand votre eau sera froide, vous la mettrez dans une cruche avec l'anis, deux pintes d'eau-de-vie, une livre & demie de sucre clarifié : bouchez la cruche avec un bouchon de liége, & un parchemin mouillé ; laissez infuser pendant quinze jours : ensuite vous passerez le ratafia à la chausse, pour le conserver dans des bouteilles bien bouchées.

OBSERVATION MÉDECINALE.

La graine d'anis est stomachique, échauffante, pectorale : utile à ceux qui ont l'estomac froid & sont sujets aux vents, à la colique, à la pituite, aux glaires ; elle empêche de sentir la mauvaise odeur de l'haleine de ceux dont les dents, les gencives, la poitrine ou l'estomac donnent une mauvaise odeur.

ARDELLE. (*Eau d'*) Pour faire cette liqueur,

vous choifirez des cloux de girofle & du macis ; vous
les mettrez dans le mortier, & les pilerez. Quand
ils auront été réduits en poudre, vous les mettrez dans
votre alambic, avec de l'eau & de l'eau-de-vie : enfuite vous mettrez votre alambic, ainfi garni, fur
fon fourneau où vous allumerez un feu tant foit peu
vif; & vous tirerez vos efprits, en obfervant toujours
de tirer un peu de phlegme, parce que les épices ne
donnent leur goût & leur odeur, que fur la fin du
tirage. Quand vos efprits feront tirés, vous ferez fondre du fucre dans de l'eau fraîche, pour le fyrop de
votre liqueur : vous mêlerez vos efprits enfuite dans
ledit fyrop quand le fucre fera bien fondu, & vous
pafferez le tout à la chauffe, pour le clarifier ; &
votre liqueur fera faite, quand elle fera claire. L'ufage
eft de colorer cette couleur, avant que de la paffer à
la chauffe; c'eft un point à obferver : autrefois on
donnoit à cette liqueur un rouge tendre & clair;
mais aujourd'hui on eft dans l'ufage de lui donner
une couleur plus éclatante. Vous ferez cette couleur,
ainfi que vous le verrez à l'article *Couleurs*. Et vous
diminuerez autant d'eau fur le fyrop de cette liqueur,
que vous en aurez mis pour la couleur. Vous pouvez
employer, pour faire le fyrop, au lieu de fucre, de
la caffonade, comme fi c'étoit une liqueur commune,
à caufe de la couleur. Pour environ fept pintes d'eau
clairette d'Ardelle de Chambery ordinaire, vous
mettrez dans votre alambic un demi-gros de cloux de
girofle, deux gros de macis, quatre pintes d'eau-de-
vie, & une chopine d'eau : & pour faire le fyrop,
vous mettrez deux livres & trois quarts de fucre dans
trois pintes d'eau.

ARTICHAUT : légume très-connu, & d'un grand
ufage; il fe fert pour entremets.

Artichauts à la crême. Vos artichauts étant cuits,
paffez - les au beurre; mêlez - y de la crême avec
ciboule, perfil, un jaune d'œuf, pour liaifon & l'affaifonnement convenable.

Artichauts à la poivrade. Prenez artichauts violets ou petits artichauts verds. Epluchez & cou-

pez, fervez à côté du potage pour hors-d'œuvre.

Artichauts à la fauce blanche. Paſſez les culs dans la caſſerole avec beurre, perſil, poivre blanc & ſel. Faites une ſauce avec jaunes d'œufs, vinaigre & du bouillon.

Artichauts à l'Eſpagnole. Coupez - les comme ſi vous vouliez les faire frire. Faites-les cuire avec l'huile, perſil, ciboule & champignons, pointe d'ail ; le tout haché menu. Trempez-les de bouillon. Dégraiſſez enſuite ; mettez-y un peu de jus ; liez la ſauce avec un coulis, & ſervez avec du jus de citron.

Artichauts à l'huile & au vinaigre. Tout le monde en ſait l'aſſaiſonnement.

Artichauts au gras. Prenez de bon coulis ; mettez-y un morceau de beurre, un filet de vinaigre, ſel & gros poivre ; faites lier la ſauce ſur le feu, & y mettez vos artichauts.

Artichauts au jus. Voyez *Jus*.

Artichauts au maigre. Au lieu de coulis mettez une ſauce blanche à l'ordinaire.

Artichauts au verjus en grain. Otez le verd de deſ-ſous ; coupez les feuilles à moitié ; faites-les cuire avec un léger aſſaiſonnement ; faites-les égoutter ; mettez du beurre dans une caſſerole avec une pincée de farine, deux jaunes d'œufs, verjus, ſel & gros poivre. Liez cette ſauce ſur le feu ; mettez-y du verjus en grain, après l'avoir fait bouillir un inſtant à part.

Artichauts bouillis. Parez - les. Faites cuire dans l'eau avec ſel & beurre ; égouttez & vuidez - les de leur foin : mettez un morceau de beurre dans une écuelle avec un filet de vinaigee, ſel & gros poivre ; faites lier la ſauce, & ſervez.

Artichauts en criſtaux. Prenez des artichauts violets paſſez - les, & dreſſez - les ſur un plat ſens deſ-ſus - deſſous, & mettez deſſus des morceaux d'une glace bien nette.

Artichauts en fricaſſée de poulets. Coupez - les par morceaux ; faites-les cuire dans l'eau bouillante ; mettez-les enſuite dans l'eau fraîche. Accommodez-les enſuite en fricaſſée de poulets, & faites une liaison, comme il a été dit à l'article *Anguilles*.

Artichauts en purée. Faites cuire vos culs d'artichauts avec un morceau de beurre, poignée de farine & sel, jusqu'à ce qu'ils soient en bouillie ; passez-les à une passoire fine, comme pour la purée de pois. Faites mitonner à petit feu avec du beurre frais, sel, poivre, muscade, girofle battu & fines herbes. Prenez ensuite amandes douces bien pilées, écorce de citron confits, biscuits d'amandes ameres, jaunes d'œufs durs & sucre en poudre ; mêlez le tout avec suffisante quantité de fleurs d'orange, & le mettez dans votre purée ; remettez un peu sur le feu, & servez ensuite.

Artichauts frits. Coupez-les par morceaux ; ôtez le foin, & les maniez dans une casserole avec un peu de farine, deux œufs entiers, filet de vinaigre, sel & poivre ; & faites-les frire jusqu'à ce qu'ils soient de belle couleur. D'autres, après leur avoir fait jetter quelque bouillon dans l'eau chaude, les font mariner dans le vinaigre avec sel & poivre, les saupoudrent de farine, & les font frire à l'ordinaire. Il est encore beaucoup d'autres manieres d'accommoder les artichauts. Ceux qui desireront les connoître & avoir des idées d'une cuisine au-dessus de la bourgeoise, les trouveront dans le livre intitulé : *les Dons de Comus*, & autres.

Artichauts. (*Maniere de conserver les*) Otez toutes les feuilles & le foin avec un couteau, & ne laissez du cul, que ce qui est bon à manger. A mesure qu'ils sont parés, jettez-les dans l'eau fraîche, afin qu'ils ne noircissent pas. Farinez-les bien ; rangez-les sur une claie, & faites-les sécher au four. Quand vous voudrez vous en servir, il faudra les laisser tremper pendant vingt-quatre heures. D'autres, après les avoir parés comme ci-dessus, les font égoutter sur des claies & sécher au soleil ou à la chaleur modérée du four, jusqu'à ce qu'ils soient secs comme du bois, & les font revenir en les laissant tremper vingt-quatre heures, ou plus, dans l'eau tiéde, lorsqu'ils veulent s'en servir. On les conserve

encore en. les faifant confire dans une faumure de
deux parties d'eau & une de vinaigre, dans laquelle
on fait fondre une livre de fel pour trois pintes de
faumure ; on laiffe repofer , & l'on tire à clair. On
prend des artichauts les plus tendres & les moins
filandreux ; on les ajufte comme ci-deffus. On les fait
cuire à l'eau bouillante ; on les tire enfuite , & on
les met à l'eau fraîche. Quand ils font refroidis , on
les laiffe égoutter ; on les effuie ; on les met en pot ,
la faumure par-deffus, & fur la faumure , de l'huile
& du beurre fondu. On place les pots dans un endroit qui ne foit ni trop chaud ni trop froid , mais
fec ; & on n'ouvre les pots , que quand on veut s'en
fervir. Avant d'employer les artichauts , on les met
deffaler à l'eau fraîche.

OBSERVATION MÉDECINALE.

L'artichaut cuit eft un aliment très-fain , nourriffant , ftomachique , légérement échauffant & aftrin-
gent : les perfonnes délicates , les eftomacs foibles , les
gens fédentaires , le digerent affez bien ; & il leur
convient autant que l'artichaut crud peut leur nuire
par fon acidité & fon aftriction trop fortes.

ASPERGES *à la crême* : fe coupent par petits
morceaux qu'on fait blanchir à l'eau bouillante ,
qu'on paffe enfuite à la cafferole avec du beurre ;
on y met enfuite du lait & de la crême avec fel ,
poivre , fines herbes. Le ragoût cuit , on y délaye
deux jaunes d'œufs avec du lait & de la crême. La
liaifon faite , on fert.

Afperges au jus. Rompues par morceaux , on les
graiffe avec lard fondu , perfil & cerfeuil hachés
menu , fel , poivre blanc & mufcade ; on fait mitonner le tout à petit feu dans du bouillon gras. On
les dégraiffe , & on les fert avec du jus de mouton
& jus d'un citron chaudement. Tout le monde connoît les afperges au beurre blanc & en falade ; nous
n'en parlerons pas.

Afperges confites. Prenez les plus petites ; coupez
le blanc ; & coupez-les enfuite en plufieurs morceaux.

Ayez du fel & du girofle groffierement concaffé ; faites - en une couche dans un pot bien vernifé. Faites
divers lits d'afperges, & du même affaifonnement,
jufqu'à ce que le pot foit plein ; verfez deffus de bon
vinaigre ; tenez votre pot bien fermé ; & pour les
tirer, quand vous en aurez befoin, fervez - vous
d'une cuiller d'argent ; & n'y touchez jamais avec
la main, de peur de faire fermenter le mélange & de
le gâter ; ce qui arriveroit immanquablement fans
cette attention.

Afperges en omelettes. On les paffe au roux comme
ci-deffus ; & quand elles font cuites, on y met de
la crême. On verfe le tout dans des œufs préparés
pour l'omelette. On bat le tout enfemble ; on fait
l'omelette, à l'ordinaire, avec de bon beurre, & l'on
fert chaudement.

Afperges en petits pois : fe coupent par morceaux
de leur groffeur. Blanchis & égouttés, on les paffe
à la cafferole avec beurre, perfil & ciboules. Lorfqu'elles font cuites, & que la fauce eft prefque
tarie, on y met un peu de fucre & fel fin ; on délaye
deux jaunes d'œufs avec de la crême ; & quand la
fauce eft liée, on fert.

OBSERVATION MÉDECINALE.

L'afperge eft un aliment très-fain, peu nourriffant,
mais rafraîchiffant, apéritif, favonneux ou légérement
fondant, laxatif, de facile digeftion, propre à
émouffer l'âcreté des humeurs & fur tout de la bile.
Il peut être mangé même par les perfonnes délicates
& celles dont l'eftomac n'eft pas bon.

AVELINES. (*Bifcuits d'*) Pilez très-fin un quarteron d'avelines, après les avoir échaudées : arrofez-
les en les pilant avec un peu de blanc d'œufs ; enfuite
mettez-y un quarteron de fucre que vous pilez avec
les avelines jufqu'à ce qu'ils foient mêlés enfemble ; après quoi, vous y mettez quatre blancs
d'œufs fouettés que vous délayez peu-à-peu avec les
avelines & le fucre ; finiffez vos bifcuits de la même
façon que ceux des amandes ameres.

Avelines. (*Conserve d'*) Vous prenez un demi-quarteron d'avelines que vous échaudez, & les coupez en travers le plus mince que vous pouvez ; faites cuire une livre de sucre à la grande plume ; ôtez-le du feu ; quand il sera un peu refroidi, mettez-y les avelines que vous remuez bien avec une spatule, jusqu'à ce qu'elles soient incorporées avec le sucre ; dreffez votre conserve dans des moules de papier : lorfqu'elle sera froide, vous la couperez par tablettes à votre ufage.

Avelines. (*Dragées d'*) Echaudez des avelines, fuivant la quantité que vous en voulez faire, & mettez-les fécher à l'étuve. Vous les mettrez dans une grande poële à provifion fur un bon feu, & les remuerez bien jufqu'à ce qu'elles foient bien féchées : enfuite vous y jetterez peu-à-peu un fucre gommé, fait de cette façon. Vous faites fondre de la gomme arabique avec de l'eau ; lorfqu'elle eft fondue & paffée dans un linge, vous la mêlez avec autant de fucre cuit au liffé ; jettez-y de ce fucre, & remuez toujours les avelines fur un moyen feu, jufqu'à ce qu'elles fe foient attachées après ; quand elles commenceront à être féches, vous y remettrez encore de ce même fucre jufqu'à ce que vous voyiez qu'elles en aient affez : alors vous les continuerez avec un autre fucre cuit au liffé, fans être gommé ; & vous leur donnerez, de cette façon, une douzaine de couches ; quand la derniere fera bien féche, vous ôterez les avelines de la poële ; lavez la poële, & faites-la fécher ; remettez-y les avelines pour les faire liffer, en y jettant encore du fucre cuit au liffé ; vous les remuerez fortement fur la fin, fans les faire fauter ; & vous acheverez de les faire fécher à l'étuve.

Avelines. (*Grillage d'*) Echaudez une livre d'avelines, & mettez-les dans une poële avec un peu d'eau & une livre de fucre. Faites-les bouillir jufqu'à ce qu'elles pétillent ; ôtez-les du feu, & remuez-les fans ceffe, avec la fpatule ; quand elles feront affez pralinées, mettez-y un peu de nompareille mêlée avec du citron confit haché, & un peu d'anis, mêlez bien le tout ensemble & promptement ; jettez votre grillage fur une feuille frottée avec un peu d'huile d'olives ; étendez-le avec la fpatule ; quand il fera froid, coupez-le par morceaux de la grandeur que vous jugerez à propos, & le mettez à l'étuve.

OBSERVATION MÉDECINALE.

Les avelines font nourriffantes, adouciffantes, rafraîchiffantes ; mais elles ne conviennent qu'aux bons eftomacs, encore faut-il qu'elles aient été parfaitement broyées par les dents. Dans les circonftances contraires, elles ne fe digéreront pas & nuiront, fuffent-elles avec du fucre.

AZEROLLES : les azerolles font affez femblables aux nefles, excepté qu'elles font plus petites ; elles ont, comme elles, une efpece de couronne ; ce fruit, quand il eft mûr, eft rouge, doux & mol ; les meilleures font celles qui croiffent dans l'Italie & le Languedoc ; leurs propriétés font les mêmes que celles des nefles. Ce fruit n'eft prefque d'aucun ufage à l'office : cependant fi l'on vouloit en fervir, & les donner d'une autre façon que dans leur naturel, vous leur mettez à chacune un petit bâton ; vous faites cuire du fucre au caramel que vous tenez chaudement fur un petit feu, & vous y trempez l'une après l'autre des azerolles que vous mettez à mefure fur un clayon, c'eft-à-dire, que vous mettez les bâtons dans la maille du clayon, afin que le caramel puiffe fécher en l'air. Vous les fervirez enfuite fur des affiettes garnies d'un rond de papier découpé.

OBSERVATION MÉDECINALE.

Les azerolles font aftringentes, on peut même dire ftomachiques : elles conviennent à ceux qui ont l'eftomac foible, relâché, & aux perfonnes fort fujettes aux glaires, au dévoiement ; mais il ne faut en manger qu'en petite quantité.

BAIN-MARIE : prenez trois livres de tranche de bœuf, autant de rouelle de veau, une de mouton maigre, le tout dégraiffé ; un chapon vuidé, dont on a ôté la peau, avec une perdrix. Mettez le tout dans un pot neuf, qu'on aura fait bouillir avant dans l'eau bouillante, avec un oignon piqué de deux clous de girofle & un peu de fel, & trois chopines d'eau. Fermez votre pot & le lutez avec de la pâte, pour que rien ne s'en évapore. Mettez enfuite votre pot dans l'eau bouillante, que vous aurez foin d'entretenir toujours à fa premiere hauteur en y en ajoutant de nouvelle, auffi bouillante. Laiffez cuire cinq heures durant. Enfuite paffez ce bouillon dans une étamine ; laiffez repofer, & dégraiffez. Ce confommé, ou reftaurant, eft excellent pour les malades qui ont befoin de réparer la perte de leurs forces. On s'en fert pour mitonner les croûtes ; & fi l'on veut le faire au riz, on ne fait que remplir le chapon vuidé de riz bien épluché.

BALAQUINES, BALON, BARAQUILLES : fe fervent en entrées, hors-d'œuvre & entre-mets ; mais, comme ils exigent un attirail de cuifine très-confidérable, & que leur préparation eft, en même temps, très-difpendieufe & très-compliquée, nous renvoyons ceux qui feront curieux d'en faire, ou d'en faire faire, aux ouvrages de cuifines plus étendus qu'on ne s'eft propofé de faire celui-ci.

BARBADES. (*Créme des*) Cette liqueur fe fait avec ce qu'il y a de meilleur à diftiller, tant en fruit à écorce, qu'en épices. On emploie, pour faire cette liqueur, le cedrat, l'orange de Portugal, le macis, la canelle & le clou de girofle. On voit, par cette recette, qu'on ne peut rien employer de mieux. Quand cette liqueur eft bien faite, elle eft une des plus flatteufes au goût ; & c'eft à mon avis ce qu'il y a de meilleur. Lorfque vous aurez choifi vos fruits, vous couperez les zeftes, avec route l'attention poffible ; vous pilerez les épices, & mettrez le tout dans l'alambic, avec de l'eau & de l'eau-de-vie, & vous le diſtillerez ſur un feu ordinaire ; quand vous aurez tiré les eſprits, vous ferez fondre du ſucre dans de l'eau fraîche ; & lorſqu'il ſera fondu, vous verſerez les eſprits dans ce ſyrop ; & vous clarifierez ce mêlange, en le paſſant à la chauſſe ; quand votre liqueur ſera claire, elle ſera faite. Pour ſix pintes de crême des Barbades, vous mettrez dans votre alambic les zeſtes d'un beau cedrat, les zeſtes de trois belles oranges de Portugal, un gros de macis, deux gros de cannelle, huit cloux de girofle, quatre pintes d'eau-de-vie, & une chopine d'eau ; & pour le ſyrop, trois livres & demie de ſucre, une demi-livre de caſſonnade, deux pintes & chopine & poiſſon d'eau.

Barbades. (*Eau des*) Les eaux des Barbades ſont en grand nombre. On en fait de tout goût ; par conſéquent les recettes en ſon extrêmement multipliées. Il y en a de brillantes, comme l'eſprit-de-vin ; d'autres plus ambrées. On en fait de tous les fruits à écorce, à la bergamotte, au cedrat, au limon, à l'orange de Portugal, à la bigarade, au citron de Madere, qu'on appelle autrement *citron Chinois.* On en fait de toutes épices, de girofle, de la cannelle, du macis, de la muſcade : on y ajoute encore l'ambre, ou plutôt la quinteſſence d'ambre. Pour les eaux des Barbades, qu'on veut faire ambrées, on prend tout ſimplement de l'eſprit-de-vin : on met les matieres de la recette dans cet eſprit-de-vin : on les y laiſſe infuſer au frais, pendant un mois, ou ſix ſemaines : on bouche bien le vaſe, ſoit bouteille, ſoit cruche, dans lequel on les a miſes ; & on a ſoin de remuer l'infuſion tous les jours, ſans déboucher la bouteille ; après ce temps, on rape du ſucre que l'on met dans ladite infuſion, avec les recettes ; & on le remue auſſi tous les jours, juſqu'à ce qu'il ſoit fondu ; & quand il l'eſt, on le paſſe au clair ; c'eſt le fruit qui donne à la liqueur cette couleur ambrée, à cauſe de l'infuſion ; & même cette couleur eſt foncée. On juge aiſément, par l'expoſé ci-deſſus, de la violence de ces liqueurs : elles coûtent beaucoup à faire. Pour l'eau des Barbades rectifiée, vous mettez dans l'alambic quatre pintes & chopine d'eau-de-vie, avec la moitié de la recette, c'eſt-à-dire, que ſi vous employez du cedrat, il en faut prendre quatre beaux, & une demi-once de cannelle. Vous mettrez dans l'alambic avec cette quantité d'eau-de-vie, deux beaux cedrats, & deux gros de cannelle que vous aurez pilé; & lorſque vous rectifierez les eſprits que vous aurez tirés, vous mettrez dans l'alambic le reſte de la recette; & pour faire le ſyrop, une livre de ſucre & une chopine d'eau. Pour l'eau des Barbades, de couleur ambrée, faite par infuſion, vous mettrez ſimplement vos zeſtes, & vos épices pilés dans de l'eſprit-de-vin ſimple : & au bout d'un mois, vous raperez une livre de ſucre, que vous mettrez dans l'infuſion ſuſdite; & lorſqu'il ſera fondu, vous paſſerez cette liqueur dans une chauſſe fine, où vous aurez déjà fait paſſer du cedrat, & que vous ne nettoierez pas, afin que votre eau des Barbades puiſſe mieux ſe clarifier, & prendre encore ce paſſage de bonnes impreſſions du cedrat, qui y aura paſſé. Si vous faites de l'eau des Barbades à la bergamotte, pour la clarifier, vous engraiſſerez d'abord la chauſſe avec de l'eau de bergamotte, fine & moëlleuſe; & cela lui donnera encore un bon goût de fruit, & du parfum, qui ne fera qu'ajouter à ſa perfection; vous ferez ainſi des autres fruits & épices; & votre eau des Barbades ſera parfaite.

BARBEAU : poiſſon connu. Il y en a de mer & d'eau douce. Comme il eſt aſſez inſipide, il a grand beſoin d'aſſaiſonnement pour être mangé avec plaiſir. Les manieres les plus ſaines de l'apprêter ſont au court-bouillon. (Voyez l'article *Aloſe au court-bouillon*;) ou en étuvée : (Voyez l'article *Carpe*.)

Barbeau en caſſerole. S'ils ſont petits, après les avoir vuidés & écaillés, mettez-les cuire dans une caſſerole avec vin, ſel, poivre, fines herbes & bon beurre. Liez la ſauce avec un peu de beurre manié avec de la farine.

Barbeau d'une autre façon. Cuit, comme ci-deſſus, & la ſauce tarie, mettez pour liaiſon un petit roux de farine frite; & fervez avec des tranches de citron , pour garniture. On peut encore , cuits comme deſſus , mais ſans beurre , mettre deſſus un ragoût de champignons , morilles , truffes , culs d'artichauts aſſaiſonnés de ſel & poivre , cuits à la caſſerole avec bon beurre frais & purée claire.

Barbeau grillé. S'il eſt d'une moyenne groſſeur , écaillé & vuidé , on l'inciſe légérement ſur le dos , on le frotte de beurre frais avec du ſel menu , & on le met ſur le gril. On verſe enſuite deſſus une ſauce aux anchois auxquels on peut ajouter des huitres blanchies & amorties dans ladite ſauce ; & pour garniture , on met des champignons & perſil frits. On ſert encore le barbeau grillé avec une ſauce blanche faite avec beurre frais , ſel , poivre , une pointe de rocambole & filet de vinaigre , deux anchois fendus & quelques olives déſoſſées.

OBSERVATION MÉDECINALE.

La chair du Barbeau eſt délicate & d'aſſez bon goût : elle eſt légere , un peu nourriſſante & aiſée à digérer. On peut la permettre aux convaleſcents & à ceux qui ont l'eſtomac foible ou dérangé.

BARBILLON : jeune barbeau , ſe met en étuvée. (Voyez *Carpe* ;) & ſur le gril, comme le barbeau.

BARBOTTE : petit poiſſon d'eau douce , aſſez peu eſtimé, en ce qu'il a , pour l'ordinaire , le goût du limon & des ordures dont il ſe nourrit. Ce qu'il a de meilleur , eſt le foie. De quelque façon qu'on les apprête , il faut les délimonner au préalable , dans l'eau chaude.

Barbotte en caſſerole : préparées comme ci-deſſous. Paſſez le foie à la caſſerole avec beurre roux ; mettez enſuite de la farine dans ce roux , pour frire ; cela frit , mettez vos barbottes avec vin blanc , ſel , poivre ; bouquet de fines herbes , un peu de citron verd & champignons. Le tout cuit , garniſſez des mêmes champignons , & mettez le jus d'un citron.

Barbotte en pâté. Mettez-les en pâte fine avec leurs foies, champignons , laites de carpes , queues d'écrevisses, huitres, culs d'artichauts, sel, poivre, fines herbes. Faites cuire, & servez avec jus de citron.

Barbotte en ragoût. Habillez-les, farinez, & faites frire. Mettez-les ensuite dans la casserole avec beurre roux, anchois fendus, passez ensemble, sel, poivre, muscade, capres, jus d'orange, ou de verjus de grain. Laissez cuire doucement; garnissez de persil frit & citrons par tranches. Servez pour entrée, comme tout poisson en ragoût.

La chair de la barbotte qui a été, pendant quelque temps, dans une belle eau, est en général, assez bonne, légere & aisée à digérer.

BARBUE : poisson de mer qui ne differe du turbot, qu'en ce qu'il n'a pas d'aiguillon.

Barbue à la sauce aux anchois : marinée, comme ci-dessous. Faites-la frire, & servez avec la sauce aux anchois. (Voyez l'article *Sauce.*)

Barbue au court-bouillon. (Voyez ci-dessus l'article *Barbeau au court-bouillon.*)

Barbue au court-bouillon d'une autre façon. Faites fondre la quantité convenable de sel dans l'eau ; passez par un linge, pour ôter la crasse ; placez votre barbue dans la casserole ; versez votre saumure avec suffisante quantité d'eau, pour qu'elle baigne, avec cloux, laurier, oignons, poivre blanc ; faites cuire. Quand elle sera cuite, mettez-la mitonner sur des cendres chaudes, & ajoutez à votre court-bouillon une pinte de lait; servez ensuite à sec sur une serviette, avec garniture de persil verd. Les turbots, soles, carrelets, cailleteaux, limandes se servent de même ; mais il ne faut pas les faire beaucoup cuire.

Barbue en salade : cuite au court-bouillon, & froide; coupez en filets; garnissez de petite salade, & assaisonnez à l'ordinaire ; ou avec une remoulade de persil, ciboules, capres, anchois hachés : assaisonnez avec sel, poivre, muscade, huile & vinaigre.

Barbue marinée : dans le verjus, avec sel, poivre, ciboules, laurier, citron; après avoir été incisée fur le dos, pour lui faire prendre la marinade, fe pane avec la mie de pain mêlée de fel; fe cuit au four, & fe fert garnie de perfil frit: ou marinée comme ci-deffus, fe trempe dans le beurre fondu; enfuite fe pane avec fel, mie de pain, chapelure bien fine; fe cuit au four dans une tourtiere; & lorf-qu'elle eft de belle couleur, fe fert avec garniture de petits pâtés, ou de croûtons & perfil frit, ou de champignons frits, ou de riffoles, ou de hâte-lets d'anguilles.

OBSERVATION MÉDECINALE.

La chair de la barbue fraîche eft délicate, légere, nourriffante, & très-aifée à digérer.

BASILIC: plante d'une odeur forte & fuave; il s'emploie en cuifine, fur-tout le petit bafilic, pour donner du relief aux fauces.

Bafilic. (*Liqueur de*) On fait avec le bafilic une liqueur très-agréable au goût. Prenez du petit bafilic, cueillez-le dans le temps qu'il fleurit; en temps chaud & fec; employez auffi-tôt les fleurs & les feuilles; parce que cette plante fe fane aifément, & eft fort délicate: l'impreffion qu'elle laiffe aux chofes qui la touchent, prouve que fon odeur s'évapore facile-ment. Déramez votre bafilic, mettez les fleurs & les feuilles dans votre alambic avec de l'eau-de-vie; diftillez votre recette à feu nud, mais tempéré; & quand vous aurez tiré vos efprits fans phlegme, vous boucherez bien votre récipient, pour éviter la tranfpiration & l'évaporation; vous ferez enfui-te le fyrop ordinaire, avec du fucre que vous ferez fondre dans l'eau bouillante; & quand votre fucre fera fondu, vous verferez votre fyrop dans les efprits de bafilic diftillé; & quand le tout fera bien mêlé, vous le pafferez à la chauffe, que vous aurez foin de couvrir, afin que rien ne fe perde de la force de vos efprits. Pour l'eau de bafilic en liqueur, prenez les feuilles & les fleurs enfemble, trois poignées, quatre pintes d'eau-de-vie, quatre livres de fucre fondu dans l'eau bouillante; & laiffez-le refroidir avant d'y mettre vos efprits.

OBSERVATION MÉDECINALE.

Le basilic est stomachique, nervin, légérement échauffant, & un peu incisif, employé comme assaisonnement, ne peut nuire aux personnes les plus délicates; mais il y en a qui n'en supportent pas le parfum, quoiqu'agréable.

BATONS-ROYAUX : espece de pâtisserie dont on garnit une piéce de bœuf, ou qu'on sert en hors-d'œuvres. On fait une farce fine quelconque dont on forme des fuseaux, qu'on enveloppe d'une abaisse de pâte fine, qu'on garnit de fleurs de lys, de pâte pareille, & qu'on fait frire comme des rissoles.

BAUME : plante connue, d'une odeur forte & aromatique, qu'on cultive dans les jardins & qu'on emploie à-peu-près comme le basilic, & dont les sommités se mettent avec les fournitures de salades.

OBSERVATION MÉDECINALE.

Le baume est peu échauffant, nervin, stomachique; ce qui en entre dans les différents mets les rend plus agréables au goût & plus sains.

BÉATILLES : on appelle *béatilles* certaines parties délicates de différentes viandes, comme ris de veau, crêtes de coq & palais de bœuf.

Béatilles. (*Tourte de*) Votre tourtiere étant garnie de son abaisse, rangez vos béatilles avec champignons, ris de veau, culs d'artichauts & moëlle de bœuf. Assaisonnez de sel, poivre, muscade, & par-dessus un peu de lard broyé; couvrez la tourte, dorez & faites cuire; avant de servir, mettez-y quelques jaunes d'œufs délayés.

Béatilles. (*Autre façon de*) Faites blanchir du veau, hachez-le avec sa graisse, ou graisse de bœuf, un peu de beurre frais & blancs de chapons. Mettez des abattis de volailles entiers, champignons, culs d'artichauts, sel, poivre, &c. Mettez au four, feu dessus & dessous.

BECCARD. (Voyez *Saumon.*)

BECCASSE : oiseau de passage très-connu, & d'un goût excellent.

Beccasse à la Bourguignone. Coupez vos beccasses en quatre. Reservez le dedans; mettez-les dans une casserole avec truffes par tranches, ris de veau, champignons, mousserons ; passez le tout avec lard fondu ; & mouillez de bon jus de bœuf. Assaisonnez avec sel, poivre, ciboules & deux verres de bon vin. Le tout étant cuit, délayez le dedans de vos beccasses, pour liaison, ou avec coulis de beccasse : on peut ajoûter une cuillerée l'essence de jambon. Le tout dégraissé, servez avec le jus d'un citron.

Beccasse à la broche : piquée ou bardée avec des feuilles de vignes, si c'est la saison, sans vuider on met dessous des rôties, pour recevoir ce qui en sort ; on les sert sur les rôties avec du jus de citron.

Beccasse à la Provençale. Retrouissez proprement & faites rôtir avec une barde de lard sur l'estomac. Faites un ragoût avec foies gras, ris de veau, persil & ciboules hachés, sel, poivre ; passez à la casserole avec lard & farine, un verre de bon vin, capres & un anchois hachés, olives désossées, bouquet de fines herbes, & coulis de bœuf, pour liaison. Dressez vos beccasses, le ragoût par dessus, & servez avec un jus de citron. Les chapons, poulardes, poulets, perdrix & dindons, peuvent se servir de même.

Beccasse à l'Espagnole : se mettent à la broche farcies, comme dessus, & se servent avec la sauce à l'Espagnole.

Beccasse aux olives : rôties, comme dessus, se servent avec un ragoût d'olives.

Beccasses aux truffes. De même.

Beccasse en salmi : à demi-cuites à la broche, coupez vos beccasses ; mettez-les dans une casserole avec du vin, truffes, champignons, capres, anchois, le tout haché menu ; faites cuire à petit feu. Mettez un bon coulis, pour lier ; dégraissez & servez avec jus d'orange. Les beccassines, dindons & autres volatilles peuvent se servir de même.

Beccasse farcie à la broche : fendez par derriere, vuidez & séparez le gésier. Hachez le reste, & le mêlez avec lard rapé, ou morceau de beurre fin, persil & ciboule hachés, & un peu de sel. Garnissez de cette farce. Faites cuire à la broche vos beccasses garnies de lard & enveloppées de papier. Servez-les ensuite avec les sauces ou ragoûts ci-après. Sauce à *la carpe*, à *l'Espagnole*, aux *zestes d'orange*, à *la sultane*. Ragoûts de *truffes*, de *montants*, *d'olives*, au *salpicon*. Voyez à leurs articles respectifs les sauces & ragoûts ci-dessus.

Beccasses. (*Pâté chaud & froid de*) Voyez *Pâté de Perdrix*.

OBSERVATION MÉDECINALE.

La chair de la beccasse, tendre & grasse, est un aliment délicat, sain & se digere aisément : il paroît assez nourrissant & ne pouvoir nuire à personne ; cependant on ne le conseille pas à ceux qui sont convalescents, ou au régime.

BECCASSINE : oiseau de passage, comme le précédent, plus petit & d'un goût plus fin.

Beccassine à la gréque : coupez les têtes ; étouffez les beccassines dans une braise de veau, lard & jambon à l'ordinaire, les têtes par-dessus. Etant cuites & égouttées, faites fondre du Parmesan dans un plat de l'épaisseur de deux écus ; arrangez-y vos beccassines ; mettez entre un ragoût de pistaches, pignons, gros raisin, & raisin de Corinthe, & petites truffes ; mettez les têtes dessus, le bec en dehors, & une olive farcie dans chaque bec. Saupoudrez de Parmesan rapé ; faites prendre couleur au four ; & pour servir, dégraissez & mettez une sauce à la Gréque, c'est-à-dire, beurre, huile & jus de citron.

Beccassine en ragoût : fendez-les sans en rien ôter ; passez à la poële, au lard, ou beurre roux, sel, poivre, ciboules & bouquet de persil, bouillon, un verre de vin. Faites cuire ; mettez de la rapure de croûtes de pain ; & servez avec un jus de citron.

Beccassine en salmi. (Voyez *Beccasses*.)

Beccassine en surtout : faites-les cuire en salmi. Laissez refroidir. Garnissez votre plat d'une farce à croquet sur les bords ; recouvrez de la même farce ; dorez & panez ; faites cuire au four, & servez.

OBSERVATION MÉDECINALE.
La chair de la beccassine est un aliment délicat &

fain : elle fe digere avec facilité. Les convalefcents & les perfonnes qu'on met au régime feront plus prudemment de s'en abftenir.

BEC-FIGUE : oifeau d'un goût exquis, fe fert rôti. On plume les bec-figues ; on ôte la tête & les pieds ; & en cuifant à la broche, on les poudre de pain rapé & de fel.

OBSERVATION MÉDECINALE.
La chair du bec-figue eft très-délicate, très-légere, de facile digeftion ; elle ne peut nuire au perfonnes la plus délicates & aux plus foibles eftomacs que par fa graiffe, dans le cas où on mangeroit plufieurs de ces oifeaux très-gras au même repas.

BEIGNET : forte de pâtifferie qui fe cuit dans la friture de beurre ou fain-doux, & dans quelques endroits à l'huile. On en fait aux pommes au lait, au blanc-manger, &c. La pâte à beignet fe fait en mettant de la farine dans une cafferole, qu'on délaie avec de la bierre, un peu de fel & d'huile, à laquelle on ajoûte deux ou trois blancs d'œufs fouettés.

Beignets d'abricots. Otez la peau ; coupez-les en deux ; faites mariner dans le fucre & l'eau-de-vie ; égouttez ; trempez dans une pâte de bierre ou vin blanc ; le refte à l'ordinaire.

Beignets bachiques. Prenez des bourgeons de vigne bien tendres. Trempez-les dans une pâte à bierre, comme les fraifes. Faites frire, & glacez.

Beignets au blanc-manger. Délayez une poignée plus ou moins de farine de riz bien fine dans du lait ; faites cuire, en remuant toujours, pendant une heure ou deux, felon la quantité & le feu. Si elle s'épaiffit trop, mettez un peu de créme en cuifant, &, fur la fin, un peu de fucre & citron rapés, avec des blancs de poulardes hachés très-menus. Votre créme finie, verfez fur votre tour à pâte avec de la farine deffus & deffous ; le tout refroidi, formez de petites boulettes de la groffeur d'une petite noix, bien ronde ; faites-en quatre affiettes pour un plat, & faites frire dans une friture bien chaude. Rapez deffus du fucre, & fervez.

Beignets au fromage. Ayez du lait, un morceau de beurre & un de fromage de Brie, au Gruyere bien doux. Faites fondre-le tout dans une casserole ; mettez ensuite de la farine, & faites comme une pâte royale ; ajoûtez des œufs. Dressez votre pâte ; formez vos beignets. Faites frire, &c.

Beignets de fraises. Ayez de grosses fraises bien épluchées : trempez-les dans une pâte à bierre, comme dessus ; & faites-les frire bien blonds, & servez-les glacés.

Beignets de pâte royale. Formez votre pâte, comme il est dit à l'art. *Pâte.* Graissez une feuille de papier de sain-doux. Formez vos beignets de la grosseur d'une petite noix ; mettez-les, s'il se peut, tous ensemble dans la friture à demi-chaude ; & menez doucement, s'ils sont gros ; plus vîte, s'ils sont petits. Saupoudrez de sucre, & servez chaud.

Beignets de pommes. Coupez par quartiers des pommes de reinette ; ôtez la peau & les pépins. Marinez, comme dessus. Egouttez ; maniez-les dans la farine ; faites frire de belle couleur, & glacez à l'ordinaire.

Beignets de pommes en joyaux. Coupez - les par rouelles ; vuidez le milieu, comme une bague ; le reste, comme dessus, ou trempés dans une pâte à bierre ou vin blanc.

Beignets de Portugal. Prenez des oranges ; ôtez la peau ; fendez en quatre ; faites blanchir, & mettez dans l'eau fraîche ; faites cuire dans le sucre ; trempez dans une pâte claire à la bierre, ou au vin d'Espagne. Faites frire bien blonds & glacez, pour servir.

Beignets lassés. Prenez un fromage, autant de farine délayée, quatre œufs frais, un peu de sel & de crême ; faites cuire comme une bouillie épaisse ; passez dans une passoire sur un papier bien graissé ; laissez refroidir. Coupez & faites frire ; glacez ensuite de sucre en poudre avec une pêle rouge. Les beignets au citron, aux pistaches, aux amandes se font de même.

Beignets seringués. Faites une pâte royale bien

ferme. Mettez-la dans un mortier avec citron rapé, fleurs d'orange, amandes pilées, ou bifcuits d'amandes ameres. Verfez des œufs à mefure que vous pilez, jufqu'à ce qu'elle foit affez liquide, pour mettre dans une feringue. Vous pouffez enfuite vos beignets dans la friture, qui prennent la forme qui fe trouve deffinée à la feringue. Faites frire, & fucrez. Il eft encore beaucoup d'autres façons de beignets. Le détail ci-deffus eft plus que fuffifant pour indiquer la façon de les faire, ou pour en fuggérer de nouvelles.

BERGAMOTTE. La bergamotte eft un fruit à peu-près comme un citron ; il eft excellent pour la confiture. Il faut les zefter ou tourner comme les citrons ; les blanchir de même, & les confire de la même maniere. On en peut confire avec le jus, & par quartiers.

OBSERVATION MÉDECINALE.

La bergamotte eft un affaifonnement qui, en rendant les aliments plus agréables au goût, les rend auffi plus fains, moins échauffants, plus faciles à digérer, prévient leur corruption, & corrige les humeurs putrides, ainfi que la difpofition qu'elles auroient à le devenir.

BETTE : plante ufuelle. Il y en a de deux efpeces, l'une blanche, & l'autre à feuilles rouges, appellées *poirée* ; & une troifieme efpece dont la racine eft groffe, charnue & d'un rouge très-fanguin. Les deux premieres efpeces s'emploient en farces d'herbes ; leurs côtes ou cardes fe mangent à la fauce blanche. On les emploie auffi l'une & l'autre dans les potages, tant gras que maigres.

OBSERVATION MÉDECINALE.

La bette eft une plante fort aqueufe, rafraîchiffante, adouciffante, calmante, apéritive, qui prévient ou fait ceffer l'ardeur générale provenant de la chaleur du fang ou de fon âcreté, & l'ardeur dans le bas-ventre occafionnée par une bile exaltée, âcre, ou qui ne coule pas affez, elle convient encore à ceux qui font fujets à des difficultés d'uriner & aux ardeurs d'urine, aux coliques, irritations, infomnies ; mais on doit en faire peu d'usage quand on a l'estomac relâché, foible, froid, & qu'on est sujet aux vents, glaires, dévoiements.

BETTERAVE : on doit choisir ses racines grosses, bien nourries, tendres & d'une saveur douce & agréable. On fait cuire cette racine dans l'eau, au four, ou sous la cendre. On en ôte la peau, & on la mange, ou frite, ou fricassée, ou en salade.

Betterave en salade : se sert assaisonnée comme les salades ordinaires; on s'en sert aussi pour la mettre en garniture.

Betterave fricassée : se coupe par rouelles minces, & se fricasse avec beurre, persil, ciboules hachés, une pointe d'ail, une pincée de farine, vinaigre, sel & poivre, selon la quantité. Un quart-d'heure d'ébulition suffit.

Betterave frite. On la coupe par tranches de l'épaisseur du doigt, qu'on fait tremper dans une pâte claire avec des œufs ou sans œufs. On la fait frire dans du beurre fin, & on la sert avec du jus de citron.

Betterave frite autrement. On la coupe en long de l'épaisseur d'un demi-doigt; on la met tremper dans une pâte claire faite avec fleur de farine, vin blanc, crême douce, œufs entiers, plus de jaunes que de blancs, poivre, sel & girofle. Sur cette pâte on met de la farine mêlée de mie de pain & persil haché; & l'on fait frire comme dessus.

OBSERVATION MÉDECINALE.

La racine de betterave est rafraîchissante, apéritive, assez nourrissante & saine; mais elle ne convient qu'aux bons estomacs.

BEURRE : c'est la partie huileuse du lait. Plus il est nouveau, plus il est sain. Il devient âcre & rancit en vieillissant. Pour que les aliments préparés avec le beurre soient sains, il faut que le feu soit doux; & s'il est violent, qu'il y ait suffisamment d'eau dans le vaisseau, pour que l'action du feu sur une substance si inflammable, ne soit pas trop immédiate & par-là même préjudiciable.

Beurre frisé & filé ; se fait en mettant du beurre frais & fin dans une serviette fine & pleine ; qu'on serre & dont on exprime, par une forte compression, le beurre qu'on fait tomber dans une terrine d'eau fraîche. On le ramasse ensuite pour le servir avec le potage, ou au dessert.

Beurre passé à la seringue. Comme le beurre servi en masse n'a pas de grace sur une table, & que bien des gens aiment qu'il ait un petit goût d'amande, on le mêle avec quelques amandes bien pilées ; puis on le passe à travers une étamine, & on le file dans une seringue de bois faite exprès, dont le bout sera fermé par une plaque de fer percé de différents trous, afin que le beurre passant à travers, en prenne les figures différentes. Au lieu d'une seringue, on peut se servir d'une passoire de bois ; d'autres se servent d'une grosse serviette claire qu'ils attachent par un bout à un chochet de fer, mettent le beurre dedans, & le font filer à travers la serviette, en la tordant ; puis le dressent en rocher sur une assiette, quelques-uns mettent dessus des fleurs de buglose dans la saison ; d'autres le filent sans amandes, & y mettent un peu de sel blanc menu.

OBSERVATION MÉDECINALE.

Le beurre nouvellement fait de lait de vaches, chévres ou brebis saines, & qui vivent dans de bons pâturages, étant mangé avec du sel ou sans sel, est un aliment très-sain & nourrissant. Plus il a éprouvé l'action du feu, moins il est sain & nourrissant. Si on l'expose au feu pendant long-temps, ou à un feu très-violent, il devient âcre, irritant, échauffant, empêche la digestion, ou la rend mauvaise ; cause des aigreurs, des rapports fréquents, des vents, des glaires, le dérangement de l'estomac, le manque d'appétit, l'insomnie. On peut empêcher une partie des mauvais effets du beurre qui a éprouvé l'action du feu, en y mêlant en petite quantité du vinaigre, du verjus ou du jus de citron. Les personnes délicates, dont l'estomac est relâché, foible, très-sensible ; celles qui sont sujettes aux aigreurs, vents,

glaires,

glaires, rapports, coliques, envies de vomir, mauvaises digeſtions; à avoir des jauniſſes, diarrhées, vomiſſements & rapports bilieux, doivent s'abſtenir des mets où il y a beaucoup de beurre, ſur-tout quand il a éprouvé l'action du feu un peu long-tems.

BICHE: femelle du cerf, dont la chair eſt aſſez agréable quand elle eſt jeune; dans le tenps du rut, elle ne vaut abſolument rien.

Biche rôtie. On la fait préalablement mariner, après l'avoir piquée de menu lard. On l'arroſe dans la cuiſſon; on la ſert avec un bon coulis & des capres mêlées dans ſon jus; on la fait mitonner dans cette ſauce.

Biche rôtie, comme ci-deſſus. On y fait une ſauce douce avec vinaigre, poivre, ſucre, cannelle & une échalotte entiere.

OBSERVATION MÉDECINALE.

La chair de la biche, quoique jeune, & priſe dans le temps convenable, eſt difficile à digérer: elle ne convient qu'à ceux qui ont un bon eſtomac & font beaucoup d'exercice.

BIGARADE. (*Eau de*) Vous prendrez, pour faire cette eau, des bigarades de Provence, ou de Portugal, dans le temps que vous ſaurez que les confiſeurs les emploient; car c'eſt préciſément celui où il faut les diſtiller. Vous les mettrez dans l'alambic, avec de l'eau-de-vie, un peu de macis, ou de muſcade, pour donner plus de parfum à vos liqueurs. Vous emploierez les zeſtes, dès qu'ils ſeront coupés, de peur qu'ils ne s'y échauffent & ne fermertent; ce qui rendroit la liqueur mauvaiſe. Quand votre alambic ſera garni, ainſi que nous venons de dire, vous le mettrez ſur un feu un peu vif, parce que la quinteſſence d'un fruit verd ne s'enleve pas auſſi facilement que celle d'un fruit un peu plus mûr. Il faut prendre garde de tirer des phlegmes, crainte du goût d'empyreume; vous ferez le ſyrop à l'ordinaire avec l'eau fraîche, dans laquelle vous aurez fait fondre du ſucre: vous mettrez dans ce ſyrop vos eſprits diſtillés, & paſſerez ce mélange à la chauffe, pour le clarifier ; & quand la liqueur fera claire elle fera faite ; pour fix pintes d'eau de bigarade, vous prenez fix bigarades ordinaires : fi elles font belles, quatre fuffiront : vous en pourrez mettre jufqu'à huit, fi elles font petites. Vous diftillerez les zeftes de ces fruits, avec trois pintes & un demi-feptier d'eau-de-vie. Vous prendrez, pour faire le fyrop, deux pintes & chopine d'eau, dans laquelle vous mettrez fondre une livre & demie de fucre ; & pour affaifonner votre liqueur, vous mettrez un gros de macis, & une demi-noix de mufcade.

Bigarade. (*Glace de*) Prenez huit groffes bigarades qui aient beaucoup de jus ; fi elles font petites, vous en prendrez à proportion ; preffez en le jus dans une pinte d'eau, & mettez-y auffi quelques zeftes de l'écorce, avec une livre & demie de fucre ; faites infufer le tout enfemble pendant une heure ; enfuite vous le pafferez dans un tamis ferré pour le mettre dans la falbotiere, & vous le ferez prendre à la glace.

BIGAREAU. (Voyez *Cerifes.*)

BISCOTINS : prenez une demi-livre de fucre ; faites-le cuire dans une petite poële, à la plume : étant cuit, vous l'ôterez du feu, & peferez trois quarterons de farine que vous mettrez dans votre fucre, à la réferve d'une poignée que vous garderez pour la manier fur la table. Ayant mis votre farine dans votre fucre, vous la remuerez bien avec la gâche : quand votre pâte fera bien délayée, vous la tirerez de la poële & la mettrez fur une table bien nette, où vous aurez femé un peu de farine auparavant : il faut bien remuer cette pâte, pendant qu'elle eft chaude, & avoir une rapure de citron avec du fucre en poudre, tout prêt à la femer deffus & deffous votre pâte, & la bien mêler ; en même-temps, vous filerez votre pâte, & la couperez pour en faire de petites boules groffes comme le pouce. Cela veut être travaillé promptement ; car quand la pâte eft froide, on n'en peut plus venir à bout : les boules étant toutes faites, on les met cuire au four, fans papier, fur des feuilles de cuivre. Quand elles font cuites, on les tire du four, & on les met dans un cornet de papier à l'étuve.

Bifcotins à la Choify. Faites cuire une demi-livre de fucre à la grande plume ; en l'ôtant du feu, vous le mettez dans un mortier avec une demi-livre de fleur de farine, une cuillerée d'eau de fleur d'orange, deux œufs frais ; pilez le tout enfemble, pour en former une pâte maniable ; retirez cette pâte, pour la mettre fur une table poudrée de farine mêlée avec un peu de fucre fin ; prenez-en des petits morceaux égaux de la groffeur d'une olive ; roulez - les dans les mains, avec un peu de farine mêlée d'un tiers de fucre ; applatiffez-les un peu & les dreffez à mefure fur des feuilles de cuivre, pour les faire cuire dans un four d'une moyenne chaleur.

Bifcotins aux fruits. Prenez trois blancs d'œufs, quatre cuillerées à bouche de fucre en poudre, & une cuillerée de marmelade, de quoi que ce foit, oranges, citrons, abricots ; le refte fera de farine. Vous pétrirez le tout enfemble, jufqu'à ce que votre pâte foit bien maniable ; vous en drefferez des bifco-tins de différentes figures, les uns ronds, & les autres longs, &c. Vous les ferez cuire à petit feu ; & quand vous verrez qu'ils font d'un roux un peu coloré, vous les retirerez. Pour les détacher, vous humecterez la feuille de papier par derriere avec de l'eau ; & en le faifant fur le champ, vous en vien-drez aifément à bout.

BISCUITS : mettez dans une balance fix œufs entiers, & de l'autre côté autant pefant de fucre fin ; ôtez le fucre pour le mettre dans une terrine ; ôtez trois œufs de la balance, & mettez de l'autre côté de la farine du poids des trois œufs qui font reftés dans la balance ; caffez les œufs pour mettre les jaunes avec le fucre, & les blancs à part, pour les frotter ; battez les jaunes avec le fucre, & un peu de citron rapé ; vous y mettrez enfuite les blancs bien fouettés, que vous mêlez avec le fucre ; met-tez la farine dans un tamis ; faites-la tomber légérement dans votre appareil de bifcuit, mêlez le tout enfemble ; dreffez vos bifcuits en long avec une cuiller fur des feuilles de papier blanc : jettez du fucre fin par-deffus, pour qu'il fe forme une glace, & les faires cuire dans un four doux ; lorfqu'ils font cuits de belle couleur, vous les enlevez de deffus le papier, avant qu'ils foient froids. Si vous voulez vos bifcuits plus légers, vous ne mettrez de la farine que la pefanteur de deux œufs ; pour les œufs, vous ne mettrez que deux jaunes & huit blancs fouettés ; du fucre, de la pefanteur de fix œufs.

Bifcuits à la Choify. Faites cuire une demi-livre de fucre à la grande plume ; en l'ôtant du feu, vous le mettrez dans un mortier avec une demi-livre de fleurs de farine, une cuillerée d'eau de fleur d'orange, deux œufs frais ; pilez le tout enfemble, pour en former une pâte maniable ; retirez cette pâte pour la mettre fur une table poudrée de farine mêlée avec un peu de fucre fin ; prenez-en de petits morceaux égaux de la groffeur d'une olive ; roulez-les dans les mains avec un peu de farine mêlée d'un tiers de fucre ; applatiffez - les un peu & les dreffez à mefure fur des feuilles de cuivre, pour les faire cuire dans un four d'une moyenne chaleur.

Bifcuits à la crême. Prenez fept blancs d'œufs frais, battez-les bien & mettez-y une demi-livre de fucre en poudre & un quarteron de farine ; battez le tout enfemble ; puis prenez une chopine de crême ; & lorfque vous l'aurez bien fouettée, vous en prendrez la mouffe avec une écumoire ; vous la ferez égoutter fur un tamis, & la mettrez dans vos bifcuits. Enfuite vous les drefferez dans des moules de fer-blanc, ou de cartes, ou fur du papier ; & vous les glacerez avec du fucre en poudre ; puis vous les ferez cuire comme les autres bifcuits.

Bifcuits à la Dauphine. Echaudez un quarteron d'amandes douces & un quarteron d'amandes ameres ; effuyez - les avec une ferviette, & mettez-les enfemble dans un mortier, pour les piler très-fins, en les arrofant, de temps en temps, avec du blanc d'œuf ; lorfqu'elles feront pilées, vous y mettrez deux livres de fucre fin que vous repilerez avec les amandes, en y mêlant un blanc d'œuf, jufqu'à ce que cela vous forme une pâte maniable ; paffez - la au travers d'une feringue faite exprès, pour en former des bifcuits de la longueur & de la groffeur que vous jugerez à propos. Vous les dreffez fur du papier blanc ; & vous mettez vos bifcuits qui font fur le papier, fur une table avec un couvercle de four de Campagne, & du feu deffus : faites - les cuire à petit feu ; lorfque le deffus eft cuit, vous les levez de leur papier pour les retourner, & mettre le côté qui eft cuit en deffous ; étendez, fur le côté qui n'eft pas cuit, une glace faite avec du fucre fin paffé au tambour, que vous battez avec un peu de blanc d'œuf & du jus de citron, vos bifcuits étant glacés, vous remettrez le couvercle deffus, avec un peu de feu pour faire prendre la glace.

Bifcuits à la Reine. Mettez dans une terrine un quarteron de farine de riz, paffée au tambour, une livre de fucre fin paffé au tamis, l'écorce de la moitié d'un citron rapé, fix jaunes d'œufs ; battez le tout enfemble, pendant une demi-heure, avec deux fpatules, vous y ajoûterez enfuite douze blancs d'œufs fouettés, que vous mêlez bien avec votre compofition de bifcuits ; dreffez-les dans des moules de papier ; faites-les cuire dans un four doux : lorfqu'ils font cuits, couvrez les deffus avec une glace faite de fucre fin, battu avec un peu de blanc d'œufs & du jus de citron ; remettez-les au four feulement pour faire fécher la glace ; ôtez-les du papier, pendant qu'ils font chauds.

Bifcuits cannelés. Prenez fix œufs frais ; pefez du fucre fin & de la farine ; mettez-en de chacun de la pefanteur des fix œufs ; mettez les œufs dans la terrine pour fouetter les blancs & les jaunes enfemble, autant de temps que vous êtes à fouetter des bifcuits à la cuiller ; enfuite vous mettrez la farine avec le fucre & un peu de citron verd rapé ; battez le tout enfemble avec une fpatule ; dreffez enfuite vos buifcuits de cette façon : vous pliez une grande feuille de papier blanc dans fa longueur, l'une fur l'autre, & de la largeur d'un travers de doigt; le fond doit avoir la figure cannelée; ces bifcuits fe dreffent à contre-fens fur la feuille de papier; on en peut faire trois rangées fur la même feuille; il faut leur donner la même cuiffon qu'aux bifcuits à la cuiller, lorfque vous croyez qu'ils font cuits, il faut les retirer; & vous prenez la feuille de papier par les deux bouts; & en écartant vos deux mains, les bifcuits fe détachent feuls du papier, on les remet fur une autre feuille pour les faire fécher au four. Ils fe gardent tant que l'on veut; ils font très-bons pour tremper dans les vins de liqueur.

Bifcuits de fruit mêlés. Mettez dans un mortier deux abricots confits au fec, un quartier d'orange douce confite au fec, un demi-quarteron de pâte d'amandes, une cuillerée de marmelade de fleur d'orange; pilez le tout enfemble jufqu'à ce que vous le puiffiez paffer au travers d'un tamis; preffez - le fort dans le tamis avec une fpatule, pour que le tout paffe au travers; mettez cette marmelade dans une terrine avec cinq jaunes d'œufs, un demi-quarteron de fucre en poudre; battez le tout enfemble jufqu'à ce que cela vous forme une pâte maniable, fans être trop liquide; prenez en avec la fpatule d'une main, & coupez-la en longueur de l'autre, avec un couteau, que vous mettez à mefure dans du fucre fin; rangez - les enfuite fur du papier blanc, & faites-les cuire dans un four doux.

Bifcuits de Gênes. Rapez la fuperficie de l'écorce d'un citron entier, celle de l'écorce d'une orange entiere; & mettez-les dans un mortier avec deux cuillerées de marmelade de fleurs d'orange, deux abricots confits au fec; pilez le tout enfemble; paffez-le enfuite au travers d'un tamis, & mettez-le dans une petite terrine, pour le mêler avec trois jaunes d'œufs & quatre onces de fucre en poudre: le tout étant bien battu & mêlé enfemble, vous y ajoûterez fix blancs d'œufs bien fouettés, que vous mêlerez encore avec le refte ; dreffez vos bifcuits dans des moules de papier ; faites - les cuire dans un four doux : enfuite vous les glacez avec une glace faite avec un peu de blanc d'œuf, un jus de citron , & du fucre fin paffé au tambour.

Bifcuits de Portugal. Il faut fouetter fix blancs d'œufs, enfuite y mettre les jaunes , & continuer à les bien fouetter ; puis vous y mettrez une demi-livre de fucre en poudre, un quarteron de farine , un quarteron de marmelade d'orange de Portugal , & la rapure d'un citron ; mêlez le tout enfemble ; verfez votre pâte dans des moules de papier ; & mettez-les au four : il ne faut glacer vos bifcuits que lorfqu'ils feront cuits ; vous les couperez en-fuite avec un couteau , & les glacerez avec un blanc d'œuf.

Bifcuits de Savoye. Prenez huit œufs ; mettez les blancs à part , & les jaunes auffi ; fouettez bien les blancs jufqu'à ce qu'ils foient montés en neige ; en-fuite vous y mettrez vos jaunes d'œufs & les fouet-terez bien encore : vous peferez une livre de fucre en poudre, féché à l'étuve, que vous jetterez dans vos œufs, & les battrez. Enfuite vous y mettrez trois quarterons de farine bien féche, en continuant à bien battre le tout avec la fpatule : vous y pouvez mettre , fi vous voulez, une rapure de citron pour lui donner le goût : enfuite prenez des moules de fer-blanc, que vous graifferez un peu avec du beurre frais fondu : ou bien vous ferez des moules avec des cartes, mais il ne les faut pas graiffer : il faudra frotter le papier fur lequel vous les arrangerez, de la même pâte, pour que les moules tiennent deffus. Si vous voulez en faire de petits, vous les dreffe-rez à la cuiller fur du papier blanc, de la grandeur d'une piéce de vingt-quatre fols ; enfuite vous les glacerez avec du fucre en poudre que vous jetterez deffus, & les fouflerez un peu , de peur qu'il ne refte deffus trop de fucre. Vous les ferez cuire dans un four de boulanger, médiocrement chaud : vous pourrez l'effayer avec un bifcuit. Il ne faut point que les biscuits languissent dans le four ; en même temps que vous les tirez du four, il les faut lever du moule, ou de la feuille de papier, avec un couteau que vous coulez dessous ; car on ne pourroit plus les lever s'ils étoient froids, à moins que l'on ne mouillât un peu le papier par dessous.

Biscuits d'Espagne. Prenez douze œufs frais ; fouettez les blancs à part jusqu'à ce qu'ils soient montés en neige ; vous y mettrez les jaunes que vous fouetterez encore pendant un demi-quart-d'heure ; ensuite vous y jetterez une livre & demie de sucre royal en poudre, continuant toujours à battre avec la spatule ; après cela, vous y mettrez une livre de fleur de farine de riz, & la moitié d'une rapure de citron : vous battrez le tout ensemble l'espace d'un bon quart-d'heure ; vous ferez des moules de papier un peu grands, & vous y mettrez cuire vos biscuits comme les autres. Vous les couperez ensuite par tranches ; vous ferez une glace royale que vous glacerez à l'endroit où ils sont coupés ; & vous les mettrez cuire, avec la glace, à petit feu.

Biscuits d'oranges. Prenez de la vieille pâte d'oranges, & de la vieille chair de citron & d'orange que vous pilerez bien dans un mortier ; puis vous fouetterez quatre blancs d'œufs, comme pour du biscuit de Savoye, ensuite vous y jetterez les quatre jaunes que vous fouetterez bien encore ; après quoi, vous y mettrez trois bonnes poignées de sucre en poudre, & vous les remuerez bien avec la cuiller ; vous y jetterez ensuite une bonne cuillerée de farine, en remuant toujours votre pâte. Alors vous y mettrez environ une livre de marmelade pilée au mortier ; & vous battrez bien le tout avec la cuiller, vous ferez des moules, avec du papier blanc, de la hauteur d'un doigt ; puis vous y étendrez votre composition, & mettrez vos biscuits dans le four sans les glacer, avec un grand feu dessus & dessous. Quand ils sont cuits, on les renverse, & on leve doucement le papier de dessous ; on les coupe en quarré, comme du massepain fourré ; on les laisse refroidir : ensuite on les glace d'eau de fleurs d'orange, d'un côté ; & de l'autre, si l'on veut, d'une autre couleur ; puis vous ferez cuire la glace avec le couvercle du four.

Biscuits du Palais-Royal. Prenez six œufs frais & mettez-les dans une balance, & pesez de l'autre côté autant de sucre en poudre, le plus beau & le plus sec. Prenez ensuite, du poids de trois œufs, de la plus belle fleur de farine de froment. Vous casserez vos œufs dans une terrine, & vous mettrez les blancs à part & les jaunes de même. Fouettez les blancs jusqu'à ce qu'ils soient montés en neige : ensuite jettez-y votre sucre en poudre, après que vous l'aurez passé au tamis. Vous remuez le sucre jusqu'à ce qu'il soit bien mêlé avec vos blancs d'œufs ; & vous y jettez les jaunes que vous remuez pour les incorporer, & vous y mettez votre farine que vous aurez eu la précaution de faire dessécher au four. Vous mélez le tout ensemble, en le fouettant doucement ; vous y mettez de la rapure de citron & de la conserve de fleur d'orange pilée, environ deux pincées ; qu'il faut remuer à deux ou trois tours. Ensuite vous dressez votre pâte dans les moules, & vous les glacez légérement avec du sucre en poudre.

Biscuits légers glacés. Sur trois quarterons d'amandes ameres, mettez un quarteron d'amandes douces ; échaudez & pilez les unes après les autres ; pilez-les ensuite dans le mortier, le plus fortement que vous pourrez, en y ajoûtant deux blancs d'œufs, en divers tems. Quand elles seront bien pilées, vous y mêlerez insensiblement quatre livres de sucre en poudre, remuant & battant bien le tout ensemble, à force de bras, jusqu'à ce que votre pâte soit bien maniable. Vous la passez ensuite à la seringue, morceau à morceau : vous en formez des biscuits, coupant ce qui est passé & que vous avez reçu sur un papier, de la longueur que vous voulez, grands ou petits ; vous mettez vos papiers où sont vos biscuits, sur une planche, & le couvercle du four par-dessus, avec du feu, pour leur donner de la couleur de ce côté-là ; quand ils en auront aſſez , & que vous les verrez conſidérablement enflés , vous ôterez le feu ; & les ayant détachés doucement , vous les glacerez du côté qui étoit deſſous. On fait cette glace avec du blanc d'œuf & du ſucre bien délayé & battu enſemble, juſqu'à ce que cela ſoit épais comme de la bouillie. Vous en prenez enſuite avec le couteau, que vous étendez ſur vos biſcuits ; & vous faites ſécher cette glace à petit feu, juſqu'à ce qu'elle ſoit bien priſe. On les peut auſſi glacer d'une glace faite avec de l'eau de fleurs d'orange ou autre, & du ſucre, battus & délayés enſemble.

Biſcuits liquides. Vous prenez des écorces d'oranges de Portugal , confites, trois ou quatre abricots ſecs, un peu de marmelade de fleurs d'oranges : vous pilez bien le tout enſemble , & vous le paſſez par le tamis ; après cela , vous prenez quatre jaunes d'œufs frais , que vous fouettez bien ; vous y mettez votre marmelade avec deux onces de ſucre en poudre , & gros comme un œuf de pâte d'amandes douces : vous faites votre pâte maniable ; puis vous la prenez ſur une ſpatule , & la coupez en petits bâtons : vous les mettez dans du ſucre en poudre ; vous les arrangez ſur du papier, & vous les faites cuire.

Biſcuits manqués. Prenez quatre œufs ; caſſez-les dans une poële ; battez un peu les blancs & les jaunes enſemble : mettez - y quatre petites poignées de ſucre, une petite poignée de farine, une rapure de citron ; battez le tout enſemble : enſuite verſez votre compoſition dans des moules de papier légérement : glacez-les avec du ſucre en poudre, & faites-les cuire à un bon feu modéré. Quand ils ſont cuits, ôtez-les promptement , pour les couper tout chauds en quarré : quand ils ſeront froids, vous mouillerez le papier par-deſſous pour les lever avec plus de facilité : vous les mettrez ſur un tamis, pour les faire ſécher à l'étuve. On peut leur donner quel goût l'on ſouhaite, ſoit de cannelle, de citron, de chocolat ou de fleurs d'oranges.

Biſcuit royal. Il faut prendre ſept œufs frais, fouet-

cer les blancs en neige, puis mettre sept onces de
marmelade de plusieurs sortes, avec les blancs d'œufs
que l'on fouette bien encore ; après cela , l'on met
cinq jaunes d'œufs , qu'il faut continuer à fouetter
pendant un quart-d'heure ; ensuite prendre sept onces de farine de riz , & sept onces de sucre, que
l'on mêle bien ensemble : on les dresse dans des
moules de papier, & on les fait cuire à petit feu.

Biscuits. (Voyez *Amandes , Avelines, Chocolat ,
Citron , Jasmin , Marrons , Oranges , Pistaches.*)

OBSERVATION MÉDECINALE.

Le biscuit est un aliment délicat , léger, facile à
digérer, nourrissant & très-sain , qui convient fort
aux personnes délicates , convalescentes , & à tous
ceux qu'on n'a pas réduits uniquement à la boisson:
trempé dans de bon vin vieux, c'est un cordial ou
stomachique excellent.

BISET : pigeon de passage, plus petit que le ramier ; il a les pieds & le bec rouges : il est très-bon
rôti , piqué de menu lard. On peut l'accommoder
comme les pigeons. (Voyez *Pigeons.*)

BISQUE : potage en ragoût , maigre ou gras.
On en fait de *pigeons* , de *poulardes* , de *cailles* ,
& autres , en gras ; de *poissons* , d'*écrevisses* , & autres,
en maigre. On trouvera ces différentes bisques à leurs
articles respectifs.

BLANC-MANGER : prenez quatre pintes de lait,
les blancs d'un chapon bouilli , deux onces d'amandes douces blanches ; battez le tout ensemble ; exprimez fortement le tout ; faites bouillir l'extrait avec
trois onces de farine de riz. Lorsque ce mélange commencera à se coaguler, mettez-y une demi-livre de sucre
blanc ; dix cuillerées d'eau-rose, & mêlez bien le tout.

Blanc-manger. (*Autre*) Prenez la viande blanche
d'un chapon & celle de deux perdrix rôties ; quatre
onces de mie de pain très-blanc ; broyez le tout ;
& en y versant du bouillon, formez une pâte qu'on
fera bouillir , durant deux heures , dans une suffi-

fante quantité de bouillon & confiftance de crême ; paffez par un tamis fin.

Blanc-manger, (*Autre*) *pour tenir lieu de bouillon le matin*. Prenez une écuelle d'excellent bouillon : faites-la réduire à moitié, à petit feu ; ajoûtez-y le lait d'un quarteron d'amandes douces, trois cuille-rées d'eau rofe. Remettez fur un feu modéré juf-qu'à ce qu'il prenne une certaine confiftance. Paffez-le à l'étamine. Ajoûtez un quarteron de fucre, & un peu de cannelle. On peut y mettre un peu d'am-bre ou de mufc, un peu d'eau de fleurs d'orange, ou jus de citron, ou d'orange qu'on fait bouillir un ou deux bouillons. On trouve d'autre préparations du blanc-manger pour entremets, dans les ouvrages de cuifine un peu étendus ; mais ils exigent des procédés trop recherchés pour l'objet de cet ouvrage.

OBSERVATION MÉDECINALE.

C'eft un aliment léger, nourriffant & fain, deftiné aux perfonnes affoiblies par des maladies longues, à celles dont l'eftomac eft foible, dérangé, ou dont on veut corriger l'âcreté des humeurs.

BŒUF : animal dont la chair eft d'un ufage uni-verfel. Elle nourrit beaucoup. Le bœuf jeune fournit un bon aliment. Bon dans tous les temps, nous ne parlerons ici, que des parties choifies. Ce qu'on ap-pelle *baffe boucherie* étant à la portée des gens du peuple, & rejetté par les riches & aifés, nous n'en parlerons pas. Voici les parties qui fe fervent aux bonnes tables ; la cervelle, la langue, les rognons, la graiffe, le palais, la queue, la culotte, la tran-che, la piece ronde, le gîte à la noix, le cimier, la moëlle, l'aloyau, les charbonnées, les flanchets & entre-côtes, la poitrine, les tendrons de poi-trine, les palerons, le gros bout. Nous avons déjà parlé de l'aloyau. Nous renvoyons, pour les parties ci-deffus, à leurs articles refpectifs.

Bœuf à la mode. Prenez une piece de tranche ; battez-la, & la piquez de gros lard ; affaifonnez comme deffous. Mettez dans une terrine avec fel, poivre, laurier, citron verd. Fermez bien votre terrine &

l'étoupez. Faites cuire à un feu lent. Lorfqu'il a rendu fon jus, ajoûtez un verre de vin ; faites bouillir ; & lorfqu'il eft à-peu-près tari, tirez & fervez avec du jus de citron.

Bœuf à la mode. (*Autre façon de*) Prenez du jus de bœuf affaifonné de fel, poivre, girofle en poudre, jus de rocamboles ; mêlez dans un verre de vin. Faites mariner pendant deux heures, & lardez enfuite votre piece de bœuf, que vous mettrez dans une terrine avec quelques feuilles de laurier & un autre verre de vin ; faites cuire à petit feu ; coupez par tranches, lorfqu'il fera froid ; & fervez pour entremets.

Bœuf à la royale. Piquez de gros lardons : affaifonnez de fel & poivre une piece de bœuf. Laiffez mariner. Enveloppez-la d'un linge, de forte que la graiffe ne la puiffe pénétrer. Mettez-la enfuite dans une marmite avec fuffifante quantité de panne de porc. Mettez-y du verjus, du vin, & quelques tranches de citron, perfil, ciboules & laurier. Faites bouillir à petit feu. Le bouillon bien confommé, tirez ; fervez par tranches, pour entremets.

Bœuf à la fauce hachée. Faites cuire, comme cideffus. Garniffez de même, & mettez deffus une fauce hachée.

Bœuf au naturel. (*Piece de*) Garniffez le plat où vous devez fervir, d'un bord de feuilletage coupé en morceaux quarrés. Coupez de votre piece de bœuf, qui fera de poitrine, ce qu'il y aura de plus beau, par tranches ; mettez deffus & deffous une fauce hachée ; faites mitonner, & fervez.

Bœuf panée au four. (*Piece de*) Faites-la cuire dans une marmite à l'ordinaire. Dreffez-la dans un plat ; délayez quatre jaunes d'œufs avec du bouillon, du coulis, fel & poivre ; faites lier la fauce un peu fort ; mettez fur la piece de bœuf ; panez-la ; faites-lui prendre couleur au four ; & fervez garnie de mie de pain frite & trempée dans des jaunes d'œufs.

OBSERVATION MÉDECINALE.

La chair du bœuf eft un aliment très-nourriffant,

très-sain & fortifiant, principalement quand elle appartient à un bœuf jeune & tendre, ou fort gras, & qu'elle n'a pas été, ou séchée en la rôtissant, ou privée de ses sucs, en la faisant bouillir dans beaucoup d'eau. Les personnes délicates & dont l'estomac n'est pas bien bon, ne la digerent que quand elle a beaucoup bouilli; mais elle est alors moins nourrissante : en général, elle ne leur convient pas, ni aux convalescents.

BON-CHRETIEN. (Voyez *Poire*.)

BONNET DE TURQUIE : sorte de gâteau ayant la forme d'un turban, que chacun enjolive à sa maniere, & qui se fait dans un moule de pareille forme. Il se fait, ou de la même pâte que le gâteau de Savoye, ou de celle du gâteau d'amande, ou de pâte croquante. Voyez *ces articles*.

BOUDIN. Il en est de deux sortes, blanc & noir. Le blanc est plus délicat : tous deux se servent pour entrée.

Boudin blanc. Prenez blanc de volaille rôtie, selon la quantité qu'on veut faire, panne de cochon hachée menu, sel, poivre, & un peu de lait, deux ou trois blancs d'œufs fouettés. Ayez des boyaux de cochon bien nets ; mettez-y votre hachis entier ; liez chaque bout, selon la longueur dont vous les voudrez : en les remplissant, piquez de distance à autre, pour faire passage à l'air dont ils se remplissent en les faisant. Faites-les blanchir à l'eau bouillante, tirez & laissez refroidir. Pour les cuire, il faut les mettre sur le gril dans du papier, à un feu doux, & graisser un peu le papier.

Boudin blanc. (*Autre façon de*) De différentes volailles cuites. Prenez, comme dessus, la quantité que voudrez avec panne de cochon, le tout haché menu ; que vous mettrez dans une casserole avec deux oignons cuits sous la cendre, & écrasés, persil & fines herbes, assaisonnement d'épices, deux ou trois blancs d'œufs fouettés. Mettez ensuite dans une pinte de lait douze jaunes d'œufs ; délayez & faites cuire, comme pour faire une crême : mettez cette crême sur votre hachis ; faites échauffer un

peu, de forte que votre farce ait une certaine confiftance. Formez vos boudins ; le refte, comme ci-deffus.

Boudin de foies gras. Prenez un quarteron de chair
de porc, une livre de foies gras, autant de blancs
de chapons, fines herbes, fel, poivre, mufcade, girofle
en poudre, cannelle, fix jaunes d'œufs & deux pintes
de crême. Hachez les viandes & herbes ; & de ce hachis,
formez vos boudins que vous ferez cuire dans du lait
avec fel, citron verd & laurier, & enfuite griller, comme
les précédents ; & vous fervirez avec un jus d'orange.

Boudin de poiffon. Prenez d'anguille, carpe &
brochet fuffifante quantité, hachée menu, mie
de pain fine, trempée dans du lait ; mêlez une demi-
livre de beurre fin. Affaifonnez de fines herbes &
épices, à l'ordinaire, avec un peu de coriandre
pilée, œufs entiers, & demi-feptier de crême. Faites
blanchir le tout à un feu doux. Formez vos boudins. Faites blanchir, comme deffus, à l'eau bouillante. Piquez-les, pour faire paffer l'air. Faites cuire
entre deux tourtieres, à petit feu, & fervez de
belle couleur.

Boudin noir. Prenez du fang de cochon fans grumeaux ; ajoûtez-y un peu de lait ou de crême, du
bouillon gras, fel, poivre, perfil, ciboules, toutes
fortes de fines herbes, le tout haché bien menu.
Mêlez le tout enfemble, & en rempliffez des boyaux
de porc bien nettoyés. Faites cuire vos boudins à
l'eau bouillante, & les piquez, pour que la chaleur
ne les faffe pas crever. Ils feront cuits, quand il ne
fortira que de la graiffe. Il fe met fur le gril, & fe
fert très-chaud. Quelques perfonnes y ajoûtent de
la graiffe de porc coupée par petits morceaux, &
prétendent que le boudin n'en eft que plus délicat,
lorfque la graiffe le nourrit.

O B S E R V A T I O N   M É D E C I N A L E.

La quantité confidérable de graiffe qui entre dans
toutes les efpeces de boudins, rend cet aliment de
très-difficile digeftion ; & la plûpart fe font avec

des matieres qui ne se digerent qu'avec peine, par
les personnes fortes, & qui font de l'exercice : les
gens délicats, convalescents, sédentaires, ne doivent point en manger.

BOUDINAGE D'Agneau : prenez un quartier
d'agneau de devant ; désossez-le proprement ; remplissez-le de boudins blancs & noirs, & saucisses ;
repliez le & le ficellez. Mettez à la broche, &
arrosez de beurre fondu ; servez avec une sauce hachée, ou sauce à l'Espagnole.

BOUILLANS : espece de petits pâtés. On prend des
blancs de volailles rôties avec un peu de moëlle de
bœuf, un peu de tettine de veau, lard, fines herbes,
& épices à l'ordinaire ; on fait de tout un hachis. On
forme ensuite deux abaisses de pâte fine, très-minces.
On met de son hachis par petits morceaux sur celle de
dessous, on recouvre de l'autre ; &, après avoir enfer-
mé chaque tas entre deux pâtes, on les découpe. On
les dresse comme de petits pâtés, & on les fait cuire
de même.

BOUILLIE pour collation. Délayez de la farine
dans une casserole petit-à-petit avec du lait, de la
crême, & du sucre. Faites cuire à petit feu & en tournant sans discontinuer. Quand elle sera cuite, mettez
une partie dans le plat où l'on doit servir ; mettez sur
le feu jusqu'à ce qu'il se forme un gratin. Mettez le reste
ensuite, & faites prendre couleur avec une pelle rouge.

OBSERVATION MÉDECINALE.

La bouillie est un aliment nourrissant ; mais il y
a bien des estomacs qui ne peuvent la digérer : ainsi
les personnes délicates, convalescentes, sédentaires,
sujettes au glaires, vents, aigreurs, dévoiement,
feront bien de n'en pas manger. On peut la rendre
plus saine & plus facile à digérer en employant, au
lieu de farine ordinaire, de la mie de pain bien cuit,
ou de la farine de grain un peu grillé.

BOUILLON : jus des viandes, est de l'eau chargée d'une plus ou moins grande quantité des sucs
qu'elle enleve de la chair des animaux & des végé-

taux, par l'action du feu avec l'eau dans laquelle elles ont bouilli. On en fait de gras & de maigres, & au poisson.

Bouillon de poisson. Prenez de divers poissons avec une anguille coupée par tronçons. Mettez le tout dans un pot, avec la quantité qu'il faudra d'eau, beurre, sel & poivre, fines herbes, oignon piqué de girofle. Laissez bouillir le tout une bonne heure; passez le tout dans un linge blanc; faites frire de la farine; passez-la à l'étamine, pour en faire un coulis, dont vous vous servirez pour colorer & nourrir votre bouillon.

Bouillon de poisson. (*Autre*) Prenez oignons, carottes & panais coupés par rouelles; mettez dans une casserole avec du beurre, & faites suer à un feu doux, comme un jus d'oignon. Quand il sera roux, mettez du poisson dans la casserole; faites-lui faire quelques tours au roux; mouillez d'une purée claire avec un bouquet de persil, ciboules, fines herbes, girofle, sel & champignons; faites bouillir une bonne heure; passez au tamis, & servez-vous en pour mitonner les potages de poisson.

Bouillon de racines. Faites cuire d'abord deux ou trois litrons de pois verds secs; écrasez-les & les mettez dans une grande marmite d'environ un seau d'eau; faites-les rebouillir une heure & demie; laissez reposer & refroidir. Passez la purée claire à l'étamine, & la mettez dans une marmite de moindre volume. Ayez des carottes, panais, racines de persil un bon bouquet; une douzaine d'oignons: assaisonnez de sel, bouquet de fines herbes, oignon piqué de girofle, avec un paquet d'oseille & de cerfeuil; joignez à ce mélange deux ou trois cuillerées de jus d'oignons. Ce bouillon sert à mitonner toutes sortes de potages de légumes.

Bouillon du matin. Cimier de bœuf, bout saigneux de mouton, collet de veau, deux poulets. Quand les poulets sont cuits, prenez les blancs, pilez-les dans un mortier avec de la mie de pain trempée dans le bouillon : passez à l'étamine, &

mettez ce coulis sur vos croûtes bien mitonnées dans le bouillon ci-dessus.

Bouillon en consommé Eclanche dégraissée, chapon, rouelle de veau, tranche de bœuf, perdrix cuite à la broche, dans trois pintes d'eau en un pot de terre. Faites réduire le tout à moitié à petit feu. Passez & pressez le tout dans un linge, & servez.

Bouillon en restaurant, ou *potage sans eau*. Tranche de bœuf, rouelles de veau & de mouton, chapon, quatre pigeons, deux perdrix ; le tout arrangé dans une marmite ; les grosses viandes battues, avec quelques tranches d'oignons, panais & racines de persil, fines herbes & peu de sel. Lutez bien exactement la marmite, de sorte que rien ne s'évapore : faire cuire, pendant six heures, au bain-marie. Passez le jus que ces viandes auront rendu, & le dégraissez. Hachez ensuite les volailles ; farcissez-en un pain avec de bonnes garnitures. Faites mitonner le tout dans le jus, & mettez par-dessus un ragoût de toutes sortes de garnitures passées au lard, comme crêtes farcies, ris de veau & autres, &c.

Bouillon gras. Prenez tranche de bœuf, rouelle de veau, éclanche de mouton bien dégraissée, selon la quantité ; empotez-les à l'eau froide ; faites cuire à petit feu ; écumez bien ; ajoûtez des volailles, selon l'usage auquel vous destinez ce bouillon : on l'assaisonne de sel, racines, oignons, cloux de girofle. Ce bouillon sert pour toutes sortes de potages qui ne changent de dénomination, que par les diverses choses dont on les accompagne, pour mouiller tous les coulis. Faites cuire toutes sortes de légumes. Faire cuire à part les poulets, cailles, pigeons dont on garnit les bisques.

Bouillon gras. (*Autre*) Tranches de bœuf, quatre ou six livres ; fort jarret de veau, une poule, une vieille perdrix, & peu de sel. Votre bouillon au quart cuit, mettez-y des carottes, panais, navets & deux poireaux blanchis auparavant aux trois quarts de la cuisson ; ajoûtez un bouquet de céleri, deux cloux de girofle, moitié d'une racine de persil, quatre oignons , le tout blanchi. Lorsque le tout sera cuit , passez au clair ; & dégraissez, pour en faire usage.

Bouillon maigre, pour le potage aux herbes. Prenez de toutes bonnes herbes ; mettez-les cuire dans une marmite avec deux ou trois croûtes de pain : assaisonnez de beurre, sel, bouquet de fines herbes ; après une bonne heure de cuisson, passez à l'étamine. Il sert pour le potage de santé, aux herbes, sans herbes, & tous autres , comme potages de laitues , d'asperges, de chicorée , d'artichauts, de cardes , &c.

Bouillon maigre. (*Autre*) Faites cuire aux trois quarts une certaine quantité de pois , selon le bouillon dont vous avez besoin ; & passez le bouillon au clair , avant que les pois fassent purée. Mettez ce bouillon dans une autre marmite avec un morceau de beurre fin, carottes, panais, oignons , navets, céleri, racines de persil, le tout blanchi auparavant à l'eau bouillante ; sel, bouquet de fines herbes, persil , ciboules, girofle , macis , coriandre, basilic , sans qu'aucune chose domine sur l'autre ; faites bouillir jusqu'à la parfaite cuisson ; laissez reposer , & passez.

OBSERVATION MÉDECINALE.

Les bouillons , soit de viande seule , soit de racines seules, soit de viande & de racines , soit de poisson , font des aliments très-nourrissants, fortifiants, de facile digestion , & qui conviennent presque à tout le monde : on n'en doit excepter que quelques personnes dont l'estomac est si foible , & les sucs digestifs si peu actifs, que tout aliment un peu substantiel ne se digere pas chez eux, & leur laisse long-temps un sentiment de pesanteur. Il ne faut à ces personnes que des bouillons très-légers & en petite quantité à la fois.

BOUTON : faites un godiveau bien assaisonné, comme pour le poupeton. (Voyez *Godiveau.*) Formez-en un abaisse sur de grandes bardes de lard dont vous envelopperez votre bouton. Mettez dessus cette maniere d'abaisse un ragoût de champi-

gnons, ris de veau, culs d'artichauts , crêtes, mouſſerons & pointes d'aſperges ; paſſez au blanc. Recouvrez d'un abaiſſe du même godiveau & bardes de
lard. Faites cuire à la braiſe. Dégraiſſez & garniſſez
de roulettes farcies, fricandeaux & marinades entre-
mêlés. En maigre , le godiveau ſera fait de chair de
carpes , tanches , anguilles , & bien hachées & aſſaiſonnées de bon goût.

BRAISES : maniere de cuiſſon qui releve infiniment le goût des viandes qui cuiſent ſans évaporation ſenſible. On verra les différentes manieres aux
articles reſpectifs. On diſtingue de deux ſortes de
braiſes. *Braiſe ordinaire* ſe fait en fonçant une
marmite de bardes de lard & de tranches de bœuf ,
épaiſſes d'un doigt , qu'on aſſaiſonne de fines herbes, oignons, carottes, citron, laurier, poivre &
ſel. Sur cet aſſaiſonnement on place la piéce qu'on
veut faire cuire ; on la couvre, & on l'aſſaiſonne
par - deſſus de même que par - deſſous. On couvre
bien la marmite , & on lute le couvercle avec de
la pâte , pour qu'il n'y ait point d'évaporation ; &
on fait cuire le tout, feu deſſus & deſſous. Cette
braiſe ſert pour les groſſes piéces, qui ont beſoin
d'un plus fort aſſaiſonnement. *La braiſe blanche ,
ou demi-braiſe*, ſe fait avec lard, tranches de veau,
dont on diminue l'aſſaiſonnement en raiſon de la
piéce. Le ſurplus du procédé eſt le même que pour la
braiſe ordinaire.

BREBIS : on ne l'emploie pas en bonne cuiſine ;
ſa chair eſt dure , de mauvais goût.

BRÊME : poiſſon d'eau douce, fort eſtimé dans
des pays , fort peu dans d'autres. Ses qualités bonnes , ou mauvaiſes, dépendent des eaux où elle ſe
nourrit : on l'accommode comme la carpe.

Brême grillée. Proprement habillée & vuidée, on
l'inciſe ſur les côtés , & on la frotte de beurre fondu,
on la ſaupoudre de ſel, & on la met ſur le gril ;
& on l'arroſe , de temps en temps , de beurre fondu,
juſqu'à parfaite cuiſſon. On fait une ſauce rouſſe
avec ciboules & perſil hachés , capres , anchois ,

bon beurre, sel & poivre, le tout passé à la casserole &
mouillé d'un peu de bouillon de poisson, qu'on laisse
jetter quelques bouillons, & qu'on lie avec de la farine frite & du coulis de poisson. Il faut que le tout soit
de bon goût. On ne met l'anchois qu'au moment de
servir. On peut garnir de laites de carpes, de croûtons, ou de persil frits, ou d'andouillettes de poisson.

Brême rôtie. Rôtie sur le gril, on peut l'accommoder comme le brochet, ou faire dessous une sauce
avec beurre frais, persil, ciboules hachés menu, sel,
poivre & filet de vinaigre. On lie cette sauce, & l'on
garnit le plat de marinades de poisson, ou autres
garnitures à volonté. On peut la servir encore rôtie
de même, avec une bonne farce d'herbes.

OBSERVATION MÉDECINALE.

La brême est un aliment léger, assez facile à digérer, de bon goût, quand le poisson sort de belles
eaux, & qui convient à tout le monde.

BREZOLE: espece de ragoût: on en fait de diverses sortes.

Brezoles de dindon. Choisissez un dindon bien tendre; ôtez-en la peau; coupez-en la chair par filets
bien minces; accommodez-les comme ci-dessus.

Brezoles de mouton à l'Angloise. D'un carré de
mouton bien paré, levez des filets minces. Foncez
une casserole de persil, ciboules, champignons,
ail, échalotte, hachés menu, avec du lard fondu,
faites une couche de brezoles, un lit de votre hachis.
Faites cuire à grand feu; dégraissez. Un quart-d'heure
suffit pour ce ragoût. Mouillez d'une bonne essence;
faites chauffer sans bouillir, & servez.

Brezoles de mouton. (*Autre*) Levez les noix d'un
gigot; coupez les en dez que vous applatirez avec
le couperet, de l'épaisseur d'un doigt. Foncez une
casserole de tranches de jambon & veau, avec persil, ciboules, champignons hachés fin & pointe
d'ail, sel, gros poivre, feuille de laurier; couvrez
de bardes de lard; faites cuire à petit feu à la braise.
Vos brezoles cuites, retirez-les une à une; mettez

enſuite un bon coulis dans la ſauce qu'elles ont rendue; paſſez-la au tamis, pour la dégraiſſer, & la ſervez ſur les brezoles.

Brezoles de veau à l'Italienne. Prenez de la rouelle de veau, que vous coupez en filets très-déliés. Foncez une caſſerole d'une tranche de jambon, avec huile, perſil, ciboules, champignons, une gouſſe d'ail, le tout haché très-fin, & trempé dans l'huile. Mettez une couche de filets de veau, ſel, gros poivre, enſuite une autre couche de filets de veau, & par-deſſus de votre hachis d'herbes, & ſucceſſivement de même par lits, juſqu'à ce que vos filets ſoient employés. Faites cuire à petit feu à la braiſe. Retirez enſuite vos filets un à un; mettez-les à part; dégraiſſez la ſauce qu'elles ont rendue; ajoûtez de bon coulis; remettez dedans vos brezoles, avec de l'échalotte hachée. Faites chauffer ſans bouillir, & ſervez.

BRIOCHE : pâtiſſerie qu'on fait avec de la farine, du beurre & des œufs. Prenez un boiſſeau de farine; ſéparez-en un tiers; mettez-y un quarteron de levure de bierre. Délayez avec de l'eau un peu plus que tiéde, & pétriſſez-la plus que molle. Laiſſez-la lever une demi-heure en hiver, & point en été. Aux deux autres tiers de farine, faites un creux au milieu; mettez-y un quarteron de ſel bien pilé, cinquante œufs, cinq livres de beurre fin; mettez un peu d'eau; broyez bien le tout enſemble, & délayez bien la farine avec ce mêlange. Quand le tout ſera bien mêlé, pétriſſez, par trois fois, & étendez votre pâte; jettez deſſus votre pâte levée; mêlez-la bien avec la pâte non levée, & repétriſſez bien le tout : enveloppez-la d'une nappe blanche, & la laiſſez revenir ſept ou huit heures, avant de l'employer. Prenez enſuite de ce tas des morceaux de la groſſeur dont vous voulez former vos brioches. Mouillez-les, pour les façonner; dorez, & faites cuire au four. On ſent de reſte, que ſi on n'emploie qu'un demi-boiſſeau de farine, il faut diminuer de moitié tout ce qui entre dans le procédé ci-deſſus, ainſi du reſte, pour le quart, le huitieme, &c. ou doubler les doſes , ſi la meſure de la farine eſt doublée.

La brioche eſt un aliment délicat, léger, aſſez nourriſſant & de facile digeſtion ; mais qui ne convient aux perſonnes délicates , & aux eſtomacs foibles, que quand il eſt bien humecté de ſalive , & qu'il n'y eſt pas entré ni trop de beurre ni du beurre vieux ; ou que la brioche n'a pas été trop gardée , ce qui fait que le beurre s'y gâte.

BROCHET : ce poiſſon d'eau douce eſt auſſi connu que commun ; il eſt vorace & grand deſtructeur du poiſſon : celui de riviere eſt préférable à celui des réſervoirs & étangs, quoique ce dernier ſoit , pour l'ordinaire, plus gros & mieux nourri ; mais il contracte le goût de la fange, qui eſt un acceſſoire néceſſaire à tous les lieux où l'eau eſt ſtagnante & n'a point de cours. Il faut le choiſir gros , gras , bien nourri, d'une chair blanche , ferme & friable ; & il n'y a gueres que le brochet de riviere , qui ait ces deux dernieres qualités.

Brochet à la broche. Ecaillez & inciſez légérement ; lardez de moyens lardons d'anguilles aſſaiſonnés de ſel , poivre, muſcade , ciboules & fines herbes hachées très-menu ; mettez-le à la broche , & l'arroſez, pendant la cuiſſon , de vin blanc, vinaigre & jus de citron verd. Faites fondre des anchois dans la ſauce ; paſſez le tout à l'étamine avec un peu de coulis ; ajoûtez à cette ſauce des huitres que vous y ferez amortir, avec capres, poivre blanc ; & au défaut de coulis , liez votre ſauce d'un petit roux de farine.

Brochet à la Genevoiſe. Prenez un brochet bien nourri, ferme & friable. Ficellez-le de deux en deux doigts , & le mettez dans une poiſſonniere de ſa grandeur, avec ſel, poivre, oignon piqué de cloux, laurier, deux croûtes de pain, pour ôter l'âcreté du vin ; quatre bouteilles de vin , dont trois de blanc ; peu de ſel. Faites un feu vif & clair ; qu'il enflamme

le vin jusqu'à la réduction de chopine de Paris.
Mettez une demi-livre du meilleur beurre, & laissez
mitonner sur la cendre rouge. Assaisonnez de peu de
sel, un gros de macis, autant de girofle & demi-
gros de cannelle; le tout en poudre. Laissez mitonner une bonne heure. Jettez, de tems à autre, du
beurre, en remuant toujours la poissonniere, pour
que la sauce ne tourne pas en huile. Egouttez votre
poisson, & finissez la sauce, toujours en mettant
du beurre, & remuant. Servez à temps la sauce par-
dessus. La truite à la Genevoise s'accommode de
même, ainsi que la carpe, perche, anguille & autres. Comme cette sauce n'est que pour de gros poissons, on fait réchauffer le reste entre deux plats, en
allongeant la sauce, si besoin est.

Brochet à l'Allemande. Coupez-le par filets que
vous ferez mariner avec beurre, persil, ciboules,
champignons, hachés menu; passez-le & le mouillez
de bouillon & vin blanc; liez la sauce avec des
jaunes d'œufs & de la crême.

Brochet à la sauce Allemande. Coupez votre brochet en deux; faites cuire aux trois quarts; retirez
& l'écaillez, & le mettez dans une casserole avec
du vin blanc, capres hachées, anchois, fines herbes, champignons, truffes, & mouillez. Faire cuire
doucement, de peur qu'il ne se rompe. Ajoûtez du
bon beurre: que votre sauce soit bien liée: quand
votre ragoût sera cuit, un peu avant de servir, ajoûtez du Parmesan rapé, & garnissez de ce que vous
jugerez à propos.

Brochet à la sauce blanche. Faites cuire dans parties
égales d'eau & de vin, avec sel, poivre, bouquet
de fines herbes. Tirez à sec. Faites une sauce avec
beurre blanc, liaison de foie de brochet, mie de
pain mouillé de bouillon de poisson, ou purée
claire; faites bouillir le tout; passez à l'étamine.
La sauce faite, remettez le brochet faire un bouillon ou deux dans la sauce; servez garni de persil
frit.

Brochet à l'étuvée. Coupez-le par tronçons. Faites
cuire

cuire avec trois cuillerées de coulis maigre, bouquet de perfil, ciboules, thym, laurier & bafilic, girofle, ail, fel, gros poivre, petits oignons blancs cuits à moitié, champignons, bon beurre, demi-bouteille de vin de Champagne & bon bouillon, à grand feu. Ajoûtez, quand il eft cuit, des anchois hachés & des capres fines ; fervez avec des croûtons paffés au beurre.

Brochet au court-bouillon. Jettez fur votre brochet du fel fondu dans du vinaigre bouillant. Faites bouillir du vin blanc, avec verjus, fel, poivre, girofle, laurier, oignon & citron verd ; quand il bouillira, mettez votre brochet enveloppé dans une ferviette avec fines herbes, oignons, fel, poivre, girofle, laurier, citron, & un bon morceau de beurre dans le corps. Servez enfuite à fec fur une autre ferviette blanche avec perfil, pour garniture.

Brochet aux anchois. Le brochet vuidé, faites-lui quelques entailles, & mettez-le mariner avec fel, poivre, vinaigre, laurier & ciboules. Effuyez enfuite ; farinez-le, & le faites frire de belle couleur. Faites fondre des anchois au beurre roux ; paffez-le à l'étamine, après y avoir ajoûté un jus d'orange, capres & poivre blanc. Mettez la fauce fur votre brochet, & la garniffez de perfil frit.

Brochet en cafferole. Lardez votre brochet écaillé, de lardons d'anguilles. Faites-le cuire avec beurre roux, vin blanc, verjus, fel, poivre, mufcade, cloux, bouquet de fines herbes, laurier, bafilic & tranches de citron verd. Faites enfuite un ragoût de champignons paffés à la cafferole avec un peu de beurre fin ; mouillez avec du bouillon de poiffon ; liez avec un bon coulis ; affaifonnez de bon goût. Servez le brochet, le ragoût par-deffus.

Brochet en entrée. Coupez le brochet en quatre ; mettez la hure au court-bouillon ; un des travers, à la fauce blanche ; le troifieme, en filets ou ragoût ; le dernier, avec une fauce aux capres. On peut y ajoûter un ragoût de foies de brochet & de laitances de carpes.

Brochets en filets à la fauce aux capres. Otez les

ouïes fans écailler le brochet. Fendez-le en deux, &
coupez par filets. Faites-le cuire au court - bouillon,
de vin blanc & eau, oignons, perfil, thym, laurier,
bafilic, fel, poivre & beurre fin. Quand il eft cuit,
écaillez-le ; dreffez & fervez par - deffus une fauce
blanche aux capres, ou telle autre que vous voudrez.
Comme fauce hachée, &c.

Brochet en filets frits. Appropriez votre brochet ;
coupez - le par tronçons, & faites - en des filets ;
faites-les mariner, & les trempez enfuite dans une
pâte claire, ou farinez-les feulement. Faites-les frire
au beurre affiné ; & fervez, garnis de perfil frit.

Brochets en fricaffée de poulets. Coupez-le par tronçons que vous mettez dans une cafferole avec beurre,
bouquet, champignons ; paffez le tout fur le feu :
mettez-y une pincée de farine ; mouillez de bouillon & vin blanc ; faites cuire à grand feu, & à la
parfaite cuiffon, mettez une liaifon de jaunes d'œufs
& de crême.

Brochet en gras pour entremets. Faites - le blanchir
dans l'eau tiéde après l'avoir écaillé & vuidé par le
haut. Mettez-le enfuite à la broche, comme on a dit
ci-deffus ; fervez enfuite garni de ris de veau piqués,
& de champignons farcis. On peut l'accommoder auffi
comme la truite. (Voyez *Truite.*)

Brochet en haricot aux navets. On le coupe par
morceaux comme de petits dez qu'on fait blanchir
& égoutter ; on les paffe au beurre roux, & les
navets de même à demi-roux, qu'on fait cuire doucement enfemble, & on fait à la fauce une liaifon de
bon goût.

Brochet en ragoût. On le coupe par morceaux
qu'on met dans une cafferole avec vin blanc, beurre
frais, fel, poivre, bouquet de fines herbes, citron
verd & girofle. On le fait cuire à petit feu. On
fait à part un ragoût de champignons, avec huitres,
capres, farine frite, mouillé d'un peu de la fauce
où a cuit le brochet. La fauce achevée, on fert le brochet dans le ragoût qu'on garnit de champignons frits,
ou de foie de brochet frit, ou de perfil frit, à volonté.

Brochet en salade. Prenez un brochet déja servi, frit, ou cuit au court-bouillon ; ôtez les peaux ; levez les filets ; arrangez-les sur un plat, avec persil & ciboules hachés, culs d'artichauts cuits, sel, vinaigre, huile & gros poivre.

Brochet farci. On le fend de la tête à la queue, par le dos. On ôte adroitement la chair, laissant la peau intacte & la grosse arrête, pour le tenir ferme. On fait de sa chair, mêlée avec chair de carpe & d'anguille, un hachis, avec persil, sel, poivre, fines herbes & champignons. On farcit le brochet ; on recout la peau, & on fait cuire le tout dans une casserole au beurre roux, farine frite, bouillon de poisson, ou purée claire, & filet de verjus. Sur la fin de la cuisson, on ajoûte quelques champignons coupés en dez, laites de carpes. On sert garni de croûtons frits, ou persil frit, à volonté.

Brochet. (*Pâté de*) Coupez en filets longs comme le doigt votre brochet. Faites blanchir. Assaisonnez-les de bon goût, & les passez à la casserole, avec beurre, truffes, champignons, pointes d'asperges & laitances de carpes. Faites, en outre, un bon godiveau de chair de carpe, ou d'anguille, bien assaisonné, lié avec de la mie de pain trempée dans le bouillon ; garnissez-en le tour de votre pâté, & ajoûtez, en servant, une liaison de jus de citron.

Brochet (*Terrine de*) *& d'anguille au maigre.* (Voyez au mot ANGUILLE.)

Brochet. (*Tourte de*) Mettez-le par filets, avec des champignons, morilles & truffes hachés, sur un abaisse, avec sel, poivre, persil haché, & champignons par morceaux. Recouvrez, & faites cuire au four. On peut aussi défoller le poisson.

BROCHETON : jeune brochet. Il s'accommode comme le brochet. Les plus petits, que dans certains pays on appelle *lancerons*, font bons frits.

OBSERVATION MÉDECINALE.

Le brochet qui sort d'une belle eau, qui n'est pas

fort vieux, qui a la chair ferme & tendre tout à la fois, eſt un aliment délicat, de bon goût & nourriſſant, ſur-tout quand il a été préparé avec du vin : & il convient même aux perſonnes délicates & aux eſtomacs foibles.

BROQUES : feuilles qui naiſſent au tronc du chou au printemps, après qu'on en a ôté la pomme. Ces broques ou brocolis ſont plus tendres, plus délicats & plus ſains que le chou même. On en fait uſage en carême. Ils ſe mangent à la purée, & en entremets ; quelquefois cruds en ſalade : on en fait des potages en maigre.

BROCOLIS : (*Potage de*) épluchez les brocolis & les mettez à l'eau fraîche ; faites - les blanchir enſuite. Empotez-les dans une marmite avec une cuillerée de jus d'oignons & une cuillerée de bouillon de ſanté. Quand ils ſont cuits, mitonnez des croûtes avec du bouillon de ſanté clair de bon goût, ainſi que le bouillon du brocolis : ajoûtez une cuillerée de coulis de racines. Garniſſez le potage d'un cordon de brocolis ; mettez un petit pain au milieu ; verſez deſſus le bouillon de brocolis, & ſervez.

BRUSSOLES : prenez de la viande ; coupez par tranches ; battez-la. Mettez dans une caſſerole des bardes de lard ; poudrez - les de perſil & ciboules hachés avec des épices : mettez vos tranches, & par-deſſus un lit de même que la premiere couche, & ſucceſſivement de tranches. Recouvrez de bardes de lard, & faites cuire à la braiſe, bien couvert, feu deſſus & deſſous. Quand le tout eſt cuit, dégraiſſez : ajoûtez un coulis de carcaſſes de perdrix ; ſervez chaud.

BUGLOSE. (*Conſerve de*) Vous prendrez une demi-once de ladite fleur que vous éplucherez ; vous ferez cuire une livre de ſucre à la plume un peu forte, & vous le laiſſerez repoſer un moment : vous mettrez la fleur dedans, que vous remuerez avec une ſpatule : vous la verſerez toute chaude dans un moule de papier.

CAF

CAFÉ. Le café est une graine ou un fruit qui croit en Arabie & dans quelques isles de l'Amérique. Il faut le choisir bien net & de moyenne grosseur, de couleur grisâtre, léger, d'une bonne odeur, & qui ne sente point le moisi ; ce qui lui arrive quand il a été mouillé par l'eau de la mer ; la façon de le faire est à présent si commune, que peu de personnes l'ignorent. Vous le faites brûler ou rôtir sur le feu dans une poële en le remuant sans cesse, jusqu'à ce qu'il ait acquis également une couleur brune ; vous l'étouffez ensuite dans un linge ou du papier, pour le moudre, quand il est froid ; plus il est frais moulu, meilleur il est. Il se conserve mieux en grains brûlés que moulus. Pour le faire, vous avez de l'eau bouillante dans une cafetiere, suivant la quantité de tasses que vous voulez faire ; vous mettez pour chaque tasse, pour le faire bon, une once de café moulu que vous remuez à mesure que vous le mettez dedans ; vous lui faites prendre cinq ou six bouillons à petit feu, & le mettez après reposer sur de la cendre chaude jusqu'à ce que vous le tiriez au clair ; ceux qui veulent le faire reposer promptement, y mettent un peu de sucre fin, en le retirant du feu.

Café à la crème. Faites du bon café un peu fort, & le laissez reposer ; prenez de la crème que vous faites bouillir ; & vous mettrez un tiers de crème avec les deux tiers de café ; faites de même pour le café au lait, excepté que, si vous le vouliez faire au lait pur, il faudroit prendre du bon lait : après l'on fait bouillir trois ou quatre bouillons avec le café, il faut le laisser bien reposer, & le passer au travers d'un linge blanc.

Café. (*Canelons glacés de*) Pour faire six canelons, pesez deux onces d'eau ; vous mettrez cette eau dans une cafetiere ; lorsqu'elle bouillira, vous

y jetterez au moins six onces de café pour en faire
du café, comme à l'ordinaire; quand il sera fait, bien
reposé & tiré au clair, vous le mettrez dans de la crême,
que vous aurez fait bouillir auparavant avec une livre
de sucre ; vous mesurez votre crême avant que de la
faire bouillir ; il en faut la mesure de quatre canelons ;
faites bouillir la crême avec le café & le sucre, jusqu'à
ce qu'elle soit diminuée d'un tiers, en la tournant
toujours sur le feu ; vous la mettrez ensuite dans une
terrine jusqu'à ce que vous la fassiez prendre à la glace.

Café. (*Eau de*) Pour faire de bonne eau de café,
il faut employer le café du Levant, ou celui de
Moka. Quand vous l'aurez bien choisi, vous le brûle-
rez, comme si vous vouliez faire la teinture de café,
& vous en mettrez dans l'alambic la quantité qui sera
dite dans les recettes, avec de l'eau-de-vie, pour en
tirer les esprits : ensuite vous ferez fondre du sucre dans
de l'eau fraîche, pour faire un syrop à l'ordinaire ; &
quand il sera fondu, vous y mettrez les esprits, que
vous aurez tirés ; vous les mêlerez bien avec le syrop ;
& quand le syrop & les esprits se feront pénétrés réci-
proquement, vous passerez ce mêlange à la chausse ;
& quand il sera clair, la liqueur sera faite, & on
pourra en user sur le champ. La nouveauté dans cette
liqueur est bonne, & la vieillesse n'y ajoûte rien. Pour
six pintes d'eau de café, vous emploierez une once de
café rôti & moulu, trois pintes & un demi-septier
d'eau-de-vie, une chopine d'eau, que vous mettrez
dans l'alambic, avec la recette ci-dessus ; & vous
prendrez, pour faire le syrop, une livre un quart de
sucre, & trois pintes & demi-septier d'eau.

Café. (*Fromage glacé de*) Faites du café comme à
l'ordinaire, il en faut prendre six onces pour une chopine d'eau ; lorsqu'il sera bien reposé & tiré au clair,
prenez une pinte de crême qui puisse aller sur le feu,
après avoir fait un bouillon, mettez-y environ une
livre de sucre, & le café que vous avez tiré au clair,
faites faire cinq ou six bouillons, en remuant toujours ;
ensuite vous mettrez votre crême dans une salboriere,
pour la faire prendre à la glace.

Café. (*Gaufres au*) Mettez dans une terrine un quarteron de sucre en poudre, un quarteron de farine, deux œufs frais, une bonne cuillerée de café passé au tamis ; mêlez le tout ensemble en y mettant peu-à-peu de la crême double, jusqu'à ce que votre pâte soit d'une bonne consistance, sans être ni trop claire ni trop épaisse, qu'elle file en la versant avec la cuiller ; faites chauffer le gaufrier sur un fourneau ; & frottez-les de deux côtés avec de la bougie blanche, ou du beurre, pour la graisser ; vous y mettez ensuite une bonne cuillerée de votre pâte ; fermez le gaufrier, pour le mettre sur le feu. Après l'avoir fait cuire d'un côté, vous le retournez de l'autre ; lorsque vous croyez que la gaufre est cuite, vous ouvrez le gaufrier pour voir si elle est de belle couleur dorée & également cuite ; vous l'enlevez tout de suite pour la poser sur un rouleau fait en chevalet ; appuyez la main dessus, pour lui faire prendre la forme du rouleau ; laissez-la sur le chevalet jusqu'à ce que vous en ayez fait une autre de la même façon ; pendant qu'elle cuit ; vous ôtez celle qui est sur le rouleau, & vous y mettez à mesure celle que vous retirez du gaufrier ; lorsqu'elles seront toutes faites, vous mettez le tamis où sont les gaufres à l'étuve, pour les tenir séchement jusqu'à ce que vous les serviez.

Café. (*Glace de*) Faites bouillir deux ou trois bouillons six onces de café avec une chopine d'eau ; lorsqu'il sera reposé, vous le tirerez au clair, & vous le mettrez bouillir avec trois demi-septiers de bonne crême & trois quarterons de sucre ; vous le ferez bouillir en le remuant toujours jusqu'à ce que votre crême soit diminuée d'un tiers, que vous l'ôtez du feu, pour la mettre dans une terrine, jusqu'à ce que vous la fassiez prendre à la glace.

Café. (*Mousse de*) Faites du café, comme à l'ordinaire ; prenez-en six onces que vous mettrez dans une chopine d'eau ; laissez-le reposer au moins une bonne heure avant que de le tirer au clair ; vous y mettrez six jaunes d'œufs frais, que vous y démêlerez fans le remettre fur le feu ; ajoûtez - y trois demi-feptiers de crême & une livre de fucre ; mêlez bien le tout enfemble : lorfque le fucre fera fondu, vous finirez vos mouffes.

OBSERVATION MÉDECINALE.

Le café grillé eft un aliment échauffant, légérement irritant, qui anime la circulation du fang & des autres humeurs, & augmente la fenfibilité des nerfs, & la vivacité des opérations de l'efprit. Il convient aux perfonnes qui menent une vie fédentaire, à celles qui ont l'eftomac foible, froid, pareffeux, fujet aux glaires, aux gens très-gras, à ceux qui ne boivent que de l'eau, aux vieillards, fur-tout à ceux chez lefquels quelque fymptome a montré que la circulation eft trop lente, ou qu'il fe fait des engorgemens dans certaines parties ; mais cette boiffon devient très-nuifible aux jeunes gens, à tous ceux qui ont les battemens du pouls très-fréquens, une ardeur interne, une chaleur féche aux extrémités, de l'agitation durant la nuit, & des infomnies, qui font fujets aux maux de nerfs, aux maladies inflammatoires, aux maux de tête, autres que les migraines, aux hémorrhagies, aux tremblemens & vertiges ou étourdiffemens, à l'abondance & à l'âcreté de la bile; en un mot, l'ufage journalier du café eft une habitude qui peut abréger beaucoup les jours & occafionner des maladies graves : ainfi on ne doit pas le prendre, fans avoir confulté fon médecin.

CAILLE : oifeau de paffage, connu, qui vient ici avec les vents chauds du printemps, & qu'on ne trouve plus au mois d'Octobre. Il n'eft bon à manger qu'avant & après la ponte. Il eft fort gras & fort délicat, fur la fin de l'été.

Cailles à la braife. On les vuide & retrouffe proprement ; on remplit le corps d'une farce faite avec blanc de chapon, moëlle de bœuf, affaifonnée de fel, poivre, mufcade & jaunes d'œufs cruds. Foncez une marmite de bardes de lard, & tranches de bœuf battues. Arrangez - y vos cailles, & mettez entr'elles un hachis de jambon crud, fel, poivre &

bouquet de fines herbes ; on couvre le tout de bardes de lard & tranches de bœuf ; on couvre la marmite ; & l'on fait cuire feu deſſus & deſſous.

Faites un ragoût de ris de veau ou d'agneau ; paſſez au blanc avec champignons, truffes & crêtes ; Mettez vos cailles. Liez avec un coulis blanc, ou avec de la crême, & quelques jaunes d'œufs avant de ſervir. Si c'eſt un roux, mouillez le ragoût de jus, & liez avec un coulis de jambon & de veau, ou de perdrix, à défaut d'autre. Servez vos cailles arrangées dans un plat, le ragoût par-deſſus.

Cailles à la broche. On les entoure d'une barde de lard & d'une feuille de vigne, & on les ſert avec du jus d'orange, ſi on l'aime.

Cailles à la poële. Fendez vos cailles ſur le dos. Faites une farce avec lard ratiſſé, jambon crud haché, truffes, quelques foies gras, un jaune d'œuf crud ; le tout mêlé, aſſaiſonné de ſel, poivre, muſcade & fines herbes ; farciſſez vos cailles de ce mêlange haché ; foncez votre caſſerole de bardes de lard, tranches de veau & de jambon. Fermez bien exactement ; faites ſuer ſur des cendres chaudes, pendant deux heures. Retirez les bardes & tranches ; finiſſez la cuiſſon de vos cailles ſur le fourneau. Quand elles ont pris couleur, & que le jus s'attache à la caſſerole ; retirez les ; dégraiſſez ; mouillez ce qui reſte attaché à la caſſerole de bouillon & jus. Paſſez au tamis ; ajoûtez du poivre concaſſé, jus de citron ; verſez ſur vos cailles. On a donné ce procédé parce que les pigeons, poulets, perdreaux à la poële s'accommodent de même.

Cailles au gratin. Prenez ſix ou huit cailles. Plumez, vuidez, & faites-les refaire dans la graiſſe. Foncez une caſſerole de tranches de veau & de jambon ; mettez deſſus les cailles, avec perſil, cibou-les, champignons hachés ; & paſſez au lard fondu. Couvrez le tout de bardes de lard, & faites cuire à petit feu. Retirez ; dégraiſſez la ſauce ; mouillez d'un coulis clair, & dégraiſſez une ſeconde fois, ſi beſoin eſt. Dreſſez vos cailles, la ſauce par-deſſus.

Pour faire le gratin, prenez deux foies de volaille, hachez avec perfil, ciboules, champignons, fel, poivre, lard rapé & deux jaunes d'œufs, pour lier le tout. Etendez cette fauce fur le plat où vous devez fervir, & laiffez attacher fur un petit feu. Egouttez la graiffe & mettez vos cailles fur ce gratin avec un jus de citron.

Cailles aux choux, ou au coulis de lentilles. (Voyez *Perdrix.*)

Cailles en furtout. (Voyez *Beccaffines.*)

Cailles. (*Ragoût de*) Fendez vos cailles en deux, fans féparer les deux moitiés. Paffez-les à la cafferole, avec lard, fel, poivre, bouquet de fines herbes, quelques champignons, un peu de bouillon gras & farine frite. Laiffez cuire le tout doucement avant de fervir; nourriffez ce ragoût de bon jus de mouton, & fervez chaud.

Cailles (*Tourtes de*) retrouffées, & bien nettes. Mettez-les fur un abaiffe de pâte fine: ajoûtez des ris de veau, champignons & truffes, par morceaux, lard rapé & moëlle de bœuf, fel, poivre & fines herbes; recouvrez d'un autre abaiffe, & faites cuire au four. On peut encore farcir les cailles, en hachant les foies avec champignons, jambon, un peu de lard, ciboule & perfil, fel, poivre, fines herbes, & broyez ce mêlange avec des jaunes d'œufs, pour lier le hachis, & finir la tourte, comme deffus.

OBSERVATION MÉDECINALE.

Les cailles & cailleteaux font un manger fort délicat, très-léger, de facile digeftion, & qui ne peut nuire, fi ce n'eft à quelques perfonnes qui ne digerent pas toutes les fubftances fort graffes.

CAILLEBOTTES DE BRETAGNE. Ayez une pinte du meilleur lait, &, fi vous voulez, un peu de crême claire, avec deux ou trois onces de fucre que vous ferez tiédir fur un fourneau. Vous y mettrez enfuite, gros comme un pois de préfure, que vous détremperez dans deux cuillerées de lait avec une pincée de fel: paffez le tout dans une ferviette fur un grand plat, & couvrez-le d'un autre. Etant froid & pris de bonne forte, coupez la caille par morceaux avec un couteau ; puis recouvrez le plat, & pofez-le fur le feu feulement pour le raffermir. Cela fait, tirez les caillebotes du petit lait, pour les mettre égoutter fur un tamis, & arrangez-les dans une porcelaine : ayez de la crême douce, dans laquelle vous ferez fondre du fucre en poudre ; verfez-la, & fervez.

OBSERVATION MÉDECINALE.

Voilà un de ces mets finguliers qui ne conviennent qu'aux gens qui ont un excellent eftomac & qui menent une vie active. La partie blanche du lait, & fon acidité, cauferoient aux perfonnes délicates des aigreurs ou dévoiements.

CAILLETEAUX RÔTIS. (Voyez *Cailles.*)

Cailleteaux au falpicon. Prenez fix cailleteaux ; flambez-les, & faites-les refaire. Foncez une caffe-role de tranches de veau & jambon, légérement affai-fonnées, un peu de lard fondu. Mettez vos caille-teaux, l'eftomac en deffus ; recouvrez de bardes de lard ; faites cuire à la braife à très-petit feu ; après quoi, dreffez fur un plat, après les avoir bien effuyés de leur graiffe. Pour le falpicon, prenez champi-gnons, ris de veau blanchis, coupés en dez, un bouquet de fines herbes ; paffez le tout avec un morceau de beurre, une tranche de jambon. Mouil-lez d'un bon bouillon ; faites cuire, & dégraiffez. Ajoûtez fur la fin de la cuiffon du coulis, quelques morceaux d'artichauts cuits & coupés en dez, avec de petits œufs blanchis ; le tout cuit & affaifonné de bon goût, fervez dans ce falpicon vos cailleteaux.

CAISSE DE FILETS DE VIANDES mêlées. Faites une farce fine avec blancs de volailles cuites, lard, graiffe de bœuf blanchie, perfil, ciboule, champi-gnons, pointe d'ail, fel, poivre, le tout haché & lié avec fix jaunes d'œufs ; foncez les caiffes de cette farce ; mettez deffus vos filets de viandes que vous aurez. Couvrez-les de la même farce, que vous uni-rez avec du bœuf battu. Poudrez de mie de pain, & faites cuire au four avec du papier deffus. Vos caiffes cuites, dégraiffez, mettez une bonne effence

claire, & servez avec jus de citron. On en fait d'anguilles, de *maquereaux*, de *merlans*, d'écrevisses.
Voyez leurs articles respectifs.

CALVILLE. (Voyez *Pommes*.)

CAMPINE. (Voyez *Poularde*.)

CANAPÉ. Faites griller des tranches de pain ;
coupez les par filets. Foncez un plat de fromage de
Parmesan ; arrangez dessus vos filets de pain roulés
dans le fromage, & laissez quelque espace entr'eux.
Lavez ensuite deux douzaines d'anchois, & les faites dessaler dans le lait. Arrangez-les ensuite en travers sur vos filets de pain. Arrosez le tout d'huile
fine, & couvrez de Parmesan rapé ; mettez au four
jusqu'à ce que le tout soit cuit, & de belle couleur.

CANARD : oiseau aquatique. On en distingue
de deux sortes ; le *domestique*, autrement *barboteux* ;
& le *sauvage*. Ce dernier est une espece d'oiseau
de passage, qui aime la saison froide, & qui ne
vient dans ce pays-ci, que vers l'arriere-saison. Quelques-uns s'y arrètent & y pondent ; mais cela est
assez rare ; toutes les deux especes fournissent un
assez bon aliment ; mais il faut choisir les canards
jeunes, tendres & gras. Le canard sauvage est d'un
goût plus agréable que le domestique. Ces principes
étant plus exaltés, il est aussi plus sain.

Canard à la braise aux navets. Prenez un canard
sauvage ou domestique ; lardez-le de gros lard assaisonné. Foncez une marmite, comme il a été dit
aux articles *Braise*. Mettez-y votre canard recou-
vert dessus comme dessous. Couvrez la marmite ;
faites cuire feu dessus & dessous. Pour le mettre
aux navets, coupez des navets en dez, ou tour-
nez-les en façon d'olives ; passez-les à la casserole
au sain-doux. Quand ils seront de belle couleur,
égouttez-les ; faites-les mitonner ensuite avec un
bon jus. Liez avec un bon coulis. Egouttez votre
canard ; servez dans un plat, votre ragoût de navets
par-dessus. On peut encore, en évitant les frais d'une
braise, piquer le canard, le fariner, lui faire prendre
couleur au lard fondu. Ensuite on le met dans la mar-

mite avec un petit roux qu'on mouille de bouillon, de deux verres de vin blanc, avec sel, poivre, girofle, oignons, tranches de citron, persil & fines herbes; on le sert avec tous les ragoûts qu'on emploie pour les braises.

Canard à la broche. Vuidez & flambez; faites cuire sans le piquer ni le barder; il se mange avec sel & poivre blanc.

Canard à la chicorée. Faites-la blanchir dans l'eau; égouttez-la bien : hachez-la grossierement; mettez-la dans une casserole avec de bon jus; faites mitonner à petit feu. Liez de coulis de veau & essence de jambon; & servez par-dessus un canard cuit à la braise.

Canard à la purée verte. Choisissez un bon & beau canard; troussez les pattes dans le ventre; faites cuire à une bonne braise. Faites cuire des pois dans du bouillon; passez les à l'étamine; joignez-y une essence de jambon. Si la purée n'est point assez verte, mêlez-y un peu d'épinars bien broyés. Servez le canard sur la purée.

Canard à l'Italienne. Troussez un canard en poule; faites blanchir, & cuire ensuite à une bonne braise; & servez, après l'avoir égoutté, avec une sauce à l'Italienne. (Voyez *Sauce à l'Italienne.*)

Canard au céleri : s'accommode comme ci-dessus.

Canard au jus d'orange. Lorsqu'il est à moitié cuit à la broche, mettez-le dans un plat; coupez-le en filets, sans les détacher de la carcasse; mettez dessus du sel & du poivre concassé avec le jus de deux oranges; renversez-le, & avec une assiette pressez-le. Présentez-le ensuite sur le fourneau; retournez-le ensuite, & le servez chaudement dans son jus.

Canard aux anchois. On peut mettre les filets détachés dans une sauce aux anchois & aux capres.

Canard aux cardons d'Espagne. Mettez du beurre frais, une pincée de farine, du sel & de l'eau dans une marmite; faites bouillir cette eau; mettez dedans vos cardons bien épluchés. Retirez-les à demicuits; faites-les égoutter. Passez-les ensuite à la casserole avec un coulis léger de veau & de jambon, où ils acheveront de cuire ; sur la fin , jettez dedans comme une noix de beurre manié de farine ; mettez sur le fourneau & remuez toujours ; ajoûtez un filet de vinaigre , & servez par-dessus le canard cuit à la braise.

Canard aux concombres. Demi-cuit à la broche , coupez-le en filets sans détacher , & servez sur un ragoût de concombres. On peut de même servir le canard à la braise sur un ragoût de concombres , après l'avoir bien égoutté.

Canard aux huitres. Faites un ragoût avec huitres , truffes , ris de veau , ciboules hachées , persil , poivre , sel , & bon beurre. D'une partie de ce ragoût farcissez votre canard ; ficelez-le , pour que rien n'en sorte ; faites-le cuire à la broche , & servez-le avec le reste du même ragoût par-dessus , & coulis de champignons.

Canard aux olives. On peut le faire cuire à la braise ou à la broche. Passez deux ou trois petits champignons à la casserole ; mouillez de bon jus. Liez d'un coulis clair de veau & jambon. Prenez des olives ; ôtez les noyaux ; jettez-les à l'eau bouillante. Retirez-les ensuite , & faites-les égoutter ; mettez-les dans le ragoût préparé ; faites-leur faire un bouillon dans ledit ragoût , que vous servirez sur votre canard. Les sarcelles , poules d'eau & autres oiseaux de riviere , poulardes , poulets , chapons , perdrix aux olives se font de la même maniere.

Canard aux petits pois. Faites un ragoût de petits pois ; passez à la casserole avec un peu de beurre & de farine , bouquet , poivre & sel ; mouillez d'un bon jus , & liez ensuite avec des jaunes d'œufs délayés dans la crême. Servez votre canard cuit à la braise & bien égoutté , dans un plat , votre ragoût de pois par-dessus. Les poitrines de veau à la braise , les terrines de tendrons de veau à la braise , les oisons & pigeons qu'on fait cuire de même , se servent aussi avec le même ragoût de petits pois.

Canard en salmi. (Voyez *Alouettes en salmi.*)

Canard farci. Détachez la peau de la chair ; levez l'estomac ; farciffez-le de blanc de chapon & poularde ; faites cuire à la braife, & fervez avec tel ragoût que vous jugerez à propos.

Canard. (*Ragoût de*) Mettez cuire à demi à la broche, & achevez fa cuiffon dans un ragoût de ris de veau, culs d'artichauts, truffes, champignons, pointe de rocambole, fines herbes & affaifonnement convenable ; on peut le fervir garni de fricandeaux, ou autres garnitures.

Canard. (*Sauce pour le*) Prenez du jus de veau affaifonné de poivre & fel ; mettez-y le jus de deux oranges ; fervez-vous-en pour les canards, farcelles, & autres oifeaux du même genre.

OBSERVATION MÉDECINALE.

La chair des canards, cannettes & cannetons, élevés en belle eau, jeunes, tendres, & bien cuits, eft un manger agréable au goût, mais dont doivent s'abftenir les perfonnes délicates & toutes celles qui digerent difficilement les viandes compactes.

CANDI. (Voyez *Abricots*, *Amandes*, *Cannelle*, *Jafmin*, *Jonquille*, *Orange*, *Sucre*.)

CANNELLE AU CANDI. Coupez de la cannelle, en maniere de petits filets très-minces ; mettez-la dans un petit fucre fur le feu ; & ne la faites cuire qu'en petit fyrop ; puis ôtez la poële de deffus le feu ; laiffez-la prendre fucre cinq ou fix heures, & faites-la égoutter fur un clayon à l'étuve : quand elle eft à moitié féche, il faut la détacher doucement, & la mettre fur un tamis, à l'étuve, pour l'achever. (On en peut auffi former en rocher, en forme de clocher, qu'on fait auffi fécher à l'étuve, & qu'on met feul dans un moule fait exprès.) Vos petits filets de cannelle étant fecs, vous les rangerez dans des moules de fer-blanc fur un petit clayon fait exprès qui entre dans le moule : vous en pouvez mettre trois lits l'un fur l'autre, en les féparant avec ces petites grilles. Sur celle de deffus, il faut mettre quelque chofe de pesant, comme du plomb, pour que cela se tienne ferme : ensuite faites cuire du sucre au petit soufflé, la quantité qu'il en faudra, selon la grandeur de votre moule ; étant cuit, jettez votre sucre dans votre moule, ensorte qu'il y en ait par-dessus la derniere grille : en le versant, il faut le jetter en plusieurs endroits du moule, & le laisser tiédir ; ensuite le mettre à l'étuve, du soir au lendemain, avec un bon feu couvert, pour qu'il dure la nuit. Le matin, vous prenez garde si la cannelle est bien prise ; vous ferez un petit trou au coin du moule, pour faire égoutter le sucre ; puis remettez ledit moule tout renversé de côté dans l'étuve, avec une assiette dessous : quand il est bien égoutté, il faut l'ôter de son moule, le détacher doucement brin à brin, & le mettre sur un tamis, à l'étuve, pour l'achever de sécher.

Cannelle. (*Bâton de*) Vous prendrez de la même pâte que celle de pastilles de cannelles ; vous en ferez un abaisse le plus mince qu'il vous sera possible, puis vous le découperez en petits quarrés, longs de la moitié du doigt, & vous le roulerez sur un petit bâton de bois, de la grosseur d'une plume à écrire ; après quoi, vous l'ôterez pour faire les autres, & les mettrez sur un tamis à l'étuve. Quand ils sont bien secs, vous pouvez, si vous voulez, les mettre au candi ; mais il faut boucher les deux trous d'un peu de la même pâte, en les frisant : ils sont très-beaux, & se dressent fort bien en pyramide. Vous en pouvez faire d'autres manieres, observant la même chose.

Cannelle. (*Conserve de*) Vous prendrez deux gros de bonne cannelle battue & passée au tamis de soie, que vous mettrez sur une assiette : vous la délayerez avec un peu de sucre clarifié ; vous ferez cuire une livre de sucre clarifié ; & vous mettrez votre cannelle dedans : remuez le tout avec une cuiller d'argent, & dressez.

Cannelle. (*Eau de*) Prenez la quantité de cannelle, portée par les recettes, proportionnellement à la quantité de liqueur que vous voudrez faire ; vous la pilerez bien fine, afin de faciliter aux efprits une prompte iſſue. Quand votre cannelle ſera pilée, vous la mettrez dans l'alambic avec très-peu d'eau & d'eau-de-vie, & le tout relativement à vos recettes, & vous diſtillerez le tout ſur un feu modéré. Obſervez d'abord, ce qui eſt eſſentiel, que vos efprits qui tombent les premiers, n'ont pas d'abord beaucoup de goût de la cannelle qu'on diſtille; ce n'eſt qu'à la fin de la diſtillation, que l'odeur & le goût de cette épice monte & s'enleve avec les efprits; c'eſt pourquoi, dans les diſtillations des épices, il faudra toujours tirer un peu de phlegme avec les efprits, ſi vous voulez qu'ils aient bien le goût des épices, que vous diſtillerez. Auſſi vous obſerverez de mettre moins d'eau qu'aux autres diſtillations, dans votre alambic. Quand vous aurez tiré vos efprits, vous ferez fondre du ſucre dans de l'eau fraîche; & lorſqu'il ſera fondu, vous mettrez vos efprits dans le ſyrop; vous le paſſerez à la chauſſe, & quand le tout ſera clarifié, votre liqueur ſera faite. Pour ſix pintes d'eau de cannelle, pilez en poudre bien menue une once de bonne cannelle; mettez la cannelle pulvériſée dans votre alambic avec trois poiſſons d'eau; mettez auſſi dans l'alambic trois pintes & chopine d'eau-de-vie; & pour faire votre ſyrop, une livre & un quart de ſucre, & trois pintes d'eau.

Cannelle. (*Glace de*) Mettez dans une pinte d'eau tiéde une once de cannelle que vous faites infuſer pendant une heure : enſuite mettez-la ſur le feu, pour lui donner un bouillon. Vous l'ôtez du feu pour la mettre dans un pot bien couvert, que vous poſez ſur de la cendre chaude, pour la laiſſer encore infuſer pendant une heure, après que vous aurez mis trois quarterons de ſucre; paſſez cette eau à la chauſſe, pour la mettre dans la ſalbotiere & la faire prendre à la glace.

Cannelle. (*Paſtille de*) Faites fondre de la gomme adragant dans un pot, avec un peu d'eau : une once, par exemple, ſuffit pour quatre livres de ſucre. Au bout de deux ou trois jours que votre gomme eſt bien détrempée, & que vous l'avez encore démelée avec la cuiller, vous la paſſez & preſſez dans un linge blanc, pour en ſéparer toute la craſſe : vous mettrez cette eau de gomme dans le mortier, avec un ou deux blancs d'œufs : enſuite vous aurez du ſucre en poudre, paſſé auſſi au tamis fin, que vous mêlerez avec le reſte, petit à petit, continuant toujours de délayer l'un & l'autre, juſqu'à ce que votre pâte ſoit bien maniable ; alors, vous pourrez former vos paſtilles en rond, en long, ou autre forme qu'il vous plaira : ſi vous avez des cachets ou des chiffres, vous les imprimerez ſur vos paſtilles, & les ferez ſécher à l'étuve. Vous pouvez, ſi vous voulez, n'y pas mettre de blanc d'œuf ; on prétend qu'il fait gercer la pâte ; & ſi, nonobſtant cela, elle gerçoit, vous mettriez votre pâte dans une ſerviette un peu mouillée & formeriez vos paſtilles, comme ci-deſſus.

Cannelle. (*Quinteſſence de*) Pour tirer de cette épice un meilleur parti, & qui tienne un milieu entre l'excellence de l'huile de cannelle, & une ſimple diſtillation des eſprits de cette épice, voici ce qu'il faut faire. Au lieu de tirer de l'huile, on fera une teinture de cannelle, qui approchera fort de la quinteſſence huileuſe, en la faiſant aux eſprits rectifiées, comme celle de l'ambre, du muſc, & de la civette. Pour avoir cette teinture, il faut piler la cannelle, & la réduire en poudre la plus fine qu'il ſera poſſible. Afin que le pilon ne diſſipe pas les parties les plus déliées de la cannelle, vous aurez ſoin d'envelopper le mortier dans lequel vous la pilerez, d'un ſac de peau, que vous attacherez au pilon ; de façon cependant que vous lui laiſſiez aſſez de jeu, pour pouvoir s'élever & s'abaiſſer, ſans faire tirer celui qui la pile : vous paſſerez ce qui eſt pilé dans un tamis couvert deſſus & deſſous, & vous pilerez le reſtant, & le paſſerez, comme il eſt dit, juſqu'à ce qu'il ne reſte plus rien : vous mettrez enſuite cette cannelle réduite en poudre, dans une bouteille de verre à grand goulleau, avec de l'eſprit de vin rectifié ; vous la boucherez bien avec un bouchon de liége bien uni, & qui ſerre bien , & vous acheverez de fermer le paſſage à toute tranſpiration, avec de la cire blanche , ou de la réſine fondue ; vous mettrez deux pouces d'eſprit-de-vin au-deſſus de la cannelle : vous la laiſſerez en cet état , en digeſtion, pendant quinze jours , en la remuant une fois par jour, ſans déboucher, pour émouvoir la cannelle & les eſprits à fond , & donner lieu à l'eſprit de vin de diſſoudre la quinteſſence , & de ſe charger en même-temps des eſprits de la cannelle ; & au bout de ce temps, vous la laiſſerez repoſer quelques jours , afin de ſoutirer les eſprits doucement, le plus clair qu'il vous ſera poſſible : il faudra , pour cela, incliner doucement la bouteille , & verſer avec beaucoup de précaution. La couleur de cette quinteſſence , ou teinture aux eſprits rectifiés , ſera rouge, ou rougeâtre : elle eſt beaucoup moins ingrate, que la quinteſſence huileuſe, faite de la même façon que celle des végétaux aromatiques , & elle eſt tout au moins auſſi bonne.

La cannelle eſt une écorce aromatique, échauffante, ſtomachique, cordiale, propre à fortifier l'eſtomac & faciliter la digeſtion, qui convient aux perſonnes qui ont l'eſtomac froid ou relâché, & qui ſont ſujettes à la pituite, aux glaires, vents, dévoiements, maux de nerfs , &c.

CANNELONS GLACE'S. (Voyez *Abricots , Café, Chocolat , Crême , Fraiſes , Framboiſes , Pêches , Verjus.*)

CANNETTES AUX POINTES D'ASPERGES. Prenez des cannettes : trouſſez-les en poulets ; faites-les blanchir : ficelez-les, & faites cuire dans une bonne braiſe. Prenez des ſommités, ou pointes d'aſperges ; faites-les blanchir, & achevez de cuire dans un bon bouillon. Retirez-les , & mettez dedans une eſſence de bon goût ; ſervez ſur les cannettes.

Cannettes aux pois. Faites-les cuire, comme ci-deſſus. Paſſez des pois avec un morceau de beurre ; mouillez moitié jus & moitié bouillon ; liez d'un coulis , & ſervez ſur vos cannettes. Vous pouvez encore faire cuire les cannettes avec les pois ; elles n'en feront que meilleures ; mais elles n'auront pas une mine fi appétiffante que de l'autre maniere.

CANNETON DE ROUEN *à l'échalotte.* Choififfez-le gras , & le faites cuire à la broche à petit feu, enveloppé de papier. Hachez des échalottes très-menu ; mettez-es dans une bonne effence , que vous fervirez fur le canneton avec un jus d'orange.

Canneton de Rouen au jus d'orange. Choififfez le plus blanc & le plus gras ; faites refaire & cuire à la broche fans bardes ni papier. Il ne faut pas qu'il foit trop cuit. Retirez & coupez les filets, fans détacher ; & dans les ouvertures, mettez fel, & gros poivre , & jus d'orange par-deffus.

Canneton de Rouen glacé. Prenez un canneton ; piquez-le de petit lard. Faites-le blanchir & cuire avec du bouillon , bouquet & tranches de jambon ; glacez-le comme un fricandeau ; finiffez-le de même , & fervez avec un jus d'orange.

CAPILLAIRE. (*Syrop de*) Quand vous aurez choifi le capillaire , vous le mettrez dans une poële à confiture avec de l'eau ; vous le ferez bouillir, jufqu'à ce que votre eau ou décoction foit bien ambrée ; & lorfque vous verrez que la plante fera fuffifamment imbibée & infufée , & qu'il fe fera précipité au fond de l'eau , fans que vous l'ayez plongé avec l'écumoire , vous le tirerez du feu , ou vous pafferez la décoction ou infufion dans un tamis ; vous laifferez égoutter votre capillaire ; vous nétoyerez enfuite la poële , & vous y mettrez votre fucre ou caffonnade , avec l'eau qui aura fervi à infufer le capillaire ; vous le mettrez fur le feu, & vous remuerez le fucre , jufqu'à ce qu'il foit bien fondu. Après cela , vous cafferez des œufs : vous ôterez les jaunes , & ne prendrez que les blancs que vous mettrez dans de l'eau fraîche ; vous les battrez bien avec des branches d'ofier dépouillées de leur écorce , afin de les bien faire mouffer. Quand votre fucre & l'eau bouilliront , vous jetterez une partie de vos blancs d'œufs , ainfi préparés ; & vous attendrez que l'écume soit montée & attachée à vos blancs d'œufs, qui resteront toujours sur le syrop; alors vous l'écumerez; & après avoir écumé votre syrop, vous remettrez encore des blancs d'œufs, comme la premiere fois, jusqu'à ce que votre syrop soit parfaitement clarifié. Vous l'écumerez, ainsi qu'il est dit, & le laisserez bouillir, jusqu'à ce qu'il commence à s'épaissir, & se réduire en consistance de syrop; ce que vous pourrez connoître en bouillant; car quand le syrop avance d'être fait, un très-petit feu le fait monter: & d'ailleurs on le goûte; & quand il est fait, on le passe par le tamis: ensuite il faut le laisser refroidir, & on le met en bouteille. Pour faire le syrop de capillaire, vous prendrez deux onces de capillaire, & quatre pintes d'eau, six livres de sucre ou cassonnade, trois œufs, si vous vous servez de cassonnade, le tout pour trois pintes ou trois pintes & chopine, au plus. S'il doit être employé promptement, il faut le réduire à trois pintes.

OBSERVATION MÉDECINALE.

Le capillaire est une plante astringente, fortifiante, légérement apéritive, vulnéraire & sudorifique, dont l'usage convient dans les maladies catarrhales, la phthisie, les ulceres internes, les obstructions légeres.

CAPILOTADE. : sauce qu'on fait à des restes de volailles ou pieces de rôti dépecées. Mettez du beurre dans une poële, avec les viandes découpées par morceaux, sel, écorce d'orange, poivre & autres épices, ciboules & persil hachés, croûtes de pain, bouillon, ou eau, capres; faites cuire le tout ensemble, jusqu'à ce que la sauce soit liée; & sur la fin, mettez un filet de vinaigre ou verjus, & rapez par-dessus de la muscade avec de la croûte de pain.

Capilotade. (*Autre*) Prenez un poulet rôti; découpez-le & le mettez dans un plat avec de l'eau ou du bouillon, ou un peu de vin trempé, parce que le vin durcit les viandes, sel & poivre, girofle ou écorce d'orange, chapelure de pain. Faites cuire jufqu'à ce que la fauce foit liée. Ajoûtez un filet de verjus, ou jus d'orange ou de citron.

CAPRES : boutons ou fleurs qui viennent aux fommités des branches du caprier, arbre qu'on cultive en Provence, fur-tout du côté de Toulon. Il ne faut pas que les boutons foient épanouis pour les confire, comme on fait, dans l'eau & le fel. Il faut les choifir tendres, vertes, bien confites, & de bon goût.

Capres. (*Sauce aux*) Prenez effence de jambon ; mettez-la dans une cafferole avec des capres, que vous divifez avec le couteau en trois ou quatre ; affaifonnez de poivre & fel, & fervez chaud.

OBSERVATION MÉDECINALE.

Les capres font un affaifonnement fain, ftomachique, & qui facilite la digeftion : mangées en quantité, elles font apéritives, defobftructives, anti-fcorbutiques.

CARAMEL : un des principaux ufages de ce qu'on appelle *caramel*, eft une calotte pour couvrir des fromages blancs. Pour cela, il faut faire cuire du fucre au caramel, qui eft fa plus forte cuiffon, & cependant avoir une affiette de même largeur que celle fur laquelle vous voulez fervir vos fromages. Vous y rangez divers petits fruits confits, d'efpace en efpace, comme des cerifes, des framboifes, des abricots, des amandes vertes, des tailladins ou autres chofes, entre-mêlant avec art & avec goût leurs différentes couleurs, pour rendre la chofe plus agréable par cette variété. Vos fruits étant ainfi rangés fur le feu & fur le bord de votre affiette, ayez un pot à perlé, ou bien un moule de fer blanc fait en forme d'entonnoir. Il faut que le trou en foit petit ; finon vous y mettrez une cheville que vous hauflerez ou enfoncerez, pour faire couler le fucre plus fort, ou plus délié, felon que vous jugerez à propos. Vous verferez votre fucre dans ce moule, quand il fera à la cuiffon de caramel, & vous en arroſerez vos fruits en tournant tout-autour, de l'un à l'autre, juſqu'à ce que vous ayez rempli toute la capacité de votre aſſiette. Comme le ſucre ſe condenſe & ſe ſéche auſſi-tôt, en s'attachant aux fruits, à meſure qu'il tombe, cela formera une maniere de filigrame ou de rézeau fort propre pour couvrir ou maſquer vos porcelaines de fromage : ce qui trompera agréablement les gens, quand ils voudront donner là dedans, avec la fouchette. Le ſucre qui ſe caſſe pour lors, tombant parmi le fromage avec le reſte, on mange le tout enſemble avec beaucoup de plaiſir. On peut figurer & marquer de même des pyramides de fruits cruds, comme des ceriſes, des framboiſes, des prunes & autres, quand elles feront dreſſées en y verſant, de la même maniere, du ſucre cuit au caramel, en commençant par le bas, & continuant en tournant juſqu'à la pointe d'en-haut ; ce qui cachera ces fruits, & ne laiſſera entrevoir qu'une partie de la couleur, qui fera, ſous cet ouvrage de ſucre à jour, un très-joli effet.

Caramel mêlé. Ayez un plat, des feuilles de fer-blanc, ou des ardoiſes, que vous frotterez d'un peu d'huile d'amandes douces ; ſémez deſſus de la fleur d'orange pralinée, du cannelas, des Piſtaches pilées, eſſuyées & coupées par petits tailladins, & de petites ceriſes ; égrainez le tout légérement ; vous filerez du ſucre cuit au caramel par-deſſus : quand il ſera un peu froid, vous le renverſerez ſur une autre feuille, pour filer du ſucre de l'autre côté : quand l'autre côté ſera froid de même, dreſſez-les ſur vos gobelets, ou corbeilles. Prenez garde de ne les point trop charger de ſucre en le filant.

Caramel. (Voyez *Abricots, Amandes, Azercles, Ceriſes, Fraiſes, Marrons, Oranges, Pêches, Poires au caramel.*)

CARBONNADE, ou Grillade : piéce de viande rôtie ſur le gril. Prenez un pigeonneau, ou autre volaille ; fendez-le le long de l'eſtomac ; ouvrez-le, & ſaupoudrez en dedans de mie de pain, ſel &

poivre mêlés. Mettez sur le gril ; faites une sauce avec vinaigre, échalottes, ou oignons hachés menu. On peut faire cuire de même des tranches de viandes crues, coupées minces & battues, pour les attendrir, qu'on peut piquer de cloux de girofle & feuilles de laurier ; il ne faut pas les laisser trop cuire. On les sert avec une sauce douce. (Voyez *Sauce.*)

Carbonnade de mouton. Passez des tranches minces de mouton, saupoudrées de sel & poivre & mie de pain, dans une casserole au lard fondu : faites-les bien rissoler. Faites frire de la farine dans votre roux, & servez sur vos carbonnades votre roux lié avec du jus de champignons ; garnissez de pain ou persil frit.

CARDES : il y en a de deux sortes, de poirée & d'artichauts. Celles de poirée sont les grosses côtes dépouillées des feuilles & des cuticules. Celles d'artichauts sont de même ; mais beaucoup plus grandes. Les plus blanches & les plus épaisses dans les deux especes sont les meilleures.

Cardes d'artichauts. Otez les filandres ; coupez en morceaux, & faites cuire jusqu'à ce qu'elles deviennes molles. Faites une sauce au beurre roux avec jus de bœuf, sel & poivre, que vous lierez avec farine frite. Dressez-les sur un plat, & faites-leur prendre couleur avec une pelle rouge. Au lieu de jus, on peut raper du fromage dans la sauce. Les cardes de poirée peuvent s'accommoder de même.

Cardes de poirée. Epluchez & coupez en morceaux d'une certaine grandeur. Faites-les blanchir, & les mettez dans une casserole, avec de bon jus, de la moëlle de bœuf, un peu de Parmesan rapé. Assaisonnez convenablement, & faites mitonner ; finissez avec un filet de vinaigre. On les accommode encore comme les cardons.

CARDON D'ESPAGNE : plante potagere, connue, & d'un usage commun. Epluchez & coupez, comme ci-dessus, & faites blanchir & achevez, comme ci-dessus, pour les cardes de poirée.

Cardons. (*Ragoût de cardons d'Espagne.*) Voyez
Canard

Canard aux cardons d'Espagne. Le ragoût des montants de cardes se fait de la même maniere que celui-là.

OBSERVATION MÉDECINALE.

Ces diverses especes de cardes & cardons sont un aliment assez aisé à digérer, rafraîchissant, apéritif, propre à tenir le ventre libre quand on en mange beaucoup & souvent.

CAROTTE : plante potagere, dont la racine est d'un grand usage en cuisine. Sa graine est aromatique, comme celle des *daucus*, dont cette plante est une espece.

Carottes. (*Potage de*) Ayez de l'eau bouillante, ce qu'il en faut pour faire un grand plat de potage, demi-livre de beurre frais, sel & demi-litron de pois secs, trois ou quatre carottes épluchées & bien nettes, par morceaux, faites cuire. Une heure avant de dresser, mettez de l'ozeille, du cerfeuil, de la chicorée blanche, racines de persil, ciboules, oignons, une pincée de sariette, deux ou trois cloux de girofle. Faites mitonner le tout, & dressez le potage.

Carottes. (*Ragoût de*) Coupez-les & les tournez ; faites cuire un quart-d'heure à l'eau bouillante, & ensuite à la casserole dans de bon bouillon, un verre de vin blanc, bouquet de fines herbes & sel. Liez la sauce avec un peu de coulis, & servez avec telle viande que vous voudrez.

OBSERVATION MÉDECINALE.

La carotte est une racine apéritive, légérement sudorifique & saine : & c'est, avec raison, qu'on l'emploie comme assaisonnement, plutôt que comme aliment : elle perd son suc dans la cuisson, & laisse plus souvent une substance séche.

CARPE : poisson d'eau douce très-connu. Les meilleures doivent être bien nourries, grosses, d'une couleur dorée. Le mâle a la chair plus ferme. Celles de riviere valent mieux que celles d'étangs ; & parmi celles de riviere, il faut préférer celles qui vivent dans une eau plus claire & plus vive.

F

Carpe à la hussarde. Ouvrez votre carpe le moins qu'il se pourra en la vuidant ; mettez dans le corps du beurre manié de fines herbes, & assaisonné de bon goût. Faites mariner la carpe, avec fines herbes hachées, huile fine, laurier, thym, basilic ; & quand elle aura pris le goût, faites cuire sur le gril, & servez avec une remoulade. Le brochet, truite, perche, tanche, s'accommodent de même.

Carpe à l'étuvée. Prenez une ou plusieurs carpes ; coupez-les en tronçons. Gardez le sang. Mettez ces tronçons dans un chaudron, avec du vin, assaisonné de sel, poivre, girofle, écorce d'orange, oignons ; faites bouillir sur le feu, jusqu'à ce que la sauce commence à tarir ; mettez du beurre manié de farine & le sang, pour lier la sauce ; ajoûtez un filet de vinaigre.

Carpe à l'étuvée à l'Italienne. Coupez par tronçons, & mettez dans une casserole, avec persil, ciboules & champignons hachés, de l'huile fine, chopine de vin blanc, sel & poivre ; faites cuire à grand feu, & servez à courte sauce.

Carpe à l'étuvée au blanc. Coupez, comme dessus ; faites mariner avec une chopine de vin blanc, sel & poivre. Passez à la casserole des champignons en dez, une douzaine d'oignons blancs, blanchis, bouquet de fines herbes, bon beurre, & mouillez le tout de bouillon. Quand le tout est à moitié cuit, mettez vos tronçons avec la marinade, & quand le tout est cuit, liez la sauce avec de la crême & des jaunes d'œufs.

Carpe au court-boillon. Otez les ouïes ; vuidez & mettez au bleu, comme le brochet Faites-la cuire ensuite au vin blanc, verjus, vinaigre, oignons, laurier, sel, poivre & girofle. Servez à sec, garnie de persil verd.

Carpe au demi court-bouillon. Coupez une carpe en quatre, sans l'écailler. Faites-la cuire au vin blanc ou rouge, verjus, vinaigre, sel & poivre, muscade, cloux de girofle, ciboules, laurier, beurre roux, écorce d'orange. Faites consommer tout le bouillon, & mettez des capres en dressant.

Carpe aux champignons. Prenez une belle carpe, faites-la cuire avec de l'eau, un peu de vin, sel & poivre. Dreffez-la dans un plat à fec, & mettez deffus un ragoût de champignons, laitances, culs d'artichauts, beurre frais, le tout affaifonné de fel, poivre, fines herbes en bouquet, & garni de croûtons frits.

Carpe. (*Entrée de*) Ecaillez, vuidez, & incifez une belle carpe; frottez-la de beurre fondu, & faupoudrez de fel menu. Faites-la griller, & fervez deffus un ragoût de champignons, moufferons, laitances & culs d'artichauts. Mettez dans la fauce, en cuifant, des croûtons de pain frits, avec oignons & capres; & garniffez de croûtons frits en fervant, le ragoût par-deffus.

Carpe en filets. Coupez-la par tronçons; formez des filets; mettez-les mariner; & trempez-les dans une pâte claire, pour les faire frire; & fervez, garnis de perfil frit.

Carpe en filets à la fauce blanche. C'eft de faire une liaifon de carpe avec une mie de pain pilée, qu'on paffe à l'étamine après l'avoir fait bouillir quelques tours avec du coulis ou bouillon de poiffon. Dans cette fauce, on fait mitonner les filets affaifonnés de champignons, fel, poivre & fines herbes en paquet.

Carpe en fricaffée de poulets. Coupez-la par tronçons; mettez à la cafferole avec beurre, perfil, ciboules, champignons hachés, chopine de vin blanc, fel & poivre; fervez à courte fauce.

Carpe en matelote, avec d'autres poiffons. (Voyez *Matelote.*)

Carpe farcie. Fendez une belle carpe par le dos; féparez la chair fans intéreffer la peau & la groffe arrête. Faites de cette chair & celle d'anguille, affaifonnées de fel, poivre, beurre frais, fines herbes, champignons, giroffl, mufcade, & thym & laitances, un hachis bien fin. Farciffez-en votre peau, & recoufez-la proprement; mettez au four, avec du beurre roux, du vin blanc & purée claire. Etendez par-deffus du beurre frais, manié de farine

fine & perfil haché, fervez, garnie de laitances &
champignons frits. On peut encore la mettre farcie,
comme deffus, dans une cafferole, avec beurre frais:
bouillon de poiffon, ou purée claire, farine frite &
affaifonnement convenable, & fervir garnie de ce qu'on
jugera de plus convenable.

Carpe frite. Votre carpe bien écaillée & vuidée,
ouvrez - la par le dos, & mettez dans une friture bien
chaude; quand elle fera cuite & de belle couleur,
égouttez - la & faupoudrez de fel.

Carpe grillée. Marinée & grillée, comme deffus,
faites une fauce avec beurre roux, capres, anchois,
citron verd & vinaigre. Affaifonnez de fel, poivre &
mufcade : on peut y faire une fauce blanche ordinaire,
ou bien faite avec beurre frais, fel, poivre, perfil,
ciboules hachés menu, bouillon de poiffon ou purée
claire; le tout paffé à la cafferole, qu'on met fur la
carpe avec un jus d'orange.

Carpe grillée à l'ofeille. Cifelez votre carpe fur les
côtés, & faites mariner avec beurre fondu, fel & poivre.
Mettez fur le gril, & fervez avec un ragoût d'ofeille,
laitue, cerfeuil, cuits avec du beurre & de bon bouillon;
affaifonnez comme il convient, & liez avec de la crême
& des jaunes d'œufs.

Carpe. (*Hachis de*) Ecorchez & prenez la chair;
hachez - la avec fel, poivre & fines herbes, champignons, laitances & culs d'artichauts. Le hachis fait,
paffez - le dans une cafferole au blanc. Ajoûtez - y du
bouillon de poiffon ou de la purée claire; laiffez-le bien
mitonner; & fervez, pour entrée, avec un jus de citron,
garni de champignons frits, ou capres, ou andouillettes
de poiffon.

Carpe. (*Ragoût de*) Lardez votre carpe de gros
lardons d'anguilles, & la paffez au beurre roux avec
un peu de farine frite, champignons, fines herbes,
fel & poivre, mufcade, citron verd, & un verre
de vin blanc; quand elle fera cuite, ajoûtez au ragoût des huitres fraîches & des capres. Laiffez mitonner un moment, & fervez garni de perfil frit.

OBSERVATION MÉDECINALE.

La carpe nourrie en belle eau, grosse, grasse & bien cuite, est un aliment sain, de bon goût, & de facile digestion, qui convient à toutes les constitutions, & qu'on peut donner aux gens délicats & aux convalescens, à qui on a permis de manger, principalement quand elle est bien grillée.

CARRÉ DE MOUTON. Piquez-le de persil, & le mettez à la broche; servez avec jus de citron & de mouton, après l'avoir pané, de mie de pain, sel & poivre.

Carré de mouton. (Autre apprêt du) Faites-le cuire au pot, trempez-le ensuite dans une pâte à beignets; faites-le frire avec du lard frit. Servez avec verjus, sel & poivre blanc. Ces deux manieres sont pour hors-d'œuvre.

Carré de mouton en entrée. Faites-le griller coupé en côtelettes. Trempez vos côtelettes dans du beurre frais fondu. Assaisonnez de sel, poivre, persil, ciboules, champignons hachés fin. Panez les côtelettes; &, pendant qu'elles cuisent sur le gril, arrosez-les d'un peu de beurre, & servez à sec.

Carré de mouton en terrine à l'Angloise aux lentilles. Coupez-le en côtelettes : faites cuire avec bon bouillon, très-peu de sel, bouquet. Faites cuire d'autre côté un litron de lentilles à la reine, avec du bouillon; passez-les en purée. Mettez les côtelettes dans cette purée, & les faites mitonner avec leur assaisonnement si votre coulis est trop clair. Prenez ensuite une terrine qu'on puisse servir sur table, & qui souffre le feu. Mettez vos côtelettes avec la moitié de votre coulis; couvrez de mie de pain grillée d'un côté. Mettez la terrine au four, pour une heure; & quand vous servirez, mettez dessus le reste du coulis. On sert encore le carré de mouton à la braise avec un ragoût de petits oignons, ou à la *chicorée*, aux *concombres*, aux *navets*, en *hochepot*, en *haricot*, *glacé*. Voyez aux articles respectifs ces différents procédés.

CASSÉS-MUZEAU : espece de pâtisserie. Prenez des morceaux de moëlle de bœuf d'environ un pouce; échaudez-les à l'eau bouillante. Retirez & laissez égoutter; saupoudrez de sucre, avec un peu

de sel & de cannelle en poudre, ou fines épices.
Faites de petits abaisses de feuilletage ; mettez sur
chacun un morceau de moëlle & un de sucre assaisonné comme ci - dessus. Recouvrez d'un même
abaisse en le repliant & fondant les bords. Faites-
les frire dans le beurre ou le sain - doux sans remuer :
faites égoutter, & poudrez de sucre fin.

CASSEROLE : pain farci & cuit dans une casserole avec les assaisonnements ordinaires. Prenez un
pain mollet dont la croûte soit belle ; percez - le par
dessous ; ôtez - en la mie, & le farcissez avec un bon
hachis de poulets rôtis, ou autres volailles bien
cuites : passez - le à la casserole avec de bon jus &
avec l'assaisonnement convenable. Farcissez - en votre
pain, avec quelques croûtes de pain ; achevez de
remplir votre pain du hachis. Foncez une casserole
de bardes de lard ; mettez dessus le pain du côté
où vous avez fait entrer le hachis ; faites - le mitonner avec un bon jus, sans presser, pour que le pain
reste entier. Retirez - le adroitement ; servez - le dans
un plat, & par - dessus un ragoût de ris de veau,
truffes, culs d'artichauts & pointes d'asperges.

Casserole au Parmesan. Le pain préparé, comme
dessus, on met dedans un peu de Parmesan ; &
quand il a été mitonné & dressé, on le poudre
de Parmesan rapé ; on lui fait prendre couleur au four,
& on le sert garni autour d'un ragoût quelconque.

CASSIS. (*Ratafia de*) Vous prendrez des feuilles
de cassis, dont vous ôterez les côtes ; vous les mettrez infuser avec de l'eau - de - vie pendant un mois ;
vous mettrez dans ladite infusion du macis, du
clou de girofle, de la cannelle ; & quand la vertu
du cassis aura bien pénétré votre eau - de - vie, vous
passerez cette infusion dans un tamis. L'infusion passée, & vos feuilles bien égouttées, vous y mettrez du sucre sans y mettre d'eau. Ce sucre ne fondra
pas d'abord, parce qu'il fond difficilement dans l'eau -
de - vie, & il lui faudra du temps que vous lui donnerez ; vous le remuerez tous les jours, jusqu'à ce
qu'il soit bien fondu. Vous observerez sur - tout de

nerez; vous le remuerez tous les jours, jufqu'à ce qu'il foit bien fondu. Vous obferverez fur-tout de ne point laiffer le vaiffeau, dans lequel vous aurez mis votre infufion, débouché pendant le temps que votre fucre fera à fondre. La force de vos efprits, & la vertu des feuilles du caffis s'évaporeroient; pour cet effet, vous mettrez cette infufion dans une cruche de grès, ou autre vaiffeau, dont l'embouchure foit étroite, & puiffe fe boucher exactement pendant que votre fucre fondra. Quand votre infufion fera au point où elle doit être, vous la pafferez à la chauffe pour la clarifier; & quand elle fera claire, vous la mettrez en bouteilles, que vous boucherez bien, & cacherez, pour fervir au befoin. Pour faire dix pintes de ratafia de caffis, vous prendrez quatre poignées de feuilles, dix pintes d'eau-de-vie, deux gros de macis, une demi-once de cannelle, un demi-gros de girofle pulvérifé, & deux livres & demie de fucre. Pour faire ce ratafia, il faut cueillir le fruit dans fa parfaite maturité; prendre garde qu'il ne foit pas gâté; choifir les grains les plus beaux, les écrafer; & fur chaque livre de caffis, vous mettrez une chopine d'eau; & vous le laifferez f rmenter vingt-quatre heures. Il faut enfuite le preffer; & vous mettrez autant de pintes d'eau-de-vie que vous aurez de jus, & vous emploierez quatre onces de fucre par pinte, c'eft-à-dire, que fi vous en faites fix pintes, vous mettrez trois pintes de jus, trois pintes d'eau-de-vie, & une livre & demie de fucre que vous ferez fondre dans le jus. Avant que de mettre l'eau-de-vie, il faut l'affaifonner avec de l'efprit épicé, & le paffer à la chauffe.

OBSERVATION MÉDECINALE.

Au commencement de ce fiécle, le caffis a été regardé, pendant quelques années, comme un remede univerfel, & on a dit, auffi mal-à-propos, que de cent malades de tout genre il en foulage au moins quatre-vingt-dix. L'enthoufiafme où on étoit, a fait employer toutes les parties de cet arbre; & on les a vantés comme de puiſſants médicaments ; mais cependant toutes n'ont que fort peu d'efficacité. Les feuilles, le bois, l'écorce, ſont légérement aſtringens, & par - là un peu ſtomachiques & un peu apéritifs. La plûpart des effets qu'on leur a attribués, ont été produits par les vertus de l'eau que les formes d'infuſion & de décoction, ſous leſquelles on le prenoit, donnoient lieu de boire en abondance : d'autres ſuccès étoient dûs à l'eau-de-vie, au ſucre & aux autres ſubſtances avec leſquelles on mettoit quelque partie du caſſis. Aujourd'hui on ne fait plus de cas que des fruits auxquels on attribue encore trop de vertus ; & pour apprécier les choſes ce qu'elles valent, je dois dire que l'arbriſſeau dont il s'agit ici, eſt une eſpece de groſeiller, & que le fruit eſt une groſeille noire, qui, par ſon acidité & ſa légere aſtriction, eſt un peu ſtomachique & apéritif.

CASSONNADE. Sucre en poudre groſſiere auquel on n'a pas donné la préparation qui le blanchit, le durcit & le met en pain. On l'emploie aux mêmes uſages que le ſucre. Elle ſucre même davantage. Les confitures & les ſyrops dans leſquels on l'emploie, ſont moins ſujets à ſe candir que ceux où l'on ſe ſert du ſucre.

CASTROLE. Faites cuire telle viande que vous voudrez à la braiſe ; après l'avoir égouttée, dreſſez-la ſur un plat, & mettez autour du riz bien cuit, avec de bon bouillon bien nourri avec du lard. Verſez ſur le tout un peu de lard fondu ; uniſſez avec un couteau ; de ſorte que cela forme une eſpece de gâteau bien rond. Faites cuire au four bien chaud, pour que la croûte ſoit croquante & dorée ; égouttez la graiſſe, & ſervez à ſec.

CEDRAT. Le cedrat eſt un fruit diſtingué par la ſupériorité de ſon parfum : c'eſt de tous les fruits à écorce le meilleur, & qui eſt du meilleur uſage ; il l'emporte ſur toutes les odeurs ; & malgré la réputation que l'ambre s'étoit faite, le cedrat a prévalu. Ce fruit étant confit, fait la meilleure des confitures : il en eſt de même de ſa liqueur, qui, ſans contredit, eſt la p'us parfaite.

Cedrat. (*Aigre de*) On prend des cedrats, des limons, ou des citrons, ſi l'on n'a pas de ces autres fruirs ; on en tire tout ce qui contient le jus ; & l'on en ſépare les pepins, les mettant par quartier ou autrement. On fait cuire, en même-temps, du ſucre à ſoufflé ; une livre, par exemple, ſur douze citrons ; quand il eſt à cette cuiſſon, on y jette ſes jus que l'on laiſſe cuire enſemble juſqu'à ce que cela ſoit revenu à perlé ; après quoi, on le verſe à travers un tamis qui eſt au-deſſus d'une terrine, pour recevoir cette liqueur ; & on la met enſuite dans des bouteilles de verre, pour la conſerver. Elle eſt très-agéable & rafraîchiſſante, priſe en petite quantité, avec de l'eau que l'on bat & que l'on verſe pluſieurs fois d'un vaiſſeau à l'autre, pour la bien délayer. On peut la faire glacer ſi l'on veut, en mettant de cette liqueur ce qu'il en faut dans une chopine d'eau, pour lui donner le goût.

Cedrat blanc. (*Eau de*) Vous choiſirez le cedrat le meilleur que vous pourrez ; vous en couperez légérement les zeſtes & les diſtillerez avec les quantités d'eau & d'eau-de-vie, que nous allons dire ; & prenez garde de ne pas tirer de phlegmes. Si vous avez des liqueurs de cette eſpece, commandées hors la ſaiſon de ce fruit, & que vous ſoyez, par conſéquent, obligé d'en faire, vous n'aurez pas beſoin de vous en embarraſſer beaucoup, parce qu'au défaut du fruit, vous emploierez la quinteſſence de cedrat ; mais il faut qu'elle ſoit fine, & bien faite. Il s'en trouve de parfaite ; & voici comment vous diſtinguerez la meilleure. Vous en verſerez une goutte ſur le deſſus de votre main, que vous frotterez avec le bout du doigt ; & ſur le champ, vous la porterez au nez ; ſon parfum ſe fera ſentir, tel qu'il ſera ; & vous diſtinguerez d'abord ſes qualités ou ſes défauts. Vous vous ſervirez de cette quinteſſence, après l'avoir bien choisie. Quelques-uns prétendent que la quinteffence vaut beaucoup moins que le fruit, pour l'eau de cedrat; mais quand la quinteffence eft bonne, la liqueur eft parfaite, fur-tout fi elle eft faite avec l'attention qu'on y doit apporter. Vous obferverez auffi de ne mettre qu'une demi-livre de caffonnade dans le total de votre fucre, feulement pour engraiffer la chauffe; & fi, au lieu de fix pintes que vous en tirerez, vous en aviez vingt à paffer, il ne faut toujours que la demi-livre de caffonnade. Il eft encore à propos de vous faire obferver qu'il faut employer pour cette liqueur le plus beau fucre, afin qu'elle foit blanche; cela lui donne un mérite de plus. Pour fix à fept pintes d'eau de cedrat, vous mettrez dans votre alambic quatre pintes d'eau-de-vie, une chopine d'eau & deux cedrats moyens; & pour le fyrop, quatre livres de fucre, deux pintes, chopine & poiffon d'eau: fi vous employez de la quinteffence, au lieu de fruit, vous en mettrez foixante huit gouttes dans l'alambic.

Cedrat (Conferve de) Faites cuire une demi-livre de fucre à la grande plume; ôtez-le du feu, & mettez-y du cedrat rapé très-fin, que vous remuez avec le fucre; avant que de le verfer dans les moules, preffez-y quelques gouttes de jus de citron; remuez encore deux ou trois tours avec une cuiller; verfez votre conferve dans les moules de papier; lorf-qu'elle fera froide, vous la couperez par tablettes à votre ufage.

Cedrat. (Eau de) pour faire l'eau de cedrat, coupez les zeftes de vos cedrats; ayez le foin de ne couper précifément que cette premiere écorce jaune. Quand vos zeftes auront été coupés, vous les mettrez dans l'alambic avec de l'eau & de l'eau-de-vie; vous les diftillerez enfuite fur un feu tant foit peu vif; & quand vous en aurez tiré les efprits, vous ferez fondre du fucre dans de l'eau; & quand il fera fondu, vous verferez vos efprits diftillés dans ce fyrop; les mélangerez bien; vous paſſerez le mélange à la chauſſe ; & quand votre liqueur ſera clarifiée, elle ſera faite.

Cedrat. (*Paſtillages de*) Prenez de la rapure de cedrat ; mettez-en la moitié ſécher à l'étuve, pour la piler & la paſſer au tamis fin ; mettez l'autre moitié dans un peu d'eau avec une once de gomme adragant juſqu'à ce qu'elle ſoit fondue ; vous la paſſez dans un linge, & la mettez dans un mortier avec la rapure de cedrat que vous avez paſſée au tamis ; jettez-y du ſucre en poudre que vous pilez à meſure & mettez-en juſqu'à ce que vous ayez une pâte maniable ; vous en formez des paſtillages de tels deſſeins que vous voulez. Si votre pâte n'avoit point aſſez le goût de fruit : vous aurez ſoin d'y goûter avant que de la finir ; vous y mettrez un peu d'eſſence de cedrat. Les paſtillages de bergamotte, de citron, de lime, de bigarade, d'orange de Portugal, ſe font tout de même.

Cedrat. (*Quinteſſence de*) Pour faire la quinteſſence du cedrat, il faut choiſir ce fruit dans ſa parfaite maturité, c'eſt-à-dire, qu'il ne faut pas qu'il ſoit trop verd, & qu'il faut auſſi bien prendre garde qu'il n'ait paſſé ſon point de maturité. Il faut obſerver qu'il ne ſoit ni froiſſé, ni taché, ni pourri : il faut choiſir les écorces les plus épaiſſes, celles qui ont le plus de tubéroſités, celles qui ſont les plus pointillées, parce que ces fruits avec les marques ſuſdites, ſont toujours ceux qui ont le plus de quinteſſence. Il faut, s'il ſe peut, qu'ils ſoient frais cueillis, en temps chaud & ſec, lorſque cette quinteſſence ſe fait dans le pays ; car, pour ce pays-ci, cette condition ſe trouve impraticable, & pourvu que vos cedrats ſoient beaux & mûrs, & point gâtés, ne pouvant les avoir frais, on tire ce qu'on peut de quinteſſence. Quand vos cedrats auront été choiſis, avec l'attention que nous avons dite, vous coupererez légérement la ſuperficie du cedrat, c'eſt-à-dire, cette écorce jaune. Vous aurez ſoin de n'y point laiſſer de blanc, parce que ce blanc éponge votre quinteſſence. Quand les zeſtes auront été levés délicatement, vous les mettrez dans un entonnoir de verre ou d'argent. Vous mettrez enſuite votre entonnoir ſur le gouleau d'une bouteille : s'il eſt d'argent, il faut y faire faire un couvercle ; & s'il eſt de verre, le boucher avec quelque choſe, de façon que rien ne tranſpire : après quelque temps, vous verrez la quinteſſence diſtiller goutte-à-goutte : vous laiſſerez l'entonnoir ſur la bouteille, juſqu'à ce qu'il ne tombe plus rien. Quand tout aura été diſtillé, vous retirerez votre entonnoir, & vous boucherez auſſitôt la bouteille. Vous trouverez vos écorces très-ſeches, quand toute la quinteſſence ſera tombée, c'eſt de cette ſorte que ſe tire la quinteſſence de cedrat. Comme on en tireroit peu dans ce pays, qu'elle n'auroit pas toute la qualité qu'elle doit avoir, & que d'ailleurs elle reviendroit à très-haut prix, c'eſt dans le pays même où vient le fruit, qu'il faut la faire acheter. Si on la fait dans le pays, voici une obſervation eſſentielle ; c'eſt qu'il ne faut pas cueillir ce fruit quand l'arbre eſt en ſéve, parce que la ſéve porte tout à l'arbre, & le fruit n'a de l'humeur que pour conſerver ſa fraîcheur. Pour conſerver votre quinteſſence, il faut y mettre un peu d'alun, & enſuite la laiſſer repoſer. l'alun fera tomber un limon au fond de la bouteille ; & quand le dépôt ſera fait, vous tirerez doucement la quinteſſence au clair, & vous pourrez encore paſſer vos zeſtes à l'alambic, en en mettant un peu plus que vous n'en mettriez, ſi vous n'en aviez pas tiré la quinteſſence.

Cedrat rouge ou parfait-amour. (*Eau de*) Le parfait amour d'aujourd'hui, eſt le cedrat ſeul coloré ; ainſi, pour faire cette liqueur, vous vous ſervirez de vos recettes de cedrat ; ſi ce n'eſt que vous pourrez, au lieu de ſucre, employer toute caſſonnade, comme ſi c'étoit pour des liqueurs communes, à cauſe de la couleur ; & pour faire votre ſyrop, vous ferez chauffer l'eau pour faire fondre la caſſonnade plus facilement. Vous diminuerez autant

d'eau fur le fyrop, que vous en aurez mis pour faire
votre couleur; de forte que fi vous employez trois poiſ-
fons de couleur, vous diminuerez trois poiſſons d'eau
fur le fyrop; & lorſque vos eſprits ſ tont mêlés avec le
fyrop, vous y jetterez votre couleur que vous aurez foin
de faire, comme il eſt dit, au mot *Couleurs*. Vous paſſerez enfin cette liqueur à la chauſſe; & lorſqu'elle fera
clarifiée, elle fera faite. On peut auſſi faire le parfait
amour en liqueur féche: ainſi la recette du cedrat, &
celle du parfait-amour font abſolument pareilles. Il n'y
a de difféɩence que dans la couleur.

Cedrats verds en bâtons ou quartiers. Dans ce pays-
ci, on ne confit que les mûrs; mais en Provence,
& du côté de Genes & de Nice, on en confit beaucoup de verds. On les coupe, pour cet effet, par quartiers que l'on réduit enſuite en bâtons de la largeur que
l'on veut; & on les peut encore couper dans leur
épaiſſeu & par le milieu, de travers, à cauſe de la
groſſeur extréme de ce fruit. Par ce moyen, on en a
de deux fortes, les uns entiérement verds, & les autres
blancs. Ils ſe conſervent au liquide; & on nous les
apporte tels; de forte qu'il n'y a qu'à les tirer au fec,
quand on veut, en faiſant cuire du fucre à la plume,
où vous les mettez, les ayant égouttés de leur premier
fyrop; après leur avoir fait couvrir le bouillon, on
les deſcend de deſſus le feu. Quand ils font un peu
refroidis, & que vous commencez de pouvoir fouffrir
la main aux anſes de la poële, vous travaillez & blan-
chiſſez votre fucre en un coin, à force de le frotter
& amener petit-à-petit, avec la cuiller, contre le côté
de la poële; puis vous y paſſez & retournez votre fruit
qui, étant forti de-là, & égoutté fur une paſſoire ou
clayon, prend une belle glace. On le féche auſſi-tôt
fans le fecours de l'étuve.

O B S E R V A T I O N   M É D E C I N A L E.

Le cedrat eſt une eſpeçe de citron, & en a les
vertus. Voyez *Citron*.

CELERI : plante potagere, qui n'est autre que l'ache cultivée. On le mange en salade avec sel, poivre, huile & vinaigre, ou à la remoulade.

Céleri. (*Crême au*) Mettez deux pieds de céleri bien lavés à la casserole avec un demi-septier d'eau ; faites-les bouillir un bon quart-d'heure. Passez-les au tamis. Mettez cette eau dans une casserole avec une pinte de crême, un quarteron de sucre, des zestes de citron verd, de la coriandre, un peu de cannelle, de l'eau de fleurs d'oranges. Faites réduire à moitié, & laissez refroidir jusqu'à ce qu'elle approche d'être tiéde. Hachez-y des gésiers bien lavés, pour la faire prendre ; passez le tout à travers une serviette dans un plat que vous mettrez sur la cendre chaude ; couvrez-la d'un autre plat sur lequel vous mettrez d'autres cendres chaudes. Quand votre crême sera prise, mettez-la refroidir sur la glace.

Céleri. (*Ragoût de*) Prenez des pieds de céleri bien épluchés ; faites-les cuire dans une eau blanche ; pressez-les ensuite, & les faites cuire à la casserole avec coulis clair de veau & jambon que vous ferez mitonner à petit feu. Liez ensuite votre ragoût sur le feu, avec du beurre manié d'un peu de farine, & remuez jusqu'à ce que la sauce soit liée. Ajoûtez un filet de vinaigre Ce ragoût sert pour toutes les entrées au céleri.

Céleri. (*Nompareille de*) Il faut prendre de la graine de céleri, la faire sécher à l'étuve, la piler dans un mortier, & la passer au tamis fin : on la mene sur le tonneau à petite couche, & on la charge de la grosseur qu'on souhaite : on lui donne, sur la fin, telle couleur que l'on veut.

OBSERVATION MÉDECINALE,

Le céleri est une racine aromatique, échauffante, stomachique, apéritive, elle favorise la transpiration, augmente l'appétit, remédie au relâchement de l'estomac & des intestins, aide la digestion, chasse les vents ou flatuosités, prévient la putridité des humeurs. Il perd une partie de son efficacité

quand il eſt cuit dans l'eau : cependant nous ne pou-
vons pas recommander aux perſonnes délicates & dont
l'eſtomac ou les liqueurs digeſtives n'ont pas beaucoup
de force, de manger du céleri crud, parce qu'elles ne le
digéreroient pas, & dès-lors il leur nuiroit.

CERCIFIS : racine potagere. On en cultive de deux
eſpeces, l'un qu'on appelle *cercifis* ſimplement, & l'autre *cercifis d'Eſpagne*, ou *ſcorſonère*. Tous deux ſont
un bon aliment : il faut les prendre tendres, charnus,
faciles à rompre. La maniere la plus ordinaire de les
apprêter eſt de les ratiſſer, de les faire bouillir juſqu'à
ce qu'ils cedent à la preſſion des doigts, & on les aſſaiſonne avec ſel, poivre, beurre ou crême. On les couvre
encore de farine, on les trempe dans une pâte à
beignets, & on les fait frire. On les mange auſſi au
vinaigre & à l'huile, après les avoir fait cuire à l'eau,
comme ci-deſſus. Ils ſont très-ſains.

Le cercifis eſt une racine nourriſſante, adouciſſante,
apéritive, aiſée à digérer, légérement échauffante, qui,
étant bien cuite, convient preſque à tout le monde.

CERF : bête fauve dont la chair eſt aſſez bonne,
quand il eſt jeune : mais elle eſt ſéche & coriace,
lorſque le cerf eſt vieux.

Cerf en civet. Coupez par morceaux ; piquez de gros
lard ; aſſaiſonnez. Paſſez vos morceaux à la caſſerole au
lard fondu ; empotez-les avec du bouillon, vin blanc
ou rouge, laurier, citron verd, bouquet, aſſaiſonnement ordinaire, & faites mitonner. Liez la ſauce avec
farine frite, un bon coulis & filet de vinaigre. Le
chevreuil & la biche s'apprêtent de même.

Cerf. (*Gelée de cornes de*) Prenez de la raclure des
grandes cornes de cerf. Faites-la bouillir dans une
certaine quantité d'eau juſqu'à ce que ce mêlange
ait acquis une conſiſtance de gelée ; paſſez & exprimez fort le marc. Battez un blanc d'œuf avec du
vin blanc & du jus de citron ; mettez dans la gelée,

avec ce qu'il faut de fucre & un peu de cannelle; faites bouillir le tout légérement, pour clarifier; coulez de nouveau, & laiffez repofer. Cette gelée eft un reftaurant. Elle fortifie, à ce que l'on prétend, l'eftomac, réfifte à la malignité des humeurs; arrête les diarrhées, les vomiffements & crachements de fang.

Cerf. (*Pâté de*) Lardez un morceau de cerf de gros lard, affaifonnez de fel, poivre, fines herbes & épices. Faites une pâte bife. Sur votre abaiffe, mettez du lard pilé, laurier & bon affaifonnement; recouvrez & dorez avec des jaunes d'œufs; faites cuire, pendant trois ou quatre heures; retirez-le enfuite de peur qu'il ne creve. Vous le reboucherez, en le tirant du four. Les pâtés de fanglier & de chevreuil fe font de même, fi ce n'eft qu'il faut les affaifonner moins & les faire cuire moins long-temps.

Cerf. (*Ragoût de*) Lardez de gros lard, avec fel & poivre; paffez à la cafferole, avec lard fondu; faites cuire avec du bouillon, deux verres de vin blanc, fel, mufcade, fines herbes. Laiffez cuire long-temps; ajoutez capres & anchois; liez d'un bon coulis, & fervez avec un jus de citron.

Cerf rôti à la Bourguignone. Lardez la longe ou l'épaule de gros lard; affoifonnez de fel, poivre, mufcade & girofle pilé. Faites-la tremper, pendant trois ou quatre heures, dans du vin blanc, verjus, fel, bouquet, un peu de citron verd, quelques feuilles de laurier; mettez à la broche, & arrofez de fa marinade; quand elle fera cuite, mettez-la dans ce qui fera tombé dans la léchefrite, qu'on appelle fon *dégout*, avec un bon coulis, pour lier la fauce, capres, vinaigre ou jus de citron, & poivre blanc. Le chevreuil, la biche, le daim, le faon de daim fe fervent de même.

Cerf rôti à la Bourguignone. (*Autre maniere de*) Piquez bien menu une longe ou épaule; enveloppez-la de papier & la faites cuire à la broche. Faites une fauce avec un bon coulis, effence de jambon, capres, anchois; & mettez, en fervant, un filet de vinaigre.

La chair du cerf ne convient qu'à ceux qui ont un excellent eltomac, quelque tendre qu'elle foit; & les perfonnes délicates feront bien de s'en abftenir, de quelque maniere qu'on l'ait préparée & affaifonnée.

CERFEUIL: plante d'un grand ufage en cuifine, dont l'odeur & le goût font agréables.

Cerfeuil. (*Crême de*) Prenez une poignée de cerfeuil bien lavé; mettez-le dans une cafferole avec de l'eau : faites-le bouillir un bon quart-d'heure ; paffez au tamis; faites réduire à deux cuillerées ; mettez-y une chopine de crême, demi-feptier de lait, un quarteron de fucre, une écorce de citron verd, eau de fleurs d'orange, coriandre; faites bouillir le tout une demi heure ; paffez au tamis. Délayez fix jaunes d'œufs avec une pincée de farine ; paffez-les dans la crême, & la repaffez enfuite au tamis. Faites-la cuire au bain-marie ; glacez-la avec du fucre en poudre & une pelle rouge.

Le cerfeuil eft un affaifonnement qui rend les mets plus agréables par fon odeur & fa faveur, & plus fains par fa qualité légérement échauffante, apéritive, aftringente & anti-feptique.

CERISES : la faifon ordinaire des cerifes commence au mois de Juin & finit à la fin de Juillet. Il y en a de plufieurs fortes; les précoces, feulement eftimées pour la nouveauté ; les hâtives viennent après ; celles à courte-queue font les meilleures, principalement celles de Montmorency, qui font les plus groffes: les guignes, les bigarreaux & les aigriottes font compris fous le nom de *cerifes*. De ces trois dernieres efpeces, le bigarreau eft le plus eftimé, parce que fa chair eft ferme & croquante, & peut fe fervir quand il eft à demi-rouge ; la guigne, dont il y en a de rouges, de blanches & de noires, n'eſt ni ſi ferme, ni de ſi bon goût que le bigarreau; l'aigriotte eſt une groſſe ceriſe noire, aſſez ferme & fort douce; elle doit être bien noire, pour être dans ſa maturité.

Ceriſes à l'eau-de-vie. Choiſiſſez des plus belles ceriſes & aſſez mûres; coupez-leur la moitié de la queue, & mettez-les dans de l'eau fraîche: enſuite faites-les égoutter ſur des tamis, & mettez-les dans des bouteilles; verſez de bonne eau-de-vie par-deſſus; mettez-y un morceau de ſucre raiſonnable; nouez dans un petit linge un bâton de cannelle, deux ou trois douzaines de grains de coriandre, deux feuilles de macis, & un grain de poivre long; mettez-le dans la bouteille, attaché au bout d'un fil, & la bouchez bien. Quand vous jugerez que votre liqueur aura aſſez de goût, vous ôterez le petit paquet.

Ceriſes à oreilles. Prenez de belles ceriſes, & ôtez-en le noyau. Vous les mettrez au ſucre cuit à ſoufflé, & leur donnerez une quinzaine de bouillons couverts; puis vous les ôterez & les laiſſerez juſqu'au lendemain, que vous les égoutterez ſur une paſſoire, & vous ferez cuire votre ſyrop à perlé. Jettez-y enſuite votre fruit, & faites-lui prendre ſept ou huit bouillons couverts, en l'écumant bien, après avoir deſcendu la poële de deſſus le feu. Quand vos ceriſes ſeront froides, vous les tirerez de leur ſyrop pour les mettre ſécher à l'étuve ſur des feuilles de fer-blanc ou des ardoiſes, après les avoir poudrées de ſucre. On les appelle *à oreilles*, à cauſe de la maniere dont on les dreſſe, qui eſt de les ouvrir & de les étendre en en appliquant deux l'une contre l'autre; enſorte que les deux peaux ſoient en dehors, & les chairs en dedans: puis on en ajoûte encore une de même ſens de chaque côté, dont la chair eſt appliquée ſur la peau de celles-là. Trois quarterons de ſucre ſuffiſent pour une livre de fruit.

Ceriſes au Caramel. Faites cuire du ſucre au caramel, & ayez de belles ceriſes; eſſuyez-les bien, & paſſez-les dans le ſucre les unes après les autres,

les rangeant à mesure sur des ardoises ou feuilles de
fer-blanc, que vous aurez frottées un peu auparavant
d'un peu d'huile d'amandes douces : quand elles seront
froides, dressez-les sur vos gobelets, ou corbeilles, en
dôme. Tous les fruits à noyaux se tirent de même.

Cerises bottées à la royale. Prenez six livres de
belles cerises ; ôtez les queues & les noyaux de quatre
livres : aux deux autres livres vous couperez seulement
la moitié de la queue ; vous confirez le tout
ensemble comme les cerises à oreilles, & vous les
égoutterez de leur syrop sur un clayon. Vous prendrez
celles qui ont des queues, & vous appliquerez
trois ou quatre de celles qui n'en ont point
par-dessus, du côté de la chair, & vous les rendrez
rondes & bien unies. Vous les rangerez à mesure
sur des ardoises, la queue en haut ; vous les poudrerez
de sucre fin, & les mettrez à l'étuve, pour les sécher.
Qnand elles le feront d'un côté, vous les retournerez
sur des tamis en les repoudrant légérement
de sucre : ensuite vous les serrerez dans des boëtes,
pour vous en servir au besoin.

Cerises. (*Clarequets de*) Ecrasez deux livres de
cerises, pour en tirer tout le jus ; il faut mesurer
ce jus, pour y ajoûter un tiers de jus de groseilles ;
passez le tout à la chausse ; faites cuire au caffé
autant de sucre que vous avez de jus ; mettez-y la
décoction, pour la faire cuire jusqu'à ce qu'elle
tombe en nappe de l'écumoire, & que la nappe
tombe nette. Vous verserez tout de suite votre gelée
dans les moules à clarequets. Si, par hazard, vous
aviez manqué votre gelée, ce que vous verrez quatre
heures après, si vos clarequets n'étoient point pris,
il faudroit les mettre à l'étuve, pour les faire prendre.

Cerises. (*Compôte de*) Prenez une livre de belles
cerises, coupez-leur la queue ; & passez-les à l'eau
fraîche, mettez une demi-livre de sucre ou environ
dans une poële, avec de l'eau, pour le fondre ;
faites-le bouillir, jusqu'à ce qu'il soit presqu'en
syrop, & jettez-y vos cerises, après les avoir fait

égoutter fur un tamis ; faites-leur prendre à grand feu une douzaine de bouillons ou environ ; ôtez-les ; & avec une cuiller ou du papier brouillard vous en tirerez l'écume ; vous les laifferez refroidir, & les fervirez dans un compôtier.

Cerifes (*Conferve de*) Prenez des cerifes dont vous ôterez les noyaux ; vous les pafferez fur le feu ; vous les écraferez & les deffécherez bien ; d'une livre, vous les réduirez à quatre onces : enfuite faites cuire du fucre à la plume, & mettez-y votre marc de cerife, le délayant bien avec du fucre, afin qu'il fe mêle par-tout. Vous travaillez votre fucre tout-au-tour de la poële, jufqu'à ce qu'il faffe une petite glace par-deffus ; alors vous verferez votre conferve dans vos moules ; & votre conferve fera faite.

Cerifes égrainées à mi-fucre. Il faut prendre des cerifes, en ôter les noyaux, puis les mettre au fucre cuit à perlé ; leur faire prendre cinq à fix bouillons, & les ôter de deffus le feu. Le lendemain vous les égoutterez ; vous ferez cuire votre fyrop à liffé, & vous y jetterez vos cerifes. Il faut leur donner une vingtaine de bouillons, & les écumant toujours bien, & les faire enfuite paffer la nuit dans l'étuve. Pour fix livres de fruit, trois livres de fucre fuffifent.

Cerifes en bouquets. Prenez de belles cerifes bien égales, que vous mettrez par petits bouquets atta-chés avec un peu de fil ; puis il faut les mettre au fucre cuit à foufflé, livre pour livre, & leur faire prendre une vingtaine de bouillons. Otez-les enfuite de deffus le feu ; écumez-les ; & quand elles feront froides, mettez-les dans une terrine à l'étuve, juf-qu'au lendemain que vous les égoutterez ; puis vous les ferez fécher fur des feuilles de fer-blanc à l'étuve.

Cerifes en chemifes. Fouettez un blanc d'œuf ; vous en prendrez de la mouffe, fuivant la quantité de cerifes que vous voulez employer ; prenez de belles cerifes ; coupez-en la queue à moitié, & paffez-les dans cette mouffe ; roulez-les à mefure dans du fucre fin ; foufflez deffus, pour qu'il ne

refte point trop de fucre ; il faut les ranger à mefure fur un tamis que vous mettez à l'étuve d'une
chaleur douce , jufqu'à ce que vous les ferviez.

Cerifes filées. Prenez des cerifes confites & tirées
au fec , ou des cerifes à l'eau-de-vie , féchées à l'é-
tuve , de celles que vous voudrez , coupez-les en petits
filets, les plus minces que vous pourrez ; vous prenez des feuilles de cuivre, que vous frottez légérement
de bonne huile d'olive ; femez-y deflus les filets de cerifes ; vous avez du fucre cuit au caramel ; trempez-
y deux fourchettes tenantes enfemble , pour en
prendre le fucre ; & le filez légérement fur les cerifes ,
fans les trop charger de fucre : enfuite vous les retournerez fur une autre feuille de cuivre , aufli frottée d'un
peu d'huile , pour en faire autant de l'autre côré.

Cerifes. (*Gelée de*) Ecrafez dans une terrine fix
livres de cerifes bien mûres , pour en tirer tout le
jus que vous pafferez dans une éramine ; laiffez-le
repofer pour le tirer au clair : enfuite vous ferez
cuire fix livres de fucre au caffé. Mettez-y le jus
des cerifes , pour le faire cuire avec le fucre ; vous
aurez foin de l'écumer à mefure ; vous laifferez cuire
votre gelée jufqu'à ce qu'elle foit entre liffé & perlé ,
ce que vous connoîtrez , en en mettant quelques
gouttes fur une affiette : quand elle eft froide , elle
fe peut lever entiere avec un couteau ; ou lorfqu'elle
tombe en nappe , en la tenant avec l'écumoire , vous
la defcendez du feu , & laiffez un peu diminuer fa
grande chaleur, pour la mettre dans les pots ; vous
pafferez du papier blanc deflus , pour ôter la petite
écume qui fe fait en la verfant ; & vous ne la couvrirez que lorfqu'elle fera froide.

Cerifes. (*Glace de*) Pour faire une pinte de glace
de cerifes , vous écraferez dans une terrine une livre
& demie de cerifes , après en avoir ôté les queues
& les noyaux. Mettez-y trois demi-feptiers d'eau ,
que vous battez bien avec les cerifes. Enfuite vous
les pafferez dans un tamis , & vous y ajoûterez une
demi-livre de fucre ; lorfque le fucre fera fondu ,

vous mettrez cette eau dans une falbotiere, pour faire prendre à la glace.

Cerifes liquides avec les noyaux. Ayez fix livres de belles cerifes; coupez-leur la moitié de la queue; faites clarifier fix livres de fucre que vous ferez cuire à la plume. Mettez-y votre fruit, & faites-lui prendre dix à douze bouillons couverts; puis vous les ôterez, & les laifferez repofer une demi-heure; vous y ajoûterez un verre de jus de grofeilles, pour leur donner ou maintenir une plus belle couleur. Vous remettrez enfuite vos cerifes fur le feu, & les finirez en les faifant cuire jufqu'à perlé; & vous les empoterez pour le befoin.

Cerifes liquides framboifées. Prenez quatre livres de cerifes bien mûres; coupez-leur avec des cifeaux la moitié de la queue; vous ferez cuire cinq livres de fucre à la plume, & vous y mettrez les cerifes. Vous leur donnerez dix-huit ou vingt bouillons à grand feu, & les laifferez repofer une heure; enfuite vous les remettrez' fur le feu, & les ferez cuire à fyrop un peu fort, à caufe du noyau. Vous les laifferez refroidir, & les mettrez dans des pots. Si vous voulez les framboifer, vous ferez cuire une livre de fucre à la plume, & vous y mettrez une livre de framboifes. Vous leur donnerez huit ou dix bouillons, & vous jetterez le tout fur un tamis. Vous mettrez le jus dans des cerifes que vous confirez : la livre de fucre qui fert à confire vos framboifes, fera diminuée fur la dofe des cerifes. Si vous ne voulez pas prendre tant de précautions, vous prefferez feulement vos framboifes crues dans une ferviette, & vous en mettrez le jus dans vos cerifes en les confifant.

Cerifes. (*Marmelade de*) Vous prendrez huit livres de belles cerifes des plus rouges; vous en ôterez les noyaux, & les ferez bien deffécher dans une poële, jufqu'à ce qu'elles foient réduites à quatre livres de fucre à la plume; & vous jetterez le fruit dedans, en le remuant bien avec une fpatule; vous les remettrez fur le feu, pour les faire cuire à cüiffon liquide: enfuite vous emporerez votre marmelade ; & vous poudrerez vos pots de fucre. Elle ne doit pas refter long-temps fur le feu, fans quoi elle deviendroit trop noire; c'eft pourquoi il la faut mener à grand feu pour la deffécher, & ne la couvrir que quand elle eft froide.

Cerifes. (*Maffepains de*) Pilez une livre d'amandes douces échaudées; lorfqu'elles font pilées très-fin, mettez-y une demi-livre de cerifes bien mûres, que vous aurez écrafées & paffées au tamis auparavant; repilez les cerifes avec les amandes, jufqu'à ce qu'elles foient bien incorporées enfemble; vous avez une livre de fucre cuit à la plume, que vous mêlez avec les amandes & les cerifes; mettez le tout dans une poële, fur un feu très-doux, pour faire deffécher la pâte, jufqu'à ce qu'elle quitte la poële; retirez-la pour la mettre fur une feuille, & la laiffer refroidir : enfuite vous la remettez dans le mortier, avec trois blancs d'œufs frais; repilez encore cette pâte un bon quart-d'heure, en y ajoûtant un peu de fucre fin en la pilant; dreffez les maffepains de la grandeur & figure que vous jugez à propos; faites-les cuire dans un four très-doux.

Cerifes. (*Pâte de*) Ayez quatre livres de cerifes bien mûres, fans être tachées : faites-leur prendre fept ou huit bouillons fur le feu, & paffez-ies au travers d'un tamis, en les preffant fort avec une fpatule : enfuite vous prendrez tout ce qui aura paffé, pour le remettre fur le feu, & le faire deffécher; faites cuire deux livres de fucre, à la grande plume; mettez-y les cerifes deffécher pour les bien délayer avec la fpatule, jufqu'à ce qu'elles foient bien mêlées, & d'un beau rouge; dreffez dans les moules à pâtes, que vous mettez fécher à l'étuve.

Cerifes. (*Ratafia de*) Prenez des cerifes; ôtezen les noyaux, & les mettez dans une terrine pour les écrafer, & les laiffez cuver vingt-quatre heures. Ordinairement trois livres de cerifes produifent une pinte de jus. Lorfque vous les aurez paffées, vous mefurerez le jus, & mettrez autant d'eau-de-vie que de jus., pinte pour pinte ; un quarteron de sucre par pinte ; c'est-à-dire, sur une cruche de douze pintes, trois livres de sucre ; & sur cette cruche, vous mettrez un panier de framboises à l'usage de Paris. Vous prendrez un cent de mûres, que vous ferez fondre avec un peu de votre jus de cerises, aux environs d'une pinte, vous jetterez vos mûres sur un tamis, après leur avoir fait faire cinq ou six bouillons sur un feu doux pour en tirer tout le jus. Vous prendrez le sucre que vous jetterez dans le syrop de mûres, pour le faire fondre sans bouillir ; & vous mettrez le tout dans la cruche ; vous y ajoûterez un morceau de cannelle, & vous boucherez bien la cruche, pour laisser infuser six semaines. Il faut observer que les cerises soient bien mûres, sans être gâtées ; toutes les épices, que l'on a coutume d'y mettre, ne valent rien pour ce ratafia.

Cerises. (*Syrop de*) Faites cuire trois livres de sucre à la grande plume ; mettez-y trois livres de cerises bien mûres, sans être gâtées, & auxquelles vous aurez ôté les queues & les noyaux ; faites-leur prendre une douzaine de bouillons ; descendez-les du feu, pour les écumer, & les laissez deux heures dans le sucre : ensuite vous les remettrez sur le feu, pour leur donner encore huit ou dix bouillons ; & vous les passerez au tamis sur une ter-rine ; si votre syrop n'a point assez de consistance, faites - lui encore faire quelques bouillons ; lorsqu'il sera à demi-froid, vous le mettrez dans des bouteilles, pour vous en servir au besoin.

Cerises. (*Vin de*) Prenez la quantité de cerises que vous jugez à propos. Il vous en faut au moins trois livres pour une pinte ; ôtez les noyaux à toutes vos cerises ; mettez-les à part ; vous pilez les cerises, pour en tirer tout le jus. Mettez ce jus dans un baril avec les noyaux bien pilés, & un quarteron de sucre par pinte de jus ; laissez-les bouil-lir, comme du vin, pendant quinze jours ou trois semaines ; ayez soin de le remplir à mesure avec du jus de cerises : ensuite vous couvrez le bondon avec une

une feuille de vigne, & du fable autour; lorfqu'il ne bout plus, vous le boucherez à forfait, jufqu'à ce que vous le tiriez au clair dans des bouteilles.

OBSERVATION MÉDECINALE.

Les bonnes efpeces de cerifes prifes à leur jufte degré de maturité, font un aliment très-fain, rafraîchiffant, un peu laxatif, & propre, par fon acidité légere, à corriger les mauvaifes qualités des humeurs trop exaltées par la chaleur de l'été, à empêcher cet effet & à en prévenir les fuites. Les perfonnes délicates doivent en manger peu, parce que la quantité d'eau qu'elles contiennent, relâche & rafraîchit trop leur eftomac, qui ne digere pas la peau ni la chair: cet organe foible s'en débarraffe avec peine.

CERVELAS; efpece de fauciffon court, plus ou moins gros, qu'on fait avec de la chair de cochon hachée, avec fel, poivre & épices, & une pointe de rocambole. Ce mets participe de toutes les mauvaifes qualités de la chair dont il eft fait, & fa préparation le rend encore plus indigefte.

OBSERVATION MÉDECINALE.

Le cervelas eft un aliment qui ne convient qu'aux meilleurs eftomacs; les perfonnes délicates doivent s'en abftenir, parce que les viandes y font hachées & qu'il y a beaucoup de graiffe & d'affaifonnement.

CERVELLE : fubftance molle, de couleur cendrée qui eft renfermée au fommet de la tête, infipide & froide de fa nature, & par conféquent difficile à digérer.

Cervelle de Bœuf. (*Entrée de*) Faites cuire dans une braife avec vin blanc, fel, poivre & bouquet garni; & le fervez avec une fauce appétiffante. (Voyez *Sauce.*) Ou un ragoût de petits oignons & de racines.

Cervelle de bœuf. (*Hors-d'œuvre de*) Faites-la mariner, avec fel, poivre, vinaigre, beurre manié de farine, ail, perfil, ciboules, thym, laurier, bafilic. Egouttez, farinez, & faites cuire ; & fervez avec perfil frit.

Cervelle de bœuf. (*Matelotte de*) Faites dégorger à l'eau tiéde, & blanchir un moment à l'eau bouillante ; mettez à la braife blanche enveloppée de bardes de lard, avec bouillon, citron en tranches, fel, poivre, perfil, ciboules, deux gouffes d'ail, thym, laurier, bafilic, un verre de vin blanc. Prenez enfuite deux oignons blancs ; coupez les extrémités ; ôtez la premiere enveloppe, faites-les blanchir & cuire dans du bouillon avec deux cuillerées de réduction, une de coulis, un demi-verre de vin de champagne, fel & gros poivre. La fauce réduite, retirez la cervelle de la braife ; dreffez-la, le ragoût par-deffus, auquel on peut ajoûter des racines qu'on tourne & qu'on fait cuire avec les oignons.

Cervelle de veau aux petits oignons. Faites dégorger & blanchir, puis cuire avec des bardes de lard, bouillon, moitié d'un citron en tranches, demi-feptier de vin blanc, fel, poivre, bouquet, gouffe d'ail, trois cloux, petits oignons, que vous ferez blanchir à part dans du bouillon affaifonné à l'ordinaire. Quand ils feront cuits, mettez-les dans une cafferole avec du coulis, un peu de réduction ; faites-leur prendre le goût, & faire quelques bouillons ; dreffez la cervelle, & fervez deffus votre ragoût.

Cervelle de veau en caiffe. Faites dégorger & blanchir deux cervelles ; effuyez bien, & coupez en trois. Faites mariner ces morceaux avec huile fine, jus de deux citrons, fel, gros poivre, perfil & ciboules, champignons, gouffe d'ail hachés menu. Formez de petites caiffes de papier huilé, foncez chacune d'une petite barde de lard ; mettez vos cervelles avec de leur marinade. Couvrez de bardes ; faites cuire fur le gril à petit feu, & fervez dans les caiffes.

OBSERVATION MÉDECINALE.

La cervelle des animaux eft un aliment adoucif

fant, léger, aisé à digérer, mais peu propre à fortifier : sa douceur & son insipidité, la rendent désagréable à quelques estomacs ; quelquefois aussi elle ôte l'appétit en émoussant les sucs digestifs.

CHAMPIGNON : plante fongueuse dont il y a plusieurs espèces, & presque toutes dangereuses. La plus sûre & la meilleure, est celle qui vient sur couche. Le goût agréable qu'elle a, fait qu'on s'en sert beaucoup en cuisine, & qu'elle est devenue un ingrédient nécessaire dans presque tous les ragoûts, soit en substance, ou en jus, en coulis, en sauce, en ragoût.

Champignon à la crême. Coupez en dez ; faites cuire à grand feu dans une casserole, avec beurre, sel, poivre, muscade, bouquet de fines herbes ; lorsque la sauce sera réduite, mettez-y de la crême fraîche, & servez.

Champignons au four. Mettez-les dans une terrine, avec lard, beurre frais, persil, ciboules entiers, sel, poivre & muscade. Faites cuire au four ; quand ils feront bien risolés, panez-les, & servez avec persil frit.

Campignons au four autrement. Prenez les plus gros ; épluchez & les laissez entiers ; hachez-en quelques-uns avec persil, ciboules & pointe d'ail ; passez le tout un tour ou deux sur le feu, avec de l'huile. Dressez sur un plat, l'huile par-dessus, fines herbes, sel, gros poivre ; saupoudrez de mie de pain, & mettez au four.

Champignons au gras. (*Ragoût de*) Prenez les petits ; épluchez, lavez, égouttez, & mettez dans une petite casserole avec lard fondu, bouquet, sel, poivre ; mouillez de jus de veau, & faites mitonner à petit feu. Dégraissez & liez d'un coulis de veau & de jambon : il sert pour tout ce qu'on veut, & pour entremets.

Champignons au maigre (*Ragoût de*) Il se fait comme le précédent, si ce n'est qu'on met du beurre, du bouillon de poisson & du coulis d'écrevisse, à la place du lard, bouillon & coulis de veau & de jambon.

Champignons. (*Coulis de*) Prenez du jus faites comme dessus ; faites-y tremper des croûtes de pain ; quand elles seront bien trempées, passez-les à l'étamine, pour vous en servir au besoin.

Champignons frits. On les peut frire cruds ; ou les fait bouillir ensuite dans de petit vin blanc, & on les assaisonne de sel, gros poivre, & un jus d'orange.

Champignons frits autrement. Epluchez & faites amortir à la casserole avec un peu de bouillon gras, ou de poisson, ou purée claire. Saupoudrez de farine, poivre, & sel menu, faites frire au beurre, ou sain-doux ; servez pour entremets, garni de persil frit avec un jus d'orange.

Champignons. (*Jus de*) Nettoyez-les bien, & les passez à la casserole, au lard, ou au beurre ; faites les bien rissoler, jusqu'à ce qu'ils s'attachent. Lorsqu'ils seront bien roux, mettez-y un peu de farine, & faites-la rissoler encore avec les champignons. Mouillez de bon bouillon gras, ou maigre ; laissez bouillir un instant ; retirez, & mettez le jus à part ; assaisonnez de sel, & d'un morceau de citron. Quant aux champignons hachés menu, ou entiers, ils peuvent encore servir pour garnitures de potages, entrées, ou entremets.

Champignons. (*Maniere de conserver les*) On peut les faire cuire & les conserver de la même maniere que les culs d'artichauts, ou les fricasser & les mettre dans un pot avec du beurre fondu par-dessus, pour les empêcher de prendre l'évent. Au bout de trois semaines, levez ce beurre, & en mettez d'autre salé d'un travers de doigt d'épaisseur, & ainsi de suite, de mois en mois, & les tenir en lieu frais.

Champignons. (*Autre maniere de conserver les*) Epluchez & lavez vos champignons, passez-les un peu au beurre avec des épices. Mettez dans un pot avec un peu de saumure, du vinaigre, & beaucoup de beurre par-dessus, & couvrez bien. Il faut les dessaler avant de s'en servir.

Champignons. (*Autre maniere de conserver les*)
Pilez-les & mettez-les à mesure dans l'eau fraîche. Faites
chauffer de l'eau avec feuilles de l'aurier, marjolaine &
ciboules ; faites-y faire quelques bouillons à vos champignons ; tirez-les ensuite , & les laissez égoutter sur
un clayon : ensuite mettez-les dans un pot avec cloux,
poivre, oignons, sel , laurier , bon vinaigre, &
bouchez bien.

Champignons. (*Poudre de*) Ayez de bons champignons , la quantité que vous voudrez ; autant de morilles , & truffes ; épluchez bien le tout ; faites sécher au
soleil, ou au four , après le pain cuit. Pilez le tout dans
un mortier. Passez au tamis, & mettez cette poudre
dans une boëte bien close : on s'en sert toute l'année
dans les ragoûts , pâtés chauds & froids , pour raf-
faisonner des lardons. On peut se servir de champignons simplement.

Champignons & mousserons. (*Rissoles de*) Passez des
champignons & mousserons coupés en dez , avec un
morceau de beurre , un bouquet , une tranche de jambon , une pincée de farine ; mouillez d'un peu de réduction ; deux cuillerées de coulis , du bouillon , & sel;
faites cuire & dégraissez , la sauce étant liée ; mettez
un jus de citron , & laissez refroidir. Faites de petits
abaisses de pâte brisée ; mettez sur chacune un peu de
votre ragoût froid ; recouvrez de pareils abaisses ;
bordez-les bien ; faites frire de belle couleur.

Champignons. (*Sauce aux*) Nettoyez ; lavez &
hachez ; mettez à la casserole avec un coulis clair
de veau & de jambon ; assaisonnez, & laissez mitonner. Que la sauce soit de bon goût. [Voyez le
Dictionnaire domestique , chez Vincent , rue Saint-
Severin, *pour les couches de champignons.*
O B S E R V A T I O N   M É D E C I N A L E.
Les champignons les mieux choisis pour l'espece
& le degré de maturité , & bien cuits , font un aliment échauffant, qui, quoique difficile par lui-
même à digérer , favorise cependant la digestion
des autres aliments. Je n'exhorterai pas à les bannir

de la cuisine, puisque ni le jugement défavorable que les médecins en ont porté de tout temps, ni les maux que tout le monde sait qu'ils produisent, n'ont encore pu déterminer les gens les plus instruits à s'en priver. J'avertis seulement les personnes délicates & dont l'estomac est foible ; celles qui sont sujettes aux maladies nerveuses, aux maux d'estomac, aux coliques des intestins, aux dévoiements & dissenteries, que les champignons sont un des aliments & même des assaisonnements qu'elles doivent s'interdire avec le plus de soin. Quant aux convalescents, il suffit de leur dire que cet aliment renouvellera bientôt leurs maux, ou leur en causera d'autres. S'ils s'en permettent même une petite quantité, le souvenir de la maladie, les rendra, sans doute, plus dociles.

CHAPON : coq qu'on a châtré à l'âge de trois mois, pour rendre sa chair plus délicate. Pour les engraisser, on les enferme dans une chambre, ou une cage, qu'on appelle *épinette* ; on les nourrit d'orge ou de froment ; & de temps à autre, on leur donne du son bouilli, ou on leur fait une pâte de farine d'orge & de froment, dont on forme des bols qu'on leur fait prendre, en petite quantité, dans le commencement, qu'on augmente successivement, jusqu'à ce qu'ils soient au point où on les veut.

Chapon à la braise. Prenez un bon chapon ; fendez-le sur le dos jusqu'au croupion. Assaisonnez-le de sel, poivre & fines herbes bien hachées. Mettez-le dans une braise, (*Voyez* Braise,) & couvrez bien. Quand il est cuit, tirez-le & servez avec le jus qui en sera sorti, & un jus de citron.

Chapon à la braise farci. Farcissez, comme pour le chapon à la crême. Faites-le cuire à la braise, & servez, avec un ragoût de ris de veau, foies gras, truffes, champignons, morilles & mousserons, culs d'artichauts, pointes d'asperges, passez à la casserole au lard fondu ; mouillez d'un bon jus que vous dégraissez & liez avec un coulis de veau & de jambon.

Chapon à la broche. Plumé, vuidé, & blanchi, mettez-le à la broche ; bardez & ficelez. Lorfqu'il eſt preſque cuit, ôtez les bardes ; panez-le d'une mie de pain bien fine ; & faites prendre couleur.

Chapon à la broche aux capres. Au lieu d'anchois, mettez des capres. Le procédé eſt le même d'ailleurs que ci-deſſus. La ſauce ſe fait avec eſſence de jambon dans laquelle on met une petite poignée de capres, qu'on fait mitonner à petit feu.

Chapon à la broche aux écreviſſes, comme ci-deſſus. On farcit le corps d'un ragoût d'écreviſſes, & on le ſert avec un ragoût d'écreviſſes par-deſſus.

Chapon à la broche aux fines herbes : même procédé que ci - deſſus. On le ſert avec l'eſſence de jambon, ou tel autre ragoût qu'on veut.

Chapon à la broche aux huitres : de même.

Chapon à la chicorée. (*Potage de*) Préparez le chapon, comme deſſus. Faites blanchir, & enſuite cuire de la chicorée dans de bon bouillon ; & dreſſez ſur votre potage le chapon, avec un cordon de chicorée. Potage de chapon au céleri, comme les précédents, ſi ce n'eſt qu'au lieu de chicorée, on ſe ſert de céleri.

Chapon à la créme. Retrouſſez & bardez ; mettez à la broche ; quand il eſt cuit, ôtez-en l'eſtomac ; hachez-en la chair, avec tettine de veau, lard blanchi, graiſſe de bœuf, champignons, truffes, un peu de jambon, perſil & ciboules, blancs de perdrix, ſi vous en avez, ſel, poivre, muſcade, girofle, douze grains de coriandre pilés, un peu de mie de pain trempée dans la crême ; pilez dans un mortier, avec trois ou quatre jaunes d'œufs cruds. Farciſſez-en votre chapon, à la place de l'eſtomac ôté, uniſſez avec un couteau trempé dans un œuf battu ; panez le tout de mie de pain bien fine, & faites cuire au four dans une tourtiere.

Chapon à la daube. Lardez - le de moyen lard ; aſſaiſonnez de ſel, poivre, cloux, laurier, ciboules & citron verd. Enveloppez-le dans une ſerviette ;

& le mettez dans un pot avec du bouillon & du vin blanc; faites bouillir, jusqu'à consommer. Laissez refroidir à demi; tirez & servez à sec sur une serviette blanche.

Chapon au riz. (*Potage de*) Arrangez, comme les précédents, dans un pot à part. Prenez un quarteron de riz; lavez-le à plusieurs eaux. Faites égoutter & sécher au feu. Faites-le cuire ensuite à petit feu avec de bon bouillon, en le mouillant & le remuant de temps en temps, étant cuit, tenez-le chaudement sur des cendres chaudes; mitonnez des croûtes; égouttez votre chapon; ôtez la barde; dressez-le sur le potage avec une bordure de riz autour; & jettez sur le tout un jus de veau clair.

Chapon aux anchois à la broche. Détachez la peau de la chair de l'estomac, en passant le doigt entre. Ratissez du lard bien blanc, assaisonnez de sel, poivre, persil & ciboules hachés avec deux anchois. Mettez cette farce entre la peau & la chair de l'estomac. Bardez le de lard; ficelez & embrochez; faites cuire à petit feu. Prenez deux anchois bien lavés, dont vous ôterez la grosse arrête; délayez-les dans un coulis clair de veau & jambon, que la sauce ait de la pointe : mettez quelque temps sur la cendre chaude; & quand elle sera faite, servez sur le chapon, les bardes ôtées.

Chapon aux oignons (*Potage de*) Blanchissez-le dans plusieurs eaux tiédes; mettez-le à l'eau froide; essuyez & bardez de lard. Ficelez-le & l'empotez avec bon bouillon, & faites cuire. Faites blanchir de petits oignons à l'eau bouillante; faites-les cuire ensuite avec de bon bouillon; mitonnez des croûtes, garnissez d'un cordon de petits oignons; ôtez la barde de votre chapon, dressez-le sur le potage, & par-dessus un jus de veau clair, ou coulis blanc, ou purée verte.

Chapon aux olives farcies. (*Entrée de*) Détachez la peau de l'estomac de la chair; ôtez cette chair; hachez-la & la pilez ensuite dans un mortier avec de la graisse de bœuf, persil, ciboules & champignons hachés, un peu de mie de pain trempé dans la crême, deux jaunes d'œufs cruds, le tout affaisonné convenablement; farciffez-en l'eftomac de votre chapon, dans lequel vous aurez mis tel ragoût que vous voudrez. Mettez-le dans une bonne braife, feu deffus & deffous. Pelez des olives, comme vous feriez d'une poire, fans caffer la peau : mettez dans cette peau de la farce de la groffeur du noyau. Faites-leur faire un bouillon à l'eau bouillante, & les mettez mittonner dans l'effence de jambon. Retirez votre chapon; égouttez-le & le fervez proprement, votre ragoût d'olives par-deffus.

Chapon aux racines. (*Potage de*) Prenez un chapon bien mortifié : faites-le cuire dans du bouillon avec bardes de lard, oignon piqué de cloux, quelques tranches de citron : mettez ce bouillon dans une marmite ; empotez-y un autre chapon gras avec de petites ciboules entieres, racines de perfil, panais ; & le chapon cuit, retirez-le ; faites mitonner des croûtes avec ce bouillon ; dégraiffez ; fervez le chapon par-deffus, & garniffez votre potage de panais & petites ciboules : avant de fervir, arrofez avec du jus de veau.

Chapon. (*Coulis de*) Prenez un chapon rôti ; pilez-le dans un mortier, le plus qu'il fe pourra : paffez des croûtes de pain dans du lard fondu ; & quand elles feront bien rouffes, mettez-y du perfil, bafilic, un peu de moufferons bien hachés, que vous mêlerez avec le refte ; paffez le tout fur le fourneau ; ajoûtez-y de bon bouillon, & paffez le tout à l'étamine.

Chapon. (*Eau de*) Faites cuire à petit feu un chapon dans un pot de terre, avec trois pintes d'eau. Quand elle fera diminuée d'une chopine, retirez le chapon fans preffer. Cette eau eft très-nourriffante, fur-tout fi l'on fait bouillir avec le chapon de l'orge mondé.

Chapon en ragoût. Prenez-le bien mortifié ; coupez par la moitié : lardez de gros lard ; paffez au roux avec lard fondu, bon beurre & farine frite ;

mettez de bon bouillon, bouquet de fines herbes, truffes, champignons, affaisonnement de bon goût. Faites mittonner; liez la fauce, & fervez avec foies gras rôtis, ou perfil frit.

Chapon. (*Jus de*) Faites rôtir à demi. Preffez-le enfuite très-fort pour en exprimer le jus dont on fe fert pour nourrir des potages & la plûpart des ragoûts. Le jus de toutes les volailles & menu gibier, fe tire de même.

Chapon. (*Tourte de blanc de*) Prenez du blanc de chapon : hachez-le menu avec écorce de citron confite, maffepains, jaunes d'œufs, eau de fleurs d'orange; étendez ce hachis fur un abaiffe fin; faites cuire au four fans couvrir d'un autre abaiffe, & glacez avec du fucre en poudre à l'ordinaire, en fervant, jettez deffus un peu d'eau de fleurs d'orange.

Chapon. (*Autre tourte de blanc de*) Hachez du blanc de chapon fin, autant de moëlle ou de graiffe de bœuf. Garniffez un abaiffe de ce hachis, & le hachis de truffes, champignons, crêtes, ris de veau, lard pilé, fel & poivre; recouvrez d'un fecond abaiffe. Faites cuire environ une heure & demie au four. Mettez en fervant du jus de mouton. Il eft encore plufieurs façons d'apprêter le chapon; mais elles font trop compliquées pour cet ouvrage, qui n'a pour objet que la cuifine à portée de tout le monde. [Voyez dans le *Dictionnaire domeftique*, qui fe trouve chez le même Libraire que celui-ci, la *maniere d'engraiffer les chapons.*]

OBSERVATION MÉDECINALE.

La chair du chapon, jeune, tendre & gras, eft un aliment délicat, de bon goût, léger, aifé à digérer, & nourriffant pour tout le monde, même pour les convalefcents, dès qu'on leur permet de manger de la viande.

CHARBONNE'E: petit aloyau de bœuf, tiré des fauffes côtes. Quand elle eft tendre, on la met fur le gril avec perfil, ciboules, champignons hachés, fel, poivre, huile fine, & panée avec mie de pain.

Charbonnée à la braife. On la fait cuire avec fel, poivre, bouquet garni de perfil, ciboules, thym, laurier, basilic, cloux, oignons, racines, & ce qu'il faut de bouillon pour la mouiller, & on la sert avec différents ragoûts de légumes.

CHERVIS : racine connue, de la grosseur du doigt, d'un demi-pied ou huit pouces de longueur, douce & fort bonne à manger, qu'on fait cuire dans l'eau, après l'avoir bien nettoyée : on la met ensuite dans une pâte claire, & on la fait frire. Elle est plus saine cuite à l'eau bouillante, & apprêtée avec de bon beurre ; ou comme les cercifis. (Voyez *Cercifis.*)

OBSERVATION MÉDECINALE.

La racine de chervis, jeune & tendre, est un aliment adoucissant, & nourrissant, apéritif, & qui se digere assez aisément.

CHEVREAU : le petit de la chevre. Il faut le prendre jeune, au-dessous de six mois, & tettant encore, sans quoi sa chair est coriace, d'un goût fort & désagréable, & difficile à digérer. On le fait blanchir à l'eau, ou sur la braise. On le pique de menu lard ; on fait cuire à la broche. On le sert sans sauce, ou à la sauce verte ; ou à l'orange, avec sel & poivre, ou enfin à la vinaigrette. On peut aussi lui faire les mêmes aprêts qu'à l'agneau. (Voyez *Agneau.*)

OBSERVATION MÉDECINALE.

La chair d'un chevreau qui tette est un aliment délicat, léger, de facile digestion, & qu'on peut permettre aux personnes délicates & à celles qui ont l'estomac foible ; on en excepte cependant celles qui ne peuvent digérer la chair du veau.

CHEVREUIL : bouc ou chevre sauvage. Il faut le prendre jeune, tendre & bien nourri.

Chevreuil à la Bourguignone. Voyez *Cerf.*)

Chevreuil en casserole. Lardez de gros lard ; passez au lard fondu avec sel, poivre, laurier, bouquet de fines herbes, muscade, bouillon de bœuf, ou eau chaude, un verre de vin blanc. Liez la sauce avec farine frite, & servez chaudement avec un jus de citron. On peut lier aussi la sauce avec de bon coulis, un jus de citron & des capres, en servant. On peut encore, cuit comme deſſus, le ſervir à ſec ſur une ſerviette, avec creſſon amorti dans le ſel & vinaigre, ou garni de perſil frit.

Chevreuil en civet. (Voyez *Cerf.*)

Chevreuil. (Paté *de*) Voyez *Cerf.*

Chevreuil rôti, avec différentes ſauces. Prenez une longe de chevreuil, piquez-la de menu lard : mettez à la broche. Paſſez des oignons à la poële, avec du lard ; paſſez ces oignons à l'étamine avec du vinaigre, une goutte d'eau ; aſſaiſonnez de ſel & poivre blanc. Ou faites une ſauce douce. (Voyez *Sauce.*) Ou enfin paſſez la rate à la caſſerole avec lard fondu & un oignon. Pilez le tout dans un mortier ; paſſez-le à l'étamine avec du jus de mouton & jus d'un citron, des champignons, ſel & poivre blanc.

Chevreuil. (*Tettine de*) Faites blanchir à l'eau ; coupez-la par rouelles : faites frire avec du jus de citron ; ou faites cuire avec quelque ragoût. Hachez-la enſuite, & faites-en une omelette, comme celle du rognon de veau.

OBSERVATION MÉDECINALE.

La chair d'un chevreuil jeune, gras, tendre, & cuit comme il faut, eſt un aliment de bon goût, délicat, & aſſez facile à digérer, qui convient à tout le monde, excepté aux perſonnes dont l'eſtomac ne s'accommode que de la viande blanche.

CHOCOLAT : pâte ſéche, faite avec les amandes du cacao, & du ſucre, à laquelle nous ajoûtons la vanille & une infinité d'ingrédiens que les Américains inventeurs n'avoient pas imaginé d'y faire entrer. [Voyez le *Dictionnaire domeſtique*, article *Chocolat*.] On le mange en tablettes ; on le prend en boiſſon : on l'emploie à faire des crêmes. Le chocolat ne peut réuſſir, ſi l'on ne ſçait choiſir le cacao ; ceux qui connoiſſent celui de Galicola, n'ont que faire d'en choiſir d'autres ; il faut prendre garde que les grains ſoient en dedans, de couleur brune & d'un pourpre foncé ; car ceux qui ſont rouges ne valent rien : ils font le chocolat rude & amer ; mais on ne connoît bien le cacao qu'après qu'il est rôti ; car alors on voit s'il y a beaucoup de ces grains rouges. Il faut que le cacao soit rôti au point que le goût & la couleur du chocolat le demande. Après l'avoir mis dans une poële de cuivre ou de fer, ou dans un pot de terre non vernissé, vous le mettez sur le feu & le remuez sans cesse jusqu'à ce qu'il soit extérieurement noir, comme des marrons rôtis : pour cette première fois ; on ne peut gueres le trop brûler ; ensuite il faut éplucher le cacao, & le bien vanner ; pour savoir s'il est assez rôti, le meilleur est d'en faire une épreuve : prenez une once de cacao, & une demi-once de sucre, que vous réduisez en pâte pour en mieux distinguer le goût & la couleur ; car s'il n'est pas assez brun, & qu'il ne sente point assez le rôti, on peut le rôtir encore une fois, mais légérement, parce qu'étant privé de son écorce, il se brûle aisément, & prend un méchant goût. Lorsque l'on a réduit ainsi le cacao au point de la cuisson qu'il doit avoir, on le pile au mortier, afin qu'il soit plutôt réduit en masse sur la plaque. Lorsque la pâte du chocolat approche d'être assez fine, il faut y ajoûter de la vanille, & un peu de cannelle en poudre ; la quantité dépend de la volonté. Le tout étant mélé ensemble, vous y ajoûtez trois quarterons ou une livre de sucre, pour une livre de cacao pilé ; le sucre étant bien incorporé avec le reste, vous retirerez votre composition du mortier, pour la mettre sur la pierre ou sur la plaque de fer échauffée avec un réchaut de feu en dessous : faites aussi chauffer le rouleau : ensuite réduisez cette mixtion en poudre très-fine, qui se met d'elle-même en pâte ; passez le rouleau dessus peu-à-peu, jusqu'à ce qu'elle soit si fine, qu'elle ne croque pas sous les dents ; alors on forme des tablettes d'une once, ou des rouleaux d'un quarteron ou de demi-livre. Il faut choisir les vanilles odorantes point trop séches, ni trop grasses ; car elles sont souvent ointes d'huile mêlée de baume, pour les faire paroître bonnes & fraîches : elles font très-difficiles à réduire en poudre ; mais après les avoir coupées en petits morceaux avec des ciseaux , elles fe pulvérifent à force de les battre & de les paffer par le tamis.

Chocolat à l'Angloife. Le chocolat à l'Angloife fe fait de la même façon que le précédent , excepté que vous prenez le blanc d'un œuf que vous fouettez bien, & vous en ôtez toute la premiere mouffe ; mettez-y fondre le chocolat , & finiffez-le de même. Il faut obferver que le chocolat eft meilleur fait de la veille que du jour ; & ordinairement on y laiffe un bon levain pour ceux qui font dans l'ufage d'en faire tous les jours.

Chocolat au lait. Il fe fait de la même maniere que le chocolat à l'eau ; c'eft-à-dire , qu'au lieu d'eau , on fe fert de lait qu'on fait bouillir. Prenez garde que votre lait ne foit pas tourné , & qu'il ne s'en aille par-deffus la chocolatiere.

Chocolat. (*Bifcuits de*) Mettez dans une terrine deux tablettes de chocolat rapé , avec une demi-livre de fucre fin paffé au tamis , & quatre jaunes d'œufs ; battez le tout enfemble avec une fpatule : enfuite vous y mettez huit blancs d'œufs fouettés , que vous mêlez bien avec le fucre & le chocolat. Vous avez un quarteron de farine un peu féchée au four , que vous mettez dans un tamis ; paffez-la au travers dans la compofition de bifcuits , que vous remuez à mefure qu'elle tombe , pour la bien mêler. Dreffez vos bif-cuits dans des moules de papier ; jettez un peu de fucre fin deffus , en le faifant tomber légérement d'un tamis ; mettez cuire dans un four doux.

Chocolat. (*Cannelons glacés de*) Pour faire fix cannelons , vous en remplirez quatre pour les me-furer avec de la bonne crême ; mettez cette crême fur le feu , pour la faire bouillir ; enfuite vous y mettrez une livre de fucre ; vous prenez trois quar-terons de chocolat que vous faites fondre dans de l'eau , en le mettant fur le feu dans une poële, & le remuez toujours jufqu'à ce qu'il foit en bouillie. Vous y ajoûtez fix jaunes d'œufs , que vous délayez bien ensemble ; mettez y aussi la crême ; lorsque vos aurez bien mêlé le tout ensemble, vous le passez au tamis pour le mettre dans une falbotiere, pour le faire prendre à la glace : quand la crême sera prise, vous la travaillez pour la mettre dans les moules à cannelons, que vous enveloppez de papier, pour les remettre à la glace dans un vaisseau qui ne retienne point l'eau ; lorsque vous serez prêt à servir, vous leur ferez quitter le moule de la même façon que les précédents.

Chocolat. (*Conserve de*) Prenez deux onces de chocolat rapé ; faites cuire une livre de sucre à la premiere plume, & mettez-y votre chocolat ; remuez-le pour le délayer, & dreffez votre conserve toute chaude.

Chocolat. (*Crême de*) Il faut mettre sur un demi-septier de crême une chopine de lait, le jaune de deux œufs frais, & trois onces de sucre ; détrempez le tout ensemble ; faites-le bouillir, & confommer d'un quart, en le tournant avec une spatule. Enfuite vous y mettrez du bon chocolat rapé, autant qu'il faut, pour qu'elle en ait le goût & la couleur ; après quoi, vous lui donnerez cinq ou six bouillons ; vous la passerez par un tamis ; & vous la dresserez, pour la servir froide.

Chocolat (*Crême de*) *au bain-marie.* Délayez une once de chocolat rapé avec quatre jaunes d'œufs & un peu de lait ; ajoûtez-y une chopine de crême, & un demi-septier de lait. Mêlez bien le tout de sucre à difcrétion. Faites bouillir de l'eau dans une casferole ; mettez deffus le plat où vous aurez dreffé votre crême ; de forte que le fond du plat trempe dans l'eau bouillante : recouvrez-le d'un autre plat ; & ne l'ôtez que quand la crême sera prise.

Chocolat. (*Crême veloutée au*) Prenez six tablettes de chocolat ; coupez-les bien minces : pour trois demi-septiers de crême & un demi-septier de lait, que vous mettez dans une casserole avec une écorce de citron verd, cannelle en bâton, & coriandre.

Faites réduire aux deux tiers, & y mettez votre chocolat ; faites faire quelques bouillons. Retirez ; passez dans une serviette mouillée. Quand elle sera un peu plus que tiéde ; délayez-y comme un pois de pressure, & faites la prendre sur de la cendre chaude. On peut la servir froide, si l'on veut.

Chocolat. (*Diablotins de*) Prenez du bon chocolat ; s'il est trop sec, mettez - le amollir à l'étuve. Mettez-y un peu de bonne huile d'olive, pour le bien travailler avec une cuiller. Vous en prenez de petits morceaux que vous roulez dans vos mains pour en faire de petites boulettes grosses comme des noisettes, que vous mettez sur de petits quarrés de papier d'un bon pouce de distance égale. Quand votre feuille est remplie, vous prenez votre papier de coin en coin, vous en appuyez un sur la table, & l'autre que vous secouez pour les applatir, pour qu'ils se glacent d'eux-mêmes. Vous les glacez, si vous voulez , avec de la nompareille blanche ; & vous les piquerez tous avec du cannelas ; & vous les faites sécher à l'étuve.

Chocolat. (*Dragées de*) Faites tremper un peu de gomme adragant avec un peu d'eau ; lorsqu'elle est fondue & bien épaisse, passez-la au travers d'un linge, en pressant fort, pour qu'elle passe toute. Mettez-la dans un mortier avec du chocolat en poudre & du sucre fin , jusqu'à ce que vous ayez une pâte maniable. Mettez cette pâte sur une table poudrée de sucre fin , que vous abbattrez avec un rouleau , jusqu'à ce qu'elle soit de l'épaisseur d'un écu ; coupez-en de petits morceaux pour les arrondir de la grosseur d'un pois ; mettez-les sécher à l'étuve ; lorsqu'ils seront secs, vous les couvrirez de sucre, en observant la même façon qu'il est expliqué pour les dragées.

Chocolat. (*Eau de*) Comme ce qui compose le chocolat, & sur-tout la vanille & le cacao, ce sont ces deux fruits, qu'il faut employer pour faire l'eau de chocolat : il semble qu'il seroit plus à propos de se servir du chocolat même , puisque dans sa composition se trouvent la cannelle & d'autres drogues très-cordiales ; mais l'expérience a démontré que cette façon étoit impraticable. C'est donc au cacao & à la vanille seuls qu'il faut avoir recours. Vous ferez rôtir l'un & l'autre, comme si vous vouliez faire du chocolat : vous broyerez ensuite le cacao seulement, & vous laisserez la vanille sans la piler : vous les mettrez ensemble dans l'alambic, avec de l'eau & de l'eau-de-vie : vous les distilerez à un feu ordinaire, & ne tirerez point de phlegmes. Quand vos esprits seront tirés, vous les mettrez dans un syrop que vous ferez à l'ordinaire, avec du sucre fondu dans de l'eau fraîche : vous passerez la liqueur à la chausse ; & quand elle sera claire, prenez deux onces de cacao, un gros de vanille, trois pintes & un demi-septier d'eau-de-vie, une livre & demie de sucre, & deux pintes & trois demi-septiers d'eau.

Chocolat en olives. Pilez dans un mortier une tablette de chocolat ; lorsqu'il est fin, vous y mettez trois blancs d'œufs avec du sucre en poudre : il en faut suffisamment, pour que vous puissiez en former une pâte ; pilez le tout ensemble, & ajoutez-y du sucre jusqu'à ce que vous ayez une pâte maniable ; retirez-la du mortier, pour la mettre sur une table avec du sucre fin ; coupez-en de petits morceaux égaux que vous roulez un peu dans les mains, avec du sucre fin, pour leur donner la figure d'une olive ; mettez-les à mesure sur des feuilles de papier blanc, posées sur des feuilles de cuivre ; faites-les cuire dans un four doux.

Chocolat. (*Fromage de*) Prenez une demi-livre de bon chocolat ; mettez-y environ un demi-septier d'eau, pour le faire fondre sur le feu ; vous aurez soin de le remuer toujours avec une spatule ; quand vous verrez qu'il sera bien fondu, & réduit comme une bouillie légere, vous y mettrez six jaunes d'œufs que vous délayerez bien dedans ; vous aurez une pinte de bonne crême ; faites-lui faire un bouillon ; mettez-y une demi-livre de sucre ;

enſuite vous mettez la crême dans la poêle où eſt votre chocolat, que vous remuerez bien enſemble ſur le feu; lorſque les œufs ſeront pris, mettez votre crême dans une ſalbotiere pour la faire prendre à la glace, que vous travaillerez avec la houlette, & la mettrez enſuite dans un moule à fromage, pour le remettre à la glace.

Chocolat. (*Glace de*) Vous prenez trois demi-ſeptiers de crême & un demi-ſeptier de lait que vous faites bouillir avec trois quarterons de ſucre; vous aurez une demi-livre de chocolat que vous ferez fondre dans de l'eau, en les mettant dans une poêle ſur le feu, que vous remuerez avec une ſpatule ou cuiller de bois; & vous ferez réduire le tout juſqu'à ce qu'il ſoit en bouillie. Il faut y ajoûter quatre jaunes d'œufs que vous délayerez bien avec du lait & de la crême; vous verſerez le tout dans la poêle avec le chocolat, pour le mêler enſemble; enſuite il faut le verſer dans une terrine, juſqu'à ce que vous ſoyez prêt à mettre à la glace.

Chocolat. (*Maſſepain de*) Echaudez deux livres d'amandes douces; lavez-les dans de l'eau fraîche, & pilez-les dans un mortier: faites cuire une livre de ſucre à la plume; mettez-y vos amandes; deſſéchez la pâte à petit feu; tirez-la de la poële, & mettez-la refroidir. Quand elle ſera froide, vous y jetterez trois onces de chocolat pilé & paſſé au tamis, & un blanc d'œuf; & vous manierez le tout enſemble: vous pourrez former un abaiſſe d'une partie de ladite pâte; vous la découperez avec des moules de fer-blanc; vous en paſſerez à la ſeringue: ceux qui ſeront découpés, vous les pourrez glacer d'une glace royale.

Chocolat. (*Mouſſe de*) Faites fondre ſix onces de chocolat dans un bon verre d'eau, que vous mettez ſur un petit feu doux: remuez-le avec une ſpatule; quand il ſera bien fondu & réduit comme une eſpece de bouillie; vous le retirerez de deſſus le feu pour y mettre ſix jaunes d'œufs frais, que vous incorporerez dedans, enſuite vous y mettrez une pinte de bonne crême, que vous mêlerez avec le chocolat & les œufs ; ajoûtez-y une demi-livre de sucre ; mettez le tout ensemble dans une terrine ; lorsque le sucre sera fondu, & que la crême sera rafraîchie, vous finirez les moufles.

Chocolat. (*Pastille de*) Pour une livre de sucre fin, vous ferez fondre une once de gomme adragant avec un peu d'eau ; lorsqu'elle sera fondue, passez-la au travers d'une serviette ; mettez cette eau gommée dans un mortier avec deux tablettes de chocolat pilé & passé au travers d'un tamis, la moitié d'un blanc d'œuf, & une livre de sucre fin passé au tambour. Pilez le tout en mettant le sucre peu-à-peu, jusqu'à ce que cela vous fasse une pâte maniable ; ensuite vous l'ôtez du mortier pour en former des pastilles de la grandeur ou du dessin que vous jugerez à propos, ou des ingrédients en grains de bled, de café, de pois, de lentilles, des coquillages, & autres choses à votre volonté.

Chocolat pris en boisson. Ordinairement les tasses sont marquées par tablettes ; mais la régle est dix tasses par livre ; vous prenez donc autant de tablettes que vous en voulez de tasses ; mettez fondre du chocolat au naturel dans une cafetiere où vous avez mis de l'eau de la quantité que vous en voulez faire ; faites les bouillir & un peu mitonner sur de la cendre chaude ; quand il sera fondu, & prêt à prendre, délayez un jaune d'œuf avec du chocolat, & mettez-le dans votre cafetiere ; vous le remettrez sur un feu doux, & le remuerez bien avec le bâton. Il faut observer qu'il ne bouille point après que vous aurez mis le jaune d'œuf. Suivant la quantité des tasses que vous ferez, vous mettrez des jaunes d'œufs ; il en faut un pour quatre ou cinq tasses.

OBSERVATION MÉDECINALE.

Le chocolat est un aliment nourrissant, fortifiant, stomachique, plus ou moins échauffant, aromatique & agréable, à proportion de la quantité de vanille

& les autres substances échauffantes qu'on y a fait entrer. Il convient principalement au personnes qui ont l'estomac froid, paresseux, qui font sujettes aux glaires, à la pituite, au dévoiement, aux indigestions, au migraines: il est contraire à celles qui font échauffées, sujettes à l'altération, aux ardeurs d'estomac & d'entrailles, à l'insomnie. Le chocolat dit *de santé*, que l'on nomme ainsi, parce qu'il contient moins d'ingrédiens échauffans, est aussi moins nuisible aux dernieres personnes, & moins utile aux premieres. En général, l'usage habituel du chocolat nuit à la jeunesse, & est utile aux vieillards & même aux adultes qui menent une vie sédentaire: accommodé au lait, il échauffe & irrite moins, mais il est plus pesant, & se digere lentement.

CHOU: plante potagere dont on cultive plusieurs especes, sçavoir choux-verds à grandes feuilles, choux-frisés, choux-pommés, choux-fleurs, choux-raves & choux-rouges. [Voyez le *Dictionnaire domestique*, chez *Vincent*, rue S. Severin.]

Chou à la Bavaroise. Coupez un chou de Milan en quatre; faites-le blanchir; & faites blanchir d'autre-part, une andouille ordinaire; coupez-la en deux; ficellez le tout séparément, & le faites cuire ensemble dans une bonne braise avec bouillon, sel, poivre, bouquet de toutes sortes de fines herbes, trois cloux, deux oignons. Tirez & dégraissez. Servez l'andouille au milieu, les choux autour, & sur le tout une sauce claire de bon goût. Les cervelas & saucisses se servent de même.

Chou à la Flamande. Coupez un chou menu, & le faites blanchir. Passez au beurre, ail, échalottes, persil, ciboules, champignons. Egouttez vos choux: faites-les cuire avec vos fines herbes, sans mouiller; assaisonnez de sel & gros poivre, & servez à courte sauce.

Choux (*Potage de*) *au gras*. Le procédé est le même que celui ci-dessous, sinon que vous faites cuire les choux au bouillon gras, ou avec la piéce de gibier, ou volaille que vous y voulez servir;

& l'on met fur le potage dreffé un coulis clair de veau & de jambon.

Choux (*Potage de*) *au maigre.* Nettoyez vos choux; lavez & faites blanchir. Ficellez & les empotez avec une douzaine d'oignons, carottes, panais, & racines de perfil. Mouillez d'une purée claire, quelques cloux, & fel. Quand ils feront à demi-cuits, mettez deux cuillerées de jus d'oignons. Faites un petit coulis aux roux d'oignons & de racines, en coupant par tranches quatre ou cinq oignons, des carottes & des panais que vous pafferez dans une cafferole avec de bon beurre. Etant cuits, poudrez-les d'un peu de farine; remuez jufqu'à ce qu'elle ait pris un peu de couleur. Mouillez de quelques cuillerées de bouillon de poiffon ou de racines; mettez - y quelques croûtes, un peu de perfil & de bafilic, & laiffez mitonner. Paffez le tout à l'étamine, & mettez ce coulis dans votre marmite aux choux. Achevez d'y faire cuire le tout. Mitonnez des croûtes dans un plat, où vous mettrez votre bouillon de chou. Mettez un pain au milieu. Tirez les choux de la marmitte; faites-en un cordon tout au tour, & verfez fur vos croûtes ce qu'il faudra de bouillon.

Choux. (*Ragoût de*) Coupez en quatre la moitié d'un gros chou. Faites-le blanchir, & le mettez dans l'eau fraîche. Ficellez-le, après l'avoir égoutté, & faites cuire à la braife. Coupez-le enfuite en plufieurs tranches. Faites fuer dans une cafferole une tranche de jambon; mouillez-la de jus & de bouillon avec un bouquet, champignons, truffes, cloux & pointe d'ail, demi - feuille de laurier. Faites bouillir quelques tours. Paffez cette effence, & la mettez fur vos choux. Faites un peu bouillir, & fervez avec quelle viande vous jugerez à propos.

O B S E R V A T I O N   M É D E C I N A L E.

Le chou fert le plus fouvent en affaifonnement; comme tel, il eft affez adouciffant, apéritif, laxatif, favonneux ou fondant, propre à corriger les humeurs acides, à hâter la digeftion, à prévenir le fcorbut ou à en empêcher les progrès. Certains pulmoniques s'en trouvent bien. Il n'y a que des personnes fortes & les meilleurs estomacs qui puissent faire du chou un de leurs aliments & le digérer.

CHOUX-FLEURS au beurre. Epluchez bien sans laisser de feuilles & de peau aux tiges qui forment la tête Faites-les cuire à l'eau, avec sel, poivre & beurre ; faites-les égoutter, & les servez sur un plat, une sauce dessous, faite avec beurre frais, sel, poivre, muscade, filet de vinaigre ; pour lier mieux la sauce, il faut manier le beurre d'un peu de farine avant de le faire fondre.

Choux - fleurs au jus de mouton. Cuit comme dessus, passez-les à la poêle avec lard fondu, persil, ciboules entieres & sel ; faites mitonner ; & pour servir, mettez du jus de mouton, poivre blanc, & filet de vinaigre.

Choux-fleurs au Parmesan. Faites cuire les choux-fleurs dans un blanc de farine. Mettez-les égoutter ; faites une sauce avec du coulis, un morceau de beurre, du gros poivre sans sel. Mettez au fond d'un plat du Parmesan rapé ; arrangez dessus vos choux-fleurs, votre sauce par-dessus, avec du Parmesan ; faites chauffer & attacher le Parmesan ; glacez-le dessus avec la pelle rouge, ou au four.

Choux - fleurs. (*Ragoût de*) Cuits & égouttés, comme dessus, passez-les dans une bonne essence avec un morceau de beurre, sel & gros poivre. Si c'est pour servir avec de la viande, mettez la viande au milieu du plat, des choux autour. Si c'est pour entremets, servez-les seuls, la sauce par-dessus.

Choux-fleurs. (*Salade de*) Cuits, comme on l'a dit, se mangent avec de bonne huile d'olives. [Voyez le *Dictionnaire domestique.*]

CHOUX, *ou* petits-choux : espece de pâtisserie qui se fait avec du fromage mou bien gras, avec une ou deux poignées de farine, selon la quantité qu'on veut faire, écorce de citron confit hachée & de citron verd, un peu de sel, le tout bien broyé avec quatre ou cinq jaunes d'œufs. Dreffez des morceaux de cette pâte dans une tourtiere beurrée. Dorez-les, & mettez au four. Glacez à l'ordinaire, & faites fécher la glace à l'entrée du four quand ils feront cuits.

CIBOULE : plante potagere connue, d'un goût & d'une odeur piquante, d'un grand ufage en cuifine.

La ciboule eft un affaifonnement fain, ftomachique, vermifuge, anti-fcorbutique, apéritif, propre à augmenter l'appétit, à aider la digeftion.

CINNAMOMUM : la cannelle eft la bafe de cette liqueur. Nous avons dit de quelle façon il la faut choifir ; comment on s'en fert pour faire de l'eau de cannelle. Voyons maintenant comment on l'emploie pour faire le cinnamomum, qui eft une autre liqueur, mais infiniment fupérieure à la premiere. La cannelle feule ne feroit qu'une liqueur féche ; c'eft pourquoi les diftillateurs y joignent le macis, ce qui lui donne un relief infini. Vous choifirez donc de la cannelle & du macis, que vous pilerez enfemble ou féparément ; vous les mettrez dans votre alambic avec de l'eau-de-vie, & les diftillerez fur un feu ordinaire ; vous tirerez un peu de phlegme ; & quand vous aurez tiré vos efprits, vous ferez fondre du fucre dans de l'eau fraîche ; quand il fera fondu, vous mélerez vos efprits dans le fyrop ; & vous pafferez cette liqueur à la chauffe, qui fera faites dès qu'elle fera paffée & clarifiée. Pour fix pintes ou environ de cinnamomum, vous prendrez une once & demie de cannelle, deux gros de macis, que vous pilerez & réduirez en poudre ; vous mettrez ces deux épices pulvérifées dans votre alambic, avec quatre pintes d'eau-de-vie, & une chopine d'eau. Vous diftillerez le tout à un feu ordinaire, en tirant un peu de phlegme : & vous prendrez, pour faire le fyrop, quatre livres de fucre, deux pintes & une chopine d'eau. Vous emploierez une demi-livre de caffonnade fur le total de votre fucre, pour engraiffer la chauffe, afin de pouvoir engraiffer votre liqueur; & vous ferez chauffer l'eau, afin de faire fondre votre fucre plus facilement.

OBSERVATION MÉDECINALE.

La cannelle eft une écorce aromatique, agréable au goût & à l'odorat, échauffante, fortifiante, ftomachique, propre à faire fortir les vents & favorifer la digeftion, falutaire pour tout le monde, & fur-tout pour les perfonnes qui font foibles & fujettes aux maux de nerfs ou vapeurs.

CITRON. Les citrons font d'un grand ufage dans la diftillation : on en extrait des efprits ; on en tire beaucoup de quinteffence ; quand ils font dans leur maturité, & qu'ils ont été bien choifis. Le fruit intérieur, ou cette fubftance fucculente, qui eft proprement le fruit, eft très-rafraîchiffante ; on en fait la limonade. On confit l'écorce de ce fruit ; on confit auffi fes fleurs, qui font fort cordiales. La fleur de citron eft d'un grand ufage dans la diftillation ; mais ce n'eft pas dans ce pays. C'eft à fon écorce fur-tout qu'on s'attache. Les citrons qui ont le plus de jus, ne font pas les plus propres à la diftillation ; mais ils font bons pour la limonade. Les bons citrons à diftiller, font ceux dont l'écorce eft épaiffe & tendre, & ce font ceux qui ont le plus de quinteffence ; c'eft dans ceux-là que le confifeur & le diftillateur trouvent le plus de matiere à leur travail. Les citrons fe peuvent confire différemment. On nous en apporte de petits verds entiers, qui paffent pour des citrons des Indes. Les mûrs, qui nous viennent, fe confifent entiers, en bâtons, en tailladins, en zeftes & autrement, fans parler des pâtes, marmelades & conferves qu'on en fait. Commençons par les premieres, quoiqu'en ces pays nous n'ayons gueres la commodité d'en confire de femblables.

Citrons au liquide. (Tailladins de) Prenez des oranges ou des citrons, ceux que vous jugerez à propos, que vous mettez une demi-heure dans de l'eau pour

les

les tourner plus facilement; lorſque vous les aurez tournés, vous en coupez les chairs en petits filets minces dans leur longueur, que vous mettez bouillir dans l'eau juſqu'à ce qu'ils fléchiſſent facilement ſous les doigts; vous avez du ſucre clarifié ſuivant la quantité que vous avez de tailladins; mettez-les dans le ſucre, pour les faire bouillir quinze ou dix-huit bouillons; il faut les mettre dans une terrine juſqu'au lendemain que vous remettez le ſucre dans une poële, pour le faire cuire au petit liſſé; mettez-y les tailladins pour leur donner neuf ou dix bouillons, & les remettez dans la terrine juſqu'au lendemain, que vous remettrez le ſucre dans la poële, pour le faire cuire au grand perlé; remettez les tailladins dans le ſucre, pour les achever, en leur donnant un bouillon couvert; ôtez-les du feu; quand ils feront à demi-froids, vous les mettrez dans des pots de grès, pour les conſerver. Ces tailladins ſervent à faire des compôtes.

Citrons au ſec glacés. (*Tailladins de*) Vous faites confire des tailladins de la même façon que les liquides; ou ſi vous voulez vous ſervir de ceux que vous avez au liquide, vous les retirez de leur ſyrop pour les mettre dans un ſucre cuit à la grande plume; faites-leur prendre un bouillon dans le ſucre en remuant doucement la poële, pendant qu'ils bouillent; après les avoir ôtés du feu, & lorſqu'ils feront à moitié refroidis, vous travaillerez le ſucre ſur le bord de la poële, juſqu'à ce qu'il ſe blanchiſſe, en le remuant toujours avec une cuiller; vous prenez les tailladins avec deux fouchettes, pour les retourner dans le ſucre blanchis juſqu'à ce qu'ils ſoient glacés. Il faut les mettre à meſure ſur les grillages, pour les faire ſécher.

Citron. (*Biſcuits de*) Rapez la moitié d'un citron verd; ne prenez que la ſurperficie de la peau, que vous mettrez dans une terrine avec quatre jaunes d'œufs frais, une demi-livre de ſucre fin. Battez le tout enſemble avec deux ſpatules; enſuite vous y mettez huit blancs d'œufs fouettés, un quarteron de farine passé légérement au tamis ; mêlez le tout ensemble avec le fouet ; & dressez vos biscuits en long sur des feuilles de papier blanc ; jettez du sucre fin par-dessus pour les glacer, en le passant au tamis, pour qu'il tombe également, faites-les cuire dans un four doux. Les biscuits d'oranges & de limons se font de même.

Citrons blancs en bâtons. Il faut zester ou tourner vos citrons, suivant l'intention que vous aurez de confire ces zestes, ou de faire des roquilles. On appelle tourner, enlever la peau ou écorce fort mince & fort étroite avec un petit couteau, en tournant autour du citron. Zester, c'est couper l'écorce du haut en bas par petites bandes les plus minces qu'il se peut. Vos citrons étant ainsi accommodés, vous les coupez par quartiers, puis en bâtons, partageant ces quartiers en deux ou trois, suivant leur grosseur. Vous mettez de l'eau sur le feu, que vous faites bouillir, & vous y jettez vos citrons : on les fait bouillir ainsi avec leur jus, qui les maintient plus blancs, & qui d'ailleurs est difficile à détacher de la chair, quand ils n'ont point passé sur le feu. Il ne faut pas oublier de les mettre dans l'eau, à mesure que vous les tournez ou zestez ; autrement ils noirciroient. Lorsque vous verrez que votre chair de citron sera bien ramollie, vous la rafraîchirez & vous la mettrez ensuite au sucre comme il vient d'être clarifié : vous lui ferez prendre sept ou huit bouillons, & vous verserez le tout dans des terrines jusqu'au lendemain, que vous égoutterez le syrop, sans ôter le fruit ; & lui donnez vingt ou trente bouillons, l'ayant augmenté d'un peu de sucre : vous le jettez ensuite sur vos citrons, & de même les jours suivants, que vous faites cuire votre syrop, premierement au petit lissé, une autre fois au lissé & perlé, & enfin au perlé, l'augmentant chaque fois de sucre. Pour cette derniere cuisson, qui acheve votre fruit, vous l'égoutterez & le rangez dans des pots, si c'est pour le conserver ; & votre syrop étant cuit à perlé, vous le jettez par-deſſus. Vous pouvez enſuite en tirer au ſec, quand il vous plaira : il n'y a pour cela qu'à les laiſſer refroidir ; ce qu'on peut hâter, ſi l'on eſt preſſé, en mettant le cul de la poële dans de l'eau. Cependant faites cuire du ſucre à la plume ; & ayant égoutté vos citrons, jettez-les dedans, & leur faites couvrir le bouillon ; après quoi, vous les deſcendrez de deſſus le feu ; & le bouillon étant entiérement rabaiſſé, vous commencerez de travailler & de blanchir votre ſucre en un coin, en l'amenant avec la cuiller contre le bord de la poële. Vous paſſerez enſuite vos citrons dans ce ſucre blanchi, & les mettrez égoutter ſur des clayons, ils feront ſecs en fort peu de temps ; les autres fois qu'on en veut tirer au ſec, il n'y a qu'à pratiquer la même choſe.

Citrons. (*Conſerve de*) Prenez un citron & le rapez de tous côtés, juſqu'au jus ; & preſſez dans votre rapure la moitié du jus de citron. Faites cuire une livre de ſucre à la grande plume ; ôtez-le de deſſus le feu ; laiſſez rabaiſſer le bouillon ; & jettez-y votre citron, en le travaillant avec la cuiller ; & quand il ſe formera une petite glace ſur le ſucre, verſez-la dans vos moules. Prenez garde de ne la pas verſer trop chaude, parce qu'elle pourroit être graſſe.

Citrons. (*Conſerve de jus de*) Vous prendrez un jus de citron que vous preſſerez ſur une aſſiette d'argent ; vous la mettrez ſur le feu, & vous ferez réduire le jus à moitié ; vous ferez cuire une livre de ſucre à ſoufflé, & vous laiſſerez un peu refroidir ; il faudra le remuer, deux ou trois fois avec une cuiller d'argent ; & vous y mettrez le jus, que vous remuerez encore, & enſuite vous dreſſerez votre conſerve.

Citrons. (*Crême de*) On met le jus de ſix bons citrons dans un plat, avec quelques zeſtes, un demi-verre d'eau, & le blanc de ſix œufs frais : après avoir bien délayé le tout enſemble, on le paſſe par une ſerviette deux ou trois fois : enſuite on le fait cuire fur la cendre chaude, le remuant toujours avec une cuiller, empêchant qu'elle ne bouille, de crainte qu'il ne fe forme des grumeaux : étant un peu épaiffe, dreffez votre crême fur une porcelaine, & la fervez froide.

Citrons. (*Dragées de*) Coupez en petits filets des écorces de citrons, que vous mettez tremper dans de l'eau jufqu'au lendemain, que vous les faites blanchir, jufqu'à ce qu'ils foient tendres fous les doigts ; après les avoir jettés dans de l'eau fraîche, & laiffés égoutter, vous les mettez dans un fucre cuit au liffé. Faites-leur prendre cinq ou fix bouillons ; ôtez-les du feu, pour les laiffer dans le fucre, jufqu'à ce qu'ils foient froids, que vous les retirez du fyrop pour les mettre fécher à l'étuve. Lorfqu'ils feront bien fecs, vous les mettrez dans une poële à provifion avec du fucre cuit au grand liffé, où vous avez mis un peu de gomme arabique, détrempée avec de l'eau ; remuez toujours la poële fur un petit feu, jufqu'à ce que le fucre gommé fe foit attaché après les filets de citrons ; quand ils feront bien fecs, vous y remettrez encore de ce même fucre, pour leur donner une feconde couche, en remuant toujours les anfes de la poële ; cette feconde couche étant finie, comme la premiere, vous leur donnerez encore cinq ou fix couches de la même façon, avec du fucre cuit au liffé, fans être gommé comme les deux premieres ; lorfque vous jugez qu'ils font affez chargés de fucre, vous les menez fortement fur la fin fans les fauter, pour les liffer, & vous acheverez de les fécher à l'étuve. Si vous en faites beaucoup à la fois, vous vous fervirez d'une baffine, à la place d'une poële à provifion.

Citrons en olives. Mettez dans un mortier deux blancs d'œufs frais, avec du citron verd rapé, fuffifamment pour que le goût domine, & du fucre fin que vous pilez avec les blancs d'œufs, & augmentez à mefure, jufqu'à ce que cela vous forme une pâte épaiffe ; retirez votre pâte du mor-

tier, pour la rouler en long sur du papier blanc &
du sucre. Coupez ensuite toute cette pâte par petits
morceaux égaux, que vous roulez dans les mains, en
forme d'olives, que vous dressez sur du papier pour
les faire cuire dans un four très-doux; vous les con-
serverez dans un endroit sec, jusqu'à ce que vous
les serviez.

Citrons entiers. Zestez ou tournez vos citrons,
comme il a été dit ci-devant, & les jettez à mesure dans de l'eau, avec le jus de quelques-uns,
afin qu'ils ne noircissent point. Ensuite vous les
faites blanchir dans de l'eau sur le feu, avec encore quelques jus de citron, jusqu'à ce qu'ils soient
mollets & tendres, & qu'ils quittent l'épingle;
alors vous les rafraîchissez, les mettant dans de l'eau
froide; puis avec une petite cuiller faite exprès,
vous les vuiderez par un petit trou que vous ferez à
la tête. Etant bien vuidés & bien nétoyés, mettez-les au sucre clarifié, & les achevez de la même
manière que les citrons en bâtons. Vous les tirez
aussi au sec, en faisant cuire du sucre à la plume,
que vous blanchissez en un coin; & y ayant passé
vos citrons, vous les mettez égoutter sur des clayons,
le trou en dessous, comme vous les avez pris, en
les tirant avec une cuiller & une fourchette.

Citrons. (*Essence distillée de*) Coupez par morceaux une douzaine de citrons avec le jus & l'é-
corce que vous mettez dans un pot bien couvert,
avec trois chopines d'eau tiéde; laissez-les infuser
jusqu'au lendemain sur de la cendre chaude, ou
à l'étuve: ensuite vous mettez le tout ensemble dans
un alambic, pour le faire distiller; après que votre
distillation sera faite, vous la mettrez dans une
bouteille de verre pour la laisser reposer; comme
l'essence est plus légere que l'eau qui a passé avec
dans la distillation, elle monte sur l'eau: pour les
séparer l'une d'avec l'autre, vous mettez le pouce
sur le trou de la bouteille, & la renversez sens-
dessus-dessous; l'essence remonte vers le cul de la
bouteille, & l'eau se trouve du côté de votre doigt,

que vous levez un peu pour donner paſſage à l'eau juſqu'à ce qu'elle ſoit toute ſortie ; & votre eſſence reſtera ſeule dans la bouteille.

Citrons. (*Glace de*) Exprimez le jus de ſix citrons dans trois demi-ſeptiers d'eau ; mettez-y la ſuperficie de l'écorce coupée en zeſtes, & trois quarterons de ſucre ; faites infuſer le tout, pendant une bonne heure, enſuite vous le paſſez dans un tamis ſerré, pour le mettre dans la ſalbotiere & faire prendre à la glace. L'on appelle *limonnade* cette compoſition, quand on la boit liquide ſans la faire glacer.

Citrons. (*Grillage de*) Faites cuire une demi-livre de ſucre à la grande-plume, & vous y mettrez tout de ſuite trois onces de citrons verds coupés en petits filets les plus minces que vous pourrez ; remuez-les dans le ſucre ſur un moyen feu juſqu'à ce qu'ils aient pris une belle couleur grillée ; quand ils ſont finis, vous y preſſez promptement quelques gouttes de jus de citrons, & les dreſſez en forme de macarons ſur des feuilles de cuivre ; poudrez-les tout de ſuite avec un peu de ſucre fin, & faites-les ſécher à l'étuve. A la place des filets de citrons, vous pourrez mettre de l'écorce de citrons ratiſſés avec un morceau de verre caſſé ; il en faut la même quantité que de celle qui eſt coupée en filets.

Citrons. (*Marmelade de*) Prenez la quantité de citrons que vous jugerez à propos ; ôtez-en le dur du bout de la queue, & celui de la tête ; coupez-les en quatre, & en preſſez un peu le jus dans une aſſiette ; enſuite vous mettrez vos citrons dans de l'eau bouillante, pour les faire cuire juſqu'à ce qu'ils fléchiſſent facilement ſous les doigs, & vous les retirez dans de l'eau fraîche ; après les avoir égouttés & bien preſſés dans une étamine, en la tordant fort, vous mettez les citrons dans un mortier pour les bien piler ; quand ils ſeront aſſez fins, vous les paſſerez au travers d'un tamis, en les preſſant fort avec une ſpatule, pour en tirer le plus de marmelade que vous pourrez. Sur une demi-livre de cette marmelade, vous ferez cuire une livre de ſucre à la petite plume ; mettez - y vos citrons, pour les bien mêler ensemble ; remettez-les fur le feu, pour leur faire prendre fept ou huit bouillons ; quand votre marmelade fera à demi-froide, vous la mettrez dans les pots. Il y en a qui tournent leurs citrons pour en ôter les zeftes, avant que de les employer.

Citrons. (*Maffepains de*) Echaudez une livre d'amandes douces, que vous mettez dans un mortier pour les piler avec un demi - quarteron d'écorce de citrons confits. Vous les arroferez, de temps en temps, pour qu'elles ne tournent pas en huile, avec un peu de blanc d'œuf ; quand elles feront pilées très fin, vous les mettrez dans une demi - livre de fucre cuit à la grande plume ; vous les travaillerez en les remuant fur un petit feu avec la fpatule, jufqu'à ce que touchant la pâte avec les doigts, elle ne fe colle point après. Vous la retirez enfuite de la poële, pour la mettre fur une table avec du fucre fin deffus & deffous ; & vous l'abbatez avec le rouleau de l'épaiffeur d'un demi-doigt, ou la moitié moins, fuivant le maffepain que vous voulez faire, enfuite vous découpez cette pâte de la figure & grandeur que vous voulez, ou avec des moules de différents deffeins ; faites-les cuire dans un four doux ; quand ils feront cuits, vous faites une glace blanche avec du jus de citron, une peu de blanc d'œuf, & du fucre fin paffé au tambour. Couvrez-en tout le deffus des maffepains ; remettez - les un moment dans le four, pour faire fécher la glace. Il y en a qui ne mettent point de citrons confits, & qui fe contentent d'y mettre à la place de l'écorce de citron verd rapé, ou haché très-fin.

Citrons. (*Paftilles de*) Mettez deux gros de gomme adragant dans un verre d'eau, avec les zeftes d'un citron entier ; laiffez-les tremper jufqu'à ce que la gomme foit fondue. Vous la paffez au travers d'un linge, en la preffant fort ; mettez cette eau dans un mortier, avec le jus de citron ; jettez-y peu-à-peu une livre de fucre fin paffé au tambour, jufqu'à ce que vous ayez une pâte maniable ; vous la retirez du mortier, pour en former des pastilles de tels desseins que vous voudrez.

Citrons. (*Pâte de*) Levez la chair de plusieurs citrons, jusqu'au jus ; coupez-la par tailladins, & la faites blanchir. Passez-la ensuite à l'eau fraîche ; puis mettez - la égoutter, & la pressez dans une serviette : pilez - la dans un mortier, & la passez au travers d'un tamis : faites cuire du sucre à la plume, & mettez-le dans votre marmelade, en le délayant doucement avec une cuiller : faites frémir votre marmelade sur le feu ; écumez-la & la dressez dans vos moules ou feuilles de fer-blanc, pour les mettre sécher à l'étuve. Quand la glace est bien formée, retournez - les sur un tamis, en les levant les unes après les autres, avec un couteau : il faut les remettre à l'étuve une couple d'heures, pour que la glace se forme de l'autre côté.

Citrons. (*Petits pains de*) Prenez un blanc d'œuf ou deux ; battez-les dans un mortier, avec un peu d'eau de fleurs d'orange : mettez-y du sucre en poudre, jusqu'à ce qu'il se fasse une pâte ferme comme de la pâte de massepain : vous y mettez aussi de la rapure de citron, que vous mêlerez bien parmi votre pâte ; puis vous les roulerez en petites boules, grosses comme le bout du pouce ; vous les applatirez un peu ; vous les rangerez sur du papier, & les ferez cuire au four : étant cuits, vous les ôterez & les mettrez en un lieu sec.

Citron. (*Syrop de*) Pour une livre de sucre cuit au lissé, vous y mettez le jus d'un citron entier ; vous faites recuire le sucre en syrop ; ôtez - le du feu, pour vous en servir.

Citrons. (*Tailladins filés de*) Prenez les écorces de deux citrons, que vous coupez en petits filets ou tailladins ; mettez-les cuire dans de l'eau, jusqu'à ce qu'ils fléchissent facilement sous les doigts ; retirez-les à l'eau fraîche, & les faites égoutter ; mettez-les dans une poële avec un peu de sucre clarifié, pour leur donner une douzaine de bouillons ; ôtez-

les du feu & laiſſez - les dans leur ſyrop juſqu'à
ce qu'ils ſoient froids ; alors vous les retirez , pour
les mettre égoutter & ſécher à l'étuve ; lorſqu'ils
ſeront bien ſecs , vous les ſemerez ſur une feuille de
cuivre , frottée légérement de bonne huile d'olive ,
vous avez un ſucre cuit au caramel , que vous
tenez chaudement ſur un petit feu ; prenez-en avec
deux fourchettes , que vous filez légérement par-
deſſus tous les tailladins , en laiſſant des vuides ;
après que vous avez fini , vous retournez les tailladins ſur une autre feuille auſſi frottée d'huile ,
pour en faire autant de l'autre côté.

Citrons verds confits. Vous fendez légérement
ces petits citrons d'un côté , afin que le dedans
prenne autant de ſucre que le reſte , enſuite vous les
mettez dans de l'eau ſur le feu , & vous empêchez
qu'ils ne bouillent , en y verſant , de temps à autre ,
de l'eau froide , pour faire abaiſſer le bouillon.
Quand ils monteront au - deſſus , vous les ôterez
de deſſus le feu , & vous les rafraîchirez. Il faut enſuite
les faire reverdir , en les remettant ſur le feu dans
la même eau , ou en d'autre , que vous ferez
bouillir peu-à-peu , juſqu'à ce que vos citrons ſoient
bien mollets , & qu'ils quittent l'épingle. Alors vous
les ôtez & les rafraîchiſſez de nouveau ; & il n'y
a plus enſuite qu'à les mettre au ſucre.

Citrons verds des Indes. Vous fendez légérement
ces petits citrons d'un côté , afin que le dedans
prenne autant de ſucre que le reſte ; enſuite vous
les mettez dans de l'eau ſur le feu , & vous empêchez
qu'ils ne bouillent , en y verſant , de fois à autre , de
l'eau froide , pour faire abaiſſer le bouillon. Quand
ils monteront au-deſſus , vous les deſcendrez de
deſſus le feu , & vous les rafraîchirez. Il faut enſuite les faire reverdir , en les mettant ſur le feu
dans la même eau , ou en d'autre , que vous ferez
bouillir peu-à peu , juſqu'à ce que vos citrons ſoient
bien mollets , & qu'ils quittent l'épingle. Alors
vous les ôtez & les rafraîchiſſez de nouveau ; & il
n'y a plus , après cela , qu'à les mettre au ſucre.

H v

Citrons. (*Zefles de*) En zeftant vos citrons de la maniere qu'il a été dit ci devent, jettez les zeftes dans l'eau d'un côté, comme vous faites des quartiers de citrons de l'autre, de peur qu'ils ne noirciffent. Après cela, vous ferez chauffer de l'eau, & vous y jetterez vos zeftes pour les faire blanchir, jufqu'à ce qu'ils foient bien ramollis. Il faut alors les jetter dans de l'eau fraîche, & les laiffer refroidir, & enfuite les mettre au petit fucre. Vous faites chauffer le tout fur le feu, de forte que vous y puiffiez fouffrir les doigts. Cependant vous égouttez vos zeftes ; & les ayant mis dans une terrine, vous verfez votre fucre par-deffus ; il faut qu'ils trempent un peu plus qu'à l'ord naire ; vous les laiffez ainfi jufqu'au lendemain, que vous les égouttez fur une pafloire ; & vous faites cuire votre fyrop au petit liffé. Vous remettez enfuite ce fyrop par-deffus vos zeftes, & de même le lendemain, l'ayant fait cuire au petit perlé, en l'augmentant de fucre. Le jour d'après, égouttez vos zeftes, & les mettez fécher à l'étave fur des clayons ou fur la grille, avec une terrine au-deffous pour recevoir le fyrop qui en découlera. Vous les retournerez de temps en temps, jufqu'à ce qu'ils foient bien fecs & les ferrerez enfuite dans des boëtes, pour vous en fervir au befoin.

OBSERVATION MÉDECINALE.

Le citron eft un des fruits les plus fains que nous ayons ; fon jus acide eft rafraîchiffant, apéritif, ftomachique, propre à prévenir & à corriger la corruption des humeurs du corps, & leur trop vive circulation ; à arrêter les progrès, & opérer la guérifon des maladies qui en proviennent ; comme les fievres malignes & putrides, le fcorbut, l'état inflammatoire du fang, les fiévres chaudes, les hémorrhagies : fon écorce eft légérement aftringente, ftomachique, utile aux eftomacs foibles, aux perfonnes fujettes aux glaires, au dévoiement, à l'in-

continence d'urine, aux hémorrhagies du nez ou
autres, & aux vers.

CITRONNELLE ou EAU DE CITRON. Choisissez
les citrons qui auront la couleur la plus vive, qui seront pontillés, dont l'écorce sera grasse & épaisse.
Vous en léverez délicatement la superficie avec les
zestes, en observant de ne couper que le jaune & de
n'en point laisser ; vous les mettrez dans l'alambic,
& vous les distillerez avec de l'eau & de l'eau-de-vie
à un feu un peu vif. Vous ne tirerez point de
phlegme, par rapport au goût d'empyreume ; vous
ferez ensuite le syrop, comme pour toutes les autres liqueurs, avec du sucre fondu dans l'eau fraîche ;
vous mettrez dans ce syrop vos esprits distillés ; vous
les passerez à la chausse, pour clarifier le mélange ;
& votre liqueur sera faite. Pour cinq pintes & une
chopine d'eau de citronnelle commune, prenez quatre citrons moyens, trois pintes & un demi-septier
d'eau-de-vie, une livre & un quart de sucre, deux
pintes & un demi-septier d'eau, pour le syrop de
votre liqueur.

CITROUILLE : fruit d'une plante potagere qui
rampe, dont la chair est ferme, blanche & d'un
goût assez agréable.

Citrouilles en andouillettes. Faites-la bien cuire
& égoutter ; maniez-la avec du beurre frais, des
jaunes d'œufs durs, persil & fines herbes hachées,
sel, poivre & girofle en poudre. Formez-en des
andouillettes ; mettez-les dans une terrine au four
avec beaucoup de beurre. Quand elles sont cuites,
dégraissez-les & les faites rissoler.

Citrouille fricassée. Coupez en morceaux ; faites
bouillir dans l'eau suffisamment pour l'amollir. Faites
égoutter ; & fricassés, avec du lait, beurre, sel &
poivre, ajoûtez sur la fin, deux jaunes d'œufs délayés
dans la crème.

Citrouille au lait. (*Potage de*) Coupez votre
citrouille en petits morceaux ; passez-la à la poële
au beurre blanc avec sel, poivre, persil, cerfeuil
& autres fines herbes hachées. Mettez-la ensuite

dans un pot de terre avec du lait bouillant. Faites-lui faire quelques bouillons ; dreſſez votre potage avec un peu de poivre blanc garni de croûtons frits.

OBSERVATION MÉDECINALE.

La citrouille mûre eſt un fruit adouciſſant, rafraîchiſſant, apéritif, laxatif, qui ſe digere aſſez facilement, & convient aux perſonnes ſujettes aux ardeurs internes, inſomnies & difficultés d'uriner : quand elle eſt bien cuite, les gens délicats même peuvent en manger.

CLAREQUETS. C'eſt une eſpece de pâte tranſparente, & qui eſt fort en uſage dans les offices. Il s'en fait de différentes ſortes. Voyez *Ceriſes, Coings, Groſeilles, Muſcats, Oranges, Poires, Pommes, Prunes, Verjus, Violettes.*)

COCHENILLE. (Voyez *Couleur rouge.*)

COCHON : il en eſt de deux eſpeces ; le domeſtique, & le ſauvage, ou ſanglier. Pour ce dernier, Voyez *Sanglier.*) Le cochon ni trop jeune ni trop vieux, eſt le meilleur pour la ſanté. Sa chair eſt d'un aſſez bon goût, mais difficile à digérer, & n'eſt propre qu'aux gens qui, faiſant beaucoup de diſſipation, ont beſoin d'un aliment qui ne ſe diſſipe pas aiſément, ou à ceux qui ont un bon eſtomac. On trouvera, ſous les noms particuliers des parties de cet animal, les différentes manieres de les apprêter ou de s'en ſervir. Beaucoup de perſonnes aiment le cochon de lait ou rôti, ou aux différentes manieres dont on l'accommode.

Cochon de lait à la broche. Echaudez-le à l'eau bouillante ; vuidez-le, & mettez dans le ventre ſel, poivre, ciboules, oignon piqué de cloux, un morceau de beurre, & le mettez à la broche : arroſez-le de beurre frais ou d'huile d'olive, & faites-lui prendre belle couleur. Servez avec ſel, poivre blanc & jus d'orange. On le farcit auſſi avec le foie haché, avec lard blanchi, truffes, champignons, rocamboles, capres, un anchois, fines herbes, ſel & poivre paſſés à la caſſerole. Bien ficelé, on le fait cuire comme deſſus.

Cochon de lait à la daube. Mettez-lui dans le corps sel, poivre, cloux pilés, un peu de sauge. Enveloppez-le & le mettez dans une poissonniere avec bouillon, vin blanc, sel, poivre, cloux de girofle & laurier ; faites bouillir. Tirez quand il sera cuit, & servez à sec sur une serviette. Couvert d'une autre serviette, ainsi apprêté, il se mange chaud & froid.

Cochon de lait au pere Douillet. Coupez la tête ; fendez le cochon & le coupez en quatre ; piquez de gros lard assaisonné ; mettez une serviette au fond d'une marmite ; couvrez-la de bardes de lard. Mettez vos quartiers, la tête au milieu. Assaisonnez d'épices & fines herbes, rocamboles, oignons, basilic, laurier, citron verd, carottes, panais ; recouvrez de bardes de lard, & du reste de la serviette. Coupez en tranches deux ou trois livres de rouelle de veau ; mettez-les dans une casserole avec des bardes de lard ; quand elles commenceront à s'attacher, comme pour le jus de veau, mouillez d'un bon bouillon ; & vuidez le tout dans la marmite avec une bouteille de vin blanc. Quand le cochon sera cuit, retirez-le. Si vous voulez le servir pour entremets, laissez-le refroidir dans son jus. Nétoyez-le ensuite pour qu'il soit blanc ; servez à sec, sur une serviette, garni de persil verd. Si vous voulez le servir pour entrée, servez chaud & par-dessus un ragoût de ris de veau. (Voyez *Ris de veau.*) On le peut servir aussi avec un ragoût de pois verds, ou avec une purée. (Voyez *Pois & Purée.*) Pour les parties du cochon, *voyez* aux articles particuliers les différents apprêts qu'on en fait.

Cochon de lait en ragoût. Coupez-le en quatre ; passez-le à la casserole avec lard fondu. Faites-le cuire avec du bouillon & un verre de vin blanc, bouquet, sel, poivre, champignons, olives desossées, qu'on fait bien cuire ; liez la sauce avec la farine ; servez chaudement.

OBSERVATION MÉDECINALE.

La chair du cochon est difficile à digérer, ne fournit

que des sucs grossiers qui sont sujets à former des humeurs de mauvaise qualité & à causer des maladies putrides, des maladies de peau : il n'y a que les gens les plus robustes & qui travaillent beaucoup de corps, ou font des exercices violents, qui doivent se permettre le cochon ; encore pourront-ils avoir bientôt lieu de s'en repentir, s'ils en mangent tres-souvent ou beaucoup à la fois. Les personnes délicates & ceux qui menent une vie sédentaire, ne doivent pas en manger, de quelque maniere qu'il soit accommodé, si ce n'est un peu de jambon bien cuit. La chair du cochon de lait est visqueuse, relâche l'estomac, émousse les sucs digestifs, & lâche souvent le ventre ; ce qui prouve qu'il en faut user modérément.

COINGS : nous avons de trois sortes de coings ; deux de cultivés, & une de sauvages. Les derniers qui sont les plus petits de tous, & croissent dans les lieux pierreux, sont peu employés. Les cultivés, tant les gros que les petits, servent à faire des confitures, des syrops & plusieurs autres choses : il faut préférer ceux qui sont petits, parce qu'ils sont plus odorants & d'un beau jaune, quand ils ont acquis leur maturité ; les gros sont plus pâles, moins odorants, & ont la chair plus molle.

Coings à la bourgeoise. (*Compôte de*) Mettez dans de l'eau bouillante trois ou quatre coings, suivant qu'ils sont gros ; faites - les bouillir jusqu'à ce qu'ils fléchissent sous les doigts ; ensuite vous les retirez dans l'eau fraîche, pour les couper par quartiers, les peler & en ôter les cœurs. Mettez - les dans une poële avec un peu de sucre clarifié, pour leur faire prendre quelques bouillons ; quand ils seront assez cuits, vous les dresserez dans le compôtier avec le syrop, & vous les servirez chaudement.

Coings à la cendre. (*Compôte de*) Enveloppez dans plusieurs morceaux de papier mouillé, autant de coings qu'il vous en faut pour faire une compôte ; mettez-les dans de la cendre chaude, pour les faire cuire à très-petit feu ; quand ils fléchissent sous les doigts, vous les ôtez des papiers pour les couper par quartiers. Il faut les peler proprement, & en ôter les cœurs ; mettez-les dans une poële avec un demi-verre d'eau, une demi-livre de sucre, achevez de les faire cuire ; ayez le soin d'en ôter le peu d'écume qu'il peut y avoir, avec des morceaux de papier ; dressez dans le compôtier ; si le syrop n'a point assez de consistance, vous lui ferez faire encore quelques bouillons pour le faire réduire ; versez-le sur les coings ; il faut servir cette compôte chaude.

Coings à l'écarlate. (*Pâte de*) Faites cuire dans un four de gros coings entiers ; puis vous leur ôtez la peau, & vous les passez au travers d'un tamis, en les pressant fort avec une spatule ; mettez-les dans une poële, pour les faire dessécher à moitié sur un petit feu ; ensuite vous les couvrez, & les entretenez chauds sur de la cendre chaude, pour les faire rougir. Quand ils seront rouges, vous y mettrez de la cochenille préparée, pour les rendre encore plus rouges ; délayez bien cette marmelade, & la remettez sur le feu, pour achever de la faire dessécher, jusqu'à ce qu'elle quitte la poële ; faites cuire à la petite plume autant pesant de sucre, que vous avez de marmelade de coings, que vous mêlez ensemble, jusqu'à ce qu'ils soient bien incorporés l'un avec l'autre ; remettez cette marmelade sur le feu pour la faire chauffer, jusqu'à ce qu'elle soit prête à bouillir, en remuant toujours avec la spatule ; dressez-la dans les moules que vous mettez à l'étuve, pour la faire sécher.

Coings au naturel. (*Pâte de*) Prenez des coings bien mûrs, que vous mettez entiers dans de l'eau bouillante, pour les faire cuire, jusqu'à ce qu'ils fléchissent sous les doigts ; retirez-les pour les mettre égoutter ; ensuite vous les passerez au travers d'un tamis, en les pressant fort avec une spatule, pour en tirer le plus de marmelade que vous pourrez ; mettez cette marmelade dans une poële, pour la faire dessécher sur un moyen feu, en la remuant toujours, jusqu'à ce qu'elle quitte la poële,

& vous la retirez. Sur trois quarterons de cette marmelade, vous ferez cuire une livre de sucre à la petite plume; mettez-y la marmelade que vous travaillerez avec le sucre, jusqu'à ce qu'ils soient bien mêlés ensemble; remettez la poële sur le feu pour la faire chauffer, prête à bouillir, en remuant toujours; vous la dresserez ensuite dans les moules à pâte pour la mettre sécher à l'étuve.

Coings. (*Clarequets de*) Vous prendrez des coings qui soient bien mûrs; vous les pelerez & vous en ôterez les pepins : vous en peserez quatre livres, & les ferez cuire dans deux pintes d'eau, jusqu'à ce qu'ils soient bien cuits; ensuite vous retirerez vos quartiers de coings, pour vous en servir à faire des compôtes. Vous jetterez après dans votre décoction les pelures & les pepins de vos coings; & vous les ferez bien bouillir, jusqu'à ce qu'ils soient en marmelade; après quoi, vous les verserez dans un tamis sur une terrine : vous ferez cuire deux livres de sucre à la forte plume; vous peserez une livre de votre décoction, que vous jetterez dedans; vous les remuerez bien & les laisserez refroidir à demi : s'ils ne sont pas assez rouges, vous pouvez y ajoûter de la cochenille, ensuite les dresser dans des moules de verre, & les mettre à l'étuve.

Coings confits à la cardinale. Préparez des coings de la même façon que les précédents; quand ils seront dans le sucre, vous y mettrez suffisamment de la couleur rouge préparée avec de la coche-nille, comme il est expliqué à l'article des *Couleurs.* Il faut en mettre jusqu'à ce que vous voyiez que les coings & le syrop soient d'un beau rouge; lorsque vous verrez que les coings sont assez cuits, il faut les retirer du syrop pour les mettre dans une terrine; remettez le syrop sur le feu, pour le faire cuire jusqu'à ce qu'il soit au grand perlé; vous y mettrez les coings, seulement pour les faire chauffer; quand ils seront à demi-froids, versez-les dans les pots.

Coings confits au liquide. Faites bouillir dans de l'eau, jusqu'à ce qu'ils fléchissent sous les doigts, dix coings jaunes & mûrs. Après, vous les mettez à l'eau fraîche, pour les couper par quartiers ; il faut les peler proprement, en ôter les cœurs, & les rejetter à mesure à l'eau fraîche ; prenez autant de livres de sucre que vous avez de livres de coings, pour les faire cuire au grand lissé ; mettez les coings dans le sucre, pour les faire bouillir ensemble sur un petit feu : vous aurez soin de les descendre de temps en temps, pour les écumer ; lorsque vous jugerez qu'ils seront assez cuits, vous les ôterez doucement du sucre pour les mettre dans une terrine ; achevez de faire cuire le sucre jusqu'à ce qu'il soit au grand perlé ; remettez les coings dans le sucre, seulement pour les faire chauffer ; quand ils seront à demi-froids, vous les mettrez dans les pots, que vous ne couvrirez que lorsqu'ils seront tout-à-fait froids.

Coings confits au liquide d'une autre maniere. Il faut choisir des coings bien mûrs, qui soient jaunes & sains, les piquer avec la pointe d'un couteau, & les faire bouillir dans l'eau, jusqu'à ce qu'ils soient bien mollets ; ensuite on les tire, pour les mettre dans de l'eau fraîche ; puis on les pele & on les coupe par quartiers ; on en ôte les cœurs, & on les met à mesure dans l'eau fraîche. Quand tout est pelé, on les tire de l'eau, & on les met égoutter ; ensuite on les jette dans un sucre cuit à lissé ; on les couvre, & on les fait bouillir doucement à petit feu ; on les ôte, de temps en temps, de dessus le feu, pour les écumer & pour les achever. On fera cuire le syrop à perlé ; on les laissera refroidir, & on les mettra dans des pots : il faut pour une livre de fruit une livre de sucre. Pour les faire bien rouges, quelques-uns y mettent un verre de vin vermeil, en cuisant dans le sucre ; mais, pour le plus sûr, c'est d'y jetter un peu de cochenille préparée de cette maniere. On pile cette cochenille dans un petit mortier ; avec autant de crême de tartre ; on fait bouillir un verre d'eau ; & quand l'eau bout, on y jette la cochenille & la crême de tartre. On mêle bien le tout avec un petit bâton : en y ajoûte gros comme un pois d'alun pilé ; il faut que cela ne bouille qu'un moment ; ensuite on le passe dans un petit linge ; & on en met dans les coings, quand ils cuisent, ce qu'on juge à propos pour les rougir.

Coings en gelée. (*Compôte de*) Prenez quatre coings ; coupez-les par quartiers ; ôtez-en les cœurs, & les pelez proprement ; ensuite vous les arrangez dans une poële ; vous y mettez un demi-septier d'eau & une demi-livre de sucre ; couvrez la poële & la mettez sur un petit feu pour les faire bouillir, jusqu'à ce que les coings soient cuits ; vous les ôtez du feu pour les bien écumer ; dressez les coings dans le compôtier, l'un contre l'autre ; faites recuire le sucre jusqu'à ce qu'il soit réduit en syrop, comme une gelée claire & vermeille ; mettez cette gelée sur une assiette, jusqu'à ce qu'elle soit tout - à - fait froide & bien prise ; alors vous mettrez votre assiette sur un peu de cendre chaude, seulement pour en faire détacher la gelée, que vous glissez tout de suite sur les coings. Cette gelée doit être naturellement vermeille, parce que les coings n'ont point été blanchis, & que vous les avez couverts en cuisant.

Coings. (*Gelée de*) Vous prendrez des coings qui soient sains & qui ne soient point encore bien mûrs : vous les essuierez avec un linge blanc, & les couperez par morceaux. Il en faut peler six livres, & les faire cuire dans cinq pintes d'eau, jusqu'à ce qu'ils soient bien cuits ; après, vous les verserez dans un tamis sur une terrine : vous peserez six livres de jus, & vous y mettez trois livres de sucre cuits tout ensemble, jusqu'à ce qu'il soit tout en gelée ; & vous prendrez garde que le feu soit modéré, afin qu'elle ait le temps de rougir ; après, vous la mettrez toute chaude dans des boëtes ou dans des pots.

Coings. (*Marmelade de*) Prenez des coings & faites-les blanchir, pour en faire une marmelade

de la même façon que la précédente, excepté qu'il
faut moins de sucre, livre pour livre de coings;
vous ferez des moules de papier de la largeur d'une
feuille de cuivre; il faut que le bord de vos moules ne soit pas plus haut que le petit doigt; vous
aurez soin de graisser le fond des moules avec un
peu de bonne huile d'olive; lorsque votre marmelade sera faite, vous la verserez dedans, &
n'emplirez les moules qu'aux trois quarts de leur
hauteur: il faut l'étendre le plus également qu'il
est possible; mettez les moules sur des feuilles de
cuivre, pour faire sécher à l'étuve: vous verrez
avec la main, quand elle sera assez séche. Pour
l'ôter de ces moules, il faut la renverser sur des
feuilles de cuivre pour en ôter le papier, & y
poudrer un peu de sucre au travers d'un tamis fin,
& laisser sécher jusqu'à ce qu'elle se soutienne seule.
On la coupe par tablettes, pour servir sur les fruits;
on en fait du bâtonnage, pour dresser en pyramide,
& même on en met au candi; mais il faut qu'elle
soit plus séche, que pour la mettre par tablettes;
vous la serrez dans des coffres avec du papier blanc,
dans un endroit sec, sans être à l'étuve.

Coings. (*Ratafia de*) Pour faire ce ratafia, il
faut choisir les plus beaux coings qu'on pourra
trouver; il faut qu'ils soient fraîchement cueillis,
& bien mûrs; vous connoîtrez facilement qu'ils
sont à ce point de maturité, par leur couleur: il
faut que ces coings soient bien jaunes: observez
sur-tout qu'ils ne soient ni gâtés ni pourris, qu'ils
soient sans taches. Ces coings bien choisis, vous
les essuyerez avec un linge blanc, pour ôter le
duvet dont ils sont couverts: vous prendrez ensuite
une rape, & vous raperez le fruit jusqu'au cœur,
en observant de ne point y mettre le pepin. Quand
vous aurez rapé ce fruit: vous le laisserez fermenter dans son jus l'espace de vingt-quatre heures,
au bout duquel temps vous le presserez dans un
linge blanc & fort, afin qu'il puisse résister à l'ef-
fort de la pression. Vous passerez ensuite ce jus à

la chauffe ; vous y ferez fondre du fucre ; & quand
le fucre fera fondu , vous y mettrez ce jus dans
l'eau-de-vie ; & vous y mêlerez , comme aux autres ratafias , de l'efprit épicé de girofle , de macis
& de cannelle pour l'affaifonner felon la recette.
Ce mélange fait , vous le paſſerez à la chauffe pour
le clarifier de plus en plus , ce qui fe fera facilement ;
vous le mettrez enfuite dans des bouteilles que vous
aurez foin de bien boucher ; il faut de plus les bien
cacheter , & les mettre enfuite dans la cave , où il
faut les oublier pour deux ou trois ans.

OBSERVATION MÉDECINALE.

Le coing mûr eſt un fruit aſtringent, ſtomachique,
un peu apéritif, qui convient en petite quantité à ceux
qui ont l'eſtomac foible , relâché , qui font fujets aux
glaires, au dévoiement, à l'incontinence d'urine.

COTTIGNAC. On prend une douzaine de
coings : s'ils font gros , il n'en faut que huit ; mais
qu'ils foient mûrs , jaunes & fains ; on les coupe
par petits morceaux , & on les fait bouillir dans
cinq ou fix pintes d'eau , pour en faire une bonne
décoction ; on fait réduire cela à deux pintes , que
vous paſſerez dans un linge blanc qui foit fort ;
puis vous mettrez votre décoction dans une poële
à confiture avec quatre livres de fucre , parce qu'une
livre de fruit en décoction eſt une chopine , mefure de Paris ; vous ferez bouillir le tout , jufqu'à
ce qu'il foit en gelée ; vous defcendrez votre poële
de deffus le feu , & vous la laifferez un peu repofer : il
ne faut point attendre que votre cottignac foit froid,
pour le verfer dans des boëtes ou dans des pots ;
il faut qu'il foit encore chaud : s'il n'étoit point
affez rouge , vous pourriez vous fervir de cochenille préparée , comme nous avons dit à l'article
des *Coings confits au liquide.*

COMPOTES : les plus communes de toutes les
confitures font les compôtes. Il n'eſt pas mal aifé
de les faire quand on fait confire toutes fortes de

fruits, parce qu'avant que d'être tout-à-fait confits, ils deviennent au dégré qui suffit pour des compôtes. (Voyez *Abricots, Amandes, Citron, Cerise, Coings, Fraises, Framboises, Groseilles, Marrons, Muscats, Oranges, Pêches, Poires, Pommes, Prunes, Verjus.*)

O B S E R V A T I O N   M É D E C I N A L E.

Les compôtes font un mets très-fain qui convient à toutes les conftitutions, aux gens infirmes, aux convalefcents & même aux malades dès qu'on leur permet de manger. Il n'y a prefque perfonne qui ne puiffe manger de toutes fortes de fruits quand ils font en compôtes.

CONCOMBRES : fruit d'une plante rampante, très-connue dans nos jardins. On les confit lorf-qu'ils font tout petits. Lorfqu'ils font mûrs, on les apprête de diverfes manieres.

Concombres farcis à la matelote. Faites une farce de blanc de volailles, ou de veau, hachés, avec lard blanchi & graiffe blanche, jambon cuit, champi-gnons, truffes, fines herbes bien affaifonnées, farciffez vos concombres. Faites-les cuire avec du bouillon gras ou du bon jus, & fervez avec du jus de bœuf deffous. On peut encore, après avoir dégraiffé la fauce, y mettre un bon coulis & un filet de vinaigre. On les fert encore farcis en ragoût, ou à la fauce blanche.

Concombres farcis en maigre. Faites une farce de poiffon. (Voyez *Farce.*) Faites-les cu re dans du bouillon de poiffon, ou purée claire, à petit feu. Quand ils font cuits, on les coupe par la moitié, en long, & on les fert avec un coulis de cham-pignons. (Voyez *Champignons.*) Au lieu de ce coulis, on peut mettre par-deffus un ragoût de laitances & de champignons. (Voyez *Laitances.*)

Concombres fricaffés. Coupez-les par rouelles avec un oignon coupé de même. Paffez-les à la caffe-role avec du beurre, fel, poivre, perfil haché. Laiffez mitonner le tout, & fervez avec un jaune d'œuf délayé dans le verjus ou dans la crême douce.

Concombres. (*Ragoût de*) Coupez par tranches ; faites mariner pendant deux heures , avec fel , poivre & vinaigre, deux oignons en tranches. Faites égoutter, & paffez à la cafferole avec lard fondu ; mouillez de jus , & laiffez mitonner à petit feu. Dégraiffez, & liez d'un coulis de veau & jambon. Servez pour toutes fortes d'entrées aux concombres, foit à la broche, ou à la braife.

OBSERVATION MÉDECINALE.

Le concombre eft un fruit aqueux, rafraîchiffant , humectant & peu nourriffant. Quand il eft mûr & bien cuit, & que l'on en mange une certaine quantité, il rend le ventre libre. Cet aliment convient aux perfonnes qui font fujettes aux ardeurs d'entrailles, coliques, irritations, difficulté d'uriner , ardeurs d'urines. On ne mangera pas les concombres amers ; fouvent ils purgent & caufent des tranchées. Les concombres confits avant leur maturité, ne conviennent pas aux eftomacs délicats ; ils ne s'y digerent pas.

CONFITURE. A l'article des différentes efpeces de fruits qui fe fervent en confitures , nous marquons la maniere la plus affurée de les bien travailler, pour qu'elles fe confervent. S'il arrive qu'elles fe gâtent, ce défaut ne peut venir que de la main peu habile qui s'en eft mêlée. L'accident le plus ordinaire , eft que les confitures aux liquides s'aigriffent ; ce qui provient de l'humidité des fruits, qui, n'ayant pas affez rendu leur eau naturelle, divifent le fucre par la fuite du temps , & font que vos confitures viennent à moifir, & à rendre une certaine écume. On s'apperçoit affez de cet inconvénient, quand on prend foin de vifiter fouvent fes confitures ; & dès-lors, il faut y remédier auffitôt ; autrement on rifqueroit de les voir gâter toutà-fait. Ce qu'il y a à faire alors, c'eft de les mettre dans une poële fur le feu, décuifant un peu le fucre ou le fyrop avec un peu d'eau. On fait bouillir le tout, en ôtant l'écume qui en fort; & étant revenu à la cuiſſon à perlé, vous deſcendez votre poële de deſſus le feu, & vous empotez vos fruits qui ſe trouveront déſaigris, & en état de ſe conſerver juſqu'à la fin, pourvu que vous ne les teniez pas dans un lieu trop humide. On peut, d'une autre maniere, mettre le ſyrop ſeul ſur le feu, avec un peu d'eau ; & après l'avoir écumé, on y jette ſes fruits que l'on laiſſe bouillir juſqu'à ce qu'ils ſoient à perlé; après quoi, vous les deſ-cendez & les empotez. C'eſt ainſi qu'on déſaigrit toutes ſortes de fruits confits au liquide, ſoit noix, prunes, tailladins, oranges, cîtrons, &c. Un autre accident qui arrive aux confitures, eſt qu'elles can-diſſent quelquefois ; mais ce n'eſt pas proprement un défaut. Cela ne vient que de ce qu'on a donné la cuiſſon un peu trop forte au ſyrop ; & il n'y a pas lieu de craindre que cela puiſſe nuire aux con-fitures ; aux contraire, on eſt aſſuré qu'elles ſe con-ſerveront plus long-temps, & que le ſucre étoit bon. Le remede qu'on y fera, eſt de prendre tout ce qui ſe trouvera de candi, de le jetter dans une poële avec un peu d'eau ; & quand il eſt revenu à la cuiſſon à perlé, le remettre avec le reſte, ou leur faire donner enſemble quelques bouillons. Quand vos confitures ne ſont candies qu'à la ſuperficie, par exemple à des gelées, on ôte ce candi, en paſſant par-deſſus de l'eau chaude, qui l'emporte facilement ; & elles ſont auſſi belles qu'auparavant, Les gelées, ſoit de groſeil-les ou autres, étant vieilles faites, ſe peuvent auſſi renouveller, en les paſſant ſur le feu, dans une poële, avec un peu d'eau pour les délayer & les décuire ; & quand elles ſont revenues à leur premiere cuiſſon, qui eſt à perlé, ou entre le liſſé & le perlé, vous les verſez ſur un tamis au-deſſus d'une terrine qui les reçoit, & vous les empotez enſuite à l'ordi-naire. Il y a des fruits qui s'aigriſſent plus aiſé-ment que d'autres, ſur-tout les abricots verds & les jaunes ; & alors ils ne ſe tirent pas bien au ſec : on y peut remédier en les paſſant dans de nouveau fucre que vous faites cuire à perlé, les ayant égouttés de leur premier fyrop ; & fi vous voulez faire cette dépenfe pour tous autres fruits, ils fe tireront bien plus facilement au fec, & feront plus beaux que quand on fe contente de les égoutter du fucre où ils avoient été confits & confervés. Vous les dreffez enfuite fur des feuilles de fer-blanc, pour les mettre fécher à l'étuve, après les avoir poudrés de fucre. Vous y remédiez encore d'une autre maniere : vous prenez vos fruits, quels qu'ils foient ; vous les faites égoutter, & enfuite vous les lavez dans de l'eau fraîche : vous les tirez de l'eau & les jettez dans une poële avec un verre d'eau-de-vie, plus ou moins, felon que l'on a de fruit. Vous les retournez plufieurs fois ; quand c'eft pour le tirage, vous faites reprendre fucre à votre fruit ; vous donnez à votre fucre la cuiffon ordinaire. Si c'eft pour fécher à l'étuve, pour le candi, vous ne mettez point votre fruit au fucre, mais fur des feuilles de fer-blanc avec du fucre en poudre, comme tout le refte des fruits que l'on fait fécher à l'étuve. Ce qui eft tiré au fec, doit être gardé en un lieu qui ne fe reffente point de l'humidité, comme auprès de l'étuve, ou bien en quelque cabinet ; & en hiver, vous devez toujours mettre quelque peu de feu ; & parce que les fruits tirés au fec perdent leur glace quand ils font gardés trop long-temps ; il eft à propos de n'en tirer qu'à mefure qu'on en peut avoir befoin ; ce qui les préfervera encore d'un autre accident, qui eft de fe rattatiner & fe rider ; quoiqu'on puiffe remédier à l'un & à l'autre, en repaffant fes fruits fur le feu, dans de pareil fyrop ou d'autre fucre, pour les tirer au fec de nouveau, quand on aura fait venir le fucre à perlé, & qu'il fera repofé & refroidi.

OBSERVATION MÉDECINALE.

Les confitures font un aliment très-fain, qu'on peut donner aux gens les plus délicats & même

aux

aux malades dès qu'on les juge en état de manger du pain : on passera sans danger, & j'ose dire avec avantage, la quantité ordinaire. Je ne spécifie pas les espèces qu'il faut préférer ; toutes celles qu'on fait communément, sont très bonnes & ont à-peu-près les mêmes vertus, parce qu'elles en doivent la plus grande partie à la quantité de sucre qu'on y met ; mais je ne parle ici que des confitures faites avec des fruits mûrs.

CONSERVE : on fait de la conserve avec de la confiture de toutes sortes de fruits. Vous passez votre confiture dans un tamis ; & vous la faites dessécher sur un petit feu. Sur un demi-quarteron desséché, faites cuire une demi-livre de sucre à la grande plume ; mettez-y votre confiture, pour la bien délayer avec le sucre ; dressez la conserve dans les moules de papier ; quand elle sera froide, vous la couperez par tablettes à votre usage.

Conserve à l'écarlate. Prenez deux ou trois cuillerées d'eau de cochenille, que vous mettrez sur une assiette ; & faites-les réduire sur le feu à une cuillerée ; en l'ôtant du feu, vous y mettrez quelques gouttes d'eau de fleurs d'orange ; faites cuire une demi-livre de sucre à la grande plume ; ôtez-le du feu, pour le laisser reposer un moment. Ensuite mettez-y votre couleur rouge, que vous remuerez dans le sucre ; dressez votre conserve dans les moules de papier ; quand elle sera froide, vous la couperez par tablettes à votre usage.

Conserve au pré verd. Prenez une couleur verte ; il en faut mettre quatre cuillerées dans une assiette que vous poserez sur le feu ; & vous les ferez réduire à un tiers : faites cuire une demi-livre de sucre à la grande plume ; mettez-y la couleur verte, que vous travaillerez avec le sucre, jusqu'à ce qu'il en ait pris la couleur ; dressez votre conserve dans des moules de papier ; quand elle sera froide, vous la couperez par tablettes à votre usage.

Conserve rouge. Vous faites cuire une livre de sucre à la plume, vous y mettez une cuillerée de cochenille préparée, & une goutte d'eau de fleurs d'orange ; & vous les dreſſez comme les autres. Vous en pouvez faire d'autres couleurs, ſi vous ſouhaitez ; pour cela, ayez recours à l'article des *Couleurs*.

Conſerve. (Voyez *Abricot*, *Ache*, *Amandes*, *Avelines*, *Bugloſe*, *Café*, *Cannelle*, *Cedrat*, *Ceriſes*, *Chocolat*, *Citron*, *Epine - vinette*, *Framboiſes*, *Grenades*, *Groſeilles*, *Guimauve*, *Jaſmin*, *Jonquille*, *Muſcat*, *Orange*, *Pêche*, *Piſtaches*, *Roſes*, *Safran*, *Verjus*, *Violettes*.)

OBSERVATION MÉDECINALE.

Les conſerves ayant les qualités & les vertus du fruit dont elles ſont faites, & du ſucre qui les a pénétré & les recouvre, c'eſt par ce qu'on a dit de chaque fruit & du ſucre qu'il en faut juger ; mais, en général, c'eſt un aliment très-ſain, & qui n'a preſque que les qualités & les vertus du ſucre.

COQ : le mâle de la poule ; ſa chair eſt ſéche & de peu d'uſage en cuiſine. Sa crête eſt un mets délicat. (Voyez *Crête*.)

Bouillon de coq. On choiſit pour cet effet, le plus vieux. Ce bouillon eſt apéritif & reſtaurant à ce qu'on prétend.

CORIANDRE : plante qu'on cultive dans nos jardins à cauſe de ſa graine, d'un goût aromatique, d'un grand uſage en cuiſine, & pour l'office.

Coriandre. (*Eau de*) Pour faire l'eau de coriandre, il faut bien choiſir cette graine. Voici à quelle marque on peut diſtinguer celle qui eſt la meilleure. Il faut qu'elle ſoit d'un blanc jaune, comme elle eſt dans ſa nouveauté, ou même un peu rouſſe ; ſi elle eſt d'un roux foncé, elle eſt trop vieille ; ſi elle eſt griſâtre, c'eſt une marque qu'elle a ſouffert ſur la plante ; & pour ſe tromper moins dans le choix, il faut la prendre au goût, la mâcher ; ſi elle eſt douce & de bonne odeur, vous pouvez l'employer hardiment & en toute ſûreté. Cette graine eſt trop légere, pour juger de ſa bonté par ſa peſanteur : elle n'a aucune ſubſtance huileuſe, comme les autres graines ; auffi elle fe clarifie facilement, & on ne rifque rien d'en mettre un peu plus. Cette graine eft creufe & très-légere ; il faut néceffairement la piler pour l'employer, afin de développer fon parfum. Vous éviterez, quand vous la diftillerez, de tirer des phlegmes : vous la mettrez, comme les autres graines, dans votre alambic, avec de l'eau & de l'eau-de-vie, le tout fuivant les recettes que nous en allons donner ; & quand vous aurez fait fondre du fucre dans de l'eau fraiche, qui eft le fyrop ordinaire, vous verférez vos efprits dans ce fyrop ; vous mélerez bien enfemble le fyrop & les efprits, en les remuant ; & vous pafferez enfuite ce mélange à la chauffe. Prenez trois pintes & une chopine d'eau-de-vie, deux onces de coriandre ; tirez vos efprits fur un feu modéré ; une livre de fucre, & trois pintes & demi-feptier d'eau, pour faire le fyrop. Si vous faites du plus commun, vous ne diftillerez que les deux tiers de votre eau-de-vie, & vous réferverez l'autre tiers pour le mettre avec les efprits dans le fyrop.

Coriandre. (*Glace de*) Concaffez une petite poignée de coriandre, que vous mettez infufer dans une pinte d'eau chaude ; & la laiffer jufqu'à ce qu'elle foit prefque froide, que vous y ajoûtez une demi-livre de fucre ; remuez le tout enfemble pour le paffer enfuite dans un tamis bien ferré, & le mettez dans la falbotiere pour faire prendre à la glace.

Coriandre. (*Grillage de*) Vous faites fondre un peu de fucre en poudre fur un plat, fans eau ; & auffitôt qu'il commence à devenir roux, vous y jettez votre coriandre, & vous remuez bien avec la fpatule, jufqu'à ce qu'il foit roux entiérement. Enfuite vous la dreffez fur une affiette par petits rochers, & les mettez à l'étuve : il faut que la coriandre foit endragée. Remarquez qu'à toute forte de grillage, avant qu'il foit tout-à-fait fini, il y faut mettre un peu de jus de citron ; mais prenez garde de n'en pas trop mettre ; car cela le fait graiffer.

Coriandre perlée. Prenez de la coriandre nouvelle ;

nétoyez-la bien de ses ordures ; faites-la sécher à l'étuve ; ensuite mettez-la dans la bassine brûlante, & chargez-la de sucre gommé ; puis vous prendrez du sucre recuit à perlé, que vous mettrez dans un entonnoir, dont le goulot soit environ de la grosseur d'un ferret d'aiguillette ; vous le suspendrez en l'air, au milieu de la bassine, ayant soin à chaque couche, de la faire sécher, & de la bien remuer, de crainte qu'elle ne s'attache ; il faut faire sauter cette dragée dans la bassine, afin qu'elle prenne sucre également, & qu'elle se perle.

OBSERVATION MÉDECINALE.

La graine de coriandre est légérement échauffante, stomachique, carminative : son usage convient aux estomacs foibles, aux personnes sujettes aux glaires, dévoiements, vents, migraines, affections nerveuses.

CORNES-DE-CERF. (Voyez *Gelée de cornes-de-cerf*, au mot *Cerf*.)

CORNETS. Prenez une demi-livre de sucre en poudre, une livre de farine, deux jaunes d'œufs, deux onces de bon beurre frais, & trois demi-septiers d'eau ; délayez le tout ensemble après avoir fait fondre le beurre auparavant dans un des trois demi-septiers d'eau, en le faisant presque bouillir. On fait cuire les cornets comme les gauffres.

OBSERVATION MÉDECINALE.

Ce mets, quoique léger & aisé à digérer, est de ceux dont on ne doit manger qu'une petite quantité, à cause de la farine qui n'a pas fermenté.

CORNICHONS : petits concombres qu'on fait confire dans le vinaigre, avec du sel, du poivre, & de l'aneth, qu'on met dans un pot de grès bien couvert, dans un lieu sec, ni trop chaud, ni trop froid, & dont on renouvelle la saumure au bout d'un mois.

OBSERVATION MÉDECINALE.

C'est un assaisonnement sain, stomachique, qui facilite la digestion, mais que ne doivent pas manger les gens qui n'ont pas un bon estomac.

COTELETTES. Les côtelettes de veau ou de mouton sont susceptibles d'une infinité d'apprêts en cuisine. Nous ne donnerons ici que ceux de l'usage le plus ordinaire.

Côtelettes de mouton au basilic ; comme les côtelettes en robe-de-chambre, si ce n'est qu'on met un peu de basilic dans la farce, un œuf de plus, & moins de crême, & qu'au lieu de les faire cuire au four, on les fait frire, & qu'on les sert garnies de persil frit.

Côtelettes de mouton en haricot. Passez-les au roux avec navets, bouillon, sel & poivre. Faites bien cuire, à la moitié de la cuisson, mettez un peu de vin, si vous le voulez. Liez avec farine frite, & servez à courte sauce.

Côtelettes de mouton en robe-de-chambre. Faites-les cuire dans du bouillon, très-peu de sel, bouquet. Dégraissez ensuite le bouillon ; passez-le au tamis, & le faites réduire en glace. Mettez dedans vos côtelettes pour les faire glacer, & les faites refroidir. Prenez ensuite rouelle de veau, graisse de bœuf, persil, ciboules, champignons ; hachez le tout ; liez la farce avec deux jaunes d'œufs ; mettez sel & poivre. Enveloppez chaque côtelette de cette farce ; panez, & faites cuire au four. Quand elles auront pris couleur, retirez ; & dégraissez, en les faisant égoutter ; servez dessous une sauce claire.

Côtelettes de mouton farcies. Faites cuire dans du bouillon. Dépouillez la chair, & gardez l'os. Hachez cette chair, avec lard blanchi, tettine de veau, persil, ciboules, truffes & champignons. Pilez le tout dans un mortier avec épices & assaisonnement nécessaire & une mie de pain trempée dans du lait, ou du jus, ou de la crême. Liez la farce avec deux jaunes d'œufs ; de sorte qu'elle ait quelque consistance. Prenez des bardes de lard, de la grandeur de vos côtelettes ; mettez de la farce deſſus l'os au milieu, que vous figurez en côtelette. Dorez & panez ces côtelettes. Mettez-les au four dans une tourtiere. Quand elles auront pris couleur, ſervez pour garnitures d'entrées, ou hors-d'œuvre.

Côtelettes de mouton frites. On les fait cuire au pot ; on les trempe dans une pâte claire, & on les fait frire dans le ſain-doux ; on les ſert enfin avec verjus, ſel & poivre.

Côtelettes de mouton grillées. Prenez des côtelettes de veau ou mouton ; piquez-les de petit lard, & les paſſez à la poële avec beurre ou lard fondu ; aſſaiſonnez, & faites-les cuire dans une tourtiere. Elles ſe ſervent avec un ragoût de champignons.

Côtelettes de porc-frais à la cendre. Coupez en côtes une échinée de porc frais. Paſſez-les ſur le feu avec lard fondu, perſil, ciboules, champignons, pointe d'ail hachés, ſel & gros poivre. Foncez une caſſerole de tranches de veau & de jambon. Mettez enſuite vos côtelettes avec leur aſſaiſonnement. Couvrez-les de bardes de lard, & faites cuire à petit feu. A la moitié de la cuiſſon, mettez un verre de vin de Champagne ; dreſſez dans un plat. Achevez la ſauce avec deux cuillerées de coulis ; dégraiſſez-la en la paſſant au tamis, & la ſervez ſur les côtelettes avec un jus de citron.

Côtelettes de veau à la Lyonnoiſe. Coupez un quarré de veau par côtelettes. Lardez-les d'anchois, de lard, de cornichons aſſaiſonnés. Faites-les mariner avec huile, ſel, gros poivre, perſil, ciboules, échalottes. Faites cuire enſuite dans leur marinade à petit feu. Servez avec la ſauce qui ſuit. Prenez perſil, ciboules & échalottes hachés, ſel, gros poivre, la quantité de deux pains de beurre de Vanvre manié, avec un peu de farine, une cuillerée d'huile fine, deux de bon bouillon. Faites lier la ſauce ſur le feu, & ſervez avec un jus de citron.

Côtelettes de veau à la poële. Coupez le collet par côtes, en ôtant les os de deſſus, & ne laiſſant que la côte. Paſſez-les avec lard fondu, perſil, ciboules, truffes hachés, ſel & poivre ; tranche de citron, la peau ôtée. Couvrez de bardes de lard. Faites cuire à petit feu. Dégraiſſez-les & les dreſſez. Ôtez le citron de leur jus ; mettez dedans un peu de coulis ; dégraiſſez cette ſauce ; faites chauffer, & ſervez ſur les côtelettes.

COULEURS. On appelle ainſi, en termes d'office, les diverſes teintures qu'on emploie pour colorer toutes ſortes de choſes qui ſe ſervent ſur les tables dans les deſſerts.

Couleur bleue. Elle ſe fait avec une pierre d'indigo, que vous frottez ſur une aſſiette avec un peu d'eau chaude.

Couleur jaune. Dans le temps que les lys fleuriſſent, prenez les jaunes qui ſe trouvent dans le milieu de cette fleur, & faites-les ſécher au ſoleil, juſqu'à ce qu'ils puiſſent ſe mettre en poudre. Enſuite gardez-les pour les temps où vous en aurez beſoin. Alors vous en détrempez dans une cuillerée d'eau de fleurs d'orange ou d'eau de fontaine.

Couleur rouge. Prenez un gros de cochenille, que vous pilerez dans un petit mortier : vous ferez bouillir dans un petit pot un demi-ſeptier d'eau ; & quand l'eau bouillira, vous y mettrez la cochenille toute pilée, & autant de crême de tartre : faites bouillir le tout enſemble pendant deux minutes, & voyez, de temps en temps, avec un morceau de papier que vous tremperez dans le pot, quand elle ſera vermeille. Ôtez-la de deſſus le feu, & mettez-y une petite pincée d'alun pilé ; laiſſez-la repoſer un moment, & paſſez-la au travers d'un linge.

Couleur verte. Prenez de la poirée bien verte, & n'en prenez que la feuille, c'eſt-à-dire, qu'il ne faut pas y mettre les côtes ; lavez-la bien ; & faites-la bouillir deux ou trois bouillons. Tirez-la enſuite, & mettez-la dans de l'eau fraîche ; puis faites-la égoutter, & pilez-la dans un mortier. Preſfez-la bien, & tirez-en le jus. Mettez-le dans un plat d'argent fur le feu, & faites-le réduire à la moitié; vous pouvez vous en fervir à donner de la couleur à ce qu'il vous plaira. Le bled verd peut aufli être employé au lieu de poirée. On peut encore fe fervir de feuilles d'épinars & d'angélique. Ces différentes couleurs peuvent colorer toutes fortes de pâtes, de même que des glaces, des bifcuits & du laitage. L'on fait, fi l'on veut, des nuances de ces diverfes couleurs, en les mêlant enfemble, à l'imitation des peintres.

COULIS: jus paffé à l'étamine, qui fert à lier les fauces des ragoûts, & leur donne plus de confiftance & de faveur.

Coulis blanc au maigre. Faites bouillir dans du bouillon bien clair des amandes pilées, de la mie de pain trempée dans la crême, & des filets de poiffons cuits le plus blanc qu'il fe pourra. Ajoûtez-y moufferons frais, truffes blanches, bafilic & ciboules. Quand le tout a bouilli un quart-d'heure, paffez à l'étamine.

Coulis (Autre) au roux dont on fe fert préfentement. Prenez deux ou trois livres de veau, une demi-livre de jambon maigre; coupez le tout par tranches, un oignon, carottes & panais coupés de même; mettez dans une cafferole; couvrez & faites fuer fur un fourneau. Attaché & de belle couleur, mettez dans ce mêlange du lard fondu; poudrez d'un peu de farine; mouillez de jus & bouillon par égales portions; que le tout foit de belle couleur. Affaifonnez de quelques champignons, truffes & moufferons, ciboules entieres, perfil, quelques cloux, des croûtes, & laiffez mitonner. Si c'eft pour un potage de perdrix, prenez-en une de bon fumet, cuite à la broche; pilez-la dans un mortier; délayez-la dans le coulis avant de le paffer à l'étamine. Etant paffé, tenez-le chaudement dans une marmite, & mettez fur votre potage en fervant. Ce coulis fert pour toutes viandes noires. Si c'eft un coulis de beccaffes, prenez une beccaffe au lieu de perdrix, ainſi des autres, lapins, faiſans, cailles, &c, il faut que ces piéces ſoient plus qu'à demi-cuites pour les piler & les mettre dans le coulis.

Coulis blanc en gras. Faites cuire une poularde à la broche. Déſoſſez-la, ôtez-en la peau que vous hacherez. Mettez d'autre côté dans un mortier une poignée d'amandes douces pelées. Ajoutez-y un blanc de poularde & quatre jaunes d'œufs. Pilez bien le tout. Mettez deux livres de veau & un morceau de jambon coupés par tranches dans une caſſerole, avec les mêmes aſſaiſonnemens que ci-deſſus, un peu de mie de pain, & faites bien cuire. Retirez le veau, délayez dans la caſſerole ce qui eſt dans le mortier. Faites chauffer un peu ſans bouillir, & paſſez à l'étamine. Le plus liquide de ce coulis s'emploie aux potages; le reſte aux entrées de filets, entrées au blanc & entremets. On peut auſſi y employer le blanc de perdrix au lieu de celui de poularde.

Coulis général pour toutes ſortes de ragoûts. Procédez de même que ci-deſſus, dernier article. Quand votre mélange eſt fait, ôtez le veau pour qu'il ne blanchiſſe pas votre coulis en le paſſant. Mettez à part ce qu'il y aura de plus clair pour des entrées & entremets de légumes, ou entrées de broche, & lui donnez une petite pointe. Le ſurplus du coulis vous ſervira pour nourrir des ragoûts, où il faut une plus forte liaiſon, & plus de ſubſtance.

Coulis pour différents potages gras. Prenez un morceau du cimier de bœuf; faites-le rôtir à la broche, bien riſſolé. Pilez tout chaud ce qui eſt le plus cuit avec des croûtes de pain, carcaſſe de perdrix ou volailles quelconques, arroſées de bon jus. Paſſez à la caſſerole le tout avec jus & bon bouillon, ſel, poivre, cloux, thym, baſilic, & morceau de citron verd. Faites faire quelques bouillons; paſſez à l'étamine, & ſervez-vous-en pour les potages gras avec jus de citron.

Coulis (Autre) pour les jours maigres. Paſſez des oignons & des carottes à la caſſerole comme pour du bouillon. Quand ils feront bien roux, jettez-y une poignée de perfil, un peu de bafilic, cloux, croûtes de pain, mouillées de bouillon de poiffon. Le tout bien mitonné, paffez-le à l'étamine. Outre ces coulis, il y en a plufieurs autres qu'on trouvera fous le nom des chofes dont on les tire avec l'ufage auquel on les emploie.

OBSERVATION MÉDECINALE.

Les coulis font des affaifonnements fort nourriffants & échauffants ; c'eft, fous un petit volume, toute la fubftance nourriffante, renfermée dans une quantité très-confidérable du corps dont ils font tirés. Quelques eftomacs foibles ne digerent pas facilement ces coulis qui font des fucs trop rapprochés. Ce qui le prouve, c'eft qu'on en facilite la digeftion en buvant plus d'eau.

COURGE : efpece de citrouille qui s'apprête de même.

COURT-BOUILLON : maniere particuliere de faire cuire certains poiffons dans une fauce faite avec eau, vinaigre, fel & beurre, ou vin, & un peu d'eau, fel & poivre.

CREME : la partie graffe & huileufe du lait féparée de la partie cafeufe & de fa férofité, eft d'un grand ufage en cuifine. On appelle auffi *crême*, une préparation de différentes fubftances, dont on trouvera les procédés à leurs articles refpectifs.

Crême. Prenez de la crême claire & bien douce ; mettez-la dans une jatte, & faites-la rafraîchir fur la glace ; mettez-y du fucre en poudre & la fervez.

Crême à l'angloife. On prend deux jaunes d'œufs, quatre onces de fucre, deux onces d'écorce de citron & d'orange confite, avec cinq onces de piftaches pelées : on pile bien le tout, après l'avoir détrempé dans une chopine de lait ; enfuite on le fait bouillir fur un fourneau à petit feu, le remuant toujours, & prenant garde que la crême ne s'attache au fond de la poële. Etant cuite, on y ajoûte cinq ou fix gouttes d'eau de fleurs d'oranges, & on la dreſſe ſur une aſſiette que l'on met ſur le feu, juſqu'à ce qu'elle ſoit riſſolée au bord, puis on la ſucre bien ; & avec une pelle rouge on lui donne une couleur d'or pour la ſervir.

Crême à la Portugaiſe. Prenez une chopine de bon lait, & la moitié autant de crême douce, le jaune de trois œufs, avec du ſucre, un morceau ce cannelle, & autant d'écorce de citron coupée menue ; du tout vous formez une crême ; en la faiſant cuire, remuez-la bien avec une ſpatule, juſqu'à ce qu'elle paroiſſe s'y attacher : alors dreſ-ſez-la dans une porcelaine, & ſervez-la froide.

Crême à l'eau. Il faut battre quatre œufs frais, le jaune & le blanc, avec une chopine d'eau de fontaine, les zeſtes d'un citron coupés fort menus, & même le jus, & quatre onces de ſucre ; paſſer le tout dans une ſerviette à deux ou trois fois : le faire cuire dans un plat ſur un fourneau à petit feu ; qu'il ne faſſe que palpiter, le remuant avec une cuiller, juſqu'à ce que la crême ſoit épaiſſe, c'eſt-à-dire, un peu formée, la dreſſer toute chaude & & la ſervir froide.

Crême à l'Italienne. Mettez dans une terrine en-viron une chopine de crême, le blanc & le jaune de deux œufs frais, trois cuillerées de ſucre en poudre, & un peu d'eau de fleurs d'orange, fouet-tez bien le tout enſemble juſqu'à ce que votre crê-me ſoit bien épaiſſe : enſuite dreſſez-la ſur une aſ-ſiette creuſe, garnie, autour du bord, de ſucre en poudre, qui l'empêche de s'étendre ; faites-la cuire ſur de la cendre chaude ; poſez deſſus un couver-cle de tourtiere, avec un peu de braiſe que vous renouvellez pour la faire cuire comme il faut ; quand elle eſt cuite, vous la laiſſez refroidir, & vous la ſervez.

Crême colorée. Elle ſe fait avec des crêmes cui-tes, leſquelles étant faites, & toutes chaudes, vous les colorez différemment de couleur ordi-naire, comme de jus de fruits, ſuivant la ſaiſon : en hyver, on a recours à la couleur qui eſt marquée aux articles *Couleurs*, dans ce Dictionnaire. Vous pouvez lui donner celle que vous souhaitez, & même le goût qu'il vous plaira, par le moyen des marmelades ou autres choses que l'on emploie, convenables aux odeurs.

Crême croquante. Délayez peu-à-peu dans un plat, quatre jaunes d'œufs frais avec une chopine de lait : ajoûtez-y la rapure d'un citron, & du sucre en poudre suffisamment ; le tout bien mêlé. Mettez-le sur un fourneau avec un feu modéré, remuant toujours jusqu'à ce que votre crême soit formée : diminuez un peu l'ardeur du feu, &, avec la cuiller, vous jetterez votre crême sur le bord d'un plat ; ensorte qu'il n'y en reste presque point dans le fond, & qu'elle ait formé un bord tout autour du plat : il faut avoir soin qu'elle ne brûle pas, mais seulement qu'elle reste attachée au plat. Etant cuite, il lui faut faire prendre une bonne couleur avec la pelle rouge, ensuite avec la pointe d'un couteau détacher tout le bord d'autour du plat ; de sorte qu'il soit entier ; vous le remettrez dans le même plat, & le ferez sécher dans le four ; ensorte qu'elle soit croquante à la bouche, pour la servir.

Crême de Blois. Ayez de la crême formée du soir au matin ; mettez-la dans une terrine avec du sucre en poudre, & deux zestes de citron. Fouettez-la jusqu'à ce qu'elle soit bien épaisse : ensuite dressez-la par petits rochers sur une porcelaine, & la servez.

Crême en neige. Mettez dans une terrine une chopine de crême douce avec le blanc d'un œuf frais, quatre cuillerées de sucre en poudre, cinq ou six gouttes d'eau de fleurs d'orange ; fouettez bien le tout avec un balai de bouleau ou de petit osier ; & à mesure qu'elle s'épaissit, levez-la avec une écumoire ; & mettez-la dans un petit panier d'osier, au fond duquel vous aurez mis un morceau de gaze ou de linge fin : laissez-la égoutter environ une heure ; dressez-la sur une porcelaine, & la servez.

Crême en roche. Prenez une chopine de bonne crême, que vous fouettez & rendez fort épaisse ensuite détrempez gros comme une féve de préfure dans deux ou trois cuillerées de lait doux, que vous mettrez enfemble avec cinq ou fix gouttes d'eau de fleurs d'orange, & dreffez-la fur une porcelaine, lui laiffant le temps de fe prendre. Quand elle eft bien prife, vous la poudrez de fucre, & la fervez.

Crême fouettée. Mettez dans une terrine une chopine de crême bien douce, plus ou moins, felon la quantité dont vous aurez befoin ; jettez-y du fucre en poudre à difcrétion, une pincée de gomme adragant pulvérifée, un peu d'eau de fleurs d'orange ; enfuite fouettez-la bien avec une poignée de petits ofiers blancs ; & elle s'elevera auffi haute que vous voudrez : quand elle fera bien élevée, vous la laifferez repofer un peu ; puis vous la leverez avec une écumoire, & la drefferez en pyramide fur une porcelaine : vous la garnirez tout autour de lardons d'écorce de citron verd confit, & vous la fervirez.

Crême. (*Fromage à la*) Prenez une chopine de crême & autant de bon lait, que vous faites chauffer à y fouffrir facilement le doigt ; détrempez gros comme une féve de préfure, avec deux ou trois cuillerées de lait, & le mêlez dedans : paffez - le au travers d'une ferviette ou tamis de crin fin, dans une terrine ; & laiffez-lui le temps de fe prendre, étant couvert d'un plat ; cela fait, mettez-le avec une cuiller dans de petits paniers d'ofier ou moules de fer-blanc, dans lefquelles on laiffe égoutter les fromages que vous dreffez proprement dans une porcelaine ; ayez enfuite de la crême douce, dans laquelle vous faites fondre du fucre en poudre ; puis vous la verfez par-deffus votre fromage & le fervez.

Crême. (*Glace à la*) Prenez une demi-douzaine d'amandes douces que vous faites bouillir avec une pinte de crême, environ deux bouillons ; ôtez-la qu' feu, & ajoutez-y un peu d'eau de fleurs d'orange, & de la conſerve, ſi vous en avez ; vous raperez un citron frais ſur une demi-livre de ſucre, que vous jetterez dans la crême ; laiſſez - les infuſer un quart-d'heure ; enſuite vous paſſez votre crême dans un tamis, & vous ne la mettez dans la ſalbotiere, que quand vous êtes prêt de faire prendre à la glace.

Crême glacée. Après avoir fait de la crême comme celle à la Portugaiſe, dreſſée comme pour la ſervir, il faut la glacer d'une glace faite de ſucre en poudre, un blanc d'œuf, & quelques gouttes d'eau de fleurs d'orange que l'on mê e enſemble. Lorſqu'elle eſt aſſez épaiſſe, on l'étend ſur la crême, & enſuite on la fait ſécher avec le couvercle du four pour la ſervir.

Crême légere. Ayez une chopine de crême, & une chopine de bon lait ; mettez-y deux ou trois cuillerées de ſucre en poudre ; faites bouillir le tout enſemble juſqu'à ce qu'il ſoit diminué d'un tiers ; enſuite fouettez le blanc de deux œufs frais ; étant bien en mouſſe, mêlez-le dans la crême que vous remettez ſur le feu, la remuant juſqu'à ce qu'elle ait pris cinq ou ſix bouillons. Ajoutez-y un filet d'eau de fleurs d'orange ; dreſſez-la ſur une porcelaine, & ſervez-la frôide.

Crême marbrée. On fait cuire de la crême comme les autres, qu'on dreſſe chaude ſur une porcelaine : l'on verſe en même-temps deſſus, en un endroit, un peu de jus de framboiſe ou autre couleur, qu'on remue avec une fourchette dans la crême : ce qui la rend marbrée & jaſpée juſqu'au fond : on la ſert froide.

Crême pour les tourtes. Prenez une pinte de lait dans laquelle vous détrempez huit jaunes d'œufs, trois pincées de farine, un peu de ſel, avec ſix onces de ſucre, & un morceau d'écorce de citron hachée menue ; faites bouillir le tout enſemble ſur un fourneau qui ne ſoit pas trop ardent, & remuez-le continuellement avec la ſpatule, juſqu'à ce que votre crême ſoit épaiſſe. Laiſſez-la refroidir, & faites une pâte fine pour en former une tourte dreſſée ſur une tourtiere que vous frottez de beurre auparavant ; vous pouvez lui donner différents goûts, y mettant des amandes ou des piftaches , ou ce qu'il vous plaira pour la rendre plus liquide ; on y joint fur le lait le quart d'autant de crême douce , ou bien de beurre frais.

Crême veloutée. Il faut prendre une chopine de crême douce , & autant de bon lait, avec quatre onces de fucre que vous ferez bouillir doucement, le tournant, de fois à autre, avec une fpatule, afin qu'il ne fe faffe point de peau par-deffus : & étant confommé à la moitié, ôtez-la de deffus le feu : enfuite délayez gros comme un pois de préfure , dans deux ou trois cuillerées de lait, & cinq ou fix gouttes d'eau de fleurs d'orange ; mêlez bien le tout enfemble; puis paffez-le, fi vous voulez, par un tamis, & dreffez votre crême fur une porcelaine, ou fur une affiette creufe que vous poferez fur des cendres chaudes, couverte d'une affiette, fur laquelle vous mettrez un peu de feu, pour fûrement la tenir chaude ; ce qui la fait velouter; lorfqu'elle fera prife, ôtez-la, & laiffez-la refroidir pour la faire fervir.

Crême vierge. Prenez une chopine de bon lait, & un demi-feptier de crême légere & bien douce , avec trois ou quatre onces de fucre, quatre bifcuits d'amandes ameres ; faites bouillir le tout doucement; & étant diminué d'environ le quart, mettez-y le blanc de deux œufs frais que vous aurez bien fouettés, avec cinq ou fix gouttes d'eau de fleurs d'orange , ou bien un zefte de citron. Mettez votre crême fur un petit feu, la tournant inceffamment avec une fpatule, jufqu'à ce qu'elle commence à s'épaiffir & à s'attacher légérement à la fpatule : paffez-la auffi tôt par un tamis de crin de moyenne groffeur , & dreffez-la fur une porcelaine dans un lieu froid ; étant refroidie, garniffez-la de grains de grenade arrangés autour, ou de demi-tranches de citron , & fervez-la enjolivée de fleurs. (Voyez *Amandes , Cannelle , Chocolat , Citron . Fraifes , Framboifes , Piftaches.*)

OBSERVATION MÉDECINALE.

La crême est une substance fort adoucissante, & très-nourrissante, balsamique, & un aliment sain pour les personnes dont l'estomac est bon & qui font de l'exercice ; mais par sa nature grasse, elle devient pour les personnes délicates, les estomacs foibles, un aliment difficile à digérer, pesant, qui énerve les sucs de l'estomac, & contracte de l'âcreté par son séjour : cependant ce n'est que la grande quantité qu'il faut éviter : il y a peu de gens auxquels, ce qu'on en met dans les assaisonnements, puisse nuire.

CRÉPINE : *espece de farce*. Prenez de la rouelle de veau, un morceau de lard ; faites-les blanchir. Hachez-les avec de la panne de porc, ou moëlle, ou graisse de bœuf, un blanc de ciboules, rocamboles, sel & poivre, & fines herbes. Pilez le tout dans un mortier avec un peu de crême ou du lait, & des jaunes d'œufs avec quelques champignons. Mettez cette farce dans des crépines, comme le boudin blanc ; faites cuire dans une tourtiere à petit feu de belle couleur, & servez pour hors-d'œuvre.

CRESSON : il y en a de deux sortes. Celui des jardins s'appelle *Cresson alénois* ; l'autre est le *Cresson aquatique*. On les emploie l'un & l'autre en salade. On sert assez communément du cresson aquatique avec les poulardes.

OBSERVATION MÉDECINALE.

Toutes les especes de cresson font des plantes saines & échauffantes que bien des gens ne digerent point, ou qu'avec peine. Les personnes délicates, sédentaires, & celles qui ont l'estomac foible, feront bien de s'en abstenir. Si les scorbutiques, auxquels ces plantes font très-salutaires, ne les digerent pas aisément, ils doivent en faire mettre le suc dans les divers mets où il peut entrer.

CRÊTES DE COQ: elles entrent dans les meilleurs ragoûts & les bisques. On en fait aussi des
plats particuliers.

Crêtes de coq farcies. Choisissez les plus grandes &
les plus épaisses : faites-les cuire à moitié; fendez-
les & les farcissez avec un hachis de blanc de poulet ou chapon, moëlle de bœuf, lard pilé, sel,
poivre, muscade, un jaune d'œuf cuit. Faites cuire
dans un plat, avec un peu de bouillon nourri, &
quatre ou cinq champignons en tranches; délayez-
y un jaune d'œuf crud; ajoûtez un peu de jus & de
coulis, & servez.

Crêtes. (*Ragoût de*) Passez-les au lard fondu avec
des champignons, quelques truffes coupées par tranches, bouquet, sel & poivre : mouillez de jus & faites
cuire à petit feu. Votre ragoût fait, dégraissez le
bien; liez-le d'un coulis de veau & jambon; servez
pour entremets. On peut encore les faire cuire assaisonnées de même à la braise pour entrées.

Crêtes dressées au gratin. Faites cuire & farcissez
vos crêtes comme ci-dessus, foncez une casserole
de tranches de veau; arrangez dessus vos crêtes;
couvrez-les de bardes de lard, avec moitié d'un
citron en tranche, un peu de bouillon, sel, poivre,
bouquet; achevez de faire cuire. Mettez ensuite
un bon coulis dans un plat; faites-le bouillir jusqu'à ce qu'il soit en caramel. Dressez dans ce plat
vos crêtes bien essuyées, comme si elles étoient
sur la tête du coq. Faites-les tenir, en faisant bouillir
le coulis à petit feu jusqu'à ce qu'il soit en gratin;
servez avec une bonne sauce claire.

OBSERVATION MÉDECINALE.

Les crêtes sont une substance presque cartila-
gineuse, qui n'est ni nourrissante, ni savoureuse,
& dont les personnes qui ont un estomac & des
sucs digestifs peu actifs, ne doivent pas manger une
certaine quantité. Quant aux différents mets qu'on
en fait, on peut voir ce qui en est dit en général
aux articles. *Farces , Ragoûts , Gratin.*

CROQUANTE : efpece de pâtifferie à laquelle on donne telle figure qu'on veut ; on en fait en couronne formée fur un abaifle de même pâte. Quand la croquante eft cuite, on la garnit, ainfi que la couronne, de confitures que l'on faupoudre de nompareille de diverfes couleurs, & l'on figure ordinairement le plafond en parterre, dont on ajufte le deffus avec diverfes fortes de nompareilles.

CROQUETS : on en fait de différentes groffeurs. Les plus gros, qui font comme des œufs, font des hors-d'œuvre d'entrée : les autres, comme des noix, fervent pour garniture d'entrée, une farce délicate en fait la bafe. Prenez eftomacs de poulardes, poulets, perdrix ; hachez cette viande avec du lard blanchi, tettine de veau cuite, ris de veau blanchis, truffes, champignons, moëlle, mie de pain trempée dans du lait, fines herbes, un peu de fromage à la crême & du lait ce qu'il en faudra ; le tout bien haché, bien affaifonné, bien mêlé avec quatre ou cinq jaunes d'œufs & deux blancs. Formez vos croquets de cette farce pour hors-d'œuvre ; roulez-les dans un œuf battu, & panez-les fur le champ, & faites-les frire au fain-doux. Pour ceux de garniture, faites-les avec votre farce empâtée dans une pâte de beignets, & faites frire. On les peut auffi faire farinés ou pannés.

CULOTTE DE BOEUF : morceau près la queue, autrement derriere du cimier. C'eft la piéce la plus eftimée du bœuf.

Culotte de bœuf à la braife, aux oignons d'Hollande. Défoffez & ficelez-la ; mettez-la dans une bonne braife, à la moitié de fa cuiffon ; mettez-y une trentaine d'oignons d'Hollande, ou, à leur défaut, d'oignons rouges. Quand elle eft cuite, égouttez-la & la garniffez d'oignons tout autour, & fervez avec une fauce de belle couleur par-deffus. On peut fervir toutes fortes de culottes à la braife avec divers ragoûts & fauffes, felon le goût.

Culotte de bœuf à l'Angloife. Dreffez ; enveloppez dans une ferviette ; faites cuire dans une bonne

braife, & fervez bien égouttée, garnie de filets
d'aloyau glacés, & choux farcis avec une bonne
effence par-deffus.

Culotte de bœuf au falpicon. Faites cuire à une
bonne braife, comme deffus. Egouttez & fervez
avec une fauce au falpicon. (Voyez *Salpicon.*)

Culotte de bœuf en écarlate. Choififfez - la bien
mortifiée & bien couverte ; défoffez & lardez de
gros lardons affaifonnés d'épices pilées, coriandre,
poivre long, girofle & gingembre. Prenez un
quarteron de falpêtre bien pilé, & frottez - la bien
à différentes fois pour la rendre rouge, fans toucher au côté couvert. Mettez-la deffus une terrine, avec environ un litron de fel pilé, une poignée de genievre, thym, bafilic, fix feuilles de laurier. Frottez bien votre culotte de ces ingrédiens ;
couvrez-la & la laiffez huit jours en prendre le
goût, après quoi vous remplirez votre terrine d'eau
que vous ferez chauffer ; & vous laverez bien votre
piéce de bœuf. Couvrez-la de barde de lard du côté
qu'elle eft couverte ; enveloppez-la dans une ferviette
& la ficelez. Faites-la cuire à une bonne braife
avec une bouteille de vin rouge. Quand elle fera
cuite, laiffez-la refroidir ; effuyez & fervez à fec
fur une ferviette pour entremets.

Culotte de bœuf garnie de choux & fauciffes.
Faites cuire à une bonne braife comme deffus. Prenez deux choux, fendez-les par quartiers, & les
faites blanchir ; faites-les cuire avec la culotte, une
demi-heure avant de la tirer ; mettez-y une douzaine de fauciffes. Egouttez le tout ; fervez votre
culotte garnie de choux & fauciffes, une bonne
effence fur le tout. On peut auffi garnir de fauciffes
cuites fur le gril.

Culotte de bœuf roulée. Défoffez & fendez-la, l'é-
tendant enfuite le plus qu'il fe pourra ; piquez de
gros lard bien affaifonné & de jambon. Faites une
farce délicate, telle, par exemple, qu'on vient de
dire au mot *Croquets.* Etendez-la fur votre piéce de
bœuf, & l'ayant bien roulée, ficelez-la ; formez

une bonne braise ; mettez-y votre culotte de bœuf ; faites cuire à petit feu dessus & dessous, pendant douze heures ; égouttez-la ensuite, & la servez avec une sauce hachée. (Voyez *Sauce.*) On peut la servir avec un ragoût, ou de champignons, ou de ris de veau, ou de concombres, ou de chicorée.

D A I

DAIM : bête sauvage, animal connu. Les parties de derriere sont les plus estimées.

Daim à la broche. Lardez-le de gros lard assaisonné de sel, poivre & girofle pilé ; mettez-le mariner dans le vinaigre & avec laurier, tranches d'oignons, & de citron & sel. Faites rôtir en l'arrosant. Faites lui une sauce aux anchois, échalottes hachées, citron verd & farine frite mouillée de son dégout, & liez avec un coulis.

Daim à la broche avec une poivrade. Piquez & marinez comme dessus ; ajoûtez quelques gousses d'ail à votre marinade ; enveloppez-le de papier ; faites rôtir, & servez avec une poivrade. Son faon se mange de même, si ce n'est que la marinade doit être moins forte. On sert une cuisse de faon daim avec la croupe moitié panée, moitié piquée, avec des petits pâtés pour garniture, & une poivrade dessous. On peut lui faire une sauce à l'aigre-doux, avec son dégout, sucre, cannelle, poivre blanc, citron verd, peu de sel, échalotte hachée, & un peu de coulis qu'on fait bouillir à petit feu avec vin clairet ou vinaigre, dans laquelle on retourne de temps en temps le quartier de faon, pour lui faire prendre goût.

OBSERVATION MÉDECINALE.

La chair d'un daim jeune & gras, cuite à propos, est un aliment d'assez bon goût, nourrissant, &

que les bons eſtomacs digerent bien; mais les perſonnes délicates, ſédentaires, & qui on l'eſtomac
foible, doivent s'en abſtenir de quelque maniere
qu'il leur ſoit préſenté.

DARIOLES: petite piéce de pâtiſſerie. Mettez dans une terrine le quart d'un litron de fleur
de farine; caſſez y des œuſs frais; délayez avec
une cuiller, & verſez-y, pour mieux détremper,
du lait petit-à petit; du ſel & beurre frais, ce
que vous jugez convenable. Le tout bien détrempé, ajoûtez encore une chopine de lait, ou pareille quantité de lait d'amandes; mais alors il faut
un peu plus de farine. Quand cela eſt en conſiſtance de crême, on en remplit de petits abaiſſes
faits de pâte à tartes, mais bien eſſuyées & fer-
mées; on met les darioles au four. Quand elles
ſont cuites, on met ſur chacune un petit morceau
de beurre; on les poudre de ſucre, & on y met
un peu d'eau de fleurs d'orange. Cette pâtiſſerie
paroît d'autant plus ſaine, que tous les ingrédiens
qui la compoſent ſont très-ſains de leur nature.

DAUBE: ragoût qui ſe mange froid, & d'un
grand uſage. On en fait de gigots de veau & de
mouton, de poulets d'Inde, canards, oiſons, chapons gras, perdrix & autres viandes. On en verra
les procédés à leurs articles. Pour une tranche de
bœuf un peu épaiſſe, il faut la laiſſer mortifier, la
battre pour l'attendrir encore, l'inciſer profondément, la larder de gros lard en tout ſens. On l'enveloppe enſuite d'un linge; on la met dans un pot,
ſelon ſa groſſeur, avec un peu d'eau, ſel, fines herbes, marjolaines, laurier, cloux, marrons, du
lard ou moëlle de bœuf; & faire conſommer ſon
bouillon. On remplit le pot de vin un peu chaud,
& ſi l'on veut que la ſauce ſoit douce, on y met
du ſucre & un peu de cannelle. Pour le bœuf, il
vaut mieux mettre du verjus ou du vinaigre, parce
que le vin le durcit. Quand on mange cette daube
avec la ſauce, on l'appelle *Compôte*.

DEGOUT: on appelle *Dégout* en cuiſine, le

jus que la chaleur du feu fait sortir des viandes qui cuisent à la broche, & qui tombe dans la léchefrite.

DÉSOSSER : ôter les os des viandes, volailles ou gibier, ou les arrêtes de la chair des poissons, pour en faire des hachis. Il faut être versé à cette opération pour la bien faire.

DESSERT : c'est le troisieme service d'une table, composé, pour l'ordinaire, de fruits cuits & cruds, confitures, pâtisserie sucrée, fromages glacés, &c.

DINDE : (*Poule*) oiseau qui nous vient de l'Inde, d'autres disent de Numidie, & confondent cet oiseau avec la poule pintade. Pour la maniere de les engraisser, voyez le *Dictionnaire domestique*, chez *Vincent*.

Dinde grasse à la cardinale. Prenez une dinde comme dessus ; coupez son foie avec truffes & champignons le tout en dez ; maniez avec sel, gros poivre & lard rapé ; farcissez-en la dinde ; détachez ensuite la peau de l'estomac ; mettez-y du beurre d'écrevisses ; cousez ; enveloppez de bardes & de papier, & mettez votre dinde à la broche. Servez dessus un coulis d'écrevisses.

Dinde grasse aux truffes. Farcissez une jeune dinde de son foie haché avec persil, ciboules & champignons, lard rapé ; liez cette farce de deux jaunes d'œufs, sel & poivre. Faites cuire à la broche, & servez avec un ragoût de truffes. (Voyez *Truffes.*)

Dinde grasse farcie de foies gras & truffes. Choisissez une dinde jeune, petite & grasse. Plumez, vuidez & flambez-la. Prenez trois foies gras blanchis ; coupez en dez des truffes à demi-cuites dans du bouillon, coupez de même. Mettez les truffes avec les foies & du coulis, & achevez de les faire cuire jusqu'à ce que la sauce se tarisse. Laissez refroidir ; farcissez votre dinde & la cousez. Mettez à la broche, enveloppée de lard & de papier ; servez avec une bonne essence.

DINDONS (*Ailerons de*) *à la d'Estrées.* Prenez des peaux de poulets ou poularde, quand on les

dépece pour faire des farces, des fricaffées ou des
filets. Mettez-les dans des moules d'ailerons ; rempliffez ces moules d'une fauce de volaille fine, ou
de filets de volailles à la Béchamel : enveloppez
cette farce ou ces filets des peaux ; collez-les avec
de l'œuf battu ; faites cuire au four un quart-d'heure
de belle couleur. Détachez des moules fans les
rompre, & fervez avec une fauce au vin de Champagne.

Dindons (*Ailerons de*) *à la Sainte-Menehould.*
Blanchiffez & parez ; faites cuire dans une bonne
braife. Retirez & trempez dans des œufs battus ;
panez-les ; trempez-les dans de la graiffe ; repanez encore ; faites griller, & de belle couleur pour
les fervir avec une effence ou une bonne remoulade.

Dindons (*Ailerons de*) *à l'Efpagnole.* Faites cuire
comme à l'article précédent, & fervez avec une
fauce à l'Efpagnole.

Dindons (*Ailerons de*) *à l'effence.* Piquez une
douzaine d'ailerons ; faites blanchir & cuire au
bouillon avec une tranche de jambon, bouquet,
champignons entiers, glacez comme un fricandeau,
& finiffez de même.

Dindons (*Ailerons de*) *au blanc.* Prenez-en
une douzaine ; faites-les blanchir ; parez les bouts.
Paffez avec beurre, tranche de jambon, champignons en dez, bouquet ; fingez-les & affaifonnez
de bon goût ; faites cuire à petit feu ; dégraiffez,
& liez de crême & jaunes d'œufs ; fervez avec un
jus de citron.

Dindons (*Ailerons de*) *au four, aux petits oignons.*
Fonçez une cafferole de tranches de veau blanchies, & y mettez des ailerons blanchis ; couvrez
de bardes de lard, avec un bouquet : mouillez de
bouillon, fel & gros poivre ; à moitié de cuiffon,
mettez de petits oignons blanchis à l'eau bouillante. Le tout cuit, retirez ailerons & oignons ;
paffez la fauce au tamis ; faites-la lier fur le feu
avec un blond de veau & des jaunes d'œufs

Mettez en partie dans un plat, avec de la mie de pain & du parmesan rapé, ensuite vos ailerons & oignons. Arrosez du reste de la sauce; panez de mie de pain & parmesan; faites prendre couleur au four. Egouttez la graisse & servez à courte sauce.

Dindons (Ailerons de) au Parmesan. Foncez une casserole de veau & jambon; mettez-y huit à dix ailerons, bouquet, lard fondu; couvrez de bardes de lard; faites cuire sur la cendre chaude. Dégraissez la sauce; mettez-y du coulis; passez au tamis. Mettez de cette sauce au fond d'un plat, par-dessus du parmesan rapé, & sur le tout vos ailerons, le restant de sauce ensuite, & couvrez de parmesan rapé. Faites attacher sur un fourneau, & glacez avec la pelle rouge.

Dindons (Ailerons de) aux écrevisses. Foncez une casserole de veau & jambon; mettez dessus huit ailerons & huit belles écrevisses, sel, poivre, lard fondu, bouquet, pointe d'ail; couvrez de bardes de lard; faites cuire sur la cendre chaude. Dressez les ailerons & les écrevisses sur un plat; mettez du coulis dans votre braise; dégraissez-la sur le feu. Passez-la sauce au tamis, & servez sur les ailerons avec un jus de citron.

Dindons (Ailerons de) aux huitres. Faites cuire, comme à l'article précédent, & servez avec un ragoût d'huitres.

Dindons (Ailerons de) aux navets. Faites blanchir & cuire dans une bonne braise une douzaine d'ailerons; servez avec un ragoût de navets tournés en façon d'amandes, blanchis & cuits, moitié jus, moitié bouillon, mis après dans une bonne essence, & servez sur les ailerons.

Dindons (Ailerons de) aux petits pois. Prenez huit ailerons; faites cuire avec une tranche de jambon, bouquet, bon bouillon. A moitié de la cuisson, ajoutez un litron de petits pois, gros comme un œuf de beurre frais, un peu de coulis & de jus. Dégraissez le ragoût; assaisonnez,

sonnez, & ajoûtez comme une noix de sucre.

Dindons (*Ailerons de*) *en fricassée de poulets.* Passez vos ailerons avec beurre frais, persil, ciboule, gousse d'ail, cloux, champignons. Mettez une pincée de farine; mouillez de bouillon & vin blanc, sel, gros poivre; faites cuire à petit feu; faites réduire la sauce; liez avec des jaunes d'œufs, crême & filet de vinaigre blanc, en servant.

Dindons (*Ailerons de*) *frits.* Faites cuire dix ailerons dans une braise de haut goût; laissez refroidir; trempez-les dans des œufs battus; panez & faites frire de belle couleur avec persil frit.

DINDON: jeune dinde qu'on doit prendre gras, & bien en chair. Le vieux dinde est d'ordinaire dur, coriace & difficile à digérer.

Dindon à la crême. Faites cuire à propos un dindon à la broche; laissez-le refroidir. Prenez un morceau de noix de veau, ôtez-en les peaux; coupez-le par morceaux avec du lard blanchi, graisse de bœuf, tettine de veau, champignons, persil, ciboules, fines herbes & épices, sel & poivre; mettez le tout sur le feu. Quand il est cuit, hachez-le ainsi que l'estomac du dindon, pain bouilli dans du lait, six jaunes d'œufs & trois blancs fouettés en neige. Pilez bien le tout; mettez de cette farce sur un plat, le dindon par-dessus, rempli de la même farce, avec un petit ragoût de ris de veau, crêtes & champignons. Couvrez le ragoût de la farce; arrondissez le dindon; panez-le de mie fine; faites cuire au four. Quand il sera cuit & de belle couleur, tirez & dégraissez le; nétoyez les bords du plat, & servez, à côté de votre dindon, un peu d'essence.

Dindon à la Périgord. Hachez deux livres de truffes avec lard rapé, sel & gros poivre; farcissez-en un dindon gras; cousez, laissez mortifier & prendre le goût de la farce, pendant trois ou quatre jours, & mettez à la broche enveloppé de bardes de lard & de papier. Servez dessous une sauce hachée aux truffes.

K

Dindon à la princesse. Coupez le en deux ; mettez-le à la braise comme le chapon. Retirez-le quand il sera cuit, & le panez ; faites frire dans le saindoux, belle couleur. Dressez & servez avec une remoulade faite avec des anchois, du persil, des capres hachées, un peu de ciboules, jus de bœuf & bon assaisonnement. Au lieu de le frire, on peut le mettre sur le gril, & lui faire prendre couleur avec la pelle rouge. On peut servir de même des poulets & toute autre volaille ; & si on ne veut pas les mettre à la braise, on les fait cuire au pot, en maniere de court-bouillon bien assaisonné ; on les pane, & on leur fait prendre couleur comme dessus.

Dindon à la Provençale. Ayez un dindon gras ; faites cuire à la broche avec une barde de lard sur l'estomac. Pendant qu'il cuit, faites un ragoût avec foies gras, ris de veau, persil, ciboules hachés, sel & poivre que vous passez au lard fondu avec de la farine. Mouillez d'un verre de bon vin ; ajoûtez capres & anchois hachés, olives desossées, bouquet & coulis de bœuf pour lier ; servez sur le dindon. On sert de même, chapons, poulets, perdrix & beccasses.

Dindon (Pattes de) à la Sainte-Menehould. Prenez environ vingt pattes ; faites-les cuire dans une braise blanche ou une Sainte-Menehould. Quand elles sont cuites & refroidies, entourez-les d'une farce fine que vous unirez avec de l'œuf battu ; panez & faites frire ; servez garnies de persil frit. On peut aussi les tremper dans une pâte à frire, ou, quand elles sont faites & refroidies, avoir une Sainte-Menehould bien liée, les y tremper, les paner, faire griller & servir à sec.

Dindon à l'essence aux oignons. Coupez de l'oignon par tranches ; passez-le avec du lard ; égouttez un peu de la graisse & de leur jus ; liez d'un bon coulis : quand ils seront cuits, passez à l'étamine, & remettez sur le feu : dressez votre dindon rôti ; mettez la sauce par-dessus.

Dindon à l'étouffade. Prenez-le petit & gras; trouffez-le, & l'applatiffez un peu. Foncez une cafferole de veau & jambon; & après avoir paffé le dindon dans du lard fondu, mettez-le dans la cafferole l'eftomac deffous, & par-deffus du perfil, ciboules, champignons hachés & lard fondu; couvrez de bardes. Quand il fera cuit, dégraiffez-le, & dégraiffez la braife où il a cuit; paffez le jus au tamis; fervez le dindon deffus avec un jus de citron.

Dindon aux anchois. Farciffez-le d'une farce fine, de trois anchois, foie de dindon, perfil, ciboules, champignons hachés; pilez le tout; liez de trois jaunes d'œufs, poivre & fel; faites cuire ainfi farci à la broche, enveloppé de bardes de lard & de papier. Coupez des zeftes de citron; mettez-les dans une bonne effence avec jus d'un citron & fervez le dindon.

Dindon aux concombres. Faites une farce de fon foie, perfil, ciboules, champignons hachés; liez de deux jaunes d'œufs. Farciffez votre dindon que vous ferez refaire dans la graiffe; faites rôtir, & fervez avec un ragoût de concombres. (Voyez *Concombre.*)

Dindon aux écreviffes. Paffez le doigt entre la peau & la chair de l'eftomac; ôtez cette chair; faites-en une farce avec les blancs, un peu de lard & de graiffe de bœuf, de jambon, ciboules, champignons & truffes, fel, poivre, mufcade, gros comme un bon œuf de mie de pain trempée dans du lait ou crême, deux jaunes d'œufs. Hachez & pilez enfuite dans un mortier; farciffez votre dindon, & lui mettez dans le corps un bon ragoût d'écreviffes; bouchez les ouvertures avec votre farce; coufez, bardez de tranches de veau & jambon, & bardez de lard; enveloppez & ficelez. Etant cuit, ôtez les bardes, & fervez deffus un ragoût d'écreviffes.

Dindon aux huitres. Faites-le cuire comme pour le mettre au ragoût d'écreviffes; & au lieu de ce

ragoût, vous en mettrez un d'huitres. (Voyez ci-
deſſus *Dindon aux écreviſſes*; & pour le ragoût, au
mot *Huitres*.)

Dindon en daube. Prenez un vieux dinde gras ;
lardez-le de gros lard aſſaiſonné de perſil, ciboules, pointe d'ail, épices mêlées, ſel & poivre. Mettez-le dans une marmite avec du bouillon, un
poiſſon d'eau-de-vie ; couvrez de bardes de lard ;
ajoûtez deux oignons, deux racines, un bouquet
garni. Faites cuire à petit feu cinq ou ſix heures ;
tirez & laiſſez refroidir & figer la ſauce. Rempliſſez-en le dinde, couvrez-le de ſain-doux par-deſſus,
& ſervez froid pour entremets.

Dindon en filets. (Voyez *Poulets*.) On le ſert en
ragoût aux concombres, paſſé au roux avec un
coulis roux.

Dindon en ſalmi. Faites cuire à demi à la broche ;
coupez-le en piéces ; faites cuire avec du vin, truffes,
champignons hachés, quelques anchois, ſel & poivre.
Liez la ſauce avec un coulis de veau ; dégraiſſez, ſervez avec un jus d'orange, ou avec la ſauce au jambon.

Dindon farci. Faites une farce avec du lard,
ciboules & fines herbes ; détachez la peau de deſſus l'eſtomac ; mettez cette farce entre cuir &
chair, & ficelez. Faites cuire à la broche, & ſervez
avec un ragoût de ris de veau bien cuit, bien
mitonné, lié d'un coulis de veau.

Dindon farci aux fines herbes. (Voyez l'article
Dindon farci.) On le ſert avec divers ragoûts &
diverſes garnitures. Les poulets, pigeons & autres
volailles peuvent ſe ſervir de même, ou farcis comme deſſus, les faire cuire dans une bonne braiſe, &
étant égouttés, on les ſert avec un ragoût de ris de
veau & truffes, dégraiſſé & lié d'un bon coulis.

Dindon mariné. Faites mariner pendant trois
heures au verjus, jus de citron, ſel & poivre,
cloux, ciboules & laurier. Faites une pâte claire
avec farine, vin blanc, jaunes d'œufs ; trempez-y
votre dindon, & le faites frire dans du lard fondu
ou du ſain-doux, & ſervez garni de perſil frit.

Dindon-paillet à la ciboulette. Prenez-le non engraissé ; farcissez-le de son foie, persil, ciboules & champignons hachés, deux jaunes d'œufs, & faites cuire à la broche. Mettez dans une bonne essence de la ciboulette frisée ; servez sur votre dindonneau. Pour friser la ciboulette, coupez-la d'un travers de doigt, & l'échiquetez avec une épingle en la jettant à mesure dans l'eau fraîche.

Dindon pané à l'estragon. Prenez-le non engraissé & mortifié ; faites cuire à la broche ; délayez deux jaunes d'œufs avec du beurre fondu ; frottez-en l'estomac du dindon : panez-le ; & quand il sera de belle couleur, servez avec une sauce à l'estragon, qui se fait avec de l'estragon blanchi & haché très-fin qu'on met dans une bonne essence, avec un pain & demi de beurre de Vanvre, ou pareille quantité de bon beurre. Faites lier la sauce sur le feu, & servez avec un jus de citron.

Dindon. (*Pâté de*) Farcissez un dindon, comme il a été dit ci-dessus, réservant un peu de la farce pour mettre sur un abaisse de bonne pâte ; assaisonnez le dindon ; ajoûtez une feuille de laurier, couvrez-le de tranches de veau & bardes de lard, & d'un autre abaisse, & mettez au four. Etant cuit, ôtez les tranches de veau & bardes de lard dégraissez ; mettez un ragoût de ris de veau, champignons & crêtes. (*Voyez Ris de veau.*) Servez chaud. On peut aussi servir ce pâté sans ragoût, avec un coulis clair de veau & jambon.

Dindon (*Pâté de*) *froid.* Faites-le refaire ; piquez de gros lard & de jambon ; assaisonnez de sel, poivre, épices mêlées, fines herbes, persil & ciboules hachés ; pilez le foie avec une truffe verte hachée, lard râpé, sel & poivre ; farcissez votre dindon. Faites un abaisse de pâte commune, un lit de lard pilé, sel & poivre, fines herbes, épices, laurier, truffes vertes pelées ; assaisonnez dessus comme dessous. lard pilé, morceau de beurre frais ; garnissez de bardes de lard ; couvrez d'un second abaisse ; dorez & faites cuire au four l'espace de quatre heures ; faites un trou au milieu, de peur qu'il ne creve. Quand il est cuit, bouchez le trou & laissez-le refroidir. Servez dans un plat sur une serviette blanche.

Dindon piqué de jambon à l'échalotte. Prenez-le comme le précédent ; faites-le refaire, & piquez de jambon, comme vous feriez de lard : couvrez de bardes de lard & de papier ; ficelez ; faites rôtir ; servez avec une essence fine où vous aurez hâché de l'échalotte.

Dindon, Dindonneaux, Dindes rôtis. Laissez-les mortifier : vuidez & troussez proprement ; faites blanchir sur la braise ; piquez de menu lard ; ficelez ; enveloppez de papier ; faites rôtir. Quand ils feront à-peu-près cuits, ôtez le papier ; faites prendre de belle couleur & servez.

OBSERVATION MÉDECINALE.

La chair des dindes & dindons, jeunes, gras & tendres, est un aliment assez aisé à digérer, nourrissant, sain & dont bien des gens aiment le goût, mais les personnes délicates, & celles dont l'estomac n'est pas très bon, feront prudemment de s'en abstenir, pour peu qu'elle soit séche ou ferme.

DORER : se dit, en cuisine, de la couleur qu'on donne à la pâtisserie, en la frottant avec une plume ou un pinceau, d'œufs battus, comme pour faire une omelette. La dorure sera plus forte ou plus pâle, selon la quantité de jaunes que vous mettrez avec les blancs. En Carême, lorsqu'on ne mange pas d'œufs, on dore avec la teinture de safran, ou de souci, ou d'œufs de brochets.

DRAGÉES. Il faut faire deux cuissons de sucre différentes ; l'une à lissé, qui est la premiere que l'on donne au sucre ; l'autre à perlé, qui est la seconde ; c'est ce qui fait que l'on dit, *dragée lissée & dragée perlée.*

Pour en venir à la pratique, il faut avoir une grande bassine de cuivre rouge, plate par le fond,

avec une anse par le milieu, pour la pouvoir manier, & deux autres aux deux côtés, foutenues en
l'air avec deux cordes à la hauteur de la ceinture.
Sous cette baſſine, il faut mettre une poële de
feu à quatre doigts du fond de la baſſine : on y fait
la groſſe dragée & la perlée. A l'égard de la dragée fine liſſée, on met la baſſine ſur un tonneau
proportionné à la grandeur de la baſſine, avec un
feu modéré deſſous, & qui n'en ſoit éloigné que
d'un pied. Vous ferez enſorte de bien boucher les
ouvertures, pour que la chaleur ne s'évapore point ;
& qu'elle ſe conſerve plus long-temps. (*Voyez*
Abricots, *Amandes*, *Anis*, *Aveline*, *Céleri*, *Choco-*
lat, *Citron*, *Coriandre*, *Epine-vinette*, *Girofle*,
Jaſmin, *Orangeat*, *Piſtache*, *Violette.*

E A U

EAU : la plus légere, la plus limpide, & celle
qui n'a aucune ſaveur eſt la meilleure.

Eau cordiale. On emploie du jaſmin d'Eſpagne,
que vous choiſirez le plus beau & le plus frais
qu'il ſera poſſible de trouver. Vous le diſtillerez
avec des zeſtes de citron ou de cédrat & quelques
grains de coriandre, ſur un feu ordinaire. Vous ferez
enſuite le ſyrop avec du ſucre fondu dans de l'eau fraîche, comme vous le faites pour les autres liqueurs.
Vous y mettrez vos eſprits quand ils auront été
tirés ; & vous paſſerez le tout à la chauſſe ; &
quand votre liqueur ſera claire, elle ſera faite.

OBSERVATION MÉDECINALE.

La fleur de jaſmin donne un parfum & des principes agréables à l'odorat & aux nerfs en général ;
ce qui la fait paſſer avec raiſon pour céphalique,
cordiale ou ſtomachique, calmante ou antiſpaſmo-
dique & ſalutaire aux vaporeux, hyſtériques & hy-
pocondriaques,

Eau d'argent. La plûpart des distillateurs emploient la même recette pour l'eau d'or & pour l'eau d'argent; mais pour donner un goût différent à l'eau d'argent, & qui ne soit point du tout celui de l'eau d'or, je prends du citron; & au lieu de coriandre & de cannelle, j'emploie le girofle & la graine d'angélique, pilés ensemble; & la liqueur, comme il est facile de juger, se trouve totalement différente. Vous ferez distiller cette recette au même feu que pour l'eau d'or; & quand vos esprits seront tirés, vous ferez fondre ce qu'il se pourra trouver de plus beau sucre dans de l'eau fraîche & bien nette; & lorsqu'il sera fondu, vous mêlerez vos esprits dans ce syrop, & vous passerez ce mélange à la chausse. Quand la liqueur sera bien claire, vous y mettrez des feuilles d'argent. Vous les agiterez dans une petite bouteille, où vous aurez mis un peu de liqueur; après quoi, vous les diviserez en chaque bouteille, par portions égales, que vous remplirez de liqueur. La recette va déterminer les quantités de chacune des matieres qui composent cette liqueur. Pour six pintes d'eau d'argent, vous prendrez les zestes de trois citrons ordinaires, un gros d'angélique pilé avec huit cloux de girofle, que vous mettrez dans l'alambic, avec trois pintes & demi-septier d'eau-de-vie & une chopine d'eau.

Eau divine. La base de l'eau divine est l'eau de fleurs d'orange, avec un alliage d'autres drogues, pour diviser le goût. Les uns se servent de l'eau de fleurs d'orange simple; d'autres d'eau de fleurs d'orange double; & d'autres mettent du neroly dans l'esprit de vin; d'autres font blanchir des fleurs d'orange dans de l'eau; & quand elles sont blanchies, ils les mettent dans de l'eau-de-vie, ou de l'esprit de vin: il n'y a point de quantité déterminée pour cela; ensuite ils laissent infuser ces fleurs six semaines, ou deux mois: après ce temps, ils font leur syrop avec du sucre fondu dans de l'eau fraîche, comme il se pratique ordinairement; & quand le sucre est fondu, ils versent leur infusion dans ce syrop, après l'avoir séparé des fleurs ; en le passant par le tamis : ensuite ils passent le tout à la chausse.

Eau d'or. Pour faire de l'eau d'or, je prends le citron dans sa maturité, avec toutes les qualités requises, de la cannelle choisie, &, pour nuancer le goût de cette liqueur, un peu de coriandre, selon la quantité que l'on veut en faire. Vous couperez les zestes du citron, de façon que vous ne leviez que la partie quintessencieuse, sans couper du blanc & sans laisser du jaune, s'il est possible. Vous pilerez la cannelle & la coriandre ; & quand elles seront pilées, vous les mettrez dans votre alambic, avec les zestes, de l'eau & de l'eau-de-vie ; & votre alambic étant ainsi garni, vous poserez sur un feu tempéré ; & vous tirerez vos esprits avec un peu de phlegme, à cause de la cannelle, dont les esprits ne viennent qu'à la fin du tirage, & même qu'avec les phlegmes. Vous ferez ensuite fondre du sucre dans de l'eau fraîche ; & lorsqu'il sera fondu, vous y mettrez vos esprits aussi-tôt qu'ils seront tirés. Il faut faire votre syrop pendant le tirage : ensuite vous mêlerez bien les esprits avec le syrop ; & après, vous y verserez doucement du caramel. Vous mettrez donc dans ce mélange votre caramel, jusqu'à ce que l'œil vous ait assuré que vous aurez attrapé le vrai point : vous la passerez ensuite à la chausse : & quand votre liqueur sera claire, elle sera faite. Si vous avez fait passer quelques pintes de cette liqueur dans une chausse, où vous auriez mis auparavant de l'escubac, il faut mêler celle qui y aura passé, avec celle qui n'y aura pas passé, & votre couleur d'or sera parfaite.

Eau simple. On entend par *eau simple*, ce qu'on distille des fleurs & autres, sans eau, eau-de-vie ou esprit de vin : ces eaux font ordinairement une distillation phlegmatique, & cependant odorante, toujours chargée de l'odeur du corps dont elle est extraite, & même d'une odeur plus parfaite que celle du corps même.

K y

ÉCAILLER : ôter les écailles d'un poisson qu'on veut apprêter.

ÉCHALOTTE : plante bulbeuse, d'un grand usage dans la cuisine.

OBSERVATION MÉDECINALE.

Cette plante fournit un assaisonnement fort sain, propre à faciliter la digestion, en augmentant les forces de l'estomac & l'action des sucs digestifs. Si l'on en fait un usage fréquent, elle devient capable d'empêcher ou de corriger la putridité des humeurs internes.

ÉCHAUDÉ : menue pâtisserie dont on fait peu de cas dans les cuisines, & qu'on trouve trop communément, pour donner ici la façon de la faire.

ÉCHINÉE. (Voyez *Cochon.*

ÉCLANCHE, communément *gigot* ; partie charnue du derriere du mouton. Les meilleures sont celles qui ont le manche court.

Eclanche à la broche. Ce qu'on en peut dire ; c'est qu'il ne faut pas la faire trop cuire.

Eclanche de cent feuilles. Levez-en la peau sans la détacher du manche ; coupez en les chairs en feuillets minces, tenantes à l'os ; hachez ail, persil, ciboules, échalottes, champignons, thym, laurier, basilic en poudre ; mêlez le tout, & en mettez entre les feuilles du gigot & la peau ; cousez cette peau ; mettez à la broche enveloppée de papier. Servez avec une sauce claire, échalottes, jus de citron, sel & gros poivre

Eclanche à la chicorée. C'est de la faire rôtir, & de mettre dessous un ragoût de chicorée.

Eclanche aux concombres. Servez sur un ragoût de concombres, ou entieres ou par tranches.

Eclanche farcie. Faites-la cuire à la broche ; dépouillez la viande de sorte qu'il ne reste que les os attachés ensemble ; dégraissez ; hachez la chair bien menu avec lard blanchi, moëlle de bœuf, fines herbes, persil, ciboules, sel & poivre, un peu de tettine de veau, mie de pain trempée dans la crême & jaunes d'œufs. Pilez après le tout dans un mortier ; mettez l'os dans un plat ; arrangez par-deffus votre hachis en forme d'éclanche ; faites un creux au milieu ; mettez-y un ragoût de ris de veau, champignons & autres garnitures ; recouvrez du hachis ; panez & mettez au four. Quand elle a belle couleur, dégraiffez & fervez avec un jus de citron.

Eclanche de mouton farcie dans fa peau. Commencez par ôter la peau du côté du manche ; hachez la chair avec champignons, truffes, foies gras, ris de veau affaifonnés de bon goût. Rempliffez la peau de cette farce ; mettez cuire au four. Servez avec telle garniture que vous voudrez.

Eclanche (Hachis d'une) cuite. Otez-en la peau ; prenez la chair, & la hachez avec ciboules, perfil & un peu de jambon cuit, champignons & truffes vertes ; paffez fur le feu avec fel, poivre, tranches de citron ; mouillez de jus & effence de jambon par égales parties ; liez d'un coulis de veau & jambon ; faites faire quelques bouillons ; fervez chaud pour entrée. On fe fert de ce hachis pour faire des riffoles & des petits pâtés.

Eclanche. (Pâté d') Otez la graiffe & la peau ; défoffez la chair & la battez bien ; piquez de gros lard bien affaifonné ; faites un abaiffe de pâte ordinaire ; dreffez-y votre éclanche avec lard pilé, bardes, feuilles de lauriers & affaifonnemens néceffaires ; couvrez d'un autre abaiffe ; mettez au four pendant trois heures : après la cuiffon, mettez par le foupirail une gouffe d'ail ou une échalotte écrafée : fervez froid.

Eclanche piquée à la dauphine. Prenez-la mortifiée ; ôtez-en la graiffe & la peau : nétoyez bien le manche ; piquez de petit lard : enveloppez de papier ; faites cuire à la broche. Quand elle fera cuite & bien colorée, fervez avec un petit coulis piquant, ou effence de jambon, ou ragoûts de légumes, concombres & chicorée.

K vj

Eclanche piquée de truffes, à la broche. Parez-la comme pour la mettre à la broche : coupez une livre de truffes en lardons & demi-livre de lard ; assaisonnez l'un & l'autre de sel & fines épices ; lardez & gardez deux jours couverte de papier, pour que l'éclanche prenne le goût des truffes ; faites cuire à la broche enveloppée de lard & de papier. Panez de mie de pain ; faites prendre couleur, & servez dans son jus, ou avec un ragoût de truffes.

Eclanche roulée à la broche. Parez & détachez la chair d'une éclanche mortifiée, de ses os, laissant celui du manche ; étendez cette chair ; faites une bonne farce de blancs de volailles bien assaisonnés : étendez cette farce sur la viande ; roulez-la, & la ficelez en lui conservant la forme d'éclanche ; piquez de menu lard ; enveloppez de papier ; faites cuire, & servez avec un coulis, comme à l'article précédent, ou les mêmes ragoûts.

Eclanche à la royale. Otez la graisse ; dépouillez l'os de sa chair ; battez-la bien ; piquez de gros lard bien assaisonné, & de jambon ; farinez l'éclanche & la passez au sain-doux ; empotez-la ensuite avec fines herbes, oignons piqués des cloux, bon bouillon ; laissez mitonner long-temps. Faites un ragoût de champignons, truffes, culs d'artichauts, pointes d'asperges, ris de veau, le tout bien passé & assaisonné d'un coulis roux. Dressez votre éclanche, le ragoût par-dessus ; & pour qu'elle en prenne le goût, faites-la bouillir un peu avec le ragoût, & servez garnie de fricandeau ou marinade. On peut la servir avec toutes sortes de ragoûts de légumes, petits oignons, ragoûts de céleri, chicorée, cardons d'Espagne, ou avec une sauce hachée.

Eclanche à la sauce robert. La sauce par-dessus.

Eclanche à la sultane. Prenez-la mortifiée ; levez-en la peau légérement ; faites un trou dans le milieu de la chair, sans la percer de part en part ; mettez dans ce trou une bonne farce ; recousez le gigot ; piquez le dessus de petit lard ; enveloppez de papier, & faites cuire à la broche. Cuit & bien coloré, servez votre gigot avec une sauce à la sultane.

ECREVISSE : poisson crustacé, il y en a de mer & de riviere. Celles de mer sont de plusieurs especes. Il faut prendre les écrevisses charnues, grosses & bien nourries; les meilleures viennent des petites rivieres dont l'eau est vive & claire, & dont les bords sont pleins de trous, ou couverts d'arbustes & de buissons, dans les racines desquels elles se cachent.

Ecrevisses à l'Angloise. Faites cuire à l'eau : épluchez-en la queue ; ôtez les petites pattes, passez-les avec beurre frais, champignons & truffes. Mouillez d'un peu de bouillon de poisson & d'un peu de coulis d'écrevisses : laissez mitonner à petit feu ; achevez de lier avec deux jaunes d'œufs ; délayez avec crême douce & persil haché.

Ecrevisses à la Béchamel. Faites-les blanchir un quart-d'heure à l'eau bouillante, & les mettez dans l'eau fraîche. Otez-en la grosse écaille ; épluchez la queue, & ne touchez point aux grosses pattes. Mettez-les dans une chopine de crême bouillante, & les laissez jusqu'à ce que cette crême soit réduite en petite sauce liée. Remuez toujours de crainte qu'elle ne tourne. La sauce suffisamment réduite, servez.

Ecrevisses (Bisque d') en maigre. Faites-les cuire à l'eau ; gardez les plus belles dont vous ôterez toutes les pattes, & éplucherez les queues. Aux plus petites, vous ôterez les queues sans détacher les coquilles. Passez les queues d'écrevisses avec des petits champignons, truffes en tranches avec un peu de beurre, & mouillez d'un bon bouillon de poisson ; mettez-y un bouquet de fines herbes ; laissez mitonner à petit feu ; ajoutez, selon la saison, pointes d'asperges & culs d'artichauts ; liez d'un bon coulis d'écrevisses ; mitonnez des croûtes d'un bon bouillon de poisson ; & quand elles sont attachées au fond du plat, garnillez le potage d'un cordon de belles écrevisses; épluchez; mettez un petit pain farci dans le milieu, des culs d'artichauts autour, quelques laitances de carpes, & jettez votre ragoût par-dessus, & le coulis d'écrevisses. Servez chaudement.

Ecrevisses à la Gascogne. Coupez-les par la moitié; faites cuire avec persil, ciboules, champignons, deux gousses d'ail, hachés menu, oignon piqué de cloux, feuille de laurier, deux verres de vin de Champagne, demi-verre d'huile, sel, poivre & tranches de citron. Laissez réduire la sauce, & en retirez l'oignon, laurier & citron.

Ecrevisses (Coulis d') en maigre. Lavez-les en plusieurs eaux, & les faites cuire à l'eau. Epluchez, mettant les écailles à part; prenez douze amandes douces; pilez-les dans un mortier avec les écailles; prenez un oignon avec quelques carottes & panais par tranches; passez avec un peu de beurre: étant demi-roux, mouillez de bouillon de poisson; assaisonnez de sel avec deux ou trois cloux, basilic, champignons & truffes, quelques croûtes de pain, un peu de persil, une ciboule; faites mitonner le tout; mettez dans ce ragoût ce que vous avez pilé; mêlez le tout; faites prendre un bouillon; passez à l'étamine, & vous en servez pour toutes sortes d'entrées & potages maigres.

Ecrevisses (Coulis d') à demi-roux en gras. Faites comme à l'article précédent; prenez ensuite une livre & demie de rouelle de veau, un morceau de jambon; coupez-les par tranches avec un oignon & quelques tranches de carottes & panais; faites cuire le tout à petit feu. Quand le tout est attaché comme un jus de veau, ajoutez lard fondu, un peu de farine; faites-lui faire quelques tours en remuant toujours; mouillez de bon bouillon; ajoûtez sel, poivre, cloux, basilic, persil, ciboules, champignons, truffes, croûtes de pain, & faites mitonner. Otez le veau; délayez ce qui est dans le mortier avec le jus; passez le tout à l'étamine, & vous en servez pour les potages ou entrées auxquels il sera propre.

Ecreviſſes (Coulis d') au demi-roux en maigre.
Faites d'abord comme deſſus. Faites griller enſuite
un brochet vuidé ou une perche ; ôtez-en la peau ;
prenez la chair, & la pilez avec les coquilles & les
amandes, trois ou quatre jaunes d'œufs durs ; le
ſurplus, comme à l'article précédent.

Ecreviſſes au gratin. Mettez dans une chopine
d'eau deux tranches de citron, oignon coupé par
tranches, perſil & ciboules entieres ; faites bouillir
un quart d'heure, & y mettez vos écreviſſes juſqu'à
ce qu'elles ayent changé de couleur. Epluchez les
queues, & ôtez les petites pattes ; faites une farce
avec des foies gras ou blancs de volailles. (Voyez
Farce.) Mettez-la dans un plat, & faites autour un
cordon d'écreviſſes, les queues en dedans ; & garniſſez
ainſi, en retournant juſqu'à ce que le plat ſoit rempli ;
arroſez enſuite d'huile & de gros poivre ; mettez au
four ; dégraiſſez & ſervez avec un jus de citron.

Ecreviſſes (Ragoût d') en gras. Cuites comme
deſſus, paſſez les queues dans du lard fondu avec
les aſſaiſonnemens du ragoût précédent ; mouillez de
jus de veau ; laiſſez mitonner à petit feu ; dégraiſſez ; liez d'un coulis d'écreviſſes ; mettez ſur les
cendres chaudes, pour que le coulis ne tourne pas.
Dans la ſaiſon ajoûtez ou des pointes d'aſperges,
ou culs d'artichauts. Ce ragoût ſert pour toutes les
entrées graſſes aux écreviſſes.

Ecreviſſes (Ragoût d') en maigre. Etant cuites,
ôtez les queues & les mettez à part avec de petits champignons, truffes coupées en tranches &
mouſſerons. Paſſez le tout avec un peu de beurre ;
mouillez d'un bon bouillon de poiſſon ; faites mitonner à petit feu. Votre ragoût cuit, dégraiſſez-
le, & le liez d'un coulis d'écreviſſes ; dreſſez dans
un plat ; ſervez pour entremets, ou pour garnir
des entrées maigres aux écreviſſes.

Ecreviſſes. (Salade d') Faites cuire des écreviſſes
à l'ordinaire, & ſervez avec une remoulade, ou bien
avec perſil, & vinaigre.

Ecreviſſes. (Tourte d') Faites - les cuire avec un

verre de vin blanc ; séparez les pattes & les queues ; pilez le reste dans un mortier pour le passer à l'étamine avec un peu de bouillon de poisson ou de purée claire, & du beurre tout chaud fondu ; rangez ensuite le tout dans une tourtiere sur un abaisse, avec sel, poivre, ciboulettes & champignons, vos pattes & vos queues dessus ; recouvrez d'un autre abaisse ; dorez & mettez au four. Etant cuite, servez chaudement.

Autre. Sur un abaisse mettez un ragoût de queues d'écrevisses, comme on l'a donné ci-dessus. Recouvrez d'un autre abaisse ; unissez-les ; dorez votre tourte ; mettez au four. Quand elle est cuite, ouvrez-la, & y mettez un peu de coulis d'écrevisses.

OBSERVATION MÉDECINALE.

L'écrevisse de riviere, charnue, tendre, cuite à propos, est un mets de bon goût, nourrissant, fort sain pour ceux qui le digerent bien. Son suc échauffe & irrite légérement ; ce qui le rend stomachique, apéritif : il anime la circulation du sang ; augmente la transpiration. Si on mange, durant quelque temps, des écrevisses, elles deviennent un remede pour ceux qui sont sujets aux dartres, boutons, érésypeles & autres maladies de peau. Les personnes d'élicates ou qui ont l'estomac foible, doivent s'abstenir de manger des chairs de l'écrevisse ; mais elles peuvent user en petite quantité des mets où on n'a fait entrer que le suc ou des coulis.

L'écrevisse de mer, nommée aussi *crabe*, & le homar, sont des animaux crustacés du même genre, dont la chair, assez savoureuse, n'est digerée, sur tout celle des plus gros, que par les meilleurs estomacs, & les gens qui font de l'exercice.

ENDIVE : une des especes de chicorée qu'on fait blanchir en la liant, & dont on fait usage en salade,

OBSERVATION MÉDECINALE.

Cette plante est aqueuse, rafraîchissante, apéritive, adoucissante, calmante. Mangée en quantité, elle devient laxative ; elle a ces qualités pour les bons estomacs, étant mangée en salade ; mais les personnes délicates ne digerent pas, ou digerent imparfaitement les herbes crues ; celle-ci ne leur sera utile que cuite.

ENTRÉES.

A

AGNEAU.
poitrine d'agneau.
quartier d'agneau.
tête d'agneau à la Sainte.
    Menehould.
Ailerons.
terrine d'ailerons.
tourte d'ailerons.
Albran. Voyez Canard.
Alouettes en caisse.
alouettes en ragoût
tourte d'alouettes.

Grosse Entrée.

Aloyau à la braise.
aloyau aux cardes.
aloyau rôti.

Relevée d'entrée.

Anguille en fricassée de
    poulet.
anguille sur le gril.
anguille en matelotte.
anguille rôtie.

B

Barbeau en casserole.
barbeau grillé.
Barbillon en étuvée.

Barbotte en casserole.
barbotte en pâté chaud.
barbotte en ragoût.
Barbue marinée.
barbue en salade.
barbue à la sauce.
barbue aux anchois.
Tourte de béatilles.
Beccard. Voyez Saumon.
Beccasses à la Bourguignone.
beccasses à l'Espagnole.
beccasses farcies à la broche.
beccasses aux olives.
pâté chaud de beccasses.
beccasses à la Provençale.
beccasses aux truffes.
Beccassines à la Grecque.
beccassines en ragoût.
beccassines en surtout.
Biche. Voyez Cerf.
Biset. Voyez Pigeon.

Grosses entrées.

Bœuf à la mode.
bœuf au naturel.
piéce de bœuf panée au four.
bœuf à la royale.
bœuf à la sauce hachée.
Boudin blanc.
boudin de foies gras.

boudin noir.
boudin de poisson.
Boulinage d'agneau.
Bouton.
Brême. Voyez *Carpe*.
brême grillée.
brême rôtie.
Brochet à l'Allemande.
brochet aux anchois.
brochet à la broche.
brochet en casserole.
brochet en entrée.
brochet à l'étuvée.
brochet farci.
brochet en filets à la sauce aux capres.
brochet en fricassée de poulet.
brochet à la Genevoise.
brochet en haricot aux navets.
pâté chaud de brochet.
ragoût de brochet.
brochet à la sauce à l'Allemande.
brochet à la sauce blanche.
terrine de brochet.
tourte de brochet.
Brocheton. Voyez *Brochet.*

C

Cailles à la braise.
cailles aux choux & coulis de lentilles.
cailles au gratin.
cailles à la poële.
cailles en ragoût.
cailles en surtout.
tourte de cailles.
Cailleteaux au salpicon.
Canards aux anchois.
canards à la braise aux navets.
canards aux cardons d'Espagne.
canards au céleri.
canards à la chicorée.

canards aux concombres.
canards farcis.
canards aux huitres.
canards à l'Italienne.
canards au jus d'orange.
canards aux olives.
canards aux petits pois.
canards à la purée verte.
ragoût de canards.
salmi de canards.
Canettes aux pointes d'asperges.
canettes aux pois.
Canetons à l'échalotte.
canetons glacés.
canetons au jus d'orange.
Capilotade.
Carbonnade ou *Grillade.*
carbonnade de mouton.
Carpe aux champignons.
carpe au demi court-bouillon.
entrée de carpe.
carpe à l'étuvée.
carpe étuvée à l'Italienne.
carpe étuvée au blanc
carpe farcie,
filets de carpe à la sauce blanche.
carpe en fricassée de poulet.
carpe grillée.
carpe grillée à l'oseille.
hachis de carpe.
carpe à la hussarde.
carpe à la matelotte.
ragoût de carpe.
Carré de mouton en entrée.
carré de mouton en terrine à l'Angloise.
Casserole.
casserole au parmesan.
Castrolle.
Cerf.
civet de cerf.
gelée de cornes de cerf.
ragoût de cerf.
Grosse entrée.
Cerf rôti à la Bourguignone.

cervelas.
Cervelle.
entrée de cervelle de bœuf.
Chapon aux anchois.
chapon à la braise.
chapon farci.

Entrées de broche.

Chapon à la broche aux capres.
chapon aux fines herbes.
chapon aux huitres.
chapon aux écrevisses.
chapon à la crême.
chapon à la daube.
chapon aux olives , farci.
ragoût de chapon.
tourte de blanc de chapon.
autre tourte de blanc de chapon.
Charbonnade à la braise.
Chevreuil à la Bourguignone.
chevreuil en casserole.
chevreuil en civet.
chevreuil rôti à différentes sauces.
terrine de chevreuil.
Chou à la Bavaroise.
chou à la Flamande.
ragoût de chou.
Cochon de lait à la daube.
cochon de lait au pere Douillet.
cochon de lait en ragoût.
Côtellettes de mouton au basilic.
côtelettes de mouton farcies.
côtelettes de mouton frites.
côtelettes de mouton grillées.
côtelettes de mouton en haricot.
côtelettes de mouton en robe de chambre.
côtelettes de porc frais à la cendre.
côtelettes de veau à la Lyonnoise.

côtelettes de veau à la poele.
Culotte de bœuf à l'Angloise.
culotte de bœuf à la braise.
culotte de bœuf en écarlate.
culotte de bœuf garnie de choux.
culotte de bœuf roulée.
culotte de bœuf au salpicon.
Crépine.

D

Dindes & *Dindons.*
dinde grasse à la cardinale.
dinde aux truffes.
dinde aux foies gras.
Dindon aux anchois.
dindon aux concombres.
dindon à la crême.
dindon en daube.
dindon aux écrevisses.
dindon à l'essence.
dindon à l'estragon pané.
dindon à l'échalotte piqué de jambon.
dindon à l'étouffade.
dindon farci.
dindon en filets.
dindon aux fines herbes.
dindon aux huitres.
dindon mariné.
dindon paillet à la ciboulette.
pâté chaud de dindon.
dindon à la Périgord.
dindon à la Princesse.
dindon à la Provençale.
dindon en salmi.

E

Echinée de Porc.
Grosses entrées.
Eclanche de cent feuilles.
éclanche à la chicorée.
éclanche aux concombres.
éclanche farcie.

éclanche farcie dans sa peau.
hachis d'une éclanche.
éclanche piquée à la dauphine
éclanche piquée de truffes.
éclanches roulées.
éclanche à la royale.
éclanche à la sauce robert.
éclanche à la Sultane.

Ecrevisses.
ragoût d'ecrevisses en gras.
ragoût d'écrevisses en maigre.
tourte d'écrevisses.

Epaule de mouton à l'eau.
épaule de mouton farcie.
épaule de mouton en filets.
épaule de mouton en pain avec une essence.
épaule de mouton à la Rouchi.
épaule de mouton à differentes sauces.
épaule de veau au sang.
épaule de veau à la Turque.

Eperlans au court-bouillon.
éperlans à la matelotte.

Etourneau Voyez *Grive.*

Esturgeons à la broche.
esturgeons aux croûtons.
esturgeons aux fines herbes.
esturgeons en fricandeaux.
esturgeons grillés.
esturgeons en haricot aux navets.
ragoût d'esturgeons.

Etuvée.

F

Faisans & *Faisandeaux.*
faisans à la braise.
entrée de faisans.
filets de faisans.
pâté chaud de faisans.
faisans à la sauce à la carpe.

Faon. Voyez *Cerf.*

Farce de poisson.

Filets d'aloyau à la cendre.
filets de bœuf aux concombres.
filets de grosse viande à la Sultane.

filets de grosse viande aux concombres.
filets de mouton aux épinars.
filets de mouton au gratin.
filets de mouton à la païsanne.
filets de dindons à la sauce-robert.
filets de dindons à l'Italienne.
filets de lapereau en caisse.
filets de lièvre à la Czarienne.
filets de lièvre en poivrade.
filets de poisson en caisse.
filets de poisson à l'Italienne.
filets de brochet en miroton.
filets de saumon au vin de Champagne.
filets de saumon aux fines herbes.
filets de soles à l'Espagnole.
filets de tanches marinées.
filets de truites à la Lyonnoise.
filets de vives marinées.
filets de porc-frais aux oignons.
filets de poularde à la crème.
filets de poularde aux pistaches.
filets de sanglier à la poivrade.

Foie de veau à la braise.
foie de veau à la broche.
foie de veau à l'étuvée.
foie de veau au jambon.
foie de veau à l'Italienne.
foie de veau à la Lyonnoise.
ragoût de foie de veau.
tourte de foie de veau.

Fressure de veau à la bourgeoise.

Fricandeau à la bourgeoise.
fricandeau à l'oseille.

G

GIGOT à la daube.
gigot à l'eau.
gigot à la païsanne.
gigot à la Périgord.
gigot roulé.

gigot à l'étouffade.
Godiveau.
Cogue au sang.
Grenade.
Grenadin.
Grenouilles en fricassée de poulets.
Grives à la braise.
grives au genievre.
ragoût de grives.

H

*H*Achis de toute sorte de viandes.
Harengs frais sur le gril.
maniere d'apprêter les harengs.
hareng à la matelotte.
Haricot.
Hochepot.
Huitres. Tourte d'huitres.

Grosses entrées.

I

*J*Ambon à l'Allemande.
jambon à la braise.
jambon à la broche.
jambon cuit sans feu & sans eau.
maniere d'accommoder les jambons.
pâté chaud de jambon.
jambon au vin de Champagne.
Jarret de veau à la boiteuse.

L

*L*Aitances. Tourte de laitances.
Lamproie aux champignons.
lamproie frite.
lamproie grillée à l'huile.
lamproie grillée à la sauce douce.
ragoût de lamproie à la sauce douce.
lamproie à la sauce rousse.
Langouste à la sauce blanche.

Langues de bœuf à la braise.
langues de bœuf à la braise en miroton.
langues de bœuf en bretole.
langues de bœuf à la broche.
langues de bœuf aux concombres.
langues en hâtelettes.
langues de bœuf parfumées.
langues de bœuf au parmesan.
pâté de langues de bœuf.
ragoût de langues de bœuf.
tourte de langues de bœuf.
tourte de langues de carpe.
tourte de langues de mouton.
langues de veau farcies.
Lapins & *Lapereaux* à l'Angloise.
lapins & lapereaux à la bourgeoise.
lapins & lapereaux en casserole.
lapins & lapereaux aux champignons.
lapins & lapereaux au coulis de lentilles.
lapins & lapereaux à l'eau de vie.
lapins & lapereaux en escalope.
lapins & lapereaux aux fines herbes.
lapins & lapereaux en fricassée de poulets.
giblotte de lapins & lapereaux
lapins & lapereaux au gîte.
lapins & lapereaux à l'Italienne.
lapins & lapereaux marinés.
lapins & lapereaux aux navets.
pâté chaud de lapins & lapereaux.
lapins & lapereaux aux pois.
lapins & lapereaux à la Polonoise.
ragoût de lapins & lapereaux.
lapins & lapereaux à la Roffane.
lapins & lapereaux à la Saint-garaz.

terrine de lapins & lapereaux.
tourte de lapins & lapereaux.
lapins & lapereaux aux truffes.
  Levreau. Voyez *Liévre.*
  Liévre à la bourgeoise.
liévre en civet.
liévre à la daube.
filets de liévre à la ciboulette.
pâté chaud de filets de liévre.
pâté en pot de liévre.
ragoût de liévre.
liévre à la Singaraz.
liévre à la Suisse.
terrine de liévre.
tourte de liévre.
  Limandes à la bourgeoise
    entre deux plats.
limandes en casserole.
limandes grillées
  Loche.
  Longe de veau à la braise.
longe de veau au court-
    bouillon.
longe de veau à la Gascogne.
longe de veau marinée.
longe de veau à la Sainte-
    Menehould.

Grosses Entrées.

  Lottes à la bourgeoise.
lottes en compôte.
lottes glacées au lard.
lottes à l'Italienne.
lottes à la Prussienne.
lottes à la Romaine.
lottes à la Villeroi.
lottes au vin de Champagne,
    entrelacée de crêtes avec
    un ragoût de leurs foies.

M

Macreuses à l'anguille.
macreuses à la braise.
macreuses à la broche farcies.
macreuses au court-bouillon.
macreuses à la daube.

macreuses farcies.
macreuses aux fines herbes.
macreuses en haricot
macreuses en ragoût.
macreuses au chocolat.
terrine de macreuses en gras.
terrine de macreuses en mai-
    gre.
  Maquereaux en caisse à la
    Perigord.
maquereaux aux écrevisses.
maquereaux à l'Espagnole
    piqués.
maquereaux à la Flamande.
maquereaux en fricandeaux.
maquereaux au gras.
maquereaux grillés.
maquereaux en hâtelettes.
maquereaux à la maître
    d'hôtel.
maquereaux en papillote.
  Marbrée.
  Matelotte.
autre matelotte.
  Mauviettes en coque.
mauviettes au gratin.
mauviettes colorées de Par-
    mesan.
  Merlans à la bourgeoise.
merlans farcis.
merlans en miroton.
pâté chaud de merlans.
merlans à la Romaine.
tourte de merlans.
  Merluche Voyez *Morue.*
  Meunier.
  Morue. séche ou *Merluche.*
entrée de morue.
morue frite.
morue à la sauce à la Gasco-
    gne.
morue fraîche à la Béchamel.
morue au beurre noir.
morue à la crême au feu.
morue en dauphin.
morue aux filets de racines.
morue à la Hollandoise aux
    huitres.

morue panachée.
morue panée au feu.
queue de morue farcie.
morue en filets en casserole.
morue frite.
autre morue frite.
morue à la Sainte-Menehoult.
morue en ragoût.
morue à la sauce blanche.
morue à la sauce-robert.
morue en stinkerque.
tourte de morue.
morue au verjus en graine.
  Morilles. Tourte de morilles.
  Moudons.
  Moules à la Provençale.
ragoût de moules gras.
ragoût de moules maigre.
tourtes de moules.
  Mousserons. Tourte de mousserons.
  Mouton. Hachis de mouton.
haricot de mouton.
pain de mouton aux cardes.

O

*O*Isons à la braise.
oisons à la broche farcis.
oisons à la daube.
oisons en ragoût.
  Olives. Ragoût d'olives.
olives farcies.
  Ortolans à la broche. V.
  Cailles.
  Outarde à la broche.

P

*P*Ain en côtes de melon en gras.
pain en côtes de melon en maigre.
pain à la Montmorenci
pain au sang en crépine.
  Perches aux concombres.
perches au coulis de lentilles.
perches à l'Italienne.
perches à l'orange.

perches à la Prussienne.
perches en ragoût.
perches au ris de veau.
perches à la sauce aux hanchois.
perches à la sauce blanche.
perches à la sauce à la Hollandoise.
tourte de perches.
terrine de perches
  Perdrix & Perdreaux.
bigoche ou galimafrée de perdreaux.
perdreaux au coulis de leurs foies.
perdreaux à l'eau-de-vie.
perdreaux au fenouil.
perdreaux à l'orange.
perdreaux en papillotes.
pâté chaud de perdreaux.
perdreaux à la Polonnoise.
autre
perdreaux à la Prévalue.
perdreaux en ragoût.
perdreaux en salmi.
perdreaux à la sauce à la carpe.
tourte de perdreaux.
tourte de perdreaux aux truffes.
  Perdrix à la braise avec différents ragoûts.
perdrix à la Czarienne.
perdrix à la daube.
perdrix à l'Espagnole.
perdrix à l'étouffade.
perdrix en filets.
perdrix au jambon.
perdrix aux lentilles & petit lard.
perdrix à maître Lucas.
perdrix marinées.
perdrix aux marrons.
perdrix aux montans.
perdrix aux mousserons.
perdrix aux olives.
pâté chaud de perdrix.
autre
pâté de perdrix à la Triboulet.
perdrix à la Provençale.

perdrix à la sauce à la carpe.
terrine de perdrix.
perdrix aux lentilles.
tourte de blancs de perdrix.
Pieds d'agneaux farcis.
pieds d'agneaux au gratin.
pieds d'agneau à la Marianne.
pieds d'agreaux à la Sainte-
    Menehould.
pieds de mouton au blanc.
pieds de veau au blanc.
pieds de veau marinés.
Pigeons au basilic.
pigeons en beignets.
pigeons au beurre.
pigeons à la bourgeoise.
pigeons à la braise.
pigeons aux capres rôtis.
pigeons aux cardes.
pigeons à la cendre.
pigeons aux choux-fleurs.
pigeons en compôte.
autre
autre
pigeons aux concombres.
pigeons en coquille au Par-
    mesan.
pigeons aux cornichons.
pigeons aux culs d'artichauts.
pigeons à la dauphine.
pigeons à l'eau de vie.
pigeons aux écrevisses.
pigeons à l'etouffade, à la
    Provençale.
pigeons farcis à la broche.
pigeons au fenouilàlabroche.
pigeons à la Fleury.
pigeons frais levés aux petits
    œufs.
pigeons en fricandeaux.
pigeons fricassés au blanc.
pigeons fricassés au roux.
pigeons fricassés au sang.
pigeons à la Gaudi.
pigeons glacés aux choux-
    fleurs.
pigeons glacés aux laitues
    farcies.

pigeons glacés aux montans.
pigeons à la Gobert.
pigeons en godiveaux.
pigeons au gratin.
pigeons aux truffes entieres.
pigeons aux haricots verds.
pigeons en hâtelettes.
pigeons à la Hollandoise.
pigeons au jambon.
pigeons à l'in-promptu.
pigeons à l'Italienne.
pigeons à la lune.
pigeons à la Luxembourg.
pigeons à maitre Lucas.
pigeons marinés.
pigeons à la moëlle.
pigeons en navets.
pigeons en pain.
pigeons au Parmesan.
pigeons en pâté.
pigeons piqués de persil à la
    broche.
pigeons à la poële.
pigeons garnis d'écrevisses.
pigeons au point du jour.
pigeons aux pois.
pigeons à la princesse.
pigeons en redingotte.
pigeons à la royale.
pigeons au salpicon.
pigeons au soleil.
autre
pigeons soufflés.
pigeons à la Stanislas.
pigeons en surprise.
pigeons en surtout.
pigeons en taupes.
terrine de pigeons.
pigeons aux écrevisses.
pigeons en tymbales.
pigeons aux tortues.
tourte de pigeons.
pigeons aux truffes.
Plies.
Plongeons. Voyez *Canards.*
Pluviers à la braise.
pluviers à la poële au gratin.
Poisson. Farce de poisson.
                  pâté

pâté chaud de poisson.
tourte de poisson.

Grosses entrées.

Poitrine de bœuf à l'Angloise.
poitrine de mouton.
Poudin au four.
poudin bouilli.
Poulardes à l'anguille.
poulardes en ballon.
poulardes à la Berry.
poulardes au blanc manger.
poulardes à la Bourguignone.
poulardes à la braise.

Entrées de broche.

poulardes accompagnées.
poulardes aux anchois.
poulardes à l'Angloise.
poulardes aux capres.
poulardes à la cardinale.
poulardes aux cerneaux.
poulardes à la Chinoise.
poulardes aux concombres.
poulardes aux cornichons.
poulardes à la crême farcies.
poulardes aux écrevisses.
poulardes aux fines herbes.
poulardes aux huitres.
poulardes à la Jamaïque.
poulardes au jambon.
poulardes aux mousserons.
poulardes aux olives.
poulardes aux petits œufs.
poulardes à la Provençale.
poulardes à la Ravigotte.
poulardes à la sauce de brochet.
poulardes à la Villeroi.
poulardes en cannelon.
poulardes en cannelon aux cardes.
poulardes à la cendre.
poulardes à la crême.
poulardes à la crême, frites en quatre.

poulardes en croustade.
poulardes à la daube.
poulardes de dessert en ragoût.
poulardes à l'étouffade.
poulardes au blanc.
filets de poulardes en ragoût au blanc.
poulardes au céleri.
poulardes à la Flamande.
poulardes en fricandeaux.
hachis de poulardes.
poulardes en hochepot.
poulardes en lapereau.
poulardes marinées.
poulardes à la minute.
poulardes aux olives farcies.
pâté chaud de poulardes.
ragoût de poulardes.
poulardes roulées aux crêtes.
poulardes à la Tartare.
Poule. Voyez *Poulardes.*
Poule d'Inde. V. *Dindons.*
Poule d'eau. V. *Canard.*
Poulets accompagnés.
poulets à l'allure nouvelle.
poulets à l'Angloise.
poulets à la braise.
poulets à la Beaubourg.
poulets au beurre verd.
poulets en bouteille.
poulets au boudin blanc.
poulets à la braise.

Entrées de broche.

Poulets à la broche accompagnés.
poulets à l'ail.
poulets à l'Allemande.
poulets aux anchois.
poulets à l'Angloise.
poulets à la Bavaroise.
poulets au blanc-manger.
poulets aux capres.
poulets à la Chinoise.
poulets à la Choisy.
poulets aux choux-fleurs.
poulets à la ciboule.

poulets aux concombres farcis.
poulets aux coulis blanc.
poulets à la Cracovie.
poulets à la Dantzic.
poulets à l'échalotte.
poulets aux écrevisses.
poulets à l'Espagnole.
poulets à l'estragon.
poulets aux fines herbes.
poulets aux oignons.
poulets au jambon.
poulets aux mousserons.
poulets aux foies.
poulets à la Génoise.
poulets à la Hollandoise.
poulets aux huitres.
poulets au jambon.
poulets à l'Italienne.
poulets au jus.
poulets au jus de canard.
poulets à l'Ivernoise.
poulets mincés au lapereau.
poulets aux morilles.
poulets à la broche panés à
la Sultane.
poulets à la perruquiere.
poulets au persil.
poulets aux petits œufs.
poulets aux pointes d'asperg.
poulets à la Ravigotte.
poulets dits *robins*.
poulets à la rocambole.
poulets à la sauce de brochet.
poulets à la sauce à la carpe.
poulets à la sauce du roi.
poulets à la sauce au vin de
Champagne.
poulets aux truffes.
poulets au verd d'office.
poulets au verjus.
poulets au vilain.
poulets au brun.
poulets à la Caracalacat.
poulets en chauve-souris.
poulets à la crême farcis.
poulets en culotte.
poulets à la daube.

poulets d'épices & frits.
poulets de desserte glacés.
poulets à l'entrée de carpe.
poulets aux épinars glacés.
poulets fourrés.
poulets en fricassée.
poulets à la crême aux mousserons.
poulets aux petits pois.
poulets à la Provençale.
poulets en giblotte.
poulets aux truffes.
poulets glacés au Parmesan.
poulets à la Grammont.
poulets en hochepot.
poulets à l'ivoire.
poulets à maître Lucas.
poulets en matelotte.
pâté chaud de poulets.
pâté chaud de poulets aux
truffes vertes.
pâté chaud de poulets à la
crême.
poulets à la princesse.
poulets à la Polonoise au safran.
poulets au pain aux mousserons.
poulets en ragoût.
poulets à la Romaine.
poulets roulés à l'anguille &
au vin de Champagne.
poulets à la Sicilienne.
poulets en surprise.
poulets à la Tartare.
terrine de poulets aux concombres farcis.
terrine de poulets aux écrevisses.

Tourte de Poulets,

poulets au Verd-pré.
poulets à la Vestale.
poulets à la Wastefriche.
Poupeton en gras.
poupeton en maigre.
Poupiettes,

Q

QUarrelets en cafferole.
quarrelets grillés,
quarrelets au Parmefan.
  Quartier d'agneau aux épi-
    nars.
quartier d'agneau à la farce,
quartier d'agneau glacé.
quartier d'agneau aux petits
  pois.
quartier d'agneau en ragoût.

Groffes Entrées.

  Quartier de mouton roulé
  à l'Italienne.
quartier d'agneau farci d'un
  falpicon.
quartier de veau à la broche,
quartier de veau mariné.
  Quafi de veau. V. *Longe.*
  Queues de bœuf à la braife.
queues de bœuf grillées avec
  une remoulade.
queues de bœuf en hochepot.
queues de bœuf en terrine
  aux concombres.
queues de bœuf en terrine
  aux lentilles.
queues de bœuf en terrine
  aux navets.
queues de cochons à différentes fauces.
queues de mouton au bafilic.
queues de mouton en terrine
  aux concombres.
queues de mouton en terrine
  aux navets.
queues de mouton en terrine
  au petit lard.
queues de veau à la braife,
queues de veau glacées.
queues de veau en hochepot.
queues de veau à la Sainte-
  Menehould.
queues de veau à la Tartare,

R

RAie au beurre roux.
raie frite.
ragoût de raie.
raie à la Sainte-Menehould,
raie à la fauce aux capres.
raie à la fauce de fon foie.
raie à la fauce-robert.
  Rale. Voyez *Canard.*
  Ramier. Voyez *Pigeons.*
  Ris de veau aux écreviffes,
ris de veau farcis à la dauphine.
ris de veau en fricandeaux,
ris de veau aux huitres.
ris de veau aux petits œufs,
ris de veau piqués à la broche,
ris de veau à la poële.
ris de veau en ragoût.
tourte de ris de veau.
  Rouelle de veau à la couenne.
hachis de rouelle de veau.
pâté chaud de rouelle de veau,
ragoût de rouelle de veau.
autre ragoût de rouelle de
  veau
  Rouges à la fauce à l'orange.
  Rougets aux capres.
rougets en cafferole.
rougets au coulis & queues
  d'écreviffes.
rougets en filets aux fines
  herbes.
rougets grillés au coulis d'é-
  creviffes.
rougets grillés à la fauce à
  l'anchois.
pâté chaud de rougets.
terrine de rougets.
tourte de rougets.
  Roulades à l'anguille.
roulades de bœuf
autres roulades de bœuf.
roulades de mouton en hâtelettes.

roulades de veau à la Bava-
　roife.
roulades de veau en canetons
　au coulis.

S

S Abot au fang.
　Sarcelle aux choux fleurs.
farcelles aux huitres.
farcelles aux montans de
　cardons.
farcelles aux navets.
farcelles aux olives.
pâté chaud de farcelles.
ragoût de farcelles.
autre ragoût de farcelles.
farcelles à la rocambole.
terrine de farcelles.
farcelles aux truffes.
　Sardines en caiffe. Voyez
　　Harengs.
　Saumon aux champignons
　　garnis d'écreviffes &
　　ailerons glacés.

　　　Relevée d'entrée.

barne de faumon à la bour-
　geoife.
barne de faumon en caiffe.
barne de faumon en ragoût.
filets de faumon au vin de
　Champagne.
filets de faumon aux fines
　herbes
faumon au four.
faumon glacé.
faumon en hâtelettes.
hure de faumon à la braife,
　en gras.
hure de faumon en maigre.
faumon à la maître-d'hôtel.
faumon mariné.
pâté chaud de faumon en
　gras.
pâté chaud de faumon en
　maigre.
faumon à la fauce douce.

faumon à la fauce aux câ-
　pres.
terrine de faumon en gras.
terrine de faumon en maigre.
　Saupiquet.
　Soles à la Bourguignone.
foles aux concombres.
foles au coulis roux.
foles au fenouil.
filets de foles à l'ail.
foles aux fines herbes.
foles à la Martine.
pâté chaud de foles.
foles en paupiettes.
foles à la fauce hachée.
foles à la Sainte-Menehould.
foles à la Sultane.
terrine de foles.
terrine de filets de foles.
foles au vin de Champagne.
　Strouilles à l'Italienne.
　Surtout en gras.
furtout en maigre.

T

T Anches en cafferole.
tanches en compôte.
tanches farcies.
tanches en fricaffée de pou-
　lets.
tanches au roux.
tanches grillées.
pâté chaud de tanches.
tanches à la Provençale.
tanches à la fauce-robert.
terrine de tanches.
terrine de tanches à l'An-
　gloife.
terrine de tanches à la bour-
　geoife aux marrons.
　Thon à la broche.
thon en caiffe.
thon grillé.
pâté de thon en pot.
　Tymbales.
　Tourtes.
　Tourterelles. Voyez Pi-
　geons.

Truites aux anchois.
truites aux champignons.
truites aux concombres.
truites grillées aux écrevisses.
truites à la Hollandoise.
truites à la Huffarde.
truites à la Jézard.
Pâté chaud de truites.
truites à la Polonoise.
terrines de truites en gras.
terrine de truites en maigre.
tourte de truites.
   Turbot en cafferole
turbot à la ciboulette.
turbot au coulis d'écreviffes.
turbot aux écreviffes en gras.
turbot aux écreviffes en maigre.
turbot farci.
turbot au four.
turbot grillé.
turbot à la Hollandoise.
turbot aux laitances de carpes.
turbot en maigre avec divers
   ragoûts.
turbot à la Minime.
pâté chaud de turbot.
turbot à la Périgord.
turbot à la reine.
turbot à la Sainte-Menehoult.
terrine de turbot à la Bourgogne.
tourte de filets de turbot.

V

V Anneau. Voyez *Pluviers.*
Veau en cafferole.
côtelettes de veau aux fines
   herbes.
côtelettes de veau farcies &
   grillées avec une effence.
côtelettes de veau glacées
   aux petits oignons.
côtelettes de veau glacées
   aux petits pois.

côtelettes de veau en papillottes.
côtelettes de veau en ragoût.
Cuiffeau de veau à la braife
   aux épinars.
cuiffeau de veau à la crême.
cuiffeau de veau à la daube.

Groffes Entrées.

filets de veau au blanc.
filets de veau aux concombres.
veau en fricaffée blanche.
longe de veau à la braife.
longe de veau à la crême.
longe de veau en ragoût.
noix de veau à la bourgeoife.
noix de veau glacées.
noix de veau à la chicorée.
noix de veau aux petits pois.
pâté chaud de veau.
veau à la Piémontoise.
poitrine de veau à l'Allemande.
poitrine de veau au bafilic.
poitrine de veau à la braife.
poitrine de veau aux con-
   combres.
poitrine de veau farcie à la
   broche au jambon.
poitrine de veau farcie avec
   différents ragoûts.
poitrine de veau en fricaffée
   de poulet.
poitrine de veau aux laitues.
poitrine de veau au Pere
   Douillet.
poitrine de veau aux pointes
   d'afperges.
poitrine de veau aux pois
   verds.
poitrine de veau à la Rambouillet.
tendrons de veau à l'Allemande.
tête de veau à l'Angloife.
tête de veau farcie.
tête de veau frite.

Vives à la braise.
vives à la broche en gras.
vives à la broche en maigre.
vives au cardons d'Espagne.
vives aux capres au roux.
vives en casserole.
vives au céleri.
vives au coulis d'écrevisses.
vives au coulis de perdrix.
vives aux mousserons en gras.

vives en fricassée blanche.
vives grillées.
vives aux huitres.
vives à la sauce à l'anchois.
vives à la Sultane,
terrine de vives.
tourte de vives.
vives aux truffes.
vives au vin de Champagne.

ENTREMETS.

A

*A*NCHOIS.
rôties d'anchois.

Entremets gras.

Animelles.
autre.
autre.
Artichauts bouillis.
artichauts à la crême.
artichauts à l'Espagnole.
artichauts en fricassée de
poulets.
artichauts frits.
artichauts au gras.
artichauts au jus.
artichauts au jus en maigre.
artichauts à la sauce blanche.
artichauts au verjus en grains.

Entremets maigres.

Asperges confites.
asperges au jus.
asperges en omelettes.
asperges en petits pois.

B

*B*ARBOTTE.
pâté froid de barbotte.
Beccasses.

pâté froid de beccasses.
Beignets.
beignets d'abricots.
beignets bacchiques.
beignets au blanc-manger.
beignets de fraises.
beignets de fromage.
beignets lacés.
beignets de pâte royale.
beignets de pommes.
beignets de pommes en joïaux.
beignets de Portugal.
beignets seringués.
Bette.
Blanc-manger.
autre.
autre.
Bonnet de Turquie.
Brochet au gras.
pâté froid de brochet.
Broques.
Brocolis.
Brussolles.

C

*C*Anapé.
cardes d'artichauts.
cardes de poirées.
Cardons d'Espagne au jus.
Carottes.
ragoût de carottes.
Cerf.
Pâté de cerf.

Cerfeuil.
crême de cerfeuil.
   Champignons à la crême.
champignons au four.
autre.
champignons frits.
autre.
ragoût de champignons en
   gras.
ragoût de champignons en
   maigre.
rissoles de champignons.
   Chervis.
   Chevreuil.
pâté chaud de chevreuil.
   Chocolat.
crême de chocolat.
crême de chocolat au bain-
   marie.
crême de chocolat veloutée.
   Choux-fleurs au beurre.
choux-fleurs au jus de mouton.
choux-fleurs au Parmesan.
ragoût de choux-fleurs.
   Choux.
petits choux.
   Citrouille.
andouillettes de citrouille.
fricassée de citrouille.
   Concombres farcis en maigre.
concombres à la matelotte.
fricassée de concombres.
ragoût de concombres.
   Croquant.
   Courge. Voyez *Citrouille.*

D

DARIOLES.
   Daube froide.
   Dindons.
daube froide de dindons.
pâté froid de dindons.

E

Ecrevisses à l'Angloise.

écrevisses à la Bechamel.
écrevisses à la Gascogne.
écrevisses au gratin.
salade d'écrevisses.
   Epinars.
crême d'épinars.
maniere d'apprêter les épinars.
rissoles d'épinars.
tourte d'épinars.

F

FAISANS.
pâté froid de faisans.
   Faséoles.
   Féves.
féves vertes à la crême.
   Feuillantine.
   Flammiche.
   Flans.

G

GAlettes communes.
galettes feuilletées.
galettes galeuses.
galettes aux œufs.
   Gâteaux à l'Angloise.
gâteaux bourgeois.
gâteaux à la Brie.
gâteaux feuilletés.
gâteaux de fromage.
gâteaux fourrés.
autres.
gâteaux à l'Italienne.
gâteaux au lard.
gâteaux mollets.
gâteaux aux œufs.
gâteaux ordinaires.
autres.
petits gâteaux pour le dé-
   jeûné.
gâteaux au riz.
gâteaux de Savoye.
gâteaux au verjus & aux
   confitures.
   Gruau.
entremets de gruau.

H

HAricots verds.
haricots au blanc.
haricots à la crême.
haricots au gras.
haricots au maigre.
haricots au roux.
haricots en salade.
haricots au vin de Champagne.
haricots blancs à la crême.
 Huitres à la bonne femme.
huitres au bon homme.
huitres en casserole.
huitres à la daube.
huitres farcies.
huitres frites.
huitres grillées.
huitres en hachis.
huitres à la minute.
huitres en paille en hâtelettes.
huitres au Parmesan.
ragoût d'huitres en gras.
ragoût d'huitres en maigre.
huitres sautées.

J

JAmbon froid.
jambon de poisson.
rôties au jambon.

L

LAitances frites.
 Laitues farcies à la dame Simonel.
laitues farcies frites.
laitues farcies au roux.
ragoût de laitues en gras.
ragoût de laitues en maigre.
ragoût de montans de laitues.
 Lentilles.
fricassée de lentilles.
 Liévre,
pâté de liévre à la bourgeoise, froid.

M

MAccaloris glacés au Parmesan.
 Montans de cardes au jus.
montans de laitues à l'essence.
 Morilles.
croûtes aux morilles farcies.
morilles frites.
morilles à l'Italienne.
morilles au lard.
pain aux morilles.
ragoût de morilles.
ragoût de morilles à la crême en gras.
ragoût de morilles à la crême en maigre.
tourte de morilles.
 Mortadelle.
 Mousserons.
croûtes aux mousserons.
pain aux mousserons.
mousserons à la Provençale.
ragoût de mousserons.
ragoût de mousserons à la crême en gras.
ragoût de mousserons à la crême en maigre.

N

NAvets.
ragoût de navets.

OE

OEUfs aux amandes.
œufs au blanc de perdrix.
œufs au blanc de poulardes.
œufs à la bonne-femme.
œufs à la Bourguignone.
œufs brouillés à la chicorée.
œufs brouillés au coulis.
œufs brouillés au jus.
œufs brouillés aux pointes d'asperges.
œufs aux citrons.

œufs à la commere.
œufs à la coque au citron.
œufs à la coque au coulis.
œufs à la coque aux écrevif-
    fes.
œufs à la coque à la crême.
œufs à la duchesse.
œufs à l'eau de roses.
œufs aux écrevisses.
œufs aux écrevisses en gras.
œufs aux écrevisses en mai-
    gre.
œufs à la fleur d'orange.
œufs aux foies.
œufs au fromage fondu.
œufs à la grand-mere.
œufs à la huguenote.
autre.
œufs à l'huile au verd.
œufs à l'Italienne.
œufs au jus brouillés.
œufs au jus à la crême.
œufs au jus d'oseille.
œufs au lait.
œufs au lard à la Coigny.
œufs à la moëlle.
œufs à la Monime.
œufs à l'orange.
œufs en pain.
œufs en panade.
œufs au Parmesan.
œufs à la paysanne.
œufs en peau d'Espagne.
œufs au pere Douillet.
œufs à la Périgord.
petits œufs.
œufs aux pistaches.
œufs à la Portugaise.
autre.
œufs à la régence.
œufs au rocher.
œufs au sang.
œufs à la Sicilienne.
œufs au soleil.
œufs en tymbales.
tourte d'œufs
œufs en toute saison.
œufs aux truffes.

œufs au verjus.
œufs au verd galand.
   Omelette.
omelette aux croutons.
omelette aux écrevisses.
omelette aux féves vertes.
omelette au four au blanc de
    veau.
omelette au fumet.
omelette glacée.
omelette aux huitres.
omelette au jambon.
omelette à la moëlle.
omelette à la Noaille.
omelette à l'oseille.
omelette à la Robert.
omelette aux rognons de veau.
omelette roulée.
omelette au sang.
omelette au sucre.
omelette à la Suisse, farcies.
   Oseille confite.
farce d'oseille.
ragoût d'oseille.
   Outarde.
pâté d'outarde.

P

PAins d'amandes & pif-
    taches, ou à la Hol-
    landoise.
pains à la Baviere ou à la
    crême.
petits pains à la crême.
pains d'Espagne.
pains à la mississipi.
   Palais de bœuf en alu-
    mette.
palais de bœuf à la cendre.
palais de bœuf au gratin.
palais de bœuf en hâtelettes.
palais de bœuf mariné.
palais de bœuf en menus
    droits.
palais de bœuf au Parmesan.
palais de bœuf en rissoles.
palais de bœuf à la Tartare.

palais de mouton au gratin.
palais de bœuf roulés & frits
    en beignets.
    Panache de porc.
    Pâtés ; (tous pâtés froids.)
    Perdrix.
pâté froid de perdrix.
pâté à la Triboulet.
    Pois verds à la crême.
poids verds à la demi-bour-
    geoise.
pois verds à la Flamande.
pois verds au lard.
purée verte en gras.
purée verte en maigre.
pois verds à la Rambouillet.
pois verds sans crême.
    Poisson.
jambon de poisson.
    Porc.
tête de porc à la Piémon-
    toise.
    Poularde.
daube froide de poularde.
    Pourpier frit.
autre.
    Puits d'amour.
    Purée.

R

RIS de veau aux fines
    herbes.
ris de veau marinés, frits.
    Riz au blanc en gras.
riz au caramel.
riz à la chancelière.
crême de riz.
riz au lait.
riz en maigre.
    Rôties à l'Angloise.
rôties de beccasses.
rôties en canapé.
rôties de chapon.
rôties aux concombres.
rôties à la d'Antin.
rôties aux épinars.
rôties de foies gras.
rôties au jambon.

rôties à la moëlle.
autres.
rôties d'œufs.
rôties de poisson.
rôties à la Provençale,
    Rouelle de veau.
pâté froid de rouelle de veau.
    Roulade de bœuf.
autre roulade.

S

SANGLIER.
hure de sanglier.
jambon de sanglier.
pâté de sanglier
pâté de hure de sanglier.
    Saucissons de Boulogne.
saucissons royaux.
saucissons de sanglier.
    Scorsonere.

T

TALMOUSE.
    Tartes à la crême.
tartes au fromage.
tartes aux herbes.
tartes à la royale.
    Tartelettes.
    Topinambours.
    Truffes à la braise.
truffes au court-bouillon.
truffes au jambon.
truffes à la Lyonnoise.
pain aux truffes.
truffes à la Périgord.
ragoût de truffes en gras.
ragoût de truffes en maigre.
truffes en serviette.
truffes en surprise.
truffes vertes à l'Italienne.
truffes au vin de Champagne.

V

VEAU.
pâté froid de veau.
    Vives.
salade de vives.

EPAULE DE VEAU *ou* DE MOUTON. C'eſt l'un
des membres antérieurs qui, dans les quadrupedes,
eſt joint à la poitrine. L'épaule s'accommode comme
l'éclanche.

Epaule de mouton à la dauphine. (Voyez *Eclan-*
che à la dauphine.)

Epaule de mouton à la Rouchi. Prenez - la avec le
carré, déſoſſez le carré ; piquez le deſſus de l'épaule
avec du perſil, faites cuire à la broche, & ſervez
avec une eſſence claire.

Epaule de mouton à différentes ſauces ; ſe ſert,
cuite à la broche, avec les ſauces *à la ciboulette*,
à l'échalotte, ragoût *de chicorée*, de *laitues*, à la
Sainte - Menehould.

Epaule de mouton à l'eau. Caſſez les os ; parez
le manche ; faites cuire dans du bouillon avec bouquet, cloux, racines, oignons, peu de ſel. Quand
elle eſt cuite, dégraiſſez la ſauce ; faites - la réduire
en glace ; glacez l'épaule ; mettez un peu de coulis clair pour détacher ce qui reſte dans la caſſerole ;
ſervez ſur l'épaule pour entrée.

Epaule de mouton en filets couverts. Mortifiée,
faites-la cuire à la broche ; refroidie, levez-en la
peau, ſans la détacher du manche ; coupez-en la
viande en filets ; paſſez de l'oignon coupéz en dez ;
mouillez de bon bouillon. Quand il eſt cuit, ajoûtez-y deux rocamboles écraſées, ſel & gros poivre ; faites - y chauffer vos filets ; liez la ſauce
avec des jaunes d'œufs, filet de verjus ; dreſſez le
tout dans un plat la peau par-deſſus, & ſervez.

Epaule de mouton en pain avec une eſſence. Déſoſſez - la ; ôtez - en la moitié de la chair dont vous
ferez un hachis avec graiſſe de bœuf & lard blanchi, perſil, ciboules & champignons, pointe d'ail,
ſel & poivre ; liez avec ſix jaunes d'œufs ; rempliſ-
ſez votre épaule ; couſez & l'arrondiſſez le plus
qu'il ſe pourra ; enveloppez-la d'une étamine ou
linge, & la faites cuire dans une bonne braiſe. Dégraiſſez & ſervez avec une bonne eſſence.

Epaule de mouton farcie. (Voyez *Eclanche farcie.*)

Epaule de veau à la Turque. Prenez-la mortifiée ; coupez le manche ; levez la peau de forte qu'elle tienne au manche, en le féparant du refte de l'épaule. Défoffez le refte, & lardez-le de lard & de jambon, avec fel, fines épices ; couvrez cette viande de la peau ; ficelez & faites cuire à une bonne braife. Hachez laitues, perfil, ciboules & champignons ; paffez au beurre frais ; mouillez de jus & de coulis. Quand le tout eft cuit & lié, & affaifonné de bon goût, dreffez-le dans un plat, avec l'épaule par-deffus ; ôtez-en la peau, & mettez par-deffus le refte de la farce ; remettez la peau, & par-deffus du parmefan rapé, que vous ferez glacer au four.

Epaule de veau au fang. Détachez la peau du côté du manche, en n'y faifant qu'un trou ; prenez trois demi-feptiers de fang de porc, une demi-livre de pane, perfil, ciboules, ail, fix jaunes d'œufs, une pincée de coriandre pilée. Faites lier le tout fur le feu, fans bouillir ; laiffez refroidir ; rempliffez de cette farce le dedans de l'épaule ; coufez de peur qu'elle ne forte ; mettez à la broche, enveloppez de bardes de lard & de papier. Servez avec une effence.

EPERLAN : petit poiffon de mer, qui remonte dans les rivieres, & qui tire fon nom de la couleur de la perle dont il eft. Ce poiffon eft d'un goût très-fin & très-délicat.

Eperlans à la matelotte. Mettez dans un plat ciboules, champignons, perfil & pointe d'ail hachés, un peu d'huile fine, fel, poivre, & demi-verre de vin de Champagne ; arrangez vos éperlans deffus ; faites cuire à petit feu ; fervez avec un jus de citron.

Eperlans à l'Angloife. Paffez-les au beurre ; faites-leur prendre couleur fur la cendre chaude ; laiffez-les refroidir ; panez & faites griller de belle couleur. Faites une fauce avec beurre, fel, gros poivre, mufcade, filet de vinaigre, jus d'oignons, moutarde ; faites lier fur le feu ; fervez fous les éperlans.

Eperlans au court-bouillon. Faites cuire avec vin blanc, citron verd, sel, poivre, laurier; servez sur une serviette à sec, avec persil verd, pour les manger avec vinaigre & poivre blanc, ou avec une remoulade ou vinaigre.

Eperlans au fenouil. Prenez les plus gros; farinez & les faites frire, & servez avec la sauce suivante.

Sauce au Fenouil.

Faites blanchir du fenouil; retirez-le pour le mettre à l'eau fraîche; égouttez-le, & le pilez avec deux gousses d'ail, & le passez avec beurre, un verre de vin de Champagne, quatre jaunes d'œufs cruds, sel & gros poivre; faites lier cette sauce sans bouillir; servez-la sous vos éperlans.

Eperlans en casserole. Faites cuire avec beurre, vin blanc, muscade, citron verd, & farine frite; & en servant, mettez quelques anchois.

Eperlans en filets. (Voyez *Filets de poisson.*)

Eperlans frits. Faites mariner avec vinaigre, sel, poivre, ciboules, laurier; essuyez, farinez, & faites frire; servez garnis de persil frit.

EPICES. On comprend sous ce nom plusieurs drogues aromatiques qui nous viennent de l'Orient, comme poivre, girofle, muscade, macis, cannelle, gingembre, &c. & chez nous, les herbes aromatiques ou arbustes, comme laurier, thim, sariette, basilic, coriandre, marjolaine, &c.

OBSERVATION MÉDECINALE.

Les épices étrangeres font des substances échauffantes, âcres, irritantes, qui, étant employées en assaisonnement à très-petite dose, augmentent l'appétit, font trouver les mets plus savoureux, & facilitent la digestion. Elles donnent aux fibres relâchées de l'estomac & des intestins l'élasticité, & la force qui leur conviennent. Elles font agréables aux nerfs, empêchent la corruption des humeurs & la génération des vers; mais l'excès des épices devient encore plus funeste que leur usage raisonnable n'eſt ſalutaire. S'il y en a trop dans un mets, il échauffe, irrite, provoque à manger plus que l'appétit ne le demanderoit ; retarde la digeſtion par la ſéchereſſe que produit la chaleur ; occaſionne une altération qui dure encore pluſieurs heures après le repas ; excite à boire plus qu'il ne faudroit pour bien digérer. Quand on s'accoutume à l'uſage incommode des épices, les incommodités que nous venons de nommer, deviennent des infirmités habituelles ; une chaleur extraordinaire deſſéche les parties internes ; l'irritation continuelle diminue leur ſenſibilité ; empêche qu'elles ne faſſent bien leurs fonctions ; la circulation trop accélérée détruit le corps plus vîte qu'il ne s'uſeroit naturellement, altere les diverſes ſécrétions qui ne ſe font parfaitement que dans un mouvement lent des fluides, & une tenſion modérée des ſolides. Le corps profite peu, perd plus qu'il ne répare. L'eſtomac, les inteſtins, le foie, la rate, le pancréas deviennent le ſiége de diverſes maladies. Les herbes fines & aromatiques, comme le thym, la ſariette, le baſilic, la coriandre, la marjolaine, l'eſtragon & autres ſemblables, ſont également ſalutaires, miſes dans les mets pour en relever un peu le goût ; mais leur uſage exceſſif, ſoit momentané, ſoit habituel, peut devenir nuiſible aux perſonnes délicates & foibles. Cependant, ſi on ne pouvoit pas ſe paſſer d'aſſaiſonnements forts, il faudroit préférer ceux-ci aux épices.

EPINARS : plante potagere d'un grand uſage en cuiſine, relâchante, rafraîchiſſante & diurétique ; le plus ſain des légumes, & dont l'uſage convient à tous les âges, à tous les tempéraments, & dans toutes les circonſtances.

Epinars. (*Crême d'*) Prenez la groſſeur de deux bons œufs d'épinars bien cuits, bien égouttés ; demi-quarteron d'amandes douces pilées ; un peu de citron verd, trois ou quatre biſcuits d'amandes ameres, du ſucre à proportion, chopine de crême, demi-ſeptier de lait, ſix jaunes d'œufs ; mêlez bien

le tout , & le paſſez à l'étamine dans un plat. Couvrez ce plat d'un couvercle de tourtiere , feu deſſus ;
laiſſez juſqu'à ce que votre crême ſoit priſe , & ſervez chaude ou froide.

Epinars. (*Maniere d'apprêter les*) Amortiſſez-
les à l'eau bouillante ; faites égoutter ; hachez menu ;
paſſez à la caſſerole avec du bon beurre , ſel &
poivre , muſcade , un peu de purée , ou mieux , de
crême douce ; faites bouillir juſqu'à ce qu'il ſoit
bien cuit. Si c'eſt en gras , mettez du lard fondu
au lieu de beurre.

On peut auſſi accommoder comme deſſus. Ajoûtez à l'aſſaiſonnement un peu de ſucre , de l'é-
corce de citron , deux macarons pilés , quelques
gouttes d'eau de fleurs d'orange. On ſert avec
croûtons frits.

Epinars. (*Potage d'*) Mettez dans un pot des
épinars ; lavez avec de l'eau , beurre , ſel , petit
bouquet de marjolaine , baume , oignons piqués de
cloux ; lorſqu'ils ſont à demi-cuits , on met du
ſucre , une poignée de raiſins ſecs , des croûtons ,
ou croûtes ſéchées au four. Achevez de faire cuire ,
& dreſſez ſur une ſoupe coupée à l'ordinaire.

Epinars. (*Riſſoles d'*) Faites votre farce d'é-
pinars comme deſſus , en y ajoûtant ſeulement deux
biſcuits d'amandes ameres ; faites un abaiſſe de
feuilletage ; coupez-le en petits morceaux ; mettez
ſur chacun d'eux de votre farce la groſſeur d'une
petite noix ; recouvrez d'autres petits abaiſſes ; ſou-
dez-les bien ; faites frire au beurre affiné de belle
couleur ; égouttez-les & les dreſſez ; ſaupoudrez de
ſucre , & glacez avec la pelle rouge.

Epinars. (*Tourte d'*) Amortiſſez-les à l'eau
bouillante comme deſſus ; faites égoutter , & pilez enſuite dans un mortier avec écorce de citron
verd confit , & du ſucre ; ajoûtez du beurre & un peu
de ſel ; foncez une tourtiere d'un abaiſſe de feuilletage ; étendez deſſus vos épinars , bien également ;
faites un bord , & mettez au four : quand la tourte
ſera cuite , ſaupoudrez de ſucre fin , & glacez avec
la pelle rouge.

OBSERVATION MÉDECINALE.

L'épinar est une plante aqueuse, légérement acide, peu nourrissante, facile à digérer. Son usage fréquent rafraîchit, donne des sucs doux, légers ; tient le ventre libre. Cet aliment convient fort aux personnes délicates, sédentaires, aux enfants, aux gens âgés, aux convalescents, à tous ceux dont l'estomac est foible. Mais il faut, pour qu'ils soient sains, que les mets que l'on préparera avec cette plante, ne contiennent que peu de beurre ou de jus de viandes. On préférera alors la crême, le bouillon épais ; & il n'y entrera que la quantité de beurre ou de jus de viandes qui est absolument nécessaire.

EPINE - VINETTE. C'est un petit fruit long, & cylindrique, qui croît sur un arbrisseau que l'on trouve dans les buissons, les haies & les lieux incultes. Il faut le choisir très-mûr, de belle couleur & d'une aigreur agréable & réjouissante.

Epine-vinette confite au liquide. Choisissez de l'épine-vinette d'un beau rouge, grosse & bien mûre ; sur deux livres, vous ferez cuire deux livres & demie de sucre à la grande plume ; mettez-y l'épine-vinette, & faites-la cuire à grand feu, quatorze ou quinze bouillons ; ôtez-la du feu pour la laisser reposer une heure ; ensuite vous la remettrez sur le feu pour la faire cuire, jusqu'à ce que le syrop ait une bonne consistance, que vous l'ôtez du feu ; quand elle sera à demi-froide, vous la mettrez dans les pots.

Epine-vinette en grappes ou en branches. Ayez de l'épine - vinette grosse & mûre, & de la plus rouge ; ôtez les grappes de dessus le bois, & pesez-en trois livres : faites cuire quatre livres de sucre à la plume, & mettez votre fruit auquel vous ferez prendre dix ou douze bouillons couverts ; ôtez-les ensuite de dessus le feu ; écumez-les proprement, & laissez - les reposer deux heures ;

après quoi, vous les mettrez égoutter fur un clayon, pour les faire fécher fur des ardoiſes, à l'étuve.

Epine-vinette. (*Conſerve d'*) Prenez une livre d'épine - vinette qui ſoit d'une belle couleur, & que vous égrainez ; mettez-la dans une poële avec un demi-ſeptier d'eau, & lui faites prendre trois ou quatre bouillons pour la faire fondre : enſuite paſſez-la au travers d'un tamis, ſur un plat d'argent à part : vous ferez deſſécher le marc, & vous la finirez comme la groſeille.

Epine-vinette. (*Dragée d'*) Vous mettrez à l'étuve, pour la faire fécher, la quantité d'épine-vinette égrainée que vous jugerez à propos ; quand elle aura reſté au moins dix jours à l'étuve, & que vous la trouverez aſſez féche, vous la mettrez dans des boëtes, dans un endroit ſec ; elle ſe conſerve long-temps. Lorſque vous voulez vous en ſervir pour faire des dragées, vous en mettez dans une poële à proviſion, avec du ſucre cuit au grand liſſé, où vous avez mis un peu de gomme arabique détrempée avec de l'eau ; remuez toujours la poële ſur un petit feu, juſqu'à ce que ce ſucre gommé ſe ſoit attaché après les grains d'épine-vinette ; quand ils ſeront bien ſecs, vous y remettrez encore de ce même ſucre, pour leur donner une ſeconde couche, en remuant toujours les anſes de la poële ; lorſque cette ſeconde couche ſera finie comme la premiere, vous leur donnerez encore cinq ou ſix couches de la même façon avec du ſucre cuit au liſſé, ſans être gommé comme les deux premieres ; lorſque vous jugez que vos dragées ſont aſſez chargées de ſucre, vous les menez fortement ſur la fin, ſans les ſauter ; c'eſt ce qui les liſſe : il faut achever de les faire fécher à l'étuve ; quand elles ſeront bien féches, vous les conſerverez dans un endroit ſec, dans des boëtes garnies de papier. Si vous en voulez faire beaucoup à la fois, il faut les faire dans une baſſine, comme il ſe pratique chez les confiſeurs, parce qu'une poële à proviſion ne peut ſervir que pour une livre à la fois.

Epine-vinette. (*Gelée d'*) Vous aurez quatre livres d'épine-vinette, de la plus belle & de la plus rouge ; vous l'éplucherez bien , & vous ferez cuire quatre livres de fucre à perlé , dans lequel vous jetterez votre fruit. Vous le mettrez fur le feu , & le ferez cuire à dix ou douze bouillons ; enfuite vous le ferez repofer deux heures, afin de lui faire reprendre fa couleur vermeille ; vous la remettrez fur le feu, & vous la ferez cuire encore à cinq ou fix bouillons : vous mettrez un tamis fur une terrine ; & vous verferez le tout dedans : vous la ferez paffer au travers du tamis, avec une fpatule, en preffant fortement l'épine - vinette ; puis vous la remettrez fur le feu, & la ferez cuire en gelée de pomme de reinette.

Epine-vinette. (*Glace d'*) Prenez une pinte d'eau dans une poële que vous mettrez fur le feu ; quand elle fera chaude, vous y jetterez deux poignées d'épine - vinette d'un beau rouge & bien mûre , que vous ferez bouillir cinq ou fix bouillons , avec une livre de fucre ; enfuite vous l'ôtez du feu , & la laiffez infufer jufqu'à ce que l'eau ait pris le goût & la couleur de l'épine-vinette , que vous paffez dans un tamis bien ferré , pour la mettre dans la falbotiere & faire prendre à la glace.

Epine-vinette. (*Marmelade d'*) Mettez dans une poële deux livres d'épine - vinette égrainée , avec deux verres d'eau , que vous faites bouillir fur le feu , pour la faire crever ; enfuite vous la paffez au travers d'un tamis , en la preffant fort avec une fpatule ; remettez dans la poële ce que vous avez paffé, & faites-le deffécher fur le feu, jufqu'à ce que votre marmelade foit bien épaiffe , en la remuant toujours, de crainte qu'elle ne s'attache ; faites cuire trois livres de fucre à la grande plume , & mettez-y la marmelade , pour la bien incorporer avec le fucre ; lorfqu'elle fera bien mêlée , vous la remettrez fur le feu , en la remuant toujours jufqu'à ce qu'elle foit prête à bouillir, que vous l'ôtez ; quand elle fera à demi-froide , vous la mettrez dans les pots.

Epine-vinette. (*Pâte d'*) Epluchez deux livres d'épine - vinette , & mettez-les dans une poële avec un verre d'eau pour les faire fondre ; faites-les égoutter , & passez - les au tamis : faites - les dessécher , & joignez - y une cuillerée ou deux de marmelade de pommes : faites cuire une livre de sucre à la plume ; versez - le sur votre marmelade, en la délayant doucement avec une cuiller : faites-la frémir sur le feu ; écumez - la ; puis dressez - la dans vos moules ou sur des ardoises , pour les mettre à l'étuve , & les finir comme les autres pâtes.

OBSERVATION MÉDECINALE.

Le fruit de l'épine-vinette est légérement acide, rafraîchissant, diurétique, propre à calmer l'ardeur interne, la circulation trop vive du sang, l'effervescence des humeurs & la soif ; il corrige & prévient la putridité.

ESCUBAC : pour faire cette liqueur, le safran de France doit avoir la préférence sur tous les autres. Il nous en vient du Levant ; mais soit que sa délicatesse ne puisse supporter le trajet, soit que la sécheresse du climat où il croît l'ait extrêmement desséché, on nous l'apporte presque toujours en poudre ; & s'il est bon dans le pays d'où il vient, il doit avoir beaucoup perdu de sa vertu ; car il est beaucoup moins propre à l'emploi qu'en font les distillateurs, que celui de France. Le safran, quand il est vieux, brunit. Sa bonne couleur est un jaune rouge ; il a aussi moins d'odeur quand il est vieux. Vous mettrez dans l'alambic du safran, avec un peu de vanille , un peu de quintessence des quatre fruits à écorce, un peu de macis, un peu de cloux de girofle, un peu de graine d'angélique, quelques grains de coriandre, & un peu de chervi, avec de l'eau & de l'eau - de - vie ; & vous distillerez le tout sur un feu tempéré. Quand vous aurez tiré vos esprits, vous ferez fondre du sucre dans de l'eau ; & lorsqu'il sera fondu, vous mêlerez les efprits avec le fyrop que vous aurez fait, avec peu d'eau, à caufe de la teinture. Pour faire cette teinture, vous ferez bouillir de l'eau, & vous en mettrez une partie dans une terrine, ou un verre, ou quelqu'autre vafe, felon la quantité que vous voudrez faire de liqueur ; vous mettrez dans cette eau boüillante du fafran, & vous le remuerez & le preflerez avec une cuiller, afin que la couleur fe décharge dans l'eau plus facilement ; & quand votre teinture aura ce coup d'œil foncé qu'il lui faut, vous la coulerez doucement dans la liqueur, & vous y mettrez encore plufieurs fois de cette eau, en remuant toujours, & preflant le fafran jufqu'à ce qu'il ne refte plus de couleur au fafran. Vous mettrez le tout dans la liqueur, & vous le mêlerez ; après cela, vous la clarifierez. Cette liqueur eft la plus difficile à clarifier : on ne peut en venir à bout, qu'en fe fervant d'une chauffe de drap, le plus groffier & le moins ferré. Le fuperfin efcubac, qui eft blanc, ne différe du précédent, qu'en ce qu'on met tout le fafran dans l'alambic ; mais cette liqueur jaunit en vieilliffant ; c'eft la feule qui faffe cet effet. Pour l'efcubac jaune, dont nous venons de parler, il eft fort fujet à dépofer, & fa couleur s'affoiblit. Quand vous voudrez voir fi votre efcubac eft fuffifamment coloré, il faut, après que vous l'aurez clarifié, l'effayer dans un verre : vous en verferez donc un peu, & vous rejetterez dans le vafe, où fera votre efcubac, ce que vous en aurez mis dans le verre. Si la couleur tient au verre, c'eft la preuve que votre liqueur eft fuffifamment colorée. Pour l'efcubac fimple, ou teinture de fafran, vous emploierez quatre pintes d'eau-de-vie, ou l'efprit de quatre pintes d'eau-de-vie ; & pour le fyrop, vous ferez fondre quatre livres de fucre, dans trois chopines d'eau, fi vous employez de l'eau-de-vie ; mais fi vous employez de l'efprit de vin, vous le ferez fondre dans deux pintes d'eau ; & pour la teinture, vous prendrez trois gros de fafran, & une chopine d'eau bouillante. Si vous trouviez que votre liqueur ne fût pas fuffi-famment colorée, vous pourriez y fuppléer, en y mettant un peu de caramel.

ESPRIT - DE - VIN : on appelle *efprit-de-vin fimple*, une partie d'eau-de-vie diftillée, & de laquelle on a tiré la partie phlegmatique qui lui étoit reftée après la premiere diftillation. On appelle *efprit-de-vin rectifié*, cet efprit de vin qu'on repaffe une ou deux fois à l'alambic, pour le débarraffer, autant qu'il eft poffible, de toute la partie phlegmatique qui peut être reftée après les diftillations précédentes. Enfin on appelle *efprit ardent* celui dans lequel, après plufieurs rectifications, il ne refte plus aucune partie aqueufe ou phlegmatique. L'efprit-de vin fait la bafe de toutes les opérations de la diftillation des liqueurs ; ainfi il eft effentiel de favoir le diftiller. Selon la définition que nous en avons donnée, il ne faut que diftiller une certaine quantité d'eau-de-vie ; mais cette quantité d'efprit-de-vin qu'on en tire, differe fouvent ; elle eft toujours relative à la force de l'eau-de-vie qu'on diftille. C'eft au diftillateur à faire attention, lorfque la partie phlegmatique commence à s'enlever, ce qui s'apperçoit aifément par la couleur blanche qui diftingue les phlegmes de la partie fpiritueufe. La rectification des efprits étant une opération plus délicate, demande auffi d'être difcutée un peu plus profondément. Nous avons dit que rectifier des efprits, c'étoit repaffer l'efprit de vin à l'alambic. La méthode la meilleure, dans cette opération, eft celle-ci : quand on a tiré l'efprit de vin, ce qui doit être à-peu-près la moitié, ou un peu plus d'eau-de-vie, relativement à fa force, on ôte de l'alambic ce qui y refte, & l'on remet dans la cucurbite la partie diftillée, à laquelle on fait la même chofe que ci-devant : on en retire encore la moitié ; on l'effaie en en faifant brûler un peu dans une cuiller ; quand le feu eft éteint, on juge par l'eau qui refte, à quel

point l'esprit - de - vin est rectifié : si l'on voit qu'il
ne soit point encore porté à la perfection où on
le souhaite, on procéde de même que ci - dessus ;
& on le repasse une seconde ou une troisieme fois à
l'alambic, jusqu'à ce qu'il soit au degré qu'on de-
sire. La rectification des esprits est la plus dange-
reuse opération de la distillation ; celle par consé-
quent qu'il faut suivre avec le plus d'attention,
tant par rapport à la marchandise, que par rapport à la personne du distillateur. Les autres, quelque conduite qu'elles exigent, ne demandent pas
la moitié de ce qu'exige celle-ci. C'est sur-tout ici
qu'il faut le plus d'attention à rafraîchir souvent
l'alambic, & où la présence d'esprit est le plus nécessaire au fabriquant, s'il veut prévenir des accidents auxquels il est très-difficile de remédier en
cette partie. L'esprit-de-vin rectifié, selon la façon que nous venons de dire, s'emploie ordinairement dans les eaux cordiales & celles d'odeurs.
La voie la plus sûre est le bain-marie, ou celui
de vapeurs pour éviter le danger ; la meilleure,
mais la plus longue, est celle de rectifier avec un
alambic au serpentin.

OBSERVATION MÉDECINALE.

L'esprit-de-vin est beaucoup plus souvent nuisible qu'utile, soit parce qu'il y a peu de gens
auxquels il convienne, soit parce que ces mêmes
personnes le prennent pur ou en prennent trop.
Cette liqueur est échauffante, fortifiante, anti-pu-
tride & même calmante ; mais elle coagule tous
les fluides de nos corps, à l'exception des urines
& de la bile : elle durcit les solides, diminue le
diametre des vaisseaux & leurs orifices. L'usage
modéré de l'esprit-de-vin mêlé avec une certaine
quantité d'eau & de sucre qui l'adoucissent, comme
il se trouve dans les ratafias & les autres liqueurs de table, devient salutaire à ceux qui ont
les fibres lâches, molles, qui sont foibles & pâ-

les, qui habitent des lieux humides, & chauds ou marécageux, & dans les temps des épidémies, de maladies putrides, enfin aux personnes vaporeuses, lorsque l'appauvissement du sang ou le relâchement des fibres sont causes de leurs symptomes nerveux. Ce que je dis ici de l'esprit-de-vin adouci, doit s'appliquer aussi à l'eau-de-vie qui est un esprit ardent, mêlé avec du phlegme ou de l'eau.

ESSENCE : on entend par *essence*, dans la distillation, les parties huileuses d'un corps. L'huile essentielle se trouve dans toute sorte de corps, & est un des principes de leurs compositions. On voit effectivement dans toutes les distillations, à l'esprit-de-vin près, ainsi que dans toutes sortes de matieres, fruits, fleurs, sur-tout dans les aromates & les épices mises en digestion, surnager sur le phlegme une substance douce & onctueuse ; & cette substance est de l'huile ; & c'est cette huile que nous appellons *essence*, quand c'est elle que nous voulons extraire spécialement.

ESTRAGON : plante potagere, d'un goût âcre & aromatique qu'on emploie en cuisine, & les sommités, sur-tout les plus tendres, dans les fournitures des salades.

OBSERVATION MÉDECINALE.

Cette plante fournit un assaisonnement fort sain ; elle augmente l'appétit, facilite la digestion, préserve les humeurs de putridité, ou la corrige ; fait périr les vers ; est légérement apéritive & calmante.

ETOURNEAU : oiseau d'un plumage varié, de la grosseur du merle, qui ne vaut rien, s'il n'est gras & bien jeune ; encore en fait-on très-peu de cas. Le temps des vendanges est celui où il est de meilleur goût.

OBSERVATION MÉDECINALE.

L'étourneau qui est en chair, jeune, gras & tendre, se digere assez facilement, & ne me paroît pas avoir de mauvaifes qualités. Cependant nous confeillons de n'en manger que dans l'été, ou au commencement de l'automne, temps où il vit de raifins & des autres fruits des champs, parce qu'on affure que lorfqu'il manque de ces aliments, il fe jette fur les charognes comme le corbeau.

ESTURGEON : grand poiffon de mer, qui remonte auffi dans les rivieres où il s'engraiffe beaucoup. On prétend que celui qui eft pris en haute mer, vaut infiniment mieux que celui qu'on prend à la côte, ou dans les rivieres.

Efturgeon à la broche. Prenez-en un gros morceau ; piquez-le d'anchois & d'anguilles ; mettez à la broche ; arrofez-le d'une marinade faite de parties égales de bouillon & vinaigre, tranches d'oignons, citron, poivre & fel, & beurre. Servez-le fur le refte de la marinade, lié d'un coulis de poiffon ou d'écreviffes, avec deux anchois dedans & quelques capres.

Efturgeon au court - bouillon en maigre. Faites cuire comme le brochet, (Voyez *Brochet*,) & fervez à fec.

Efturgeon aux croûtons. Coupez par petites tranches, & paffez au beurre avec perfil, ciboules, échalottes hachées, fel & gros poivre ; retournez pour faire cuire des deux côtés ; mettez enfuite dans une cafferole du beurre manié de farine, un verre de vin rouge ; faites bouillir un inftant ; mettez-y une pincée de capres hachées ; faites chauffer fans bouillir, & fervez garni de croûtons frits.

Efturgeon aux fines herbes. Coupez par tranches d'un doigt d'épaiffeur ; mettez avec lard fondu, poivre & fel, fines herbes, perfil & ciboules hachés ; laiffez prendre goût une heure ou deux ; Panez de mie de pain fine : faites griller & fervez à fec fur une ferviette, ou avec une fauce hachée piquante, ou une remoulade.

Efturgeon en fricandeaux au gras. Piquez-le de menu lard ; farinez-le, & lui faites prendre couleur dans du lard fondu ou fain-doux ; faites cuire

enfuite

enfuite avec bon jus de bœuf & fines herbes, tranches de citron, truffes, champignons, ris de veau & bon coulis, dégraiffez, & fervez avec un filet de verjus.

Efturgeon grillé en gras. Coupez- le par morceaux ; faites cuire dans du vin blanc, lard fondu, fel & poivre, laurier & un peu de lait, à petit feu ; panez les morceaux ; mettez fur le gril ; fervez à fec fur une ferviette, ou avec une fauce comme aux queues de mouton à la Sainte Menehould. (Voyez *Queues de mouton.*)

Efturgeon. (*Haricot d'*) *aux navets.* Coupez-le par tranches ; faites cuire à l'eau & au fel ; paffez-le au roux ; égouttez-le & jettez dans un coulis ; mettez-y vos navets blanchis & affaifonnés.

Efturgeon. (*Ragoût d'*) Vos tranches cuites comme deffus, mettez-les dans un ragoût avec champignons, truffes, morilles, fel & poivre, fines herbes ; & fervez garnies de filets d'efturgeon , marinés & frits.

OBSERVATION MÉDECINALE.

L'efturgeon eft un poiffon de bon goût, & nourriffant ; il doit être jeune & tendre, pour qu'il foit aifé à digérer. Les perfonnes convalefcentes, délicates, ou qui ont l'eftomac foible, feront bien de s'en abftenir, ainfi que celles que des raifons de fanté tiennent à l'ufage du poiffon léger.

ÉTUVÉE : ragoût de poiffon, qui fe fait dans un chauderon avec du beurre , fel, poivre, laurier , oignons piqués de girofle , de bon vin avec un peu d'eau pour en ôter l'âcreté. (Voyez *Carpe.*) L'excès d'affaifonnement feul peut nuire à la fanté, car en lui-même ce ragoût eft fort fain.

F A I

FAISAN : oiseau originaire de la Colchide, actuellement la (Mingrélie), naturalisé depuis long-temps dans ce pays-ci. Il est de la grosseur d'un coq, d'un plumage beau & varié, d'un goût exquis.

Faisan à la braise. Foncez une marmite de lard, de tranches de bœuf battus, avec sel, poivre, fines épices, fines herbes, tranches d'oignons, panais & carottes ; sur le tout mettez le faisan, & par-dessus même assaisonnement que dessous. Faites cuire à petit feu dessus & dessous. On peut le servir avec un ragoût de foies gras, ou d'huitres, ou d'écrevisses au gras, après l'avoir tiré de sa braise & égoutté. Voyez à l'article des *Ragoûts.*

Faisan à la broche. Plumé & vuidé, il se pique de menu lard. On le couvre d'une feuille de papier, & on le met à la broche. Quand il est presque cuit, on ôte le papier, pour lui faire prendre une belle couleur, & se sert avec une sauce au verjus, sel & poivre, ou avec le jus d'orange.

Faisan à la sauce à la carpe. Retroussez le faisan ; couvrez l'estomac d'une barde de lard ; faites trôtir à propos. Pendant la cuisson, foncez une casserole de tranches de veau & jambon, oignons, racine de persil & bouquet de fines herbes ; ayez une carpe vuidée ; lavez-la dans une eau seulement ; coupez-la par tronçons ; mettez le tout sur le feu, pour prendre couleur ; mouillez ensuite d'un bon jus de veau & d'un verre de vin de Champagne ; ajoûtez une gousse d'ail, des champignons & truffes hachés, avec quelques croûtes de pain. Le tout bien cuit, passez à l'étamine, exprimez fortement. Si la sauce n'étoit pas assez bien liée, ajoûtez-y un peu de coulis de perdrix, mettez votre faisan sans sa barde, & le laissez faire cinq à six bouillons dans cette sauce. On peut garnir le plat de laitances de carpes blanchies, qu'on met faire un bouillon dans la sauce ci-desfus ; & on fert avec du jus d'orange fur le faifan.

Faifan (Entrée de) avec différents ragoûts. Faites une farce avec le foie de faifan, perfil, ciboules, champignons, truffes, le tout haché menu & manié avec du beurre fin, fel, fines épices ; rempliffez - en le corps du faifan ; coufez ; trouffez les pattes en long ; faites cuire à la broche ; fervez avec ragoûts de truffes, d'olives, d'écreviffes, choux, ou fauce à l'Efpagnole, à la Sultane, à l'Italienne. (Voyez *Ragoûts* & *Sauces.*)

Faifan. (Filets de) Découpez en filets un faifan froid & rôti ; mettez dans une bonne effence de l'échalotte bien hachée ; faites chauffer, fans bouillir, vos filets ; dreffez avec une garniture de croûtons frits au beurre ; & mettez un jus d'orange par-deffus.

Faifan. (Pâté chaud de) Prenez de la chair de faifan & de la chair de poularde ; un morceau de cuiffe de veau bien tendre ; hachez le tout avec perfil, ciboules, champignons, moufferons, quelques ris de veau, jambon cuit, & lard crud, fines herbes ; affaifonnez de fel, poivre & fines épices ; formez un bon godiveau ; faites une pâte un peu forte, & formez-en deux abaiffes, fi vous voulez votre pâté couvert deffus & deffous. Quand il fera cuit, dégraiffez-le, & y mettez un bon coulis de champignons.

Faifan. (Pâté froid de) Trouffez proprement vos faifans ; caffez - leur les os, & les piquez de gros lard & jambon ; affaifonnez de fines herbes, perfil, ciboules & épices ; dreffez fur un abaiffe ordinaire foncé de bardes de lard, lard pilé & beurre frais, avec laurier, fel, poivre, fines herbes & épices ; couvrez & faites cuire felon le volume & le degré de chaleur du four.

OBSERVATION MÉDECINALE.

Le faifan jeune, tendre, & fuffifamment attendu, eft un manger délicat, de bon goût, & aifé à digerer. Il convient même à tout le monde : peut-être en doit - on excepter les perfonnes fujettes aux maladies qui viennent de la putridité des humeurs, au scorbut, aux dévoiements, à cause de la qualité que prend la chair de cet oiseau quand on le garde long-temps pour le rendre meilleur au goût; ce qu'on appelle le laisser *faisander*.

FAON : le petit du daim ou du cerf; se sert comme le daim, pour rôt, si ce n'est que la marinade qu'il faut lui faire ne doit pas être si forte. On sert aussi pour grande entrée la cuisse du faon avec partie de la croupe, moitié piquée, moitié panée, garnie de petits pâtés, avec une poivrade par-dessus.

OBSERVATION MÉDECINALE.

Les faons sont, le plus souvent, des viandes nourrissantes & aisées à digérer pour les gens qui ont un bon estomac, & se portent très-bien. Les personnes délicates, & celles dont l'estomac est foible, ne doivent pas en manger.

FARCE : se dit des viandes, ou poissons, ou herbes hachées pour en farcir les volailles, ou autres viandes, tant en gras qu'en maigre. On donnera aux divers articles les farces qui leur conviennent.

Farce de poisson. Vous habillez & désossez des brochets, carpes, anguilles, barbeaux & autres poissons que vous hachez ensemble & bien menu. On joint à ce hachis une omelette pas trop cuite, des champignons, truffes, persil & ciboules, une mie de pain trempée dans du lait, un peu de beurre & des jaunes d'œufs. On hache le tout qu'on mêle avec le poisson haché; on en fait une farce qu'on assaisonne de sel, poivre, épices; on la fait cuire pour la servir seule, ou pour en farcir des soles, des carpes sur l'arrête. On en fait aussi de petites andouillettes; on en farcit des choux, des croquets, des pigeons & tout autre chose.

OBSERVATION MÉDECINALE.

Les farces étant des chairs hachées, qui s'avalent sans qu'on ait pu les mâcher assez pour les bien broyer & les humecter de salive , sont moins saines que les aliments qui ne descendent dans l'estomac qu'après avoir reçu ces préparations importantes. Elles deviennent encore plus certainement nuisibles quand il y entre des chairs dures ou coriaces , ou de toute autre mauvaise qualité.

FASÉOLE *ou* HARICOT : légume très - connu. (Voyez *Haricot.*)

FENOUIL : plante potagere connue. La graine est d'un grand usage dans la distillation des liqueurs , à cause de son goût aromatique. Quelques personnes mettent des sommités de fenouil en salade.

OBSERVATION MÉDECINALE.

Le fenouil est une plante aromatique , échauffante , stomachique , apéritive , qui ne peut que rendre plus sains les aliments où elle entre.

FENOUILLETTE *ou* EAU DE FENOUIL. L'eau de fenouillette a beaucoup de rapport avec celle d'anis ; & il n'y a que les connoisseurs qui sachent véritablement la distinguer : celle-là a un petit goût sec & sauvage , qui ne déplaît pas : elle a passé , dans ses jours de mode , pour une des meilleures liqueurs : ce goût anisé & sauvage fait une espece de goût mitoyen qui a son mérite. L'eau de fenouillette , faite en liqueur double , tient encore son rang parmi les bonnes liqueurs. C'est enfin de toutes les liqueurs faites de grains , la meilleure & la plus estimée , & qui se soutient le mieux. Pour faire de bonne liqueur de cette graine , il faut la connoître & la bien choisir ; la différence qu'il y a d'elle à l'anis , c'est qu'elle est un peu courbée , & plus cannelée que celle de l'anis : la meilleure est celle qui est la plus blanche ; la jaune ne vaut rien : la bonne est d'un jaune pâle ; celle qui n'a pas cette couleur , est vieille , ou a souffert sur la plante : elle a moins de qualités , rend moins à la distillation , & souvent a un mauvais goût. Quand donc vous aurez choisi votre fenouil , vous en prendrez la quantité portée par vos recettes , selon ce que vous voudrez faire de liqueur : vous pourrez , si vous voulez, le piler; son goût se développera mieux, & son parfum sera plus considérable. Vous garnirez ainsi votre alambic; vous mettrez votre fenouil pilé, avec de l'eau & de l'eau-de-vie en quantité raisonnable : ensuite vous mettrez votre alambic, ainsi garni, sur un feu tempéré. Vous tirerez vos esprits purs, c'est-à-dire, sans y laisser les phlegmes, parce que le fenouil est de toutes les graines, celle qui prend plus facilement le goût d'empyreume. Quand vos esprits seront tirés, vous ferez fondre du sucre dans de l'eau fraîche; & quand il sera fondu, vous mettrez votre esprit-de-vin distillé dans ce syrop, vous remuerez bien le tout pour le mêler; & vous le passerez à la chausse. Pour six pintes d'eau de fenouillette, vous prendrez trois pintes & chopine d'eau-de-vie, deux onces de fenouil, vous mettrez le tout dans l'alambic, en y joignant une chopine d'eau; & vous prendrez, pour faire le syrop, une livre de sucre, & trois pintes d'eau.

FÉVES : légume connu & d'un grand usage. On les mange en verd & séches; mais on ne fait gueres usage des féves séches que dans les campagnes.

Féves vertes à la crême. Choisissez-les tendres; dérobez-les; passez-les à la casserole avec de bon beurre à demi-roux, sel, persil haché, un peu de sariette & quelques ciboules entieres; mouillez-les d'eau ou de bouillon suffisamment pour les faire cuire. Quand elles sont cuites, mettez-y de la crême fraîche, & servez avec un peu de sucre.

OBSERVATION MÉDECINALE.

Les féves sont un aliment nourrissant, plus aisé à digérer quand elles sont vertes, que lorsqu'elles sont séches. Comme elles contiennent beaucoup d'air, elles occasionnent des vents, principalement quand on n'en fait pas une bonne digestion. Les personnes convalescentes, délicates, & dont l'estomac n'est pas fort, doivent s'en abstenir, & sur-tout de celles qui sont séches.

FEUILLETAGE : se dit de la pâte maniée avec du beurre, de telle sorte qu'elle se leve par feuillets.

FEUILLANTINE. Faites deux abaisses de pâte fine feuilletée ; que vous façonnez de même que pour une tourte. Prenez de la crême de pâtissier avec de la mie de pain, ou du biscuit en poudre, un peu de raisin de Corinthe & de cannelle, du sucre, & quelques gouttes de jus de citron ; garnissez votre abaisse de dessous ; couvrez & mettez au four. *Autrement ;* mettez une crême de pistaches dans votre premier abaisse ; couvrez d'un second ; mettez au four. *Autrement ;* garnissez vos abaisses d'une crême de franchipane froide ; mettez au four. Quand vos feuillantines seront cuites, glacez-les avec du sucre en poudre avec la pelle rouge. On peut aussi les enjoliver avec de la petite nompareille.

FIGUES : fruit connu. L'arbre qui le porte, en donne en été & en automne. Celles d'été mûrissent rarement ; celles d'automne viennent en maturité. On les sert avec de la glace bien nette pour hors-d'œuvre & au dessert.

Figues séches ou liquides. On prend des figues à demi-mûres ; on les pique du côté de la queue, & on les passe à l'eau bouillante quinze ou seize bouillons. Il faut les couvrir, ensuite les laisser refroidir à moitié dans cette eau ; aprés quoi, vous les tirez & les passez à l'eau fraîche ; vous les mettez égoutter sur un tamis ; & sur quatre livres de fruits, vous faites cuire quatre livres de sucre à perlé, & vous y mettez votre fruit. Il faut leur faire prendre ensuite trois ou quatre bouillons couverts, les ôter de dessus le feu, les bien écumer, & les mettre dans une terrine à l'étuve, pour y passer la nuit : le lendemain, égoutter le syrop sans retirer le fruit de la terrine ; faites-leur prendre dix ou douze bouillons, & rejettez-les sur votre fruit, après l'avoir écumé ; un jour après, vous faites la même chose, & vous les achevez à syrop de garde pour le liquide. Si vous les voulez au sec, mettez-les égoutter ; & arrangez-les sur des ardoiſes ou feuilles de fer-blanc, la queue en haut, en les poudrant d'un peu de ſucre fin, & les mettant ſécher à l'étuve comme la poire de rouſſelet.

OBSERVATION MÉDECINALE.

Les figues ſont un fruit très-ſain, adouciſſant, nourriſſant, aiſé à digérer. Il y a peu de perſonnes à qui elles ne conviennent.

FILETS : ſe dit de certaines parties de viandes graſſes priſes le long de l'échine, ou de viandes coupées en façon de lanieres, ſoit de volailles, gibier, venaiſon ou viande de boucherie, comme bœuf, veau, mouton, cochon, &c.

Filets d'aloyau à la cendre. Prenez-le grand; parez-le & le coupez en deux. Foncez une caſſerole de veau, jambon, perſil, ciboules, champignons hachés, lard fondu; mettez deſſus votre filet; couvrez-les de bardes de lard; faites cuire à petit feu à la braiſe; aſſaiſonnez légérement de ſel & poivre. Lorſqu'il eſt cuit, mettez dans ſa ſauce une cuiller à ragoût de coulis; mettez ſur le feu pour dégraiſſer, paſſez la ſauce au tamis, verſez ſur votre filet avec un jus de citron.

Filets de bœuf aux concombres. Bardé de lard & enveloppé de papier, faites rôtir. Cuit, coupez-le par tranches minces, & ſervez avec un ragoût de concombres.

Filets de bœuf. (Autre maniere d'apprêter les) Piquez-les de filets de bœuf; marinez-les avec du vinaigre, ſel, poivre, girofle, thym, oignons; mettez-les cuire doucement à la broche. Quand ils ſont cuits, mettez-les dans un bon jus avec des truffes, & garniſſez de pigeons marinés ou de fricandeaux.

Filets de dindons à la ſauce-robert. Faites un petit roux avec du beurre & de la farine; mettez dans ce roux de l'oignon haché; mouillez-le de bon bouillon; dégraiſſez enſuite, aſſaiſonnez de bon goût; & quand vous ſerez prêt à ſervir, délayez dans la ſauce une bonne cuillerée de moutarde. Les filets de merlans levés & frits, se servent avec la même sauce.

Filets de dindons à l'Italienne. Coupez par filets un dindonneau cuit à la broche, & faites-les réchauffer sans bouillir, dans une sauce à l'Italienne. (Voyez à l'article *Sauce.*)

Filets de grosse viande à la Sultane. Prenez un filet d'aloyau ou de mouton ; ôtez-en les parties filandreuses ; applatissez-le avec le plat d'un couperet en le battant ; étendez dessus une farce de volaille cuite, mais mince ; ajoûtez un foie gras, un ris de veau blanchi, champignons, cornichons ; coupez en dez assaisonnés de sel, poivre, épices d'un bon goût ; hachez de fines herbes ; mettez un peu d'huile fine ; maniez le tout ensemble, & mettez par-dessus votre farce. Roulez votre filet ; enveloppez-le d'une barde de lard & d'une feuille de papier ; mettez à la broche ; & quand il sera cuit, servez avec une *sauce à la sultane.*

Filets de lapereaux en caisse. Habillez des lapereaux ; levez les filets ; foncez une caisse d'argent d'une farce à volonté ; arrangez dessus vos filets ; recouvrez d'une mince farce & de mie de pain ; faites cuire au four pas trop chaud, mettant dessus une feuille de papier, pour que la farce ne se colore pas trop ; dégraissez & mettez dessus une bonne essence de jambon avec du jus d'orange.

Filets de lièvre à la Czarienne. Levez les filets & la chair des cuisses d'un levraut ; faites-les mariner avec sel, gros poivre, huile fine, ail, persil, ciboule hachés ; lorsqu'ils auront pris le goût, enfilez-les dans de petites brochettes ; mettez-les sur le gril & les arrosez de leur marinade. Servez - les ensuite avec une sauce piquante.

Filets de lièvre avec une poivrade. Coupez les filets d'un levraut cuit à la broche & froid ; écrasezen le foie avec une cuiller, & le délayez avec du vinaigre ; mettez ces filets dans une poivrade ; faites chauffer sans bouillir. Ajoûtez-y votre foie délayé, & servez.

Filets de mouton à la paysanne. Prenez un gigot de mouton mortifié ; mettez à la broche ; quand il sera cuit & refroidi, coupez-le par filets : faites suer une tranche de jambon dans une casserole couverte sur un petit feu ; mouillez ensuite de jus & de bouillon par égales parties. Mettez chauffer dans cette sauce vos filets sans bouillir.

Filets de mouton au gratin. Mettez à la broche un carré de mouton bien paré ; coupez-le par filets ; lorsqu'il sera refroidi, mettez-le dans une bonne essence ; faites cuire des foies gras hachés avec persil, ciboules, champignons, lard rapé ; liez la sauce avec des jaunes d'œufs ; laissez cuire, jusqu'à ce que vos foies s'attachent ; égouttez ; dressez votre hachis dans un plat, vos filets par-dessus.

Filets aux concombres. Coupez les concombres en filets minces, & les faites mariner avec du sel, girofle, oignons, & un peu de basilic ; laissez-les bien égoutter : faites-les mitonner ensuite avec autant de jus que de coulis, bouquet de fines herbes, champignons entiers : faites - y chauffer vos filets sans bouillir ; servez avec un jus de citron, surtout si ce sont des filets de veau qu'on apprête de même. Le mouton peut se passer de citron.

Filets de mouton aux épinars. Prenez un grand carré de mouton ; levez-en les filets, piquez-les, & les faites cuire & glacer comme des fricandeaux ; faites blanchir des épinars ; pressez-les ; passez-les au beurre avec une tranche de jambon ; mouillez de bouillon & coulis assaisonnés de bon goût ; servez à sauce courte vos filets par-dessus.

Filets de porc frais aux oignons. Prenez une échinée de porc frais rôti de la veille ou du jour, mais froide ; coupez-la par filets que vous ferez blanchir & cuire dans du bouillon de petits oignons, & qu'on mettra ensuite dans une bonne essence avec un peu de moutarde ; faites-y chauffer les filets, sans bouillir.

Filets de poularde à la crême. Passez un peu de lard dans une casserole avec du persil & un peu de farine, champignons, tranches de truffes, fines her-

bes en bouquet, bon bouillon, & affaifonnement.
Mettez vos filets chauffer dans cette fauce ; & avant
de fervir, liez-la avec deux jaunes d'œufs délayés
dans la crême.

Filets de poulardes aux piftaches. Vos filets levés,
mettez-les dans une bonne effence de jambon ; ajoûtez une poignée de piftaches épluchées & égouttées ;
faites chauffer fans bouillir.

Filets de brochet aux montants. Coupez un brochet par filets fans écailler ; fi c'eft en gras, faites
cuire dans une bonne braife ; fi c'eft au maigre,
dans un court-bouillon. Quand ils font cuits, levez
la peau, dreffez & fervez autour un ragoût de montants. (Voyez à l'article *Ragoût.*)

Filets de poiffons à l'Italienne. Levez des filets
de différents poiffons de la longueur du doigt, & de
deux doigts d'épaiffeur ; faites-les mitonner avec de
bonne huile, un jus de citron, un verre de vin blanc,
perfil, ciboules, échalottes, ail hachés, bafilic,
fel, poivre, mettez-les égoutter ; dreffez & mettez
deffus une fauce hachée, légere & pointue.

Filets de poiffons en caiffe. Foncez une caiffe avec
une farce, foit de brochet ou de carpe ; mettez
un morceau de beurre avec perfil, ciboules, champignons hachés ; & liez de fix jaunes d'œufs avec
de la mie de pain trempée dans la crême ; affaifonnez de bon goût ; mettez vos filets de poiffon par-
deffus, & recouvrez de la même farce ; faupoudrez
de mie de pain, & faites cuire au four ; couvrez
d'une feuille de papier ; dégraiffez enfuite, & fervez
avec une effence maigre.

Filets de poiffons frits. Prenez les filets de tel
poiffon que vous voudrez ; faites-les mariner avec
fel, poivre & vinaigre ; effuyez & les farinez ; faites frire, & fervez garnis de perfil frit.

Filets de fanglier à la poivrade : cuit, froid &
coupé comme deffus, mettez les filets dans une
poivrade ; paffez enfuite à feu doux quelques racines, une tranche de jambon, un peu de beurre que
vous mouillerez d'un peu de bouillon au bout d'une

demi-heure : ajoûtez vinaigre, sel & poivre ; laissez mitonner le tout une bonne heure ; liez d'un peu de coulis ; passez la sauce au tamis ; faites échauffer dedans vos filets sans bouillir.

Filets de saumon au vin de Champagne. Prenez des tranches de saumon ; ôtez la peau & la grosse arrête ; coupez en filets ; assaisonnez-les dans la casserole avec sel, poivre, oignon piqué de girofle, bouquet de fines herbes, demi-feuille de laurier, persil, rapure de pain & beurre frais, demi-bouteille de vin de Champagne, ou bon vin blanc, champignons, mousserons ; faites cuire à feu vif ; la sauce suffisamment réduite, liez d'un coulis d'écrevisses.

Filets de saumon aux fines herbes. Prenez des filets comme ci-dessus ; foncez un plat de beurre frais, sel, poivre, muscade, fines herbes, ciboules entieres & persil haché ; arrangez les filets dessus, & assaisonnez comme dessous ; faites fondre du beurre pour les arroser ; panez-les ; faites cuire au four ou entre deux tourtieres, feu dessus & dessous, & faites une sauce comme il suit. Pelez des truffes vertes ; coupez-les par tranches, & passez-les à la casserole avec du beurre frais ; mouillez de bouillon de poisson ; laissez mitonner à petit feu ; assaisonnez de sel, poivre & fines herbes en bouquet ; la sauce faite, liez d'un coulis au roux ; qu'elle ait de la pointe. (Voyez *Coulis.*).

Filets de soles à l'Espagnole. Faites frire les soles ; levez les filets ; dressez-les & mettez dessus une sauce à l'Espagnole. (Voyez *Sauces.*) Faites-les bouillir doucement dans une partie de la sauce pour leur en faire prendre le goût ; & au moment de servir, versez le reste dessus, & servez avec un jus de citron.

Filets de tanches marinés. Vuidez vos tanches, coupez la tête ; fendez le corps en deux ; découpez les parties en filets ; arrangez les dans un plat avec sel, poivre, ciboules entieres, persil & oignons coupés par tranches, feuille de laurier, basilic, girofle & vinaigre ; mêlez bien le tout ; laissez mari-

ner deux bonnes heures ; tirez-les enfuite ; eſſuyez
& farinez ; faites frire de belle couleur avec du
beurre affiné, & ſervez ganies de perſil frit. Les filets
de vive ſe ſervent de même.

Filets de truites à la Lyonnoiſe. Ecaillez vos truí-
tes ; levez les filets le plus gros qu'il ſe pourra ;
mettez - les dans une caſſerole avec des truffes en
filets, perſil haché, bouquet de fines herbes, morceau de beurre manié de farine, demi-bouteille de
vin de Champagne, un peu d'ail haché, ſel, poivre, un peu de bouillon. Faites cuire un quart-d'heure,
à gros bouillons ; la ſauce preſque réduite, ſervez
chaud.

Filets de turbot à la Béchamel. Prenez du turbot
cuit au court-bouillon blanc & refroidi ; coupez-le
en filets ; faites bouillir une pinte de crême, & la
remuez juſqu'à ce qu'elle ſoit réduite au quart ; faites
chauffer vos filets dans cette crême ; & avant de
ſervir, aſſaiſonnez d'un peu de ſel & de gros poivre.

Filets de poiſſon en ſalade. On peut ſervir en ſalade
les filets des poiſſons ci-après :

Filets d'anchois & ſardines.
    de barbues fraîches.
    d'éperlans.
    de merlans.
    de ſoles.
    de thon frais ou mariné.
    de turbots frais.
    de vives.

A pluſieurs filets de poiſſons, on fait une ſauce à
la remoulade, compoſée de perſil, ciboules & anchois, capres hachées avec ſel, poivre, muſcade,
huile, vinaigre, qu'on verſe deſſus les filets.

FLAMBER : ſe dit, en cuiſine, des oiſeaux ou volaille qu'on fait paſſer ſur la flamme, pour brûler ce
duvet fin qu'on ne peut ôter en les plumant. Il ſe dit
encore d'une viande ſur laquelle on peut diſtiller du
lard brûlant pour la pénétrer davantage & la colorer.

FLAMMICHE : eſpece de pâtiſſerie qu'on fait

comme il ſuit. Prenez une livre & demie de fromage gras un peu ſalé & apprêté depuis dix ou douze jours ; maniez-le bien ſur une table avec les mains, juſqu'à ce qu'il ſoit en pâte & ſans grumeaux. Ajoûtez-y autant de beurre frais, du ſel, & huit ou dix œufs ; étendez le tout ſur une table ; verſez-y un verre d'eau ou de lait, pour rendre cette farce plus liquide, & comme des œufs battus. Prenez enſuite quatre litrons de fleur de farine ; mettez-en les deux tiers ſur votre farce ; mêlez bien le tout ; poudrez-la du litron reſtant que vous y mêlerez, à la réſerve de deux poignées ; votre pâte bien liée, poudrez-la de nouveau, & la remaniez doucement deux ou trois fois dans l'eſpace d'un demi-quart d'heure, en l'étendant & la remettant en maſſe. Laiſſez-la repoſer un autre demi-quart d'heure ; roulez-la enſuite en long, & coupez-la par morceaux ſelon la groſſeur dont vous voudrez faire vos flammiches auxquelles vous ne donnerez que deux travers de doigt d'épaiſſeur ; mettez-les ſur du papier graiſſé de beurre frais ; façonnez les bords, & mettez au four ; une demi-heure ſuffit. Le four doit être bien clos, & il faut avoir attention qu'elles ne brûlent point.

FLAN : ſorte de pâtiſſerie qu'on fait avec de la crême cuite. Cette ſorte de pâtiſſerie reſſemble ſi fort aux tartes à la crême & autres, qu'on renvoie au mot *Tarte* pour cet objet.

FLANCHET : partie du bas-bout du bœuf près les cuiſſes, faiſant partie de la ſur-longe.

FLEZ : poiſſon de mer qui vient dans l'eau douce. Il eſt meilleur pêché en mer. On le fait cuire au vin blanc avec un peu de ſel & de fines herbes. On le fait frire comme les limandes, dont ils ſont une eſpece ; mais comme ils prennent beaucoup de friture, ils ſont indigeſtes. Ils ſont plus ſains, rôtis & accommodés à la ſauce blanche.

FOIE : viſcere, qui, dans les animaux, eſt deſtiné à ſéparer la bile du ſang. Ceux des volailles & du veau ſont d'une digeſtion aſſez facile ; mais ceux des quadrupedes , surtout s'ils sont déja vieux , sont d'une substance compacte, & un très-mauvais aliment.

Foies gras à la braise. Saupoudrez vos foies de sel menu , poivre & fines herbes ; enveloppez-les d'une barde de lard & d'une feuille de papier un peu mouillé ; ficelez-les & les mettez entre deux braises , cuire à petit feu. Servez chaud avec du bon jus.

Foies gras à la crépine. Prenez les plus maigres de vos foies gras ; hachez-les avec du lard blanchi, un peu de graisse & de moëlle , truffes , champignons, ris de veau, persil , ciboules & jambon cuit, & liez le tout d'un jaune d'œuf ; coupez de la crépine par morceaux, selon la grosseur de vos foies ; mettez de votre farce sur cette crépine ; ensuite un foie gras ; recouvrez de farce, & que le tout soit bien renfermé dans la crépine ; ajustez vos foies dans du papier pour les mettre sur le gril, ou mieux, dans une tourtiere, pour les mettre au four ; ensuite dépecez vos crépines. Servez avec un peu de jus chaud , poivre, sel & jus d'orange.

Foies gras. (*Autre crépine de*) Mettez des foies gras dans une tourtiere avec des bardes de lard dessous ; assaisonnez de sel , poivre , & recouvrez de bardes ; faites cuire au four ou au foyer , feu dessus & dessous , sans les laisser sécher. Faites un ragoût de champignons ; (Voyez *Champignons* ;) tirez vos foies à sec ; faites-les mitonner dans ce ragoût, & servez chaud. On peut aussi les paner & les faire cuire au four , comme dessus , & les servir avec de bon jus & du jus d'orange.

Foies gras à l'Espagnole. Embrochez vos foies ; bardez de lard cuit. Servez avec une sauce à l'Espagnole. (Voyez *Sauces.*)

Foies gras au jambon. Coupez du jambon fort menu ; passez le au roux avec vos foies , une ciboule & du persil hachés fin ; faites cuire à petit feu dans une tourtiere au four ou au foyer , feu deſſus & deſſous ; aſſaiſonnez de bon goût, & mettez une tranche de citron. Servez avec du bon jus.

Foies gras en rôtie. Paſſez-les d'abord à la poêle ; hachez-les enſuite avec du lard, quelques champignons, fines herbes, ſel & poivre ; faites-en des rôties que vous ferez cuire à petit feu dans une tourtiere.

Foies gras. (*Ragoût de*) Faites blanchir vos foies ; paſſez des champignons coupés en dez avec un bouquet ; mouillez de bouillon & coulis ; mettez vos foies entiers ; faites-les bouillir quelque bouillons, & ſervez avec jus de citron.

Foies gras. (*Tourte de*) Faites un abaiſſe de demi-feuilletage ; foncez-en une tourtiere ; mettez du lard ratiſſé, avec ſel, poivre, fines épices & fines herbes ; arrangez-y vos foies gras avec champignons, crêtes, truffes vertes & mouſſerons, bouquet au milieu ; aſſaiſonnez deſſus comme deſſous ; couvrez de tranches de veau battues & minces, & bardes de lard, & par-deſſus tout un ſecond abaiſſe ; dorez d'un jaune d'œuf, & mettez au four ; ôtez enſuite le veau & le lard ; dégraiſſez & ſervez avec une eſſence de jambon.

Foie de veau à la braiſe. Piquez votre foie de gros lard bien aſſaiſonné ; garniſſez le fond de votre marmite de bardes de lard & tranches de bœuf minces, ſel, poivre, fines herbes, épices, tranches d'oignon, carottes & panais, perſil haché & ciboules entieres ; mettez votre foie ; couvrez comme deſſous ; faites cuire, feu deſſus & deſſous, mais doucement. Servez avec un ragoût de ris de veau par-deſſus. (Voyez *Ragoût.*) On peut encore le ſervir avec une ſauce hachée, (Voyez *Sauce*,) ou avec un ragoût de chicorée ou de concombres. (*Voyez* les articles reſpectifs.)

Foie de veau à la broche. Prenez un foie de veau bien blond ; piquez de petit lard ; mettez-le à la broche, & faites cuire à petit feu. Servez avec une poivrade, ou au jus de bon goût.

Foie de veau à la Lyonnoise. Coupez le foie par tranches ; affaisonnez de fel & poivre ; farinez-les ; paffez à la poële avec du beurre chaud , & retournez de temps à autre. Sur la fin de la cuiffon , mettez perfil haché , filet de vinaigre , effence de jambon. Dreffez & fervez.

Foie de veau à l'étuvée. Faites cuire votre foie ; coupez par tranches comme à la Lyonnoife. Quand il eft cuit, faites cuire à la même poële perfil , ciboules , échalottes , ail hachés dans du beurre ; mettez une pincée de farine ; mouillez le tout d'un demi-feptier de vin ; faites bouillir un inftant la fauce ; fervez dedans vos tranches de foie avec un filet de vinaigre.

Foie de veau à l'Italienne. Prenez un foie bien blond ; coupez-le par tranches minces ; foncez une cafferole d'huile fine , lard fondu , perfil , ciboules , champignons hachés , fel , gros poivre ; mettez deffus un lit de tranches , par-deffus un pareil affaifonnement, & ainfi de fuite , finiffant par l'affaifonnement , couvrez le tout de bardes de lard , & faites cuire à petit feu. Votre foie cuit, retirez les tranches une à une ; dreffez-les dans un plat avec une fauce à l'Italienne. Paffez des champignons hachés , pointe d'ail , bouquet à l'huile ; mouillez de bouillon , demi-feptier de vin blanc ; faites cuire la fauce ; dégraiffez & fervez dedans votre foie avec un jus de citron.

Foie de veau au jambon. Cuit à la braife comme deffus , coupez du jambon par petites tranches ; faites-le frire dans une cafferole. Lorfqu'il commence à s'attacher , mouillez-le de bon jus , & le faites un peu cuire ; liez-le enfuite d'un coulis de perdrix ou de coulis ordinaire ; fervez votre foie garni de vos tranches de jambon , la fauce par-deffus.

Foie de veau. (Ragoût de) Lardez de gros lard avec fel, poivre , & mettez dans une terrine votre foie fans eau ; mettez fur un feu très-doux. A mefure qu'il fue , augmentez le feu ; à la moitié de la cuiffon , mettez un verre de vin , laiffez bouillir jusqu'à parfaite cuisson. Servez chaud, ou coupez-le par tranches, & servez froid pour entrée.

FRAISES. On en distingue de deux sortes ; les *domestiques*, qu'on cultive dans les jardins, & les *sauvages*, qui croissent sans culture dans les bois. Les premieres sont les plus estimées, & ont plus d'odeur ; les autres ont assez souvent un goût un peu âpre, sans doute, parce que l'ombre des arbres les a empêché de sentir l'action des rayons du soleil. Il y en a aussi de rouges & de blanches ; mais les qualités des unes & des autres sont les mêmes. Il faut les choisir grosses, bien nourries, mûres, pleines de suc, de bonne odeur, & d'un goût doux & vineux.

Fraises au caramel. Mettez dans une poële un quarteron de sucre, ou une demi-livre, suivant la quantité de fraises que vous voulez faire, avec un peu d'eau ; faites-le cuire jusqu'à ce qu'il soit au caramel, d'une belle couleur de cannelle ; retirez-le de dessus le feu, pour le mettre sur de la cendre chaude & empêcher qu'il ne se prenne ; trempez-y de grosses fraises, en les tenant par la queue ; mettez-les à mesure sur une feuille de cuivre, frottée légérement de bonne huile d'olive. Vous les dresserez ensuite comme vous le jugerez à propos.

Fraises. (*Cannelons glacés de*) Ecrasez dans une terrine deux livres de bonnes fraises bien mûres, avec une demi-livre de groseilles rouges ; mettez-y une pinte d'eau, avec une livre de sucre ; laissez infuser le tout ensemble une bonne demi-heure ; & passez-le ensuite dans un tamis ; mettez-le dans une salbotiere pour faire prendre à la glace ; lorsque votre glace sera prise, vous la travaillerez, & la mettrez dans les moules à cannelons ; vous les remettrez à la glace, après les avoir enveloppés de papier ; lorsque vous serez prêt à servir, vous aurez de l'eau chaude dans un chauderon ou une marmite ; trempez-y les moules seulement pour que les cannelons quittent le moule ; vous les aiderez à sortir en donnant un coup par le bout avec le plat de la main, en les préſentant ſur une aſſiette.

Fraiſes. (*Compôte de*) Ayez de belles fraiſes , point trop mûres , que vous épluchez & lavez ; faites-les égoutter ſur un tamis ; mettez dans une poële une demi-livre de ſucre , avec un peu d'eau , & faites - les cuire à la grande plume. Vous connoîtrez ſa cuiſſon , en ſoufflant au travers de l'écumoire qui ait trempé dans le ſucre ; s'il s'envole comme de la plume, jettez-y les fraiſes , & deſcendez-les de deſſus le feu. Laiſſez - les repoſer un peu de temps dans le ſucre , en les remuant doucement avec la poële ; enſuite vous leur ferez faire un petit bouillon , & vous les retirerez promptement , ſi les fraiſes vouloient ſe lâcher , & ne point reſter entieres ; quand elles ſeront à moitié froides , vous les dreſſerez dans le compotier.

Fraiſes. (*Crême de*) Ayez une pinte de bonne crême que vous mettez dans une poële , avec un quarteron de ſucre ; faites - la bouillir juſqu'à ce qu'elle ſoit réduite à moitié ; vous prenez deux bonnes poignées de fraiſes épluchées & lavées , que vous pilez dans un mortier. Délayez-les dans la crême ; lorſqu'elle eſt à moitié froide , vous y mêlez gros comme un pois de préſure ; paſſez tout de ſuite votre crême dans une ſerviette , pour la mettre dans le compotier que vous devez ſervir ; mettez ce compotier à l'étuve , pour faire prendre la crême ; lorſqu'elle ſera priſe , vous la mettrez rafraîchir ſur de la glace.

Fraiſes en chemiſe. Fouettez un blanc d'œuf ; prenez-en un peu de mouſſe , ſuivant la quantité de fraiſes que vous voulez faire ; paſſez-les dans cette mouſſe ; & roulez-les dans du ſucre fin ; vous les mettrez à meſure ſur une feuille de papier blanc , placée ſur un tamis ; ſerrez-les à l'étuve ; que la chaleur en ſoit très-douce.

Fraiſes. (*Fromage glacé de*) Prenez un panier de fraiſes , que vous épluchez , & écraſez bien ; vous les mêlerez enſuite avec une pinte de crême

& trois quarterons de sucre ; laissez le tout ensemble pendant une heure , & vous le passerez au tamis ; mettez votre crême dans une salbotiere , pour la faire prendre à la glace. Lorsqu'elle sera prise , vous la travaillerez comme les glaces ; ensuite vous la retirerez de la salbotiere pour la mettre dans le moule à fromage, que vous remettrez à la glace pour le soutenir , jusqu'à ce que vous soyez prêt à servir. Vous aurez soin de tenir de l'eau chaude dans un chauderon, pour en foncer votre moule jusqu'à la hauteur du fromage, afin qu'il quitte le moule aisément. Vous renverserez votre compôtier ou assiette sur le moule , & le reverserez dessus.

Fraises. (*Glace de*) Pour faire trois demi-septiers de glace de fraises , vous prenez une demi-livre de fraises, avec un demi-quarteron de groseilles rouges , que vous écrasez ensemble dans une terrine ; ajoûtez-y une demi-livre de sucre , avec une chopine d'eau ; laissez infuser le tout ensemble l'espace d'un quart - d'heure ; passez-le ensuite plusieurs fois à la chausse ; si votre eau n'est point claire la premiere fois , vous la verserez dans une terrine , jusqu'à ce que vous la mettiez à la glace.

Fraises. (*Marmelade de*) Faites cuire à la grande plume deux livres de sucre ; en le retirant du feu, mettez - y une livre de bonnes fraises pilées que vous aurez passées au travers d'une étamine , en les bourrant avec une cuiller de bois, jusqu'à ce que le tout soit passé ; mêlez bien les fraises avec le sucre ; vous mettrez votre marmelade dans des pots , & ne la couvrirez que lorsqu'elle sera froide.

Fraises. (*Massepains de*) Echaudez une livre d'amandes douces , que vous mettez égoutter pour les piler très-fin dans un mortier ; lorsqu'elles sont bien pilées , vous mettez deux poignées de fraises lavées & bien égouttées , que vous repilez encore jusqu'à ce que les fraises soient incorporées avec les amandes. Vous avez une livre de sucre cuit à la

SEPTEMBRE

Lune : der. quart. le 29, nonv. le 7

29

272   S. Michel   93

DIMANCHE

Déjeuner : Beurre, sardines, Oreilles de porc sauce piquante, Rumsteck à la purée de pommes de terre, Fritot de macaroni, Dessert.

Diner : Pot-au-feu, Bœuf garni de céleri au jus, Perdrix aux choux, Soles frites, Macédoine de légumes, Gâteau fourré à l'abricot, Dessert.

NOVEMBRE

Lune : der. quart. le 29, nouv. le 5

3

307   S. Papoul   58

DIMANCHE

Déjeuner : Rissoles à l'anchois, Foie de veau maître-d'hôtel, Côtelettes de mouton grillées, Purée de pommes de terre, Salade de betteraves, Dessert.

Diner : Pot-au-feu, Bœuf bouilli sauce tartare, Lapin à la chipolata, Canard rôti à l'orange, Flageolets sautés, Compote de marrons, Dessert.

RECETTES

Cuisses d'oie sauce Robert. — Emincez oignons, faites jaunir à la casserole avec beurre, poudrez de farine, mouillez moitié vin blanc, moitié jus, sel, poivre, bouquet garni, cuisez doucement; faites réchauffer dans cette sauce les cuisses d'une oie rôtie; en servant, ajoutez bonne cuillerée de moutarde.

Croquettes au parmesan. — Faites cuire pommes de terre avec eau et sel, faites sécher au four, panez, ajoutez beurre, œufs entiers, parmesan râpé, poivre; laissez reposer la pâte, roulez et farinez les croquettes, faites frire.

Canard à l'orange. — Un canard très tendre étant cuit à la broche, posez sur le plat, versez le jus en dessous, arrosez du jus d'une orange que vous pressez. Coupez autre orange en rondelles pour garnir le plat.

Perdreaux à l'anglaise. — Préparez vos perdreaux, fendez-les sur le dos, ouvrez-les, mais sans les séparer. Aplatissez, faites mariner deux heures avec persil, oignons, thym, laurier, sel, poivre, huile. Posez sur le gril, faites cuire vivement des deux côtés; servez avec maître-d'hôtel ou sauce à la moutarde.

RECETTES

Purée de céleri-rave. — Cuisez à l'eau salée. Passez, remettez à la casserole avec beurre, ajoutez farine, cuisez un peu, salez, poivrez, un petit morceau de sucre, lait et jus, laissez mijoter. Servez avec viandes grillées ou rôties.

Marrons au beurre. — Enlevez première peau, cuisez aux trois quarts à l'eau salée, enlevez seconde peau; faites chauffer du beurre, mettez les marrons, faites cuire doucement, ajoutez beurre frais en servant.

Pommes portugaises. — Pelez et videz pommes reinettes, posez sur tourtière beurrée, sous chaque pomme tranche demie de pain beurrée, sur chaque petit morceau de beurre, morceau de sucre mouillé; cuisez au four; en servant, garnissez creux des pommes, de confiture de groseilles.

Lentilles à la crème. — Cuites à l'eau avec carottes et oignons, égouttez, sautez au beurre, mettez à côté du feu, ajoutez crème double, laissez chauffer sans bouillir.

plume, que vous mêlez avec les amandes & les fraifes; mettez le tout dans une poële fur un feu très-doux, pour faire deffécher la pâte, jufqu'à ce qu'elle quitte la poële; retirez-la pour la mettre fur une feuille, pour la laiffer refroidir. Lorfqu'elle fera froide, vous la mettrez dans le mortier avec trois blancs d'œufs frais. Repilez encore cette pâte l'efpace d'un bon quart-d'heure, en y ajoûtant un peu de fucre fin en la pilant; dreffez enfuite les maffepains de la groffeur & figure que vous jugerez à propos; faites-les cuire dans un four doux.

Fraifes. (*Maffepains glacés de*) Prenez une demi-livre d'amandes douces, que vous échaudez & pilez très-fin dans un mortier; il faut y mettre en plufieurs fois, en les pilant, un blanc d'œuf, & quelques gouttes d'eau de fleurs d'orange, pour empêcher qu'elles ne tournent en huile. Vous avez dans une poële une demi-livre de fucre cuit à la plume; mettez-y les amandes pilées pour les faire deffécher fur un feu doux, jufqu'à ce qu'elles quittent la poële; retirez-les enfuite pour les mettre refroidir; lorfqu'elles font froides, remettez cette pâte dans le mortier pour la repiler, en y ajoûtant deux blancs d'œufs frais, & un peu de fucre fin; après quoi, vous dreffez les maffepains de la grandeur que vous voulez. Faites-les cuire dans un four doux; quand ils feront prefque cuits, retirez-les pour les glacer avec de la marmelade de fraifes, que vous délayez avec un peu de blanc d'œuf. Il faut qu'elle ait la confiftance d'une bouillie; couvrez-en tout le deffus des maffepains; remettez-les au four pour faire fécher le glacé.

OBSERVATION MÉDECINALE.

Les fraifes font un des fruits d'été les plus fains; elles nourriffent, rafraîchiffent, humectent, adouciffent, font légérement fondantes, apéritives & cordiales. Cet aliment convient prefque à tout le monde; & en général, on en peut manger beaucoup & habituellement, fans qu'il incommode. Il n'y a que les perſonnes qui ont l'eſtomac froid , ou chez leſquelles tous les aliments froids ou rafraîchiſſants ne ſe digerent pas, qui ſoient obligées de s'en abſtenir.

Fraiſe de veau. C'eſt une membrane épaiſſe & graſſe. On la cuit au pot avec ſel , poivre & fines herbes en paquet. Celle d'agneau ſe mange de même. La meilleure façon eſt de la faire blanchir ; on délaye dans une marmite une poignée de farine ; quand cette eau bout, on y met cuire la fraiſe avec ſel , poivre , bouquet , oignons , carottes , panais , & on la ſert avec une ſauce au vinaigre.

FRAISER : ſe dit des féves qu'on dépouille de leur premiere peau.

FRAMBOISES. La bonne odeur, le goût & les qualités des framboiſes ſont à-peu-près les mêmes que celles des fraiſes. Il faut les choiſir groſſes , mûres , & pleines d'un bon ſuc.

Framboiſes. (*Cannelons de*) Mettez dans une terrine environ deux livres de framboiſes , avec une demi-livre de groſeilles rouges ; écraſez le tout en-ſemble, mettez - y enſuite une livre de ſucre avec une pinte d'eau ; laiſſez infuſer une demi-heure ; paſſez votre eau de framboiſes dans un tamis, pour la mettre dans une ſalbotiere , afin de la faire prendre à la glace. Lorſqu'elle ſera priſe , vous la travaillerez pour la mettre dans des moules à cannelons, que vous enveloppez de papier , pour les remettre à la glace, ſeulement afin de les ſoutenir juſqu'à ce que vous ſerviez ; vous tremperez les moules dans de l'eau chaude, pour les faire déta-cher ; vous les aiderez à ſortir , en donnant un coup par le bout avec le plat de la main, en les préſen-tant ſur une aſſiette ; & vous les ſervirez prompte-ment.

Framboiſes. (*Compôte de*) Ayez une livre de belles framboiſes , bien entieres ; épluchez-les bien, & mettez-les dans de l'eau fraîche ; faites fondre une demi-livre de ſucre dans une poële, & faites-le cuire juſqu'à la plume ; ce que vous connoîtrez en ſoufflant doucement au travers de votre écu-

moire ; & lorfque vous verrez que votre fucre s'en-
volera comme de la plume, vous y jetterez auffi-tôt vos framboifes que vous aurez fait égoutter
fur un tamis. Vous ôterez auffi-tôt votre poële de
deffus le feu, & vous la laifferez repofer : peu de
temps après, vous remuerez tout doucement vos
framboifes avec la poële ; & vous leur donnerez
enfuite un bouillon : vous les laifferez refroidir,
& vous les fervirez dans un compôtier.

Framboifes. (*Conferve de*) Vous aurez une livre
de framboifes avec une poignée de grofeilles rouges, que vous pafferez au tamis fin ; vous les deffécherez à petit feu, jufqu'à ce qu'elles foient réduites à moitié : vous ferez cuire cinq quarterons
de fucre à la plume un peu forte ; vous le laifferez
un peu refroidir, & vous y mettrez le fruit. Il faut
le remuer, & vous le drefferez.

Framboifes. (*Crême de*) Après avoir fouetté &
rendu de la bonne crême affez épaiffe ; mêlez-y du
fucre en poudre, & des framboifes bien mûres
que vous aurez paffées par un tamis : il faut en mettre à proportion de ce que l'on a de crême, pour
lui donner le goût ; la dreffer fur une porcelaine
par roche avec une cuiller, la garnir autour d'un
cordon de framboifes entieres & la fervir.

Framboifes. (*Fromage glacé de*) Ayez un bon
panier de framboifes d'environ une livre, que vous
écrafez bien dans une terrine ; prenez une pinte
de crême, que vous mêlez avec les framboifes, &
environ trois quarterons de fucre. Laiffez le tout
enfemble pendant une heure ; & paffez - le enfuite
au tamis ; vous le mettrez dans une falbotiere, pour
le faire prendre à la glace. Lorfque votre crême
fera glacée, vous la travaillerez & la mettrez dans
un moule à fromage, que vous remettrez à la
glace, pour le foutenir jufqu'à ce que vous foyez
prêt à fervir. Vous aurez de l'eau chaude dans un
chauderon ; vous y enfoncez le moule jufqu'à la hauteur du fromage, afin qu'il quitte aifément : vous
mettrez votre affiette ou compôtier fur le moule ;

vous renversez le fromage dessus, & vous servez promptement.

Framboises. (*Gelée de*) Si vous voulez framboiser la gelée de groseilles, vous y mêlerez une poignée ou deux de framboises, suivant la quantité ; & pour la faire toute de framboises, vous prendrez quatre livres de ce fruit, & deux de groseilles : ensuite vous ferez cuire cinq ou six livres de sucre à cassé ; vous y jetterez votre fruit, & le ferez bouillir jusqu'à ce qu'il n'écume plus, & que le syrop soit cuit entre lissé & perlé. Alors on verse le tout sur un tamis, au-dessus d'une poële, & sans presser votre fruit, si vous ne voulez. La gelée passe très-belle : vous lui faites prendre encore un bouillon ; vous l'écumez, & vous l'empotez à l'ordinaire.

Framboises. (*Glace de*) Ecrasez dans une terrine un panier de framboises ; ajoûtez-y trois demi-septiers d'eau, avec une demi-livre de sucre ; battez le tout ensemble, & passez-le ensuite à la chausse. Vous vous réglerez sur cette dose, suivant la quantité que vous en voulez faire ; vous le mettrez dans la salbotiere, pour faire prendre à la glace.

Framboises liquides. Vous prendrez cinq livres de framboises, grosses & vermeilles ; épluchez-les, & faites cuire sept livres de sucre à la plume ; mettez - y vos framboises, & faites - les cuire à grand feu, douze ou quinze bouillons ; ensuite il faut les descendre de dessus le feu, les bien écumer, les remettre cuire jusqu'à ce qu'elles soient à syrop, les laisser refroidir & les mettre dans des pots ; & comme la framboise est extrêmement séche, vous pouvez mettre, sur quatre à cinq livres de framboises, deux verres de jus de cerises, que vous aurez passées à la chausse ; mais vous ne le mettrez que quand vous leur aurez donné le premier bouillon. Vous ferez cuire le tout ensemble à grand feu, jusqu'à ce qu'il soit à syrop ; ensuite vous laisserez refroidir vos framboises & les mettrez dans des pots.

Framboises

Framboises. (*Marmelade de*) Vous passerez au tamis six livres de framboises ; & vous les dessécherez jusqu'à ce qu'elles soient réduites à moitié : vous ferez cuire trois livres de sucre à soufflé ; vous le mettrez dans votre fruit, & vous le ferez bouillir dix ou douze bouillons. Il faut bien remuer votre marmelade avec la spatule, & la mettre dans des pots toute chaude.

Framboises. (*Massepains de*) Dans le temps des fruits rouges, vous pouvez diversifier vos massepains de plusieurs manieres, en mettant aux uns du jus de framboises, à d'autres du jus de groseilles, de fraises, de cerises, mais observez que si vous employez ces jus pour arroser vos amandes, en les pilant avec le blanc d'œuf, il faut ensuite bien dessécher votre pâte sur le feu, ou bien la faire avec du sucre en poudre.

Framboises. (*Pâte de*) Vous passerez au tamis de belles framboises bien rouges ; vous les dessécherez jusqu'à ce qu'elles soient réduites à moitié ; vous en pèserez quatre livres ; vous ferez autant cuire de livres de sucre au caramel, & vous y mettrez votre pâte. Il faut la bien remuer avec une spatule, la dresser sans l'exposer sur le feu, & la mettre à l'étuve. Vous pouvez vous servir de sucre en poudre, en mettant livre pour livre, lui donner dix ou douze bouillons, & ensuite la dresser.

Framboises séches. On fait cuire deux livres de sucre à la grande plume, pour y mettre deux livres de belles framboises presque mûres & épluchées de leurs queues. Il faut leur faire prendre un bouillon couvert, ensuite les ôter du feu pour les écumer. Vous les verserez doucement dans une terrine pour les laisser dans leur syrop jusqu'au lendemain, en les mettant dans l'étuve ; ensuite vous les retirez dans leur syrop pour les mettre égoutter, poudrez-les par-tout avec du sucre fin, & mettez-les sécher à l'étuve.

OBSERVATION MÉDECINALE.

Les framboises sont nourrissantes, cordiales, un

peu rafraîchiſſantes, humectantes, adouciſſantes, légérement fondantes. C'eſt un aliment très-ſain; il y a peu de perſonnes qui aient l'eſtomac aſſez foible pour qu'elles ſoient obligées de s'en priver.

FRESSURE: ce ſont le poulmon ou le mou, le cœur, le foie, la rate enſemble.

Freſſure de veau à la bourgeoiſe. Coupez-la par morceaux; faites-la dégorger dans l'eau fraîche, blanchir enſuite à l'eau bouillante; mettez-la dans une caſſerole avec un morceau de bon beurre, une pincée de farine, & mouillez de bouillon. Quand votre ragoût eſt cuit & aſſaiſonné, liez la ſauce avec trois jaunes d'œufs délayés avec un peu de lait à feu doux, & ſervez avec un filet de verjus. La freſſure de cochon peut s'accommoder de même; à ce mets il ne faut pas une grande préparation.

FRICANDEAU A LA BOURGEOISE. Faites des tranches de rouelle de veau de deux doigts d'épaiſ-ſeur; piquez-les de petit lard d'un côté; faites-les blanchir un moment à l'eau bouillante: mettez-les cuire enſuite dans une caſſerole avec aſſaiſonnement convenable, bouillon & bouquet garni; tirez-les enſuite; dégraiſſez la ſauce en la paſſant au tamis dans une autre caſſerole; faites-la réduire juſqu'à ce qu'il n'y en ait preſque plus; mettez-y vos fri-candeaux pour les glacer du côté du lard; dreſſez-les ſur un plat; détachez le reſte de la ſauce en la mouillant d'un peu de coulis & de bouillon, & ſer-vez ſous vos fricandeaux. Tous les fricandeaux ſe font de même.

Fricandeaux à l'oſeille. Cuits comme deſſus, pre-nez trois ou quatre poignées d'oſeille bien épluchée; faites-lui faire trois ou quatre bouillons; tirez en-ſuite; laiſſez-la égoutter & refroidir; preſſez-la pour la bien épurer; mettez-la dans une caſſerole avec du jus de veau & de l'eſſence de jambon; faites-la mitonner à petit feu, & liez enſuite pour ſervir d'un bon coulis de perdrix, ou de veau & de champignons. Servez vos fricandeaux par-deſſus. On peut mettre deſſous un ragoût de cardons d'Eſpagne, ou de céleri, ou de chicorée, ou de con-combres, ou de petits oignons, (*voyez leurs arti-cles refpectifs*,) ou un ragoût de cotons de pour-pier que vous ferez cuire, & accommoderez comme l'ofeille. On fait auffi des fricandeaux de dindons, de faumon au gras, de brochets; mais ils exigent des préparations dont les cuifines bourgeoifes ne font pas trop fufceptibles.

FRICASSER : fe dit des viandes ou autres mets qu'on fait cuire promptement à la poële, qu'on af-faifonne de beurre, lard, ou autre graiffe.

FRIRE : fe dit des viandes ou autre chofe qu'on fait paffer à la poële, foit au beurre, huile, lard fondu, ou fain-doux, tant pour les cuire que pour leur donner une belle couleur.

FROMAGE A LA BOURGEOISE. Mettez fur le feu une pinte de lait avec une chopine de crême, une demi - cuillerée d'eau de fleurs d'orange, un quarteron de fucre ; faites bouillir le tout enfemble, & réduire à moitié. En l'ôtant du feu, vous y met-trez trois jaunes d'œufs que vous remettrez un inf-tant fur le feu fans qu'il bouille, feulement pour faire cuire les œufs; ôtez-le auffi-tôt qu'il commence à s'épaiffir. Lorfque votre crême fera refroidie aux trois quarts, vous y mettrez un peu de préfure de la groffeur d'un pois ; pofez-la fur de la cendre chaude pour la faire cailler, & enfuite dans un panier à fro-mage garni d'un linge fin; quand elle fera bien égout-tée, vous la defferez dans le compôtier.

Fromage à la Bourguignote. Mettez dans une ter-rine une chopine de crême double, avec un peu d'écorce de citron râpé très-fin, une bonne pincée de gomme adragant pulvérifée ; fouettez le tout enfemble, jufqu'à ce que votre crême foit bien liée & épaiffe, fans être montée en neige; mettez - la égoutter dans un panier d'ofier, garni d'un linge fin; lorfque le fromage fera bien égoutté, & qu'il aura pris la forme du panier, vous le renverferez dans ce que vous devez fervir; poudrez-le par tout de fucre fin.

Fromage à la Conti. Faites bouillir une chopine de crême avec un demi-septier de lait & un peu de sucre ; lorsqu'il bouillira, vous l'ôterez du feu pour y mettre quatre jaunes d'œufs délayés avec une demi-cuillerée d'eau de fleurs d'orange, & un peu de lait. Remettez-le sur le feu seulement pour faire chauffer, en remuant toujours avec une cuiller ; quand la crême commence à s'épaissir, vous l'ôtez promptement du feu, crainte que les œufs ne tournent ; laissez-la refroidir jusqu'à ce qu'elle soit un peu plus que tiéde ; alors vous y mettez un peu de présure délayée, pour faire cailler la crême en la posant sur un peu de cendre chaude, couverte d'un plat avec de la cendre chaude dessus, ou à l'étuve ; quand elle sera prise, vous la mettrez dans un petit panier à fromage, garni d'un linge fin pour la faire égoutter ; vous servirez votre fromage dans un compôtier avec une bonne crême autour, & du sucre fin.

Fromage à la Dauphine. Faites bouillir une chopine de bonne crême avec un demi-quarteron de sucre ; en l'ôtant du feu, vous y mettrez quelques gouttes d'eau de fleurs d'orange. Lorsque votre crême sera froide, vous la fouetterez jusqu'à ce qu'elle soit bien montée ; & vous la dresserez dans un panier d'osier, garni d'un linge ; vous laisserez votre fromage jusqu'à ce qu'il soit bien égoutté. Vous le renverserez dans la porcelaine où vous devez le servir.

Fromage à la Duchesse. Il faut avoir une chopine de lait & autant de bonne crême ; mettre dans un mortier trois ou quatre abricots secs, de l'écorce de citron verd, de la chair & de la marmelade d'orange, autant de l'un que de l'autre ; piler bien le tout ensemble, & le passer dans un tamis ; délayer cette composition dans la crême, la faire tiédir, & y jetter un peu de présure. Lorsqu'elle est prise, vous la mettez dans des moules pour la servir avec de la crême douce & du sucre en poudre.

Fromage à l'Angloise. Prenez une chopine de crême douce, une chopine de lait & une demi-livre de sucre en poudre ; délayez-y trois jaunes d'œufs, & faites bouillir le tout jusqu'à ce qu'il soit en petite bouillie ; alors descendez-le du feu ; versez-le dans votre moule à glace, & mettez-le à la glace l'espace de trois heures : lorsqu'il sera ferme, vous retirerez le moule, & le chaufferez un peu, afin de tirer votre fromage plus facilement, ou bien vous mettrez le moule un moment dans l'eau chaude. Ensuite servez votre fromage dans un compôtier.

Fromage à la Suisse. Faites bouillir & réduire à moitié trois demi-septiers de crême avec trois demi-septiers de lait ; ôtez-les du feu, & mettez-y très-peu de sel, avec un demi-quarteron de sucre ; lorsqu'ils feront un peu plus que tièdes, vous y mettrez gros comme un grain de caffé de présure délayée. Mêlez-les ensemble, & passez-les tout de suite au tamis pour les mettre dans un plat que vous couvrez d'un autre, jusqu'à ce qu'ils soient caillés, en les faisant prendre sur un peu de cendre chaude, ou à l'étuve ; ensuite vous le mettez dans un petit panier ou pot de fayance fait exprès pour les fromages ; lorsqu'il est bien égoutté, vous le renversez dans l'assiette où vous devez le servir : jettez du sucre fin dessus.

Fromage au mortier. Prenez un fromage caillé avec une chopine de crême douce ; mettez le fromage dans le mortier, & vous le pilerez avec quelques zestes de citron tirés au sec ; ensuite versez-y votre crême en plusieurs fois, jusqu'à ce que le fromage soit liquide ; mettez-y du sucre en poudre ce qu'il en faut ; puis prenez un moule de fer-blanc de la grandeur de votre compôtier, ou plusieurs petits ; mettez dans le fond de chaque moule une toile de gaze, & remplissez-le de votre composition : laissez-le égoutter pendant quatre ou cinq heures, & servez-le avec de la crême douce ou sans crême.

Fromage d'Enguien. Prenez les blancs de quatre œufs ; fouettez-les bien, & mettez-y les jaunes que vous fouetterez de même. Vous prendrez ensuite une pinte de bon lait & une chopine de bonne crême douce, du sucre à proportion, un peu d'eau de fleurs d'orange, ou quelques zestes de citron. Quelques-uns y mettent un peu de sel. Il faut verser le tout dans une poële sur un feu modéré : lorsqu'il commencera à bouillir, vous presserez deux jus de citron dans une chopine d'eau que vous aurez dans une aiguiere ; vous jetterez de cette même eau à petits filets, autour de la poële, sur votre crême ; lorsqu'elle voudra bouillir, & qu'elle s'élevera encore, vous continuerez de jetter de l'eau jusqu'à cinq ou six fois. Ayant employé l'eau, & voyant au-dessus le fromage bien formé, il faudra jetter le premier bouillon ; vous l'ôterez de dessus le feu, & vous le laisserez à demi refroidir ; ensuite vous l'ôterez avec une écumoire, & vous le mettrez dans des moules de fer-blanc qui soient percés de petits trous ; vous les laisserez égoutter une heure, & vous les renverserez sur une porcelaine. On les sert avec de la crême & du sucre en poudre, ou sans sucre.

Fromage en Cannelons. Faites bouillir une chopine de crême avec une chopine de lait, un quarteron de sucre, une cuillerée d'eau de fleurs d'orange ; lorsque votre crême aura bouilli un bouillon, vous l'ôterez du feu pour la laisser refroidir jusqu'à ce qu'elle soit un peu plus que tiéde, que vous y mettrez, gros comme un grain de caffé, de la présure délayée avec un peu de lait ; passez tout de suite votre crême dans un tamis, pour la mettre dans un plat, & la faire prendre sur un peu de cendres chaudes, ou à l'étuve. Quand elle sera prise, vous la couperez en cannelons avec un couteau ; mettez à mesure tous ces morceaux sur un grand plat un peu éloignés les uns des autres ; posez ce plat sur de la cendre chaude, pour que les cannelons jettent tout le petit lait qui peut rester après, & qu'ils se raffermissent. Vous les dressez ensuite dans le plat où vous devez les servir. Mettez dessus un peu de bonne crême & du sucre fin.

Fromage glacé. Il faut prendre trois chopines de

lait & une chopine de crême, les mettre dans une poële sur le feu avec suffisamment de sucre & deux zestes de citron coupés en rouelles; les laisser bouillir en les tournant jusqu'à ce que le tout commence à s'épaissir. On le verse ensuite dans un plat d'argent; lorsqu'il commence à être froid, on le jette dans le moule de fer-blanc; l'on met ce moule dans un baquet plein de glace. Le moule doit être couvert dessus & dessous de glace; & l'on doit prendre garde que l'eau n'entre pas par la jointure du moule, lorsqu'il est glacé; cela se connoît en appuyant le doigt dessus. Il faut faire chauffer de l'eau dans une poële, y mettre le moule un moment pour détacher le fromage, le dresser sur une porcelaine, & le servir aussi-tôt.

Autre fromage glacé. Vous pouvez diversifier le goût & la couleur, en y mettant, selon les saisons, des fraises, des framboises ou fleurs d'orange en feuilles, que vous mêlerez avec votre crême, en la passant au tamis. La fleur d'orange ne passe point; mais elle y laisse son goût. En hiver on le fait cuire comme le premier fromage glacé; & on lui donne le goût de cannelle, de chocolat, de citron, ou d'essence de bergamotte, de caffé, &c.

Fromage glacé. Voyez *Caffé*, *Chocolat*, *Fraises*, *Framboises*, *Pistaches*.

OBSERVATION MÉDECINALE.

Les fromages frais faits avec de bon lait & de la crême nouvelle, sont, en général, nourrissants, adoucissants, humectants; on trouve peu de personnes qui ne digerent fort bien cet aliment, quand il est simple. Il change un peu de qualité par les divers ingrédients qu'on mêle avec la crême ou le lait, & lorsque ces substances éprouvent l'action du feu; les œufs le rendent plus nourrissant, plus difficile à digérer pour les estomacs foibles; le feu diminue plusieurs de ses qualités, telles que celles d'humecter, de rafraîchir, d'adoucir.

GAL

GALETTE, espece de pâtisserie cuite au four.

Galette commune. Pétrissez deux litrons de farine avec environ une livre de beurre frais, eau & sel suffisamment délayés petit à petit, ajoûtant de l'eau jusqu'à ce que la pâte de ferme devienne molle. Mettez-la en boules ; applatissez ensuite avec le rouleau, en poudrant votre table de farine, pour que la pâte ne s'y attache pas ; donnez un pouce d'épaisseur, dorez & mettez au four.

Galette aux œufs. Il ne faut qu'ajoûter quatre ou cinq œufs à la pâte ci-dessus.

Galette galeuse. Même dose ; ajoûtez du fromage affiné, quel qu'il soit ; coupez par petits morceaux, & pétrissez en mettant l'eau avec le beurre pour commencer votre pâte que vous garnissez lorsque votre galette est formée de petits morceaux de fromage.

Galette feuilletée. Votre pâte étant formée comme la précédente, il ne faut que la plier plusieurs fois en quatre, & l'étendre ensuite avec le rouleau ; formez votre galette, dorez, & faites cuire.

GALIMAFRÉE : se dit de différents restes de viandes qu'on met dans une casserole, avec du sel ou poivre & de l'eau, si c'est de la viande blanche ; si c'est d'autres viandes, on ajoûte un filet de vinaigre ou du vin, avec quelques échalottes ou rocamboles hachées, ou ail. Ces viandes doivent être dépecées par morceaux.

Galimafrée (Autre) de viande de boucherie. Prenez une épaule de mouton froide ; détachez la peau de la chair, sans la détacher du manche ; hachez la chair, passez-la à la casserole avec du lard fondu, fines herbes, sel, poivre, muscade, champignons, citron verd & bouillon. Faites cuire tout ensemble, & servez dans la peau ; panez & faites prendre couleur, & mettez un bon jus en servant.

GARDON : petit poisson d'eau douce qu'on accommode comme la carpe. Voyez *Carpe*.

O B S E R V A T I O N   M É D E C I N A L E.

Le gardon mangé dans sa saison , & sortant d'une belle eau , est assez délicat , & se digere facilement. Sa chair est peu savoureuse & peu nourrissante.

GATEAU : piéce de pâtisserie assez commune.

Gâteau à la Brie. Prenez du fromage de Brie bien affiné , un litron de farine , demi-livre de beurre , peu de sel , quatre œufs pour délayer votre pâte. Pétrissez bien ; mouillez-la un peu , & la laissez reposer une heure ; formez-en votre gâteau , & le mettez au four.

Gâteau à l'Angloise. Deux poignées de farine , chopine de lait , demi-septier de crême , demi-livre de raisins secs , autant de graisse de bœuf , un peu de coriandre , muscade rapée , un quarteron de sucre , eau de fleurs d'orange & eau-de-vie parties égales , deux bonnes cuillerées ; mêlez le tout. Beurrez le fond d'une casserole , où vous mettez cuire ce mêlange ; mettez au four ; & quand votre gâteau sera cuit , glacez avec du sucre en poudre & la pelle rouge.

Gâteau à l'Italienne. Mettez dans une casserole demi-septier d'eau , un peu de sel , un quarteron de beurre , deux ou trois zestes de citron verd ; faites bouillir cette eau sur un fourneau ; retirez les zestes ; mettez de la farine autant que votre eau en pourra prendre ; faites-la desflécher & refroidir ; délayez-la ensuite avec autant d'œufs qu'elle en pourra boire , & mettez-y quelques cuillerées d'eau de fleurs d'orange , & quelques biscuits d'amandes ameres écrasées. Formez de cette pâte de petits gâteaux de la grosseur d'un œuf ; faites - les cuire au four , & glacez à l'ordinaire.

Gâteau au lard. On fait une pâte brisée très-fine , dont on forme un gâteau , sur lequel on met par rangées & très-près , de petits lardons de petit lard. On obfervera de faler moins, à caufe du petit lardon. On le met au four, il fe fert froid.

Gâteau au riz. Faites cuire une demi-livre de riz, comme pour faire un potage au blanc; quand il fera cuit & bien épais, faites une pâte brifée d'un litron de farine, environ une livre de beurre, du fel ce qu'il en faut; mettez le riz & la pâte dans un mortier; pilez le tout enfemble, & l'incorporez bien; formez votre gâteau; dorez & mettez au four fur un papier beurré, fervez chaud.

Gâteau au verjus ou aux confitures en beignets. Prenez de la pâte feuilletée, coupez-la comme pour des petits pâtés. Sur un des abaiffes, mettez des confitures de verjus, recouvrez d'un autre abaiffe, foudez bien les bords. Faites-les frire de belle couleur au fain-doux, & les faites égoutter fur un linge blanc.

Gâteau aux œufs. Délayez un litron de farine avec huit œufs, une cuillerée de levure de bierre, ou comme une noix de levain, environ demi-livre de beurre frais fondu & fel. Le tout bien manié, couvrez d'un linge chaud, & mettez près du feu pour l'entretenir dans une chaleur tempérée pendant une demi-heure, & pour que la pâte fe renfle. Faites fondre enfuite un quarteron de beurre frais dans une tourtiere, mettez-y votre gâteau, couvrez & faites cuire feu deffus & deffous; fervez chaud.

Gâteau bourgeois. C'eft le même que le gâteau aux œufs pour la façon de la pâte; fi ce n'eft que celle-ci fe pétrit avec du lait, la façon de cuire eft encore la même.

Gâteau de fromage. Sur une livre de farine, mettez demi-livre de beurre, délayez votre farine avec de la crême battue; ajoûtez un peu de fromage mou, & que votre pâte foit un peu ferme; formez votre gâteau, & étendez deffus de petits morceaux de fromage affiné avec du beurre, & mettez au four.

Gâteau de Savoye. Ayez deux livres de fucre en poudre, vingt jaunes d'œufs, fleurs d'orange pilées, citron confit, citron verd haché menu ; battez le tout ensemble ; ayez deux douzaines de blancs d'œufs à part ; fouettez-les bien, quand ils seront en neige, joignez-les au premier mélange ; passez-y ensuite une livre de fine fleur de farine au tamis ; mêlez le tout, & le mettez dans une casserole de la grandeur dont vous voudrez faire votre gâteau, dans laquelle vous aurez fait fondre du beurre affiné, & que vous ferez égoutter ; de sorte qu'il n'y reste qu'un léger enduit que vous laisserez figer ; saupoudrez de sucre fin ; faites cuire au four, mais pas trop chaud ; & quand il sera cuit & refroidi, glacez-le d'une glace blanche avec blancs d'œufs, sucre en poudre & jus de citron bien battu ; couvrez-en votre gâteau ; faites quelques desseins dessus, ou avec du citron confit ou des confitures. On peut le servir sans glacer, en lui donnant belle couleur.

Gâteau feuilleté. Détrempez environ une livre de fa ine à l'eau & au sel sans beurre ; que la pâte soit molle ; laissez-la reposer une demi-heure ; étendez-la ensuite avec le rouleau à un doigt d'épaisseur ; étendez du beurre frais sur cet abaisse, pliez-le en double, & le pétrissez avec le rouleau, pour incorporer votre beurre ; formez un nouveau lit de beurre, & continuez de procéder comme dessus, cela par quatre à cinq fois ; formez votre gâteau, dorez & faites cuire.

Gâteau fourré. Prenez de la pâte feuilletée ; formez deux abaisses de l'épaisseur d'un écu ; que le premier excede l'autre d'un doigt ; mettez dessus des confitures ; recouvrez de l'autre abaisse ; mouillez les bords & les soudez ; dorez & faites cuire. Quand il sera cuit, passez dessus un doroir trempé dans le beurre ; saupoudrez de nompareille, ou glacez à l'ordinaire.

Gâteau (Autre) fourré. Prenez deux blancs d'œufs frais, battez-les bien ; mettez un quarteron de farine, autant de sucre en poudre, un peu d'eau-de-vie & de coriandre pilée ; mêlez bien le tout, & l'étendez menu sur des papiers de la largeur d'une assiette ; saupoudrez de sucre, & mettez au four.

Gâteau mollet. Ayez un fromage mou, demi-livre de beurre frais, environ un litron de farine & sel à proportion ; pétrissez le tout à l'eau froide, & mettez au four.

Gâteau ordinaire. Prenez de farine ce qu'il faut pour la grandeur dont vous le voulez, avec du beurre aussi pesant que de farine & de fromage mou, non écremé, sel & eau ; mettez votre farine sur un tour ; faites un trou au milieu, votre eau & le beurre en dedans ; pétrissez ferme ; étendez avec le rouleau, & mettez votre fromage mou par-dessus ; pliez en quatre ; étendez & repliez ainsi plusieurs fois ; formez votre gâteau, dorez & faites cuire au four.

Gâteau (Autre) ordinaire. Sur deux litrons de farine mettez une livre de bon beurre, chopine de lait, quatre œufs ; pétrissez petit à petit, mettant du lait à mesure ; formez une pâte ferme & votre gâteau ; mettez au four. Il faut quatre heures pour le cuire à propos dans un four raisonnablement chaud.

Gâteau (Petit) pour le déjeûner. C'est la même pâte & la même façon que pour le gâteau feuilleté, dont on forme plusieurs petits gâteaux de la grosseur & de la figure qu'on veut.

Gâteau. Voyez *Jasmin, Jonquille, Orange, Violettes.*

GAUFRE. Délayez de la farine, la quantité qu'il vous plaira, avec de la bonne crême fraîche, jusqu'à ce qu'il n'y ait point de grumeaux ; mettez-y ensuite un peu plus de sucre en poudre que vous n'y avez mis de farine ; délayez-le bien avec la cuiller, en y mettant encore de la crême, jusqu'à ce que votre pâte soit bien claire ; puis vous y jettez un peu d'eau de fleurs d'orange, & vous remuez bien le tout ensemble. Vous ferez chauffer le fer, & vous le graisserez des deux côtés, de fois à autre, avec du beurre frais, que vous mettrez dans le coin d'un serviette : étant graissé, vous coulerez la gaufre sur le fer avec une cuiller ; il n'en faut pas plus d'une cuillerée & demie pour chaque gaufre ; & si vous pressez un peu le fer, elles en feront plus délicates; mettez enfuite le fer fur le fourneau, pour faites cuire la gaufre; lorfqu'elle fera cuite d'un côté, vous retournerez le fer de l'autre côté; & quand vous voudrez voir fi la gaufre eft cuite, vous ouvrirez doucement votre fer, & vous regarderez fi elle eft bien en couleur, pour lors vous la retirerez du fer avec un couteau, puis vous l'étendrez toute chaude fur un rouleau de bois fait exprès pour lui faire prendre la forme; enfuite vous la mettrez à l'étuve, à mefure que vous la ferez, pour qu'elle s'entretienne bien féche.

Gaufres fines. Prenez fix œufs frais, battez les jaunes & les blancs tout enfemble; mettez-y douze onces de fucre fin en poudre, une livre de farine fine; battez le tout enfemble; puis vous y mettrez un demi-feptier de crême, autant de lait, quatre onces de bon beurre frais qui foit fondu dans un verre d'eau, deux grains de fel bien menu, une goutte d'eau de fleurs d'orange, & un peu de rapure de citron; il faut bien battre le tout enfemble pendant un quart-d'heure, faire chauffer votre gaufrier également des deux côtés, le refte comme ci-deffus.

GELÉE. Voyez *Cerifes, Coings, Epine-vinette, Framboifes, Grenades, Grofeilles, Mufcat, Poires, Pommes, Verjus.*

Gelée de viandes: efpece de reftaurant qu'on fert pour entremets. Comme elle fe digere facilement, on en donne aux malades pour les foutenir, lorfqu'ils ne font pas en état de prendre des nourritures plus folides. Prenez des pieds de veau felon la quantité de gelée que vous voudrez, avec un bon coq; lavez-les & les épluchez, & les mettez dans une marmite avec la quantité d'eau fuffifante; faites cuire & écumer avec foin. Quand les viandes feront défaites, votre gelée eft à fon point: il ne faut pas qu'elle foit trop forte; paffez votre gelée à l'étamine ou par un linge, & la dégraiffez bien; mettez du fucre à proportion, cannelle en bâton, deux ou trois cloux, deux ou trois écorces de citron, & l'on fait cuire la gelée quelque temps avec ces ingrédients. Pendant ce temps, on fouette en neige quatre ou cinq blancs d'œufs, on y met le jus des citrons, dont on a employé l'écorce ; on verse ce mélange dans la gelée en la remuant de temps à autre sur le fourneau ; on la laisse ensuite bouillir jusqu'à ce que le bouillon soit prêt à passer les bords, on passe alors la gelée à la chausse jusqu'à ce qu'elle soit bien claire, & on la met en lieu froid pour la faire prendre. On teint les gelées de toutes sortes de couleurs, en gris de lin avec la cochenille, en rouge avec le suc de betterave, en violet avec la teinture de tournesol, en jaunes avec des jaunes d'œufs, en verd avec le jus de poirée cuite, & on les blanchit avec le lait d'amandes.

GELINOTE : oiseau très-délicat, qui vit dans les bois, & sur-tout dans les montagnes couvertes de sapins. On en trouve beaucoup dans les hautes montagnes du Comté de Bourgogne ; on les accommode comme le faisan. Il y a une gelinote d'eau, qui tient de la poule & du canard, & qui s'apprête comme le canard sauvage.

OBSERVATION MÉDECINALE.

La gelinote des bois est un mets très-sain, nourrissant, fortifiant, de facile digestion, & dont les gens délicats, foibles & convalescents peuvent manger avec sécurité. La gelinote d'eau n'a pas les mêmes qualités : comme la plupart des oiseaux aquatiques, son fumet déplaît à quelques personnes, sa chair ne se digere pas très-facilement ; on doit s'en abstenir, quand on n'a pas un bon estomac.

GENIÉVRE. (*Eau de*) Pour faire l'eau de geniévre en liqueur, vous pilerez une certaine quantité de baies de geniévre ; vous les mettrez dans l'alambic avec de l'eau & de l'eau-de-vie. Il faut observer quand on distille du geniévre, de mettre dans l'alambic le double d'eau de ce qu'on met ordinairement pour les autres graines, afin d'imbiber à fond les baies de geniévre, & donner aux elprits la facilité de fortir, fans que le geniévre s'attache au fond de la cucurbite ; & comme le geniévre eft fort fujet à monter, crainte qu'il n'engorge le tuyau, vous aurez grand foin de votre alambic, & vous graduerez bien votre feu, de peur d'accident ou de perte. Lorfque vous aurez tiré vos efprits, vous ferez fondre du fucre dans de l'eau fraîche ; & lorfqu'il fera fondu, vous mêlerez vos efprits avec le fyrop. Pour faire fix pintes d'eau de geniévre, ou liqueur fimple, vous pilerez un demi-litron de baies de geniévre, que vous mettrez avec trois pintes & demie d'eau-de-vie dans votre alambic ; vous prendrez une livre & un quart de fucre, & trois pintes & demie d'eau, pour faire le fyrop.

Geniévre (*Glace de*) Prenez une demi poignée de geniévre que vous concaffez, & mettez-le dans une pinte d'eau, avec un peu de cannelle & une demi-livre de fucre ; faites bouillir le tout enfemble cinq ou fix bouillons, enfuite vous le paffez à la chauffe, & vous le mettez dans une falbotiere, pour faire prendre à la glace.

OBSERVATION MÉDECINALE.

Le fruit du genevrier ou geniévre eft un peu échauffant, atténuant, ftomachique, favorife l'écoulement des urines, & quelquefois la fortie des vents. Il eft du nombre des médicaments auxquels on a attribué de trop grandes vertus.

GIBIER : on entend par ce mot, tous le animaux quadrupédes ou volatiles non domeftiques, qu'on fe procure par le moyen de la chaffe. On en diftingue de trois fortes.

Le gros gibier ou venaison qui comprend les fauves ;

S A V O I R :

Le Cerf.	Le Daim.
La Biche.	Sa femelle.
Le Faon de Cerf.	Son faon.
Le Chevreuil.	Le Sanglier.
Sa femelle.	La Laye.
Son faon.	Le Marcassin.

Le Gibier à poil.

Les Lievres.	Les Lapins.
Les Levrauts.	Les Lapereaux.

Le Gibier à plume, ou menu Gibier.

Le Faisan.	Ramereaux.
La Poule-faisande.	Grives.
Les Faisandeaux.	Merles.
Les Perdrix rouges &	Beccots.
grises.	Beccasses.
Les Perdreaux.	Beccassines.
Les Cailles.	Vaneaux.
Les Cailleteaux.	Pluviers.
Les Ortolans.	Canards sauvages.
Becca figues.	Sarcelles.
Rouges-gorges.	Rouges.
Gelinottes.	Albrans.
Guignard.	Poules d'eau.
Alouettes.	Plongeons , &c.
Ramier.	

Le gibier mangé trop frais, est insipide ; trop tendre, il porte au nez : il faut le manger lorsque la vapeur qui s'en exhale, ou le fumet, perce sans avoir d'odeur forte & désagréable.

On trouvera à leurs articles respectifs la maniere d'apprécier ces sortes de viandes.

GIGOT : partie du quartier de derriere du mouton. On a déja donné au mot *Eclanche* différentes façons d'accommoder cette partie ; en voici d'autres qui n'y sont pas comprises.

Gigot à la daube. Otez-en la peau ; faites-le blanchir, piquez-le de menu lard, & le faites tremper avec sel, poivre, girofle, laurier & bouquet de fines herbes dans du verjus & du vin blanc, pendant douze heures ; mettez-le ensuite à la broche, & l'arrosez de sa marinade ; faites une sauce avec ce qui se trouve dans la léchefrite, farine frite & jus de champignons ; mettez-y un anchois, & y laissez mitonner votre gigot pendant quelque temps.

Gigot à la daube. (*Autre façon de*) Otez la peau, battez le gigot pour l'attendrir, coupez le bout de l'osselet, piquez-le de gros lard avec sel & poivre ; faites-le bouillir dans un pot ou marmite, jusqu'à ce qu'il soit cuit ; mettez-y ensuite du vin blanc & un peu de verjus, du girofle ; retirez-le, & avant de servir, versez dessus un peu d'essence d'ail.

Gigot à la Périgord. Coupez des truffes en petits lardons & du lard de même, assaisonnez de sel, poivre & fines épices, persil, ciboules & pointe d'ail, le tout bien haché ; lardez votre gigot de lard & de truffes ; enveloppez-le bien de papier ; laissez-le deux jours, de sorte qu'il ne prenne point l'air ; faites-le cuire à petit feu & dans son jus, dans une casserole couverte de tranches de lard & de veau ; dégraissez la sauce, & servez avec une cuillerée de bon coulis pour la lier.

Gigot de veau à l'étouffade. Lardez de gros lard, passez-le à la casserole ; mettez-le ensuite étouffer dans une terrine avec des champignons, une cuillerée de bouillon, un verre de vin blanc, sel & poivre, bouquet de fines herbes, girofle & muscade ; liez la sauce avec la farine frite ; servez garnis de croûtons frits avec jus de citron. On peut encore lier la sauce avec du coulis.

Gigot à la paysanne. Dégraissez & désossez-le, ne laissant que l'os du manche ; battez-le bien ; ôtez la peau de deſſus de la largeur de deux mains ; pi-quez-le de menu lard , arrangez dedans une bonne ſauce ; faites un ragoût de pigeons , d'ailerons , ou autres choſes ; mettez dedans , recouvrez de votre farce ; mettez cuire votre gigot à la braiſe : étant cuit, égout-tez-le , & ſervez avec une eſſence & jus de citron.

Gigot à l'eau. Prenez-le mortifié , battez-le avec le couperet , caſſez le gros os , & le mettez cuire dans une marmite , avec ſel & poivre , cloux & bouquet , quelques bardes de lard , & une bouteille de vin blanc. Quand il eſt cuit , dreſſez-le & ſer-vez deſſus une ſauce à l'Italienne.

Gigot roulé. Déſoſſez - le , levez la moitié de la chair ; faites - en une farce , piquez-le deſſus du gi-got ; mettez la farce dedans ; couſez-le , faites - le cuire & glacer comme un friandeau , & ſervez avec une bonne eſſence.

GINGEMBRE : racine d'une plante qui croît dans l'Inde & aux Antilles ; ſon goût eſt âcre & aro-matique , on en fait un grand uſage aux Antilles , où il tient lieu de poivre , il excite l'appétit. On le mange en ſalade aux lieux où il croît : on nous l'apporte ici ſec ou confit.

GIROFLE , eſt le fruit d'un arbre qui croît aux Molucques , d'une odeur & d'un goût aromatique , & d'un grand uſage dans la cuiſine , pour l'aſſai-ſonnement des mets.

GLANDE : *plexus* de vaiſſeaux déliés qui ſert à ſéparer les humeurs ou à lubrifier certaines par-ties. Les glandes ſont pour l'ordinaire tendres & agréables au goût , nourriſſantes & d'un bon ſuc , de facile digeſtion.

GODIVEAU : hachis de toutes ſortes d'ingré-dients , dans lequel il entre beaucoup de lard & de graiſſe , & qui , par-là - même , eſt indigeſte & pe-ſant ſur l'eſtomac. Sa préparation d'ailleurs exige beaucoup d'apprêts , ſur-tout le godiveau de Pou-peton & le pâté de godiveau.

GOGUE AU SANG : préparation d'un foie de veau , dans laquelle il entre de la graiſſe & du ſang de porc ou de veau; mets indigeste en ce que le sang des animaux, de quelque maniere qu'on le prépare, eft difficile à digérer, fe coagule aifément, & fournit quantité d'humeurs groffieres & impures.

GOUJON : il y en a de deux fortes, de mer & d'eau douce; on les frit l'un & l'autre, ou on les accommode comme l'éperlan. (Voyez *Eperlan.*)

GRIVE : oifeau très-connu, & d'un ufage commun; d'un goût délicat, fur-tout au temps des vendanges.

Grives à la braife. Faites-les cuire à la braife, & fervez avec une fauce hachée.

Grives au geniévre. Couvrez-les de bardes de lard & de papier ; attachez-les à la broche & les faites rôtir. Pendant qu'elles rôtiffent ; mettez dans une cafferole un peu de jus & de coulis, un verre de vin blanc, un jus de citron ; & faites bouillir le tout : faites blanchir une douzaine de grains de geniévre, que vous mettrez dans votre coulis avec les grives ; vous laifferez mitonner le tout, & dégraifferez votre coulis pour fervir.

Grives en ragoût. Paffez-les à la cafferole avec lard fondu, un peu de farine pour lier la fauce, un verre de vin blanc, bouquet de fines herbes & l'affaifonnement ordinaire ; laiffez mitonner le tout, & fervez avec un jus de citron.

Grives rôties. On les met à la broche, fans vuider ; avec des rôties deffous, comme les mauviettes. Ou bien, tandis qu'elles rôtiffent, on les flambe avec du lard ; on les poudre de pain & de fel mêlés, & on les fert avec poivre & verjus, en frottant le plat d'une échalotte ou d'une rocambole ; on en fait auffi différentes entrées, comme des beccaffes. (Voyez *Beccaffes.*)

OBSERVATION MÉDECINALE.

La chair de la grive, prife principalement pendant le temps où elle mange du raifin, eft délicate, légere, favoureufe & fort faine ; elle convient même aux convalefcents à qui on permet de la viande. Cependant comme cet oiseau eft communément fort gras dans la faifon où il eft meilleur à manger, il faut, quand on le fert aux convalefcents ou aux perfonnes délicates que les fubftances graffes peuvent incommoder, en ôter la plus grande partie de la graiffe en le faifant rôtir, ou qu'ils ne mangent pas les parties très-graffes.

GROSEILLES au liquide. Prenez quatre livres de belles grofeilles, & faites cuire cinq livres de fucre à la plume; jettez-y vos grofeilles, & faitesles cuire à grand feu, quatorze ou quinze bouillons: enfuite defcendez-les de deffus le feu, & laiffezles repofer une demi-heure; puis remettez-les fur le feu, & faites-les cuire à fyrop de garde. Il faut les laiffer refroidir, & les mettre dans des pots; & fi vous les voulez faire parfaitement belles & bien coulantes, vous écraferez dans une terrine trois livres de cerifes, & vous en tirerez le jus, que vous pafferez à la chauffe, jufqu'à ce qu'il foit bien clair; enfuite vous ferez cuire fix livres de fucre à la forte plume; & vous y mettrez votre jus de cerifes auquel vous donnerez quatre ou cinq bouillons. Vous y jetterez vos quatre livres de grofeilles que vous ferez cuire douze ou quinze bouillons. Il faut les laiffer un peu repofer, puis les remettre fur le feu & les faire cuire à fyrop; les laiffer refroidir & les mettre dans des pots.

Grofeilles. (*Clarequets de*) Ayez deux livres de grofeilles, que vous écraferez à froid dans une terrine; ou, fi vous voulez, mettez-les dans une poële fur le feu, & faites-leur prendre huit ou dix bouillons; jettez-les enfuite fur un tamis, pour en exprimer le jus; paffez ce jus à la chauffe; fi vous en avez une chopine, vous ferez cuire cinq quarterons de fucre au caffé; mettez-y le jus de grofeilles, pour les faire bouillir enfemble, & les réduire en gelée. Lorfque votre gelée fera faite, vous la verferez dans de petits gobelets à clarequets, & vous les fervirez quand ils feront pris.

Grofeilles (*Compôte de*) Prenez une livre de

belles groseilles rouges ; égrainez-les ; mettez - les dans de l'eau fraîche ; & dans le moment , égouttez-les sur un tamis : mettez environ une demi-livre de sucre clarifié sur le feu ; faites - le cuire à la petite plume , & jettez-y vos groseilles ; faites - leur prendre cinq ou six bouillons couverts ; ôtez - les de dessus le feu : écumez-les bien ; laissez-les refroidir , pour les dresser dans vos compôtiers. Il faut observer de pousser tous les fruits rouges à grand feu , pour leur conserver leur couleur.

Groseilles. (*Conserve de*) Vous prenez des groseilles que vous épluchez ; & vous les mettez dans une poële sur le feu , pour leur faire rendre leur eau ; ensuite vous les jettez sur un tamis , & vous les laissez bien égoutter : ainsi préparées , vous les passerez au travers d'un tamis ; vous prendrez ce qui aura passé par-dessous le tamis , & vous le remett ez sur le feu , pour le faire dessécher. Vous ferez cuire du sucre à cassé , & vous y jetterez votre marc , jusqu'à ce qu'il y en ait suffisamment pour en donner la couleur & le goût à votre conserve , délayant bien le tout dans votre sucre que vous travaillerez & blanchirez tout autour de la poële : & quand vous verrez qu'il fera une petite glace par-dessus , vous dresserez votre conserve dans vos moules.

Groseilles en bouquets. Prenez une livre de grosses groseilles , cueillies par petits bouquets , que vous mettez dans une livre de sucre cuit à la grande plume , pour leur faire prendre deux ou trois bouillons couverts ; écumez - les doucement , & laissez-les dans leur sucre , sans les ôter de la poële. Il faut les mettre à l'étuve jusqu'au lendemain , que vous les mettrez égoutter. Lorsqu'elles feront refroidies , arrangez - les proprement par petits bouquets ; quand elles feront bien égouttées , il faut les poudrer de sucre fin , & les mettre sécher à l'étuve.

Groseilles en chemises. Ayez de belles groseilles en grappes , que vous trempez dans un peu de mousse de blancs d'œufs bien fouettés ; passez - les tout de suite dans du sucre fin , & mettez - les à mesure sur une feuille de papier blanc, posé sur un tamis ; mettez-les à l'étuve d'une chaleur très-douce, pour les faire sécher.

Groseilles en grains. Prenez de belles groseilles rouges ; ôtez-en les pepins, & jettez-les à mesure dans l'eau fraîche ; clarifiez six livres de cassonnade pour quatre livres de groseilles, que vous mettrez au cassé. Vous y glisserez votre fruit bien doucement, & vous le remuerez toujours sur le feu, en tenant votre poêle par les deux anses, jusqu'à ce que votre sucre soit décuit ; vous ôterez la groseille du feu, & vous la mettrez dans les pots. Il ne faut point qu'elle bouille du tout. La groseille blanche se fait de la même façon.

Groseilles en grappes. On prend quatre livres de grosses groseilles en grappes ; on fait cuire quatre livres de sucre à la première plume, & l'on y met les groseilles en grappes. On les fait cuire cinq ou six bouillons, & on les laisse reposer cinq ou six heures. Après, vous les remettrez sur le feu, & vous leur ferez prendre trois ou quatre bouillons ; vous les posez proprement sur un tamis, pour les égoutter ; ensuite vous les dresserez en grappe sur des feuilles de fer-blanc ou des ardoises ; vous les poudrez tant soit peu de sucre, & vous les mettrez à l'étuve.

Groseille. (Gelée de) Vous prenez six livres de groseilles, & vous faites cuire six livres de sucre à cassé : vous y jettez vos groseilles, & vous les faites bouillir jusqu'à ce qu'elles n'écument plus, & que la cuisson soit entre le lissé & le perlé ; ensuite égouttez-les sur un tamis fin, sans les trop presser. Si vous voulez, vous les laissez seulement bien égoutter : après quoi, vous faites prendre à votre gelée un bouillon ; vous l'écumez & la mettez dans des pots. Quand elle y est, il s'y fait encore une petite écume qu'il faut ôter, pour la rendre nette, & la couvrir deux jours après.

Groseilles framboisées. (Gelée de) Elle se fait comme la précédente, avec cette différence, que vous mettez un demi-quart de framboises sur trois

quarts de groseilles , & une livre de sucre , pour
une livre de fruit. Ceux qui veulent faire la gelée
avec le marc , mettent le sucre dans une poële ,
& le font cuire au cassé ; mettez-y ensuite les groseilles , & faites-les bouillir avec le sucre , en l'é-
cumant de temps en temps , jusqu'à ce que votre
gelée soit cuite entre le lissé & le perlé ; mettez-
la égoutter sur un tamis fin , en pressant un peu le
marc ; redonnez-lui un petit bouillon pour l'écumer ,
& vous la mettrez dans les pots.

Groseilles. (*Glace de*) Prenez deux livres de
groseilles , & la valeur d'une livre de framboises ;
mettez le tout dans une poële ; faites-leur faire
trois ou quatre bouillons couverts ; vous les jetterez sur un tamis pour en avoir le jus , que vous passerez à la chausse ; ensuite vous prendrez une livre
& demie de sucre que vous ferez fondre dedans sur
le feu ; & vous y mêlerez une chopine d'eau ; & vous
la mettrez dans une terrine pour refroidir ; ensuite
vous mettrez votre eau de groseilles dans une salbotiere , pour faire prendre à la glace. Si vous n'êtes
pas dans le temps de la groseille en grain , prenez
de la gelée de groseilles framboisées , un pot ou
deux , selon la quantité que vous en voudrez faire ;
vous la mettrez dans de l'eau chaude ; pour qu'elle
soit plus facile à se dégeler ; passez-la au travers
d'un tamis , en la pressant avec une spatule ; ajoûtez-y du sucre & un peu de cochenille , si vous
n'y trouvez pas assez de couleur , & vous finirez
vos glaces comme à l'ordinaire.

Groseilles. (*Marmelade de*) Faites bouillir trois
livres de groseilles égrainées , avec un demi-septier
d'eau que vous mettez dans une poële , pour lui
faire prendre quatre ou cinq bouillons pour les faire
crever ; vous passez le clair des groseilles au travers
d'un tamis , & vous les mettrez à part ; ensuite vous
les presserez bien avec une spatule , ou avec la
main , pour en tirer le plus de marmelade que vous
pourrez ; faites cuire une livre de sucre à la grande
plume ; mettez-y la marmelade de groseilles , pour

la faire bouillir avec le sucre, en la remuant toujours avec une spatule, jusqu'à ce qu'elle ait pris quatorze ou quinze bouillons; & versez-la à demichaude dans les pots. La chair des groseilles que vous avez mis à part, si vous n'avez point d'occasion de l'employer, vous pouvez le laisser dans votre marmelade; vous réduisez le tout ensemble, & lui donnez plusieurs bouillons de plus.

Groseilles. (*Pâte de*) Ayez quatre livres de groseilles que vous égrainez; mettez-les dans une poële, avec un demi-septier d'eau; faites-les crever sur le feu, en leur faisant prendre deux ou trois bouillons couverts; mettez-les égoutter sur un tamis, & pressez-les bien fort avec une spatule, pour en tirer toute la substance des groseilles; vous ferez réduire sur le feu tout ce qui a passé au travers du tamis, en le remuant toujours, jusqu'à ce qu'il soit réduit en pâte. Il faut peser cette pâte, sur cinq quarterons, vous ferez cuire une livre & demie de sucre à la grande plume; ôtez-le du feu, & délayez-y tout de suite la pâte de groseilles: lorsqu'elle sera bien délayée avec le sucre, vous la mettrez dans les moules à pâte pour les faire sécher à l'étuve.

Groseilles sans feu. (*Gelée de*) Prenez deux livres de groseilles, que vous écraserez bien, pour en exprimer tout le jus au travers d'un torchon bien serré, en le tordant fort; passez ce jus au travers d'une serviette mouillée, ou à la chausse; prenez deux livres & demie de sucre que vous mettez en poudre, & vous le jetterez dans le jus de groseilles; vous le remuerez avec une spatule, pour en faire fondre le sucre; ensuite vous l'exposerez au soleil dans deux vaisseaux que vous verserez de l'un à l'autre, pendant deux ou trois heures par intervalle, toujours exposée au soleil; & à chaque fois vous verserez votre gelée dix ou douze fois de suite; si elle n'est pas prise le même jour, elle prendra le lendemain, en l'exposant au soleil. Cette gelée n'est que pour rafraîchir, & n'est point pour garder.

Groseilles

Groseilles. (*Syrop de*) Le ſyrop de groſeilles eſt une bonne boiſſon qu'on fait pour ſuppléer au défaut du fruit, qui ne dure au plus que deux mois dans l'année ; & dans le reſte, il ſe trouveroit un vuide pour ceux qui aiment ce rafraîchiſſement : c'eſt donc pour conſerver ce fruit qu'on fait le ſyrop de groſeilles. Vous prendrez des groſeilles dans le fort de leur ſaiſon, qui ſoient parfaitement mûres ; vous en ôterez les grappes ; vous les écraſerez, & les paſſerez dans un linge blanc, & fort, pour en bien exprimer tout le jus ; pour cela, vous les preſſerez bien fort ; vous clarifierez votre jus, en le faiſant paſſer à la chauſſe ; & lorſqu'il ſera clair fin, vous y mettrez autant d'eau que vous aurez de jus, parce que le fruit tout ſeul de ce jus deviendroit gelée, au lieu d'être ſimplement ſyrop : vous mettrez votre ſucre enſuite dans ce jus mêlangé avec de l'eau. Si vous employez du ſucre, vous clarifierez le tout enſemble ſur le feu : ſi c'eſt de la caſſonnade que vous employez, vous commencerez votre ſyrop à l'eau ſimple, avec la caſſonnade ; & vous le clarifierez à fond, avant que de mettre votre jus, ſans être mêlé d'eau, dans votre ſyrop ſimplement clarifié, qui fera une nouvelle écume, que vous mettrez à part. Cette écume n'étant pas mauvaiſe, vous la mettrez égoutter dans un tamis ; & vous jetterez ce qui ſera égoutté dans votre ſyrop ; vous ferez cuire votre ſucre à propos, dans une poële à confiture ; & quand il ſera comme il doit être, vous le retirerez du feu, & le laiſſerez refroidir, pour le mettre en bouteille. Pour faire quatre pintes de ſyrop, vous prendrez ſept livres de ſucre, deux pintes & demie d'eau, deux pintes de jus de groſeilles ; & enſuite vous clarifierez votre ſyrop avec des blancs d'œufs, à l'ordinaire.

Groſeilles vertes au liquide. Vous les fendez par un côté avec un canif, & vous leur ôtez tous les petits pepins. Vous les mettez enſuite dans de l'eau bien claire ſur le feu, que vous tenez moléré ; & quand elles ſont montées au-deſſus de l'eau, vous

O

les descendez de dessus le feu, & les laissez reposer dans leur même eau : lorsqu'elles sont froides,
vous les changez, & les mettez dans de l'autre eau,
pour les faire reverdir à petit feu, jusqu'à ce qu'elles
soient bien mollettes. Alors vous les ôtez du feu,
& les rafraîchissez dans l'eau fraîche ; ensuite égouttez-les bien, & mettez-les au sucre clarifié. Vous
leur ferez prendre quatorze ou quinze bouillons,
les ayant mises sur le feu, afin qu'elles prennent
bien le sucre ; & vous les y laisserez jusqu'au lendemain, qu'il faudra les égoutter, & faire cuire le
syrop à perlé ; puis vous les glisserez dedans, &
& leur ferez prendre quatre ou cinq bouillons couverts. Il n'y a, après cela, qu'à les empoter, pour
vous en servir quand il vous plaira. Vous pouvez
en mettre sécher à l'étuve, de la même maniere
que les cerises à oreilles & égrainées.

Groseilles vertes au sec. Après les avoir fait
confire, comme je viens de marquer dans l'article
précédent, retirez-les de leur syrop pour les mettre sur des feuilles de cuivre ; poudrez-les de sucre fin, & faites-les sécher à l'étuve : le syrop peut
servir à faire des rafraîchissemens & des compôtes.

Groseilles vertes. (Compôte de) Fendez vos groseilles par un côté, avec un canif, & les vuidez des
petits grains qu'elles renferment ; ensuite faites-les
blanchir dans de l'eau sur le feu ; & descendez-les
quand vous les voyez montées au-dessus de l'eau.
Vous les y laisserez reposer & refroidir ; puis vous
ferez chauffer de l'autre eau, & à petit feu ; vous
les y faites reverdir & cuire, pour qu'elles soient
bien mollettes. Les ayant ôtées de dessus le feu,
vous les rafraîchirez, puis vous les égoutterez & les
mettrez au sucre clarifié : il faut qu'elles y baignent
seulement ; vous leur donnerez quatorze ou quinze
bouillons ; & si vous voyez qu'elles aient bien pris
le sucre, vous vous en servirez de la sorte pour
des compôtes. Quand on n'en fait simplement que
pour quelques compôtes, si l'on a trop de syrop,
on lui donnera encore quelques bouillons, après

avoir ôté les groseilles, & on le versera par-dessus.

Groseilles vertes. (*Gelée de*) Prenez trois livres de groseilles vertes que vous mettrez dans de l'eau chaude sur le feu, comme celles qui sont au liquide. Il ne faut point en ôter les pepins ; quand elles seront montées sur l'eau, vous les retirerez dans l'eau fraîche, & les remettrez sur le feu jusqu'à ce qu'elles fléchissent sous les doigts ; mettez-les égoutter, & jettez-les dans trois livres de sucre cuit au perlé ; faites-leur prendre plusieurs bouillons, en les écumant, jusqu'à ce que votre sucre soit revenu au perlé ; ce que vous connoîtrez, en prenant du sucre avec l'écumoire ; quand le syrop tombe en nappe, c'est une marque que la gelée est à son point de cuisson ; vous la passez dans une terrine au travers dun tamis, pour la dresser ensuite dans des pots.

OBSERVATION MÉDECINALE.

La groseille est un fruit que sa légere acidité rend rafraîchissant, apéritif, stomachique : il est légérement fondant & laxatif, & un peu nourrissant. Il convient fort aux personnes qui sont échauffées, qui ressentent de l'agitation, qui ont des insomnies, dont la bile ne coule pas facilement ; qui éprouvent fréquemment des maladies bilieuses, putrides ; qui sont sujettes aux maladies de peau, dartres, érésipeles, boutons.

GRUAU : c'est l'avoine bien dépouillée de sa peau, & dont les extrémités sont ôtées, réduite en farine grossiere au moyen d'un moulin fait exprès. Le meilleur gruau vient, dit-on, de Touraine & de Bretagne. On en tire aussi d'excellent des Ardennes.

Gruau. (*Entremets de*) Mettez du gruau dans une marmite que vous remplirez de lait, avec un peu de cannelle en bâton, citron verd, coriandre, sel & girofle ; faites bouillir jusqu'à ce qu'il forme une crème délicate : passez-le à l'étamine dans une cuvette, & y mettez du sucre ; mettez-le sur le feu, sans le faire bouillir ; & remuez jusqu'à ce que le sucre soit bien fondu ; mettez ensuite sur

la cendre chaude, & le couvrez de maniere qu'il
se forme dessus une créme épaisse ; & servez chaud.

GUIMAUVE. La guimauve est une espece de
mauve sauvage, qui a des feuilles rondes ; ses fleurs
ressemblent aux roses ; & ses tiges sont hautes de
deux coudées ; sa racine est visqueuse & blanche
en dedans ; on l'arrache en Septembre ; elle naît
dans des lieux gras & humides, & fleurit en Juin
& Août ; elle est estimée bonne pour la dyssenterie
& le crachement de sang.

Guimauve. (*Conserve de*) Mettez cuire une livre
de racine de guimauve : quand vous l'aurez passée
au travers d'un tamis, faites-la dessécher sur le feu ;
ensuite vous la remettrez dans une livre de sucre
cuit au cassé, que vous ôterez du feu ; & vous
travaillerez la guimauve avec le sucre, en la remuant toujours avec la spatule, jusqu'à ce que le
sucre blanchisse, & fasse une petite glace par-dessus ; vous verserez votre conserve dans des moules de papier ; quand elle sera froide, vous l'ôterez des moules, pour la couper à votre usage, en
quarré, en lozange, ou en long, de la façon que
vous voudrez.

Guimauve. (*Pâte de*) Vous prenez une livre de
racine de guimauve nouvelle, que vous ratissez &
que vous lavez ; coupez-la par petits morceaux,
pour la faire cuire jusqu'à ce qu'elle s'écrase facilement sous les doigts ; ensuite vous la passerez dans
une étamine avec de l'eau de sa cuisson ; bourrez-
la avec une cuiller, pour qu'il n'en reste point
dans l'étamine. Vous mettez tout ce que vous avez
passé dans une poële sur le feu, pour la faire dessécher jusqu'à ce qu'elle soit bien épaisse, & qu'elle
quitte la poële, en la remuant toujours avec une
spatule. Faites cuire une livre de sucre à la grande
plume ; délayez-y la guimauve desséchée ; tenez-la
sur un feu très-doux, pendant que vous travaillerez
la guimauve avec le sucre, pour les bien incorporer ensemble ; ensuite vous dresserez votre pâte dans
des moules, que vous mettrez sécher à l'étuve.

Guimauve. (Syrop de) Mettez dans un pot ou une caffetiere bien propre, une livre de racine de guimauve ratissée, lavée & coupée par petits morceaux ; faites-la bouillir avec de l'eau, jusqu'à ce que la racine soit bien cuite & très-gluante ; ensuite vous passez cette eau dans un tamis, en pressant un peu la racine pour en tirer le suc. Sur un demi-septier de cette décoction, faites cuire une livre de sucre au perlé ; mettez - y le jus de guimauve que vous faites bouillir avec le sucre jusqu'à ce qu'il soit réduit en syrop, ou cuit au perlé ; quand il sera à demi-froid, vous le verserez dans les bouteilles ; & vous ne les boucherez que lorsqu'il sera tout-à-fait froid.

OBSERVATION MÉDECINALE.

La graine de guimauve renferme un suc gluant, adoucissant, relâchant, propre à émousser les humeurs âcres, à prévenir l'irritation, & à y remédier, principalement quand la cause de l'irritation est dans l'estomac & les intestins, à la gorge, à la vessie. Son usage continué long-temps, peut diminuer certaines toux causées par des humeurs âcres qui irritent le poumon.

HAB

HABILLER : se dit, en cuisine, de la premiere préparation qu'on donne aux choses. Habiller une volaille, c'est la plumer, flamber, vuider ; un poisson, c'est l'écailler, le vuider ; un chevreuil, un agneau, ou autre viande, c'est l'écorcher, la vuider, &c.

HACHIS : se dit des viandes qu'on réduit à force de les couper en très - petites parties ; on en fait de toutes sortes de chairs ; soit volaille, grosse viande ou poisson. On trouvera les procédés à leurs articles respectifs.

Hachis de toutes sortes de viandes. Passez à la cas-

ſerole perſil, ciboules, champignons hachés avec
du bouillon & du coulis; faites faire quelques bouillons; mettez-y vos viandes hachées prendre goût
ſans bouillir, aſſaiſonnées de bon goût; ſervez
garni d'œufs frais pochés, avec des mies de pain.

HARENG : petit poiſſon de mer qu'on pêche
au printemps & dans l'automne; il s'en trouve en
quantité ſur les côtes de Bretagne & de Norman-
die. On en diſtingue de trois ſortes; le *frais*, le *ſalé*,
le *ſoret* : le ſeul bon & ſain eſt celui qu'on mange frais.

Harengs frais à la matelotte. Prenez huit ou dix
harengs frais, habillez-les proprement, & les mettez dans une caſſerole avec beurre, perſil, ciboules, champignons, pointe d'ail, deux verres de vin
de Champagne, un peu de bon bouillon, ſel & gros
poivre; faites cuire à grand feu, ſervez à courte ſauce.

Harengs ſorets grillés à la ſauce à l'huile. Prenez-
en le nombre que vous voudrez; faites-les deſſaler
au lait; eſſuyez, & faites mariner avec ſel, poivre, huile fine, perſil, ciboules, champignons,
pointe d'ail hachée menu; panez-les de mie de pain;
faites rôtir, & ſervez avec une ſauce à l'huile.

Harengs frais ſur le gril. Tout le monde ſçait qu'il
faut les écailler, vuider, eſſuyer avant de les mettre ſur le gril. Mettez dans une caſſerole beurre frais,
un peu de farine, filet de vinaigre, cuillerée de moutarde fine, ſel & poivre, un peu d'eau; faites lier la
ſauce ſur le feu, & ſervez ſur vos harengs.

Harengs frais. (*Autre maniere d'accommoder les*)
Frottez vos harengs de beurre; faites cuire ſur le
gril; ſervez avec une ſauce rouſſe, fines herbes hachées, ſel, poivre, capres, filet de vinaigre, avec
tranches de citron.

Harengs frais. (*Autre maniere d'apprêter les*) In-
ciſez-les le long du dos; frottez de beurre fondu & ſel
que vous laiſſerez prendre; enveloppez-les de fenouil;
mettez ſur le gril; ſervez avec une ſauce ou rouſſe
comme ci-deſſus, ou une ſauce blanche, avec un ragoût de champignons frits, pour entrée; ou faites-les
frire & ſervez avec jus d'orange pour entremets.

Les *Harengs salés* qu'on dessale dans du lait, peuvent s'accommoder de même que les harengs frais ; mais la salure a décomposé leurs principes les plus sains, & ils n'ont jamais les qualités du hareng frais.

OBSERVATION MÉDECINALE.

Le hareng frais est un aliment léger, savoureux, facile à digérer, & sain pour tout le monde, dont les personnes les plus délicates peuvent faire usage, & que l'on peut donner aux convalescents qui ont la permission de manger, pourvu qu'il entre peu de beurre dans son apprêt. Le hareng salé ne convient qu'aux plus forts tempéraments, à ceux qui digerent les aliments durs & âcres ; telles sont les personnes qui font beaucoup d'exercice ou des travaux violents. Le hareng sor est encore plus âcre, plus difficile à digérer, & incapable de nourrir.

HARICOT : ragoût de mouton ou de veau coupés par morceaux, comme on l'a vu au mot *Côtelettes*, *Canard*, &c.

HARICOTS : légume farineux très-connu. On le mange verd dans sa gousse : on mange la gousse verte avant que le légume y soit formé. On mange les haricots tendres hors la gousse, quand elle commence à se blanchir ; on les mange secs. Ceux qui se cuisent le mieux, sont les plus sains.

Haricots blancs à la crême. Prenez-en un demilitron ; faites cuire à l'eau avec beurre, sel, poivre, bouquet de persil & ciboules, ail, trois cloux de girofle, feuille de laurier ; mettez-les égoutter sur un tamis ; mettez une chopine de crême dans une casserole ; faites bouillir en la remuant toujours, & réduire à moitié ; assaisonnez de bon goût, & y mettez vos haricots.

Haricots blancs au roux. Faites cuire à l'eau ; faites un roux avec beurre & farine, où vous mettrez un oignon haché ; faites-y fricasser les haricots avec persil, ciboules hachées, filet de vinaigre, mouillez de bouillon, sel & poivre. En les servant pour collation, on peut, au lieu de beurre, se servir d'huile fine.

Haricots verds à la crême. Faites-les un peu bouillir, passez-les avec du beurre ou du lard, avec persil & ciboules en paquet, & sel; fricassez avec de la crême fraîche ou du lait, où vous aurez délayé des jaunes d'œufs.

Haricots verds au blanc. Faites cuire avec eau, sel & beurre; égouttez-les, & les passez avec beurre, persil, ciboules hachées, sel, poivre; singez - les & mouillez de mitonnage; liez avec crême, jaunes d'œufs, jus de citron.

Haricots verds au roux. Faites cuire comme dessus, & suer une tranche de jambon dans une casserole, où vous mettrez ensuite du beurre, persil, ciboules & vos haricots; passez le tout ensemble, mouillez de bouillon & de coulis; assaisonnez de bon goût; faites cuire une bonne heure, & que la sauce ne soit pas trop claire.

Haricots verds. (*Autre maniere d'accommoder les*) Faites bouillir vos haricots; passez à la casserole beurre, persil & ciboules hachés; quand le beurre est fondu, mettez-y les haricots; faites-leur faire d'abord quelques tours; mettez ensuite une pincée de farine, du sel & un peu de bon bouillon; faites bouillir jusqu'à ce qu'il n'y ait plus de sauce; servez avec une liaison de trois jaunes d'œufs délayés dans du lait, avec un filet de verjus ou de vinaigre, & laissez prendre sur le feu sans bouillir : en gras, au lieu de cette liaison, mettez jus & coulis de veau.

Haricots verds au vin de Champagne. Coupez-les en filets, & faites cuire à l'eau bouillante, avec sel & beurre; passez à la casserole avec beurre, persil & ciboules hachés; mouillez avec un verre de vin de Champagne; faites réduire; ajoûtez-y du coulis, faites mitonner à petit feu, assaisonnez, servez à courte sauce avec un jus de citron.

Haricots verds en salade. Cuits à l'eau & égout-

tés , coupez-les également , mettez dans un fala-
ladier , & faites deſſus divers deſſeins de toutes les
autres fournitures.

Haricots verds. (*Autre maniere de confire & fécher les*) Prenez-en la quantité que vous voulez
confire ; épluchez & faites cuire un quart-d'heure
à l'eau bouillante , & refroidir enſuite à l'eau fraîche ; mettez-les égoutter , & de-là dans des pots
qui doivent être bien nets ; faites-les baigner dans
la ſaumure faite de deux tiers d'eau , un tiers de
vinaigre , pluſieurs livres de ſel , ſavoir , une livre
ſur trois pintes , que vous faites chauffer juſqu'à ce
que le ſel ſoit fondu , & que vous tirez à clair ;
mettez ſur la ſaumure deux doigts de beurre fondu ,
à moitié chaud , & l'y laiſſer figer , pour que vos pots
ne prennent point l'évent. Pour les faire ſécher , on
les épluche de même , on les fait cuire auſſi un quart-
d'heure à l'eau bouillante ; & quand ils ſont bien
égouttés , on les enfile avec une aiguille & du ſil , &
on les pend au plancher , dans un endroit ſec : lorſqu'ils ſont bien ſecs , on les conſerve très-long-temps.
Pour s'en ſervir , on les met à l'eau tiéde , juſqu'à ce
qu'ils aient repris leur verdeur. On les accommode
du reſte , comme dans leur primeur.

OBSERVATION MÉDECINALE.

Les haricots ſans gouſſes , nouveaux & bien
cuits , ſont un aliment nourriſſant , d'aſſez facile digeſtion , en général , & ſains : il fourniſſent des ſucs
adouciſſants , ſalutaires à ceux qui ont des humeurs
irritantes , ou des incommodités habituelles qui en
proviennent , telles que des démangeaiſons , dartres , dévoiements. Il y a des perſonnes auxquelles
ils occaſionnent beaucoup de vents , celles-là doivent n'en manger qu'une petite quantité , ou y mêler quelque aſſaiſonnement ſtomachique. Les haricots ſecs , d'un bon acabit , & bien cuits , ſont une
bonne nourriture pour tout autre , que pour les
gens délicats , ſédentaires , à qui ils donnent en-

core plus de vents que les précédents. Les haricots verds avec la gousse, font un aliment savoureux & sain en général ; mais il faut qu'ils soient bien cuits & bien mâchés. Quoique leur légere acidité en facilite la digestion, nous ne les conseillons pas aux personnes qui ont l'estomac foible, & qui menent une vie appliquée & sédentaire.

HATELETTES : mets qui tire son nom de petites broches de bois qui s'appellent ainsi, qu'on sert en entremets, ou pour garniture aux plats de rôt.

Hâtelettes de langues de mouton. Prenez deux ou trois langues ; coupez-les en petits morceaux quarrés que vous passerez sur le feu, avec beurre, sel, poivre, persil, ciboules & champignons bien hachés : mouillez avec du coulis, ou au défaut avec du bouillon, & une bonne pincée de farine ; faites cuire jusqu'à ce que la sauce soit bien épaisse ; liez avec deux jaunes d'œufs, sans bouillir ; laissez refroidir le ragoût ; embrochez vos morceaux de langues bien trempés dans la sauce ; prenez vos hâtelettes, & les faites griller en les arrosant de beurre : servez à sec. On fait aussi des hâtelettes de *lapereaux*, *pigeons*, *poulets*, *huitres*, &c. Voyez à leurs articles respectifs.

Hâtelettes au ris de veau. Faites blanchir des ris de veau ; coupez-les par petits morceaux avec des foies & du petit lard blanchis ; passez le tout avec un peu de persil, ciboules & farine frite, assaisonnez de bon goût ; embrochez ces morceaux dans des hâtelettes de bois ; trempez-les dans leur sauce ; panez-les, & les faites rôtir ou frire. *Autrement*, faites blanchir deux ris de veau avec du petit lard ; coupez les premiers par morceaux, l'autre en filets ; passez à la casserole au lard fondu, persil, ciboules, sel & poivre ; poudrez un peu fort de farine ; mouillez de bouillon ; faites cuire ; laissez refroidir ; embrochez ; trempez-les dans leur sauce ; panez & faites griller à petit feu.

HOCHEPOT. Prenez le bas d'une poitrine de bœuf ; coupez-la en petits morceaux quarrés de deux

pouces ; faites-les dégorger ; garniffez une marmite
de tranches de bœuf ; mettez-y vos morceaux avec
force panais, carottes, douzaine d'oignons, jambon, & même un cervelas, fi l'on veut ; affaifonnement convenable : couvrez de même ; mouillez de bouillon ; faites cuire feu deffus & deffous :
étant cuits, tirez vos morceaux & les autres ingrédients ; paffez-les dans une cafferole : tournez vos
carottes & vos panais ; paffez le bouillon de votre
premiere cuiffon pour dégraiffer : & s'il y en a trop,
faites bouillir pour le réduire ; mettez un morceau
de beurre dans une cafferole avec de la farine ; faites-lui prendre belle couleur ; mouillez-la de votre
bouillon réduit : dégraiffez bien ; mettez deffus une
pincée de perfil verd haché ; arrangez vos tendrons
de bœuf, panais & carottes ; on peut auffi y ajoûter des tendrons de mouton.

HORS - D'ŒUVRE. On appelle *hors-d'œuvre*,
en cuifine, tout mets dont on pourroit fe paffer fans
intéreffer le fervice ; il y en a de gras & de maigres.

HORS-D'ŒUVRES.

A	**B**

A

*A*BBATIS.
  Agneau.
Iffues d'agneau.
pieds d'agneau.
ris d'agneau,
tête d'agneau.
  Ailerons.
  Alouettes.
falmi d'alouettes.
  Amourettes.
  Andouilles.
  Artichauts.
artichauts à la crême.
artichauts en cryftaux.
artichauts à l'huile, au vi-
    naigre.
artichauts en purée.

*B*Atons royaux, & gar-
  nitures d'entrées.
  Beccaffes en falmi.
  Beccaffines en falmi.
  Bette.
  Bette-rave.
bette-rave fricaffée.
bette rave frite.
  Beurre.
beurre filé.
beurre feringué.
  Boudins & boudinage, font
  hors-d'œuvre.
  Bouillans, & garnitures
  d'entrées.
  Brezoles, font entrées &
  hors-d'œuvres.

C

Aisses de filets de viandes mêlées.
Capilotades.
Carbonades.
Carpe.
carpe en filets.
carpe en filets à la sauce-blanche.
Carré de mouton.
carré de mouton, piqué de perfil à la broche.
càrré de mouton en pâte de beignets frits.
Caffé - muſeaux.
Cervelle de bœuf.
cervelle de bœuf en hors-d'œuvre.
cervelle de bœuf en matelotte.
Cervelle de veau.
cervelle de veau en caiſſe.
cervelle de veau en caiſſe, aux petits oignons.
Charbonnée ſur le gril.
Crêtes de coq.
crêtes de coq dreſſées au gratin.
crêtes de coq farcies.
ragoût de crêtes de coq.
Croquets & garniture d'entrées.

D

DINDONS.
ailerons de dindons au blanc.
ailerons de dindons à la d'Eſtrées.
ailerons de dindons aux écreviſſes.
ailerons de dindons à l'Eſpagnole.
aileronsdedindonsà l'eſſence.
ailerons de dindons au four.
ailerons de dindons en fricaſſée de poulets.
ailerons de dindons frits.

ailerons de dindons aux huîtres.
ailerons de dindons aux navets.
ailerons de dindons au Parmeſan.
ailerons de dindons aux petits pois.
ailerons de dindons à la Sainte - Menehould.
pâte de dindons à la Sainte-Menehould.

E

E Perlans.
éperlans à l'Angloiſe.
éperlans en caſſerole.
éperlans au fenouil.
éperlans en filets.

F

Figues vertes.
Filets de groſſes viandes.
filets de volailles & poiſſon ſont hors - d'œuvres & entrées.
Foies.
foies gras à la braiſe.
foies gras à la crépine.
autre maniere.
foies à l'Eſpagnole.
foies au jambon.
foies en ragoût.
foies en rôties.
Fraiſe de veau.

G

G Alimafrée.
autre.
Gras - double.
gras - double à la braiſe à l'échalotte.
gras-double à la bourgeoiſe.
gras-double grillé avec une ſauce piquante.

gras - double à la sauce - ro-
bert.
Griblettes.
Grillades.

H

Harengs forets.
harengs grillés.
harengs falés.
Hâtelettes.
hâtelettes de langues de
mouton.
hâtelettes de ris de veau.
Huitres.
petits pâtés d'huitres.

L

Laitance s,
ragoût de laitances en gras.
ragoût de laitances en maigre.
ragoût de laitances au blanc.
Langues de bœuf.
langues de bœuf aux con-
combres.
langues de bœuf en hâte-
lettes.
langues de bœuf parfumées.
langues de cochon à la cuifi-
niere.
langues de cochon fourrées.
langues de cochon à la Gaf-
cogne.
langues de cochon grillées.
langues de cochon en hâtelettes.
langues de cochon en papillotes.
langues de cochon à la poële.
ragoût de langues de cochon.
langues de cochon à la fauce
douce.
langues de cochon à la fauce
à la Noailles.
langues de mouton en caifle.
langues de veau farcies.

langues de veau de plufieurs
manieres.
Lapins.
boudin de lapins.
lapins en brefolles.
cuiffes de lapins à la Mailly.
lapins au gratin.
lapins en hâtelettes.
lapins marinés.
lapins en papillotes.
Liévre.
liévre à la daube.

M

Marinades.
marinades de perdrix.
marinades de pigeons.
marinades de poiffons.
marinades de poulets.
marinades de veau.
Melon,
Menus droits de toutes
fortes.
Merlans.
filets de merlans à la fauce-
blanche.
filets de merlans en ragoût.
filets de merlans à la fauce-
robert.
filets de merlans en falade.

OE

OEufs à l'Allemande.
œufs au bafilic.
œufs à la carpe.
œufs au céleri.
œufs aux champignons.
œufs à la chicorée en gras.
œufs aux concombres.
œufs à la coque.
œufs à la créme.
œufs en crépine.
œufs aux écreviffes.
œufs aux écreviffes en gras,
œufs aux écreviffes en maigre.
œufs à l'eftragon.

œufs farcis frits.
œufs en filets.
œufs frits à la sauce - robert.
œufs au jus d'oseille.
œufs aux laitues.
œufs au miroir.
œufs à la Philisbourg.
œufs pochés à la sauce à l'an-
    chois.
œufs à la sauce-robert.
œufs à la Suisse.
œufs en sur-tout.
œufs en tourte.
œufs à la tripe.
œufs aux truffes.

O

OISON.
pain d'oison.
    Omelette aux champignons
        à la crême.
omelettes farcies.
omelettes en galentine.
omelettes aux harengs sorets.

P

PAINS.
pains en côtes de melon en
    gras.
    Palais de bœuf.
palais de bœuf au gratin.
palais de bœuf en hâtelettes.
palais de bœuf marinés.
palais de bœuf en menus
    droits.
palais de bœuf au Parmesan.
palais de bœuf en rissoles.
palais de bœuf à la Tartare.
palais de mouton au gratin.
    Pâtés.
petits pâtés dressés au blanc.
petits pâtés aux écrevisses.
autres petits pâtés
petits pâtés à l'Espagnole.
petits pâtés feuilletés en
    maigre.

petits pâtés de foies gras aux
    truffes.
petits pâtés d'huîtres.
petits pâtés à la Mazarine.
ils servent aussi de garnitures
    d'entrées.
    Perches aux concombres.
perches au coulis d'écrevisses.
perches en filets au blanc.
    Pieds de mouton aux con-
        combres.
pieds de mouton farcis.
pieds de mouton à la Sainte-
    Menehould.
pieds de mouton à la sauce-
    robert.
pieds de veau à la Sainte-
    Menehould.
    Pigeons rôtis aux capres.
    Poisson.
jambon de poisson.
petits pâtés de poisson.

Q

QUeues d'agneau avec aile-
    rons au gratin.
queues d'agneau aux petits
    oignons au Parmesan.
queues de mouton à l'echa-
    lotte.
queues de mouton farcies
    frites.
queues de mouton frites.
queues de mouton grillées à
    la sauce au jambon.
queues de mouton à l'oseille.
queues de mouton au Par-
    mesan.
quarre de mouton à la Sainte-
    Menehould
queues de veau en hâtereau.
queues de veau à la Sainte-
    Menehould.
queues de veau à la Tartare.

R

RATON.
autre raton.

rston de mouton.
Riolette au lard.
Ris de veau.
ris de veau aux fines herbes.
ris de veau marinés frits.
Rissoles d'abricots.
rissoles de champignons & mousserons.
rissoles de chocolat.
rissoles d'épinars.
rissoles glacées.
rissoles en gras.
rissoles en maigre.
rissoles de tetine de veau.
Rissolettes
Rognons de bœuf.
rognons de bœuf grillés.
rognons de bœuf à l'oignon.
rognons de bœuf à la poële.
rognons de mouton à la broche.
rognons de mouton aux concombres.
rognons de mouton glacés.
rognons de mouton grillés.
rognons de mouton marinés.
rognons de mouton en ragoût.
rognons de veau.
Rougets en marinade.

S

Saucisses au choux.

saucisses à la matelotte.
saucisses au Parmesan.
saucisses de perdrix.
saucisses de porc.
saucisses aux truffes.
saucisses de veau.
saucisses au vin de Champagne
Saucissons de Boulogne.
saucissons royaux.
saucissons de sanglier.
Soles frites.

T

Tripes.
Turbot à la Sainte-Menehoult.

V

Veau.
cervelle de veau en caisse.
cervelle de veau frite.
cervelle de veau à l'Italienne.
côtelettes de veau en papillottes.
oreilles de veau en menus droits.
oreilles de veau à la Ravigotte.
tête de veau à l'Angloise.

HUILE : substance grasse, onctueuse & fluide, qu'on tire, par expression, de diverses substances, comme des noix, des olives, des amandes, des noisettes, avelines & d'un grand nombre de différentes graines, comme la navette, le colsa, le chenevi, la camomille, &c. Celle qu'on tire des olives, par la premiere expression, sans se servir d'eau chaude, & qu'on appelle *huile vierge*, est la meilleure. L'huile de la seconde expression lui est inférieure en qualité : la moindre est celle de la troisieme expression ; la plus nouvelle est *la meil-*

leure ; elle peut fe conferver plus d'un an , fi elle eft dans des vaiffeaux de terre ou de verre bien bouchés , & tenus fraîchement. On fe fert auffi d'huile de noix ; mais elle n'a pas une faveur auffi agréable que celle d'olives , & échauffe beaucoup plus.

OBSERVATION MÉDECINALE.

L'huile d'olives nouvelle , & de bonne qualité , eft un affaifonnement adouciffant & fort fain, quand elle eft froide ; mais celle qui a éprouvé l'action du feu eft devenue plus ou moins âcre, irritante, & capable de nuire : il y a auffi beaucoup de perfonnes dont l'eftomac ne peut fupporter l'huile , pour peu qu'elle foit chaude , & qu'elle empêche de digérer : en général, celles qui font foibles , délicates , fédentaires , dont le corps n'eft pas habitué à l'ufage de l'huile chaude, doivent l'éviter.

Huile de Vénus. La bafe de cette liqueur font les graines de chervi , de carvi , & celle du *daucus*; & la teinture qu'on lui donne, eft celle du fafran. Cet élixir eft une efpece d'efcubac extrêmement cordial, que nous devons à M. Sicogne. Son alliage eft extrêmement bien raifonné , tout y eft parfait ; le degré de force , la légéreté de fa couleur, qui doit revenir parfaitement à celle de l'huile , fous le nom de laquelle elle eft connue. M. Sicogne a ajoûté le macis à ces graines ; &, pour faire cette liqueur, il faut mettre toutes les matieres en même-temps dans l'alambic, avec de l'eau-de-vie & un peu d'eau, enfuite les diftiller fur un feu ordinaire : il ne faut pas tirer de phlegme ; & quand on a tiré les efprits , on fait fondre du fucre dans de l'eau bouillante. Quand le fucre eft fondu , & que le fyrop eft froid , on y verfe les efprits diftillés ; & fur le champ on y met une teinture de fafran. Lorfque tout eft mêlé, on paffe cette liqueur à la chauffe ; & quand elle eft claire , elle eft faite ; il faut toujours laiffer refroidir la liqueur, avant de la paffer à la chauffe , afin que les efprits s'évaporent le moins qu'il fera poffible. Il eft à pro-

pos, & même effentiel, de n'employer que du fucre, fi l'on veut que la liqueur fe clarifie plus promptement & plus facilement : car cette liqueur eft
prefque auffi difficile à clarifier que l'efcubac. Le
fafran étant gras par lui-même, engraiffe affez la
chauffe, fans qu'il foit befoin d'employer de la caffonnade. Vous vous fervirez donc à cet effet, d'une
chauffe faite avec un drap commun, & point ferré,
plus fin cependant que pour l'efcubac, parce qu'il
n'y a pas tant de fafran dans l'huile de Vénus que
dans l'efcubac, & qu'il faut d'ailleurs que cette liqueur ne foit pas fi colorée ; mais auffi faut-il le
choifir moins ferré que pour des liqueurs fines &
moins moëlleufes. Pour environ quatre pintes d'huile
de Vénus, vous mettrez dans l'alambic une once
de carvi, une once de *daucus Creticus*, deux gros
de macis, le tout pilé, avec quatre pintes d'eau-
de-vie, & une chopine d'eau ; pour faire le fyrop,
quatre livres & demie de fucre, & une pinte d'eau
bouillante ; & pour faire la teinture, environ un
demi-feptier d'eau bouillante, dans laquelle vous ferez
infufer le fafran, & vous le prefferez jufqu'à ce que
la couleur en ait été bien tirée. Vous en emploierez
un demi-gros ; & vous verferez cette teinture dans
la liqueur ; en obfervant de n'en mettre précifément
que jufqu'à ce qu'elle ait la couleur d'huile, & de
fupprimer ce qui pourroit en refter.

HUITRE : poiffon fans peau, écailles ni arrêtes,
renfermé entre deux coquilles, où il fe nourrit d'eau
de mer & de limon. Ce poiffon paffe pour être un
aliment fort fain, & meilleur crud que cuit. On les
mange pour l'ordinaire crues avec un peu de poivre.
On les fait cuire dans leurs coquilles fur les char-
bons, avec un peu de beurre & de pain rapé. On
en met auffi fur le réchaut avec une fauce au beurre
& quelques légers affaifonnements.

Huitres à la bonne femme. Faites-les blanchir dans
leur eau ; effuyez-les, & hachez bien menu ; prenez de la mie de pain trempée dans de la crême,
perfil, ciboules, anchois hachés menu, poivre,

fel, morceau de beurre frais ; pilez bien le tout avec les huitres ; liez de quelques jaunes d'œufs ; mettez de cette fauce dans les coquilles ; panez, mettez au four, & fervez de belle couleur.

Huitres à la daube. Ouvrez - les ; affaifonnez de fines herbes, peu dans chaque huitre , poivre & vin blanc ; recouvrez de leurs écailles ; mettez fur le gril, paffant la pelle rouge par-deffus ; dreffez dans un plat découvert, & fervez.

Huitres à la minute. Mettez dans une cafferole un verre de vin de Champagne, un bouquet garni , une cuillerée de coulis ; faites bouillir. Ouvrez des huitres : mettez égoutter fur un tamis, un plat deffous, pour recevoir leur eau ; mettez cette eau dans la fauce, & faites réduire ; faites-y faire quelques tours aux huitres fans bouillir ; fervez avec croûtons frits pour garniture.

Huitres au bon homme. Faites blanchir à l'eau ; paffez-les au roux avec farine frite ; ajoûtez-y perfil & ciboules hachés, fel & poivre ; faites mitonner le tout avec un verre de vin blanc ; garniffez de tranches de citrons ou croûtons frits.

Huitres au Parmefan. Procédez d'abord comme pour les huitres en cafferole. Ajoûtez par-deffus du Parmefan rapé au lieu de beurre ; & finiffez de même.

Huitres en cafferole. Ouvrez des huitres ; graiffez le fond d'un plat d'argent de bon beurre ; arrangez-y vos huitres ; mettez deffus poivre & perfil haché, demi-verre de vin de Champagne ; couvrez d'un lit mince de beurre frais pané ; couvrez d'un couvercle de tourtiere, feu deffus & deffous ; faites prendre couleur , dégraiffez & nétoyez les bords du plat ; fervez pour entremets.

Huitres en hachis. Prenez demi-cent d'huitres, mettez-les dans l'eau chaude ; quand elle eft prête à bouillir, retirez vos huitres , & les mettez à l'eau fraîche ; faites-les égoutter, & n'en prenez que le tendre. Si vous employez tout, hachez à part le dur, & enfuite hachez enfemble le tendre

& le dur; votre hachis n'en fera que mieux, fi vous y ajoûtez de la chair de carpe; paffez fur le feu un bon morceau de beurre frais, avec perfil, ciboules & champignons hachés, une pincée de farine; mouillez d'un demi-feptier de vin blanc, & d'autant de bouillon maigre.

Huitres en paille, en hâtelettes. Blanchiffez-les en deux eaux fans bouillir; faites égoutter; paffez dans un quarteron de beurre, perfil, ciboules & champignons hachés, pointe d'ail; faites-leur faire deux ou trois tours fans bouillir; liez-les de jaunes d'œufs; embrochez, panez, faites griller, & fervez à fec.

Huitres farcies. Faites une farce avec de la chair d'anguille, & une douzaine d'huitres blanchies, perfil & ciboules, champignons, fel & poivre, fines herbes & épices, bon beurre frais, pain trempé dans la crême, deux jaunes d'œufs, le tout haché & pilé enfuite au mortier; garniffez de cette farce le fond des coquilles, & y mettez une huitre en ragoût; recouvrez de la même farce, & frottez d'un œuf battu; mettez deffus du beurre fondu, panez de mie fine; mettez au four; fervez chaud & de belle couleur. Si c'eft au gras, on fait une fauce au gras, & on fe fert de ragoût d'huitres au gras; le refte eft de même.

Huitres frises. Ouvrez-les, & les faites bien égoutter fur un tamis; mettez-les dans un plat avec du poivre, deux ciboules entieres, feuilles de laurier, bafilic, oignons en tranches, cloux & jus de deux citrons; remuez de temps en temps. Faites une pâte avec de la farine & de l'eau, un peu de fel, un œuf, battez bien le tout, que la pâte ne foit ni trop claire ni trop épaiffe: mettez-y fondre un peu de beurre. Quand vous voudrez frire vos huitres, tirez-les de la marinade, effuyez-les, ayez de beurre affiné dans une poële, trempez vos huitres une à une dans la pâte, & les mettez dans la friture chaude à propos: fervez fur une ferviette, avec perfil frit: fi on les veut frire au gras, on fe fert de fain-doux.

Huitres grillées. Ouvrez & laiffez dans les coquilles ; mettez-y du beurre, poivre, perſil haché, un peu de rapure de pain ; faites griller & paſſez la pelle rouge par-deſſus.

Huitres. (*Petits pâtés d'*) Prenez autant d'huitres qu'il faut de petits pâtés, faites enſuite un hachis de laitances & de chair de carpe, tanche, brochet & anguille, aſſaiſonnez de ſel, poivre, clou & vin blanc ; enveloppez-en vos huitres, & mettez-en une dans chaque pâté avec un peu de beurre frais : faites cuire au four, & ſervez chaud.

Huitres. (*Potage d'*) Paſſez des huitres avec bon beurre, champignons en dez & farine ; faites cuire le tout dans une purée claire, ſel & poivre ; mitonnez des croûtes avec bouillon de poiſſon ; mettez deſſus vos huitres & champignons, avec du jus de champignons ; ſervez.

Huitres. (*Ragoût d'*) *au gras.* Mettez-les dans une caſſerole avec leur eau ; faites-les ſeulement dégourdir ; nétoyez-les, & mettez ſur une aſſiette. Paſſez des champignons & truffes au lard fondu, mouillez de jus, & liez avec un coulis de veau & de jambon. Lorſque la ſauce eſt faite, mettez-y vos huitres, pour chauffer ſans bouillir : ce ragoût ſert pour des entrées graſſes.

Huitres. (*Ragoût d'*) *au maigre.* La ſeule différence de l'apprêt conſiſte à mouiller le ragoût fait au beurre avec bouillon de poiſſon, & lié d'un coulis d'écreviſſes : il ſert pour les entrées maigres ; l'un & l'autre ſe ſervent ſeuls pour entremets.

Huitres ſautées. On les met ſur le gril dans leurs coquilles, feu deſſous, & la pelle rouge par-deſſus. Quand elles s'ouvrent, elles ſont cuites.

Huitres. (*Tourte d'*) Faites faire à vos huitres deux ou trois tours ſur le feu ; retirez-les ; eſſuyez & mettez ſur une aſſiette ; faites fondre du beurre dans une caſſerole ; mettez-y une pincée de farine ; remuez juſqu'à ce qu'elle ait belle couleur ; mettez des petits champignons & mouſſerons, ſel, poivre & bouquet ; quand le ragoût eſt cuit, dégraiſſez ; faites faire aux huitres un bouillon feulement ; liez le ragoût d'un peu de coulis au roux ; laiffez refroidir enfuite. Foncez une tourtiere d'un abaiffe de pâte feuilletée ; mettez-y le ragoût ; mouillez & foudez le fecond abaiffe ; dorez la tour- te d'un œuf battu ; mettez au four ; fi elle eft trop falée, jettez-y un coulis léger, & fervez chaud.

OBSERVATION MÉDECINALE.

Les huitres fraîches & de bonne qualité, font un aliment favoureux, facile à digérer & fain ; la falure de leur eau en accélere encore la digeftion, elles font légérement fondantes, laxatives, propres à purifier la maffe des humeurs : malgré ces bonnes qualités, il faut que chacun examine fi fon tem- pérament & fon eftomac s'en accommodent, & tout le monde doit éviter d'en manger avec excès. On voit fouvent des maladies aiguës & chroniques qui doivent leur origine à la quantité extrême d'huitres mangées pour fatisfaire fon goût, ou gagner un pari.

J A M

JAMBON : cuiffe ou épaule de porc ou de fan- glier. Les plus eftimés font ceux de Bayonne & de Mayence.

Jambon à la braife. Otez la couenne ; parez-le en deffous, & faites deffaler ; ficelez & mettez dans une marmite foncée de bardes de lard & tran- ches de bœuf, toutes fortes de fines herbes, ra- cines & affaifonnement convenable fans fel ; faites cuire le maigre en deffous, le vaiffeau bien couvert & luté avec de la pâte, petit feu deffus & deffous, pendant dix à douze heures ; laiffez refroidir dans la fauce ; retirez & ôtez la ficelle : mettez-le dans une tourtiere ; panez-le de fine chapelure : faites prendre couleur avec la pelle rouge ; fervez garni de perſil frit. On peut le ſervir chaud pour entrée, avec un ragoût de ris de veau ou d'écreviſſes, ou ſauce à la carpe.

Jambon à la broche. Otez-en la peau, parez-le ; faites deſſaler à l'eau tiéde, & tremper enſuite dans un plat, dix à douze heures, avec une bouteille de vin d'Eſpagne ; enveloppez-le de papier, & le mettez à la broche ; mettez le vin d'Eſpagne où il a trempé, dans la léchefrite ; arroſez-le pendant qu'il cuit : étant cuit, panez-le avec de la mie fine & perſil hachés, faites-lui prendre belle couleur à la broche ; laiſſez refroidir, & ſervez ſur une ſerviette garnie de perſil verd.

Jambon à l'Allemande. Coupez des tranches de jambon crud le plus minces qu'il ſe pourra ; paſſez au beurre des tranches de mie de pain ; foncez un plat de lard rapé ; mie de pain fine, fines herbes, champignons & truffes hachés fin, un lit de jambon, & ainſi de ſuite par lit, finiſſant par le jambon ; ſaupoudrez de mie de pain ; mettez au four, pendant environ deux heures. Servez chaudement.

Jambon. (*Coulis de*) Prenez moitié de veau & jambon par tranches ; faites cuire dans une caſſerole ; ajoûtez des croûtes ſéches, ciboules, perſil, baſilic, girofle & bon bouillon fait aſſaiſonné. Le tout étant cuit & de bon goût, & le jus bien tiré, paſſez-le à l'étamine pour l'avoir plus épais.

Jambon cuit ſans feu & ſans eau. Parez un jambon & le nétoyez bien ; levez-en la peau ; mettez ſur une nappe du thym, du baſilic, du laurier ; placez-y votre jambon ſur le côté gras ; aſſaiſonnez deſſus comme deſſous ; ajoûtez-y du girofle & du poivre : enveloppez-le bien de la nappe, & l'arroſez de quelques verres d'eau-de-vie ; mettez ſur cette nappe une toile cirée : ficelez du foin & en liez votre paquet bien ſerré ; enterrez-le dans le fumier de cheval, pendant quarante heures : il faut qu'il ſoit au milieu d'un maſſif de fumier de quatre pieds cubes ; retirez-le enſuite, & ſervez comme un jambon à l'ordinaire. On peut encore le ſervir de même sans ôter la peau. Le jambon se sert aussi sur le pied de petit salé, avec saucissons & langues fourrées.

Jambon. (*Essence de*) Prenez des tranches de jambon crud bien minces; battez-les; garnissez-en une casserole, & mettez suer; quand elles sont attachées, mettez-y un peu de lard fondu, poudrez d'une pincée de farine; remuez bien, & mouillez d'un jus de veau; assaisonnez d'un bouquet de ciboules & fines herbes, d'un clou de girofle, tranches de citron, champignons hachés & truffes, croûtes & filet de vinaigre, le tout cuit. Passez-le à l'étamine, & gardez pour employer aux choses où il entre du jambon. Quelques personnes ajoûtent une gousse d'ail.

Jambon (*Essence de jambon*) *liée*. Otez le gras du jambon; coupez-le par tranches, & le battez, foncez-en une casserole avec tranches d'oignons, carottes & panais; faites suer le tout à petit feu: poudrez d'un peu de farine: quand elles s'attachent, remuez & mouillez de moitié jus de veau & bouillon; assaisonnez de quelques champignons, truffes & mousserons, de deux ou trois cloux, basilic, ciboules & persil hachés: ajoûtez quelques croûtes de pain, selon la quantité que vous voudrez d'essence: laissez mitonner environ trois quarts-d'heure; passez à l'étamine, & employez où il faudra.

Jambons. (*Maniere d'accommoder les*) Faites une saumure avec du sel & du salpêtre, & toutes sortes d'herbes odoriférantes, comme thym, laurier, basilic, baume, marjolaine, sariette, geniévre; mouillez avec moitié eau & moitié lie de vin; laissez infuser le tout vingt-quatre heures; passez à clair, & y mettez tremper vos jambons, pendant quinze jours: faites-les égoutter; essuyez-les & les mettez fumer à la cheminée.

Jambons. (*Maniere de conserver les*) Prenez du poivre noir & de la cendre, selon la quantité de jambons que vous aurez; faites-en une pâte dont vous enduirez les crevasses qui s'y feront; cela empêche les mites de s'y mettre ; pendez-les en un lieu sec. Si vous en portez en campagne, encaissez-les avec des copeaux du dedans de vieux tonneaux, & du foin pour les assujettir.

Jambons. (*Maniere de faire cuire les*). Nétoyez-les sans intéresser la couenne ; faites-les dessaler plus ou moins de temps, suivant qu'ils seront plus vieux ou plus nouveaux ; enveloppez-les dans un torchon blanc ; mettez-les dans une marmite avec deux pintes d'eau & autant de vin rouge plus ou moins, racines, oignons, gros bouquet de toutes sortes de fines herbes ; faites cuire pendant cinq à six heures, à petit feu ; laissez-le refroidir dans son bouillon ; retirez-le, & ôtez légérement la couenne sans toucher à la graisse sur laquelle vous mettez du persil haché avec un peu de poivre & de la chapelure de pain ; passez dessus la pelle rouge pour faire prendre la chapelure, & belle couleur au jambon ; servez froid sur une assiette pour entremets.

Jambons (*Maniere de faire les*) *de Bayonne.* Attendez sept ou huit jours que le jambon soit gluant avant de le saler ; lavez-le & le pelez ; prenez autant d'onces de sel qu'il pese de livres, & autant de salpêtre que de sel ; pilez-les bien ; assaisonnez-en votre jambon que vous placerez sur une planche en pente, une terrine dessous pour recevoir ce qui en dégoutte : humectez-en le jambon chaque jour avec un linge : quand il aura bien pris sa saumure, il faut l'essuyer & l'enduire de lie. Quand cette lie est séche, mettez le jambon à la cheminée ; faites le fumer à la fumée de geniévre trois ou quatre fois par jour, l'espace d'une heure, pendant cinq à six jours, & quand il est sec & bien parfumé, mettez-le dans la cendre pour le conserver.

Jambons (*Maniere de faire les*) *de Mayence.* Salez les avec du salpêtre pur, & les mettez pendant huit jours, sous un pressoir à linge ; trempez-les ensuite dans de l'esprit de vin, où l'on aura

mis

mis infuſer des baies de geniévre pilées , & faites-
les fumer à la fumée du bois de geniévre.

Jambon (Pâté de) chaud. Prenez un petit jambon de Mayence ; faites-le deſſaler ; parez & l'apprêtez comme le précédent ; dégraiſſez-le pendant
qu'il eſt chaud, & ſervez dedans une ſauce piquante.

Jambon (Pâté de) froid. Otez la peau , & parez
le jambon ; coupez le bout & le déſoſſez ; faites
un abaiſſe de pâte biſe ; foncez-le de lard haché
pilé ; mettez deſſus votre jambon avec du laurier ,
quelques tranches de citron , fines herbes & épices ;
recouvrez de bardes de lard & d'un ſecond
abaiſſe ; façonnez , dorez & mettez au four, pendant dix ou douze heures ; ſervez froid.

Jambon de poiſſon. Faites un hachis avec chair
de carpe , tronçons d'anguilles , tranches de ſau-
mon frais , & laitances de carpes ; pilez le tout
dans un mortier , avec ſel , poivre , muſcade , fines
herbes & beurre frais ; arrangez ce hachis en forme
de jambon ſur des peaux de carpes ; enveloppez le
tout dans un linge propre , bien couſu ; faites cuire
au court-bouillon avec vin blanc, ou moitié vin &
eau , girofle, poivre & laurier ; laiſſez-le refroidir
dans ſon bouillon ; ſervez-le avec du laurier deſſus & fines herbes hachées. On peut le couper par
tranches comme le jambon. On peut imiter de
même des éclanches ou épaules , des poulets &
pigeons.

Jambon. (Rôties de) Prenez des tranches de
pain , comme ſi vous vouliez faire des rôties ; faites-les rôtir & les nétoyez , coupez-les de la grandeur de deux doigts ; faites des tranches de jambon
de même grandeur ; battez-les , & les mettez dans
une caſſerole , vos rôties par-deſſus ; faites-les ſuer
couvertes , & à petit feu ; lorſqu'elles s'attacheront ,
tirez les rôties ; arrangez-les ſur un plat : & par-
deſſus , les tranches de jambon ; mouillez le gratin ,
qui eſt au fond de la caſſerole , d'un peu de jus de
veau , & le faites détacher ſur le feu ; mettez-y un

P

peu de poivre, avec une pointe de vinaigre; & fervez ce jus fur les rôties.

Jambon. (*Sauce au*) Prenez trois ou quatre tranches de jambon & les faites fuer. Quand elles s'attachent, faupoudrez d'un peu de farine, en remuant toujours; mouillez de jus; mettez un bouquet & du poivre. Si la fauce n'eft pas affez liée, mettez-y un peu de coulis; que la fauce ait de la pointe, & foit de bon goût; paffez au tamis, & fervez-vous-en pour toutes fortes de rôts de viande blanche.

Jambon au vin de Champagne. Procédez comme pour le précédent. Lorfqu'il aura fué pendant deux heures fur la cendre chaude, ajoûtez à fa braife une bouteille de vin de Champagne; continuez de faire cuire à très-petit feu; dépecez & fervez avec une fauce au vin de Champagne.

JARRET DE VEAU : s'emploie dans les bouillons; on l'accommode auffi de la maniere qui fuit.

Jarret de veau à la boiteufe. Faites-le blanchir & cuire dans un bouillon bien affaifonné; dreffez-le enfuite dans un plat, de forte que la chair couvre le fond; mettez d'un côté du plat un ragoût d'épinars à la Chirac, tel que ci-après. Choififfez les épinars nouveaux; laiffez-y les queues; faites-les blanchir, & les paffez, fans les hacher, au beurre fin; le furplus comme aux ragoûts d'épinars. Mettez de l'autre côté du plat des choux-fleurs blanchis & cuits dans un blanc, avec une fauce au beurre par-deffus, fans couvrir le jarret.

JASMIN : le jafmin eft un arbriffeau, qui jette du farment comme la vigne; fes fleurs viennent au bout de branches menues, longuettes, blanches, faites comme de petits lys, dont l'odeur eft extrêmement agréable; on en trouve dans beaucoup de jardins.

Jafmin au fec. (*Bouquet de*) Il faut prendre de belles fleurs de jafmin bien épanouies, avec leurs queues que vous coupez à moitié, fi elles font trop longues; mettez-en trois ou quatre enfemble, que vous attachez avec un peu de fil; trempez

chaque bouquet dans un sucre cuit au petit lissé, &
à demi-froid ; mettez-les à mesure égoutter sur un
tamis, & poudrez-les par-tout avec du sucre très-
fin ; remettez-les à mesure sur un autre tamis, &
que les fleurs y soient placées de façon, qu'elles res-
tent bien épanouies : faites-les sécher à l'étuve, &
conservez - les dans un endroit sec ; serrez-les dans
des boëtes garnies de papier blanc.

Jasmin. (*Biscuits de*) Mettez dans une terrine
une cuillerée de marmelade de jasmin avec quatre jaunes d'œufs frais, dont vous mettrez les blancs
à part, & une demi-livre de sucre en poudre ;
battez bien le tout ensemble avec une ou deux spa-
tules, jusqu'à ce que le sucre soit bien incorporé
avec le reste. Après cela, vous prenez les quatre
blancs d'œufs, que vous avez mis à part avec encore deux autres que vous y ajoûtez, & que vous
fouettez en neige. Ensuite vous mêlez les blancs
avec les jaunes & le sucre, que vous remuez ensemble avec le fouet ; & vous y ajoûtez tout de
suite quatre onces de farine que vous passez au
tamis ; & vous la faites tomber légérement dans
la terrine, en remuant toujours avec le fouet ; le
tout étant mêlé ensemble, vous dressez les biscuits
dans des moules de papier, & vous jettez dessus
un peu de sucre fin pour les glacer ; mettez-les
cuire au four.

Jasmin. (*Candi de*) Prenez de la fleur de jasmin épluchée ; faites cuire du sucre à la plume ;
que vous mettez dans le moule à candi ; lorsqu'il
sera à moitié refroidi, vous y mettrez la fleur de
jasmin, que vous enfoncerez doucement & également dans le sucre, avec une fourchette ; mettez
sur votre candi une grille faite pour le moule ; &
appuyez-la en mettant un poids dessus ; mettez aux
quatre coins de petits bâtons blancs, secs, que
vous enfoncez dans le sucre ; mettez votre candi
à l'étuve, pendant vingt-quatre heures, que vous entretenez de feu également ; vous verrez si votre
candi est fait en retirant les petits bâtons ; s'ils

font le diamant également par-dessus, alors vous égouttez votre candi, en penchant le moule par un coin ; laissez-le égoutter pendant deux heures ; ensuite renversez le moule sur une feuille de papier blanc, en appuyant un peu fort & également.

Jasmin (*Fleurs de*) *confites.* Ayez de beaux jasmins épanouis ; coupez-en les trois quarts des queues, laissez les fleurs entieres. Faites cuire du sucre au grand lissé : ôtez-le du feu : mettez-y les fleurs de jasmin, sans les laver ; vous les laisserez dans le sucre jusqu'au lendemain, que vous leur donnerez une douzaine de bouillons, jusqu'à ce que le sucre soit cuit à la petite plume. Laissez refroidir & versez dans les pots. Si vous ne voulez confire que la feuille de la fleur, vous ôterez les queues, & vous éplucherez les feuilles, pour les confire de la même façon.

Jasmin. (*Conserve de*) Mettez dans un mortier un quarteron de fleurs de jasmin, bien épluchées, que vous pilez très-fin, en l'arrosant de deux ou trois gouttes de jus de citron. Faites cuire deux livres de sucre à la grande plume ; ôtez-le du feu ; lorsqu'il sera à moitié froid, mettez-y la fleur de jasmin pilée, que vous délayez bien avec le sucre, en le battant avec une cuiller ; ensuite vous dressez votre conserve dans les moules ; lorsqu'elle est froide, vous la coupez par tablettes à votre usage.

Jasmin. (*Dragées de*) Faites fondre de la gomme adragant, avec un peu d'eau, en la tournant quelquefois, jusqu'à ce qu'elle soit fondue ; passez-la dans un tamis fin, pour en former une pâte, avec de la marmelade de jasmin, & de la poudre de racine d'iris, que vous mettez ensemble dans un mortier, pour les piler, en y mettant de temps en temps du sucre fin, jusqu'à ce que la pâte soit maniable. Retirez-la du mortier, pour la mettre sur une table, avec du sucre fin ; ensuite vous en prenez de petits morceaux de la grosseur d'un pois, que vous roulez dans la paume de la main gauche, avec le pouce de la droite, pour en former de petits ronds; votre pâte étant travaillée de cette façon, vous la mettez sur un tamis, pour la faire sécher à l'étuve, pendant six jours ; ensuite vous finissez vos dragées dans une poële à provision. A mesure que vous avez mis une couche à la dragée, & qu'elle est séchée, vous y remettez encore du sucre cuit au lissé, & continuez de cette façon, jusqu'à ce qu'elles soient assez grosses.

Jasmin en chemise. Prenez des fleurs de jasmin entieres, bien épanouies ; ôtez-en les quêues, & trempez-les dans un blanc d'œufs fouetté en mousse. Il faut ensuite les rouler dans un sucre fin, & les mettre à mesure sur des feuilles de papier blanc posées sur un tamis, pour les faire sécher à l'étuve ; lorsqu'elles seront séches, vous vous en servirez pour les desseins que vous jugerez à propos

Jasmin. (*Gâteau de*) Faites un moule de papier de la grandeur du gâteau que vous voulez faire : prenez une demi-livre de fleurs de jasmin bien épluchées, que vous mettrez dans une livre de sucre cuit à la grande plume. Travaillez-les promptement sur le feu avec une spatule ; lorsque le sucre commence à monter, & que vous êtes prêt à le verser dans le moule, mettez-y promptement un peu de blanc d'œuf battu avec du sucre en poudre, qui ne soit pas trop liquide ; ce qui contribuera beaucoup à faire monter le gâteau ; versez-le promptement dans le moule, & tenez dessus le cul de la poële chaud, à une certaine distance ; ce qui fait encore monter le gâteau.

Jasmin. (*Glace de*) Pilez très-fin une poignée de fleurs de jasmin épluchées ; ensuite vous les retirez du mortier, pour les mettre dans une pinte d'eau, avec une demi-livre de sucre ; battez bien le tout ensemble ; lorsque le sucre sera fondu, vous le passerez dans un tamis bien serré ; mettez-le dans une salbotiere, pour le faire prendre à la glace.

Jasmin. (*Marmelade de*) Prenez une demi-livre de fleurs de jasmin épluchées, que vous pilez très-

fin dans un mortier ; paſſez - les enſuite dans un tamis, en les preſſant fort avec une ſpatule, juſqu'à
ce que le tout ſoit paſſé ; faites cuire une livre &
demie de ſucre à la grande plume ; délayez-y peu-
à-peu, pendant qu'il eſt chaud, le jaſmin que vous
avez paſſé au tamis ; enſuite vous mettrez la marmelade dans les pots.

Jaſmin. (*Paſtille de*) Prenez un quarteron de
jaſmin, que vous ferez infuſer dans un peu d'eau
bouillante, & que vous mettrez à l'étuve juſqu'au
lendemain. Paſſez enſuite votre eau de jaſmin dans
une ſerviette, en la preſſant fort, pour en exprimer tout le ſuc. Vous vous ſervirez de cette décoction pour faire tremper deux gros de gomme
adragant ; lorſqu'elle ſera fondue, vous la paſſerez dans une ſerviette, en la preſſant, pour n'en rien
perdre ; mettez cette eau dans un mortier, avec
du ſucre fin ; pilez le tout enſemble, en y ajoûtant de temps en temps du ſucre fin, juſqu'à ce que
vous ayez une pâte maniable ; enſuite vous retirerez cette pâte, pour en former des paſtilles ou
de petits coquillages, de telles eſpeces & figures
que vous voudrez, ou des grains de bled, de caffé,
& autres ingrédients.

Jaſmin. (*Pâte de*) Pilez très-fin dans un mortier une demi-livre de fleurs de jaſmin épluchées,
enſuite vous la mettrez ſur une aſſiette, pour la
délayer avec quatre cuillerées de marmelade de
pommes. Faites cuire une livre de ſucre à la grande
plume ; mettez-y la marmelade délayée avec les
fleurs ; mêlez bien le tout enſemble, & faites
cuire une douzaine de bouillons ; votre pâte étant
cuite, vous la dreſſez dans des moules à pâte,
poſés ſur des feuilles de cuivre ; glacez tout le deſſus avec du ſucre en poudre que vous faites tomber avec le tamis ; & faites-les ſécher à l'étuve.

Jaſmin. (*Syrop de*) Faites bouillir une chopine
d'eau ; vous avez une demi-livre de fleurs de jaſmin épluchées, que vous mettez dans une terrine.
Verſez votre eau bouillante deſſus ; vous mettrez

une affiette deffus le jafmin, pour le faire enfon-
cer dans l'eau, afin qu'il puiffe tremper dedans;
mettez la terrine à l'étuve jufqu'au lendemain;
faites clarifier cinq livres de fucre, que vous ferez
cuire au caffé; paffez votre jafmin dans une ferviette, en preffant doucement, pour qu'il rende
fon parfum; il faut mettre cette décoction de jafmin dans le fucre; mettez le tout enfemble fur le
feu, fans le faire bouillir, feulement pour que l'eau
puiffe prendre corps avec le fucre; enfuite vous le
verferez dans une terrine, que vous mettrez à l'é-
tuve, pendant trois ou quatre jours: il faut entretenir
l'étuve de feu, avec la même chaleur que pour un
candi. Vous verrez, de temps en temps, avec une
cuiller, à votre fyrop; pour être fini, il faut qu'il
foit au perlé; alors vous l'ôterez de l'étuve, pour
le mettre refroidir, & enfuite dans des bouteilles.

JONQUILLE: il y en a de plufieurs fortes que
l'on cultive dans les jardins; la jonquille d'Efpagne;
la grande jonquille; la petite; la jonquille d'automne, & d'autres: c'eft une plante bulbeufe qui
produit des fleurs jaunes & odorantes, qui reffem-
blent affez, pour la figure, au narciffe ordinaire,
quoiqu'elles foient moins grandes.

Jonquille. (*Candi de*) Faites cuire du fucre
à la plume, & mettez-le dans les moules à candi;
lorfqu'il fera à moitié refroidi, vous y mêlerez de
la belle jonquille épluchée, que vous mettrez également dans le moule. Vous l'enfoncez légérement
avec une fourchette; il faut mettre deffus une
grille à candi, que vous appuyez avec un poids de
deux livres; mettez le moule à l'étuve, que vous
ouvrirez le moins que vous pourrez; entretenez
l'étuve de feu le plus également qu'il eft poffible:
ce doit être un candi de vingt-quatre heures.

Jonquille. (*Conferve de*) Pilez très-fin dans un
mortier un quarteron de fleurs de jonquille; prenez
deux livres de fucre que vous faites clarifier & réduire à la grande plume; quand il fera à moitié
froid, mettez-y la fleur de jonquille, pour la bien

mêler avec le sucre, en la travaillant avec la spatule, que vous dresserez ensuite dans des moules de papier; lorsqu'elle sera froide, vous la couperez par tablettes à votre usage.

Jonquille. (*Essence de*) Ayez une demi - livre de fleurs de jonquille épluchées, & une livre & demie de sucre en poudre; prenez une bouteille de verre à grand goulot, à pouvoir entrer la main dedans; mettez du sucre fin dans le fond de la bouteille, & de la fleur de jonquille par - dessus; recommencez de remettre du sucre fin sur la jonquille; & continuez ainsi l'un après l'autre, jusqu'à la fin. Vous boucherez la bouteille avec un bouchon de liége & un parchemin mouillé. Il faut la porter à la cave, & l'y laisser un jour & demi; ensuite vous la retirez de la cave pour la mettre autant de temps à l'étuve. Vous la faites ensuite égoutter sur un tamis dans une terrine, sans en presser les fleurs. La liqueur que vous en recevrez, vous la mettrez dans une bouteille, pour vous en servir à donner le goût de jonquille à ce que vous voudrez.

Jonquille. (*Gâteau de*) Faites un moule de papier un peu élevé, de la grandeur du gâteau que vous voulez faire. Epluchez de la jonquille; pesez-en une demi-livre, que vous mettrez dans une livre de sucre cuit à la grande plume; travaillez - les promptement sur le feu avec une spatule. Quand il commence à monter, vous y mettez un peu de blanc d'œuf battu avec du sucre fin, pour le rendre plus léger; versez promptement le gâteau dans le moule; & tenez dessus le cul de la poële chaud à une certaine distance, ce qui fait encore monter le gâteau; le blanc d'œuf que vous délayez avec le sucre ne doit pas être trop liquide; il faut l'avoir tout prêt, & le mettre promptement dans le gâteau.

Jonquille. (*Glace de*) Mettez dans un mortier une poignée de fleurs de jonquille, que vous pilez très-fin : retirez-la pour la mêler avec une pinte d'eau & une demi-livre de sucre; laissez-la infuser une demi-heure; & passez-la ensuite dans une serviette, pour la mettre dans une falbotiere, & la faire prendre à la glace.

Jonquille (*Fleurs de*) *naturelles au fec.* Faites cuire une demi-livre de fucre au petit liffé : quand il fera à demi-refroidi, vous avez de belles fleurs de jonquille, avec leurs queues, que vous trempez une à une dans le fucre. Vous les mettrez un peu égoutter fur un tamis, pour les poudrer partout d'un fucre très-fin ; & vous le foufflerez à mefure, pour qu'il ne refte point trop de fucre : il faut les dreffer fens - deffus - deffous, fur un autre tamis, pour que la fleur fe trouve épanouie ; mettezles fécher à l'étuve : vous les conferverez dans un endroit fec, dans des boëtes garnies de papier blanc.

La fleur eft, par fon parfum, nerveufe, calmante, mais il y a des perfonnes qui ne fupportent pas fon odeur ; & ce font fur-tout celles qui n'ont pas l'habitude des odeurs, ou qui font foibles, foit par tempérament, foit à la fuite de violentes maladies.

JULIENNE : efpece de potage nourri, qu'on peut faire avec poitrine de veau, chapon, poularde, pigeons & autres viandes qu'on fait blanchir, & qu'on empote avec de bon bouillon, fines herbes & racines, dont on garnit le potage avec des fommités ou pointes d'afperges. Le potage ne peut être que très-nourriffant.

JUS : fubftance liquide qu'on tire des viandes de boucherie, volaille, poiffon, ou autres fubftances, par la coction ou par expreffion, ou enfin par infufion. Elle doit avoir des propriétés différentes, felon la qualité des fubftances dont elle eft exprimée. On fe fert de jus dans les cuifines, pour nourrir les ragoûts & les potages On trouvera aux articles des diverfes fubftances qu'on emploie le plus à ces fortes de chofes la maniere d'en tirer le jus.

Jus au caramel. Mettez dans une cafferole un morceau de fucre avec de l'eau & le faites bouillir juſqu’à ce qu’il ſoit de la couleur dont vous voulez votre jus ; mettez-y un peu d’eau ; & vous avez du jus dans un moment. On ne s’en ſert gueres que dans un beſoin preſſant, & où l’on ne peut mieux faire, le goût n’en étant pas agréable.

Jus ſans viande. Quand on ſe trouve trop preſſé, pour faire mieux, on prend de bon bouillon qu’on fait réduire ſur le feu & attacher. comme le jus ordinaire ; & pour qu’il ne ſoit pas trop âcre, on y met un peu de lard fondu.

OBSERVATION MÉDECINALE.

Les jus de viandes participent des qualités des animaux qui les ont fournies, & ces qualités ont été expoſées ſous les noms de ces animaux ; mais on doit regarder les jus de viandes, en général, comme très-nourriſſants, ſur-tout celui du bœuf ; celui du mouton, comme rafraîchiſſant & adouciſſant ; & celui de jambon, comme fort échauffant. Les perſonnes qui ſont délicates, ſenſibles, auxquelles toutes qualités dominantes à un certain point nuiſent le plus ſouvent, ne doivent pas faire un uſage fréquent des jus de viandes, ſoit ſeuls, ſoit en aſſaiſonnement avec des légumes, ou d’autres viandes ; leur digeſtion en ſeroit retardée, & communément deviendroit mauvaiſe.

Les jus de plantes ou ſucs de racines ſont plus ſains ; mais ils ſont capables de nuire aux mêmes ſujets, en irritant, échauffant ou rafraîchiſſant trop.

L A I

LAIT : ſubſtance liquide, blanche, mêlée de parties graſſes & de *ſerum*, qu’on tire, par expreſſion ou par ſuccion des mammelles des animaux quadrupedes, & de la femme. Celui dont on fait le plus d’uſage, eſt le lait de vache ; en cuiſine, on n’en emploie pas d’autre.

Potage au lait. Faites bouillir du lait avec du fucre & du fel, un peu de cannelle, quelques cloux. Quand il aura bouilli, délayez des jaunes d'œufs avec un peu de lait , & mêlez - les avec une cuiller, en tournant jufqu'à ce que le tout foit bien mêlangé,pour que le potage ne tourne pas ; & dreffez deffus du bifcuit ou tranches de pain blanc très-minces.

Lait caillé & tremblant. Vous prendrez une chopine de bon lait , & gros comme un pois de préfure que vous délayerez dans une cuillerée de votre lait : vous y jetterez une goutte d'eau de fleurs d'orange & du fucre à difcrétion ; vous mêlerez le tout enfemble ; & vous poferez votre compôtier fur de la cendre ; vous le ferez enfuite rafraîchir dans le même compôtier, fur de la glace pilée ; & vous le fervirez.

Lait cuit. Faites bouillir trois demi-feptiers de lait ; mettez-y le quart de crême , & faites réduire le tout à la moitié ; mettez-y un peu de fucre & une pincée de fel ; dreffez-le dans une porcelaine , & fervez-le.

Lait épais. Prenez du fromage en préfure : étant égoutté , paffez-le par un tamis , en le frottant avec le dos d'une cuiller ; vous le délayerez avec de la crême douce, & du bon lait , autant qu'il le faudra, pour qu'il devienne un peu clair ; mettez-y du fucre en poudre , & quelques gouttes d'eau de fleurs d'o-range ; vous le drefferez enfuite fur une porcelaine , & vous le fervirez.

O B S E R V A T I O N   M É D E C I N A L E.

Le lait eft un aliment nourriffant & fain que les plus foibles eftomacs digerent, & qui fuffit pour foutenir des gens qui font peu d'exercice, & ne peuvent manger autre chofe. Mais il y a un très-grand nombre de perfonnes adultes auxquelles cet aliment eft nuifible, & qui ne le digerent pas ; le plus fouvent on en ignore la caufe. Ainfi la prudence demande que l'on s'abftienne du laitage quand on en a été incommodé plufieurs fois de fuite , car pour l'ordinaire il ne convient pas lorfqu'on eſt ſujet aux indigeſtions , aux dévoiements bilieux , aux rapports âcres & amers , à l'ardeur d'eſtomac , aux longues & mauvaiſes digeſtions. Quand on eſt d'un bon tempérament , on peut manger ce que l'on veut avec le lait ; mais ſi on eſt délicat , ou qu'on ait un eſtomac foible , on évitera de manger, avec le laitage, des aliments fort acides , ſoit fruits cruds ou cuits , ſoit légumes & tous les mets où il entre beaucoup d'acides & d'épices.

LAITANCES : c'eſt , dans les poiſſons mâles , l'organe qui féconde les œufs des femelles de leur eſpece. C'eſt un manger fort délicat.

Laitances frites. Faites - les mariner avec ſel, poivre , vinaigre & eau ; eſſuyez-les ; farinez ; faites frire , & ſervez garnies de perſil frit.

Laitances. (Ragoût de) au blanc en maigre. Mettez dans une caſſerole , beurre, oignons par tranches , carpe en tronçons ; faites ſuer , ſans attacher ; mettez-y de bon bouillon maigre , beurre frais , bouquet de perſil, ciboules , cloux , pointe d'ail ; faites bouillir une heure ; paſſez cette ſauce au tamis , & mettez-y cuire les laitances. Il ne faut qu'un quart - d'heure. Quand la ſauce eſt réduite, courte & de bon goût , liez-la avec crême & jaunes d'œufs , jus de citron. Servez pour entremets.

Laitances. (Ragoût gras de) Faites-les blanchir, & les mettez à l'eau fraîche ; paſſez avec lard fondu , petits champignons, mouſſerons, truffes coupées , bouquet , poivre & ſel , mouillez d'un jus de veau & laiſſer mitonner à petit feu ; dégraiſſez, liez d'un coulis de veau & jambon ; mettez-y vos laitances ; laiſſez mitonner. On le ſert ſeul pour entremets ou pour des entrées aux laitances de carpes en gras.

Laitances. (Ragoût en maigre de) Faites - les blanchir ; faites rouſſir un peu de farine avec petits champignons & truffes ; paſſez le tout enſemble, & mouillez d'un peu de bouillon de poiſſon ; ajoûtez bouquet, ſel & poivre ; laiſſez mitonner à petit feu ; dégraiſſez ; mettez vos laitances ; faites mitonner ; achevez de lier d'un coulis d'écreviſſes ou autre. Il se sert seul, comme dessus, pour entremets ou pour des entrées en maigre.

Laitances. (*Tourte de*) Faites un abaisse de feuilletage ; foncez-en une tourtiere, & mettez dedans un ragoût de laitance ; couvrez d'un autre abaisse ; faites une bordure ; dorez & mettez au four. Quand elle est cuite, découvrez-la & y ajoûtez un peu de coulis ; recouvrez & servez.

OBSERVATION MÉDECINALE.

Les laitances font un manger délicat & recherché, adoucissant & nourrissant ; malgré cela, nous conseillons à ceux qui ont l'estomac foible, qui digerent avec peine, que les substances grasses incommodent, de n'en pas manger beaucoup ; elles retarderoient leur digestion ou la rendroient mauvaise, parce qu'elles émoussent les sucs digestifs, comme les corps gras.

LAITUE : plante potagere. Il en est de plusieurs especes ; on les sert en salades. Telles sont la petite laitue, qui ne fait, pour ainsi dire, que commencer à lever ; la laitue pommée, la romaine & la crêpée. Les laitues font rafraîchissantes, humectantes ; elles calment l'âcreté des humeurs.

Laitues farcies à la dame Simone. Faites-les blanchir un moment ; égouttez, dépliez les feuilles, sans qu'elles quittent le tronc, jusqu'à ce que vous soyez parvenu au petit cœur ; ôtez-le, & à sa place mettez-y un morceau d'une farce fine de volaille ; ficelez vos laitues ; coupez par tranches deux livres de rouelle de veau ; foncez-en une casserole avec des bardes de lard, tranches d'oignons ; faites suer sur le feu ; mettez-y un peu de farine. Quand cela commence à s'attacher, remuez avec une cuiller sur le fourneau, pour que cela roussisse un peu ; mouillez de moitié jus & moitié bouillon, avec sel, poivre, cloux, laurier, basilic, persil & ciboules entieres. Arrangez vos laitues farcies dans une marmite ; mettez-y cette braise ; mouillez & faites cuire. Si vous les voulez fervir au blanc, tirez de la marmite ; ôtez les ficelles ; égouttez ; mettez dans une cafferole avec un coulis blanc, & y faites mitonner vos laitues. Dans l'une ou l'autre maniere, dreffez proprement, & fervez chaud.

Laitues farcies frites. Procédez comme deffus ; égouttez enfuite vos laïtues ; battez quelques œufs en omelette ; trempez-y vos laitues une à une ; panez-les, & faites frire au fain-doux de belle couleur ; fervez fur une ferviette, garnies de perfil frit. Elles fervent pour garnitures de groffes entrées.

Laitues farcies au roux. Comme les précédentes ; mais au lieu d'un coulis blanc, on les fert avec une effence de jambon. On peut encore les fervir avec un ragoût de champignons, de truffes, ou de mouf-ferons. On s'en fert pour garnir des potages de fanté. Alors au lieu de les faire cuire à la braife, on les fait cuire dans du bouillon bien nourri.

Laitues (Ragoût de *) en gras.* Prenez des cœurs de laitue pommée : faites blanchir un moment à l'eau bouillante, & les mettez à l'eau fraîche ; égouttez bien, & mettez cuire dans une braife. Faites égout-ter ; coupez-les en dez, & les mettez dans une cafferole, avec de l'effence de jambon & un coulis clair ; laiffez mitonner ; affaifonnez de bon goût. On les fert avec une éclanche, des filets, des frican-deaux, perdrix, poulardes, poulets, canards à la braife, comme les autres ragoûts de légumes, & toujours fous les viandes.

Laitues (Ragoût de *) en maigre.* Faites-les cuire à l'eau blanche, & y faites la fauce fuivante. Prenez du beurre fin, un peu de farine, fel, poivre & muf-cade ; mouillez d'un peu de vinaigre & d'eau ; ajoûtez au coulis d'écreviffes, ou autre coulis maigre : tirez vos laitues ; égouttez & les mettez dans cette fauce : faites chauffer jufqu'à ce que le ragoût foit lié, & fervez.

Laitues. (Ragoût de montants de *)* Mettez dans une marmite de l'eau à moitié, avec du beurre ma-nié de farine, quelques bardes de lard, oignons piqués de cloux & de fel. Lorfque cela bout, mettez-y vos laitues ; retirez-les à demi-cuites , & les mettez à la casserole , avec un coulis clair de veau & de jambon ; faites mitonner ; ensuite , à feu peu vif , faites réduire ; & lorsqu'il sera à propos , mettez-y du beurre manié de farine , de la grosseur d'une noix ; assaisonnez de bon goût , sans laisser trop lier.

OBSERVATION MÉDECINALE.

La laitue crue , ou en salade , est rafraîchissante , calmante , apéritive , assez nourrissante ; mais elle demande un bon estomac ; & quand on ne peut pas se rendre ce témoignage , ou qu'on mene une vie appliquée , sédentaire , il faut s'en priver : elle ne produiroit que des sucs grossiers , & rendroit les digestions des autres aliments imparfaites. La laitue cuite est moins rafraîchissante que la crue ; mais outre qu'elle possede encore un peu de cette qualité , elle adoucit , calme , nourrit , se digere assez facilement ; elle convient aux personnes sujettes aux irritations & ardeurs de l'estomac & des intestins ; mais il faut qu'il y entre peu de beurre & de jus.

LAMPROIE : poisson. On en distingue de deux especes ; celle de riviere , & celle de mer : toutes deux ressemblent à une grosse anguille. Dans le printemps elles sont tendres , délicates & de bon goût ; en toute autre saison elles sont insipides dures & coriaces.

Lamproie à la sauce douce. Faites cuire dans une sauce pareille à celle ci-dessous , & servez avec un jus de citron , ou ajoûtez-y le sang, faites faire un bouillon, pour lier la sauce ; & servez garni de persil frit.

Lamproie à la sauce rousse. Coupez-la par tronçons ; mettez du beurre , persil , ciboules & fines herbes hachées , sel & poivre avec les tronçons dans une casserole ; remuez bien le tout ; panez & faites griller à petit feu ; servez avec une sauce rousse , que vous faites avec farine frite , ciboules , persil & champignons hachés , quelques capres , un anchois , poivre & sel ; mouillez de bouillon de poisson ; liez d'un coulis d'écrevisses ou autres, & servez dans cette sauce des tronçons grillés.

Lamproie aux champignons. Mettez des champignons dans une casserole, avec beurre, bouquet, persil, ciboules, gousse d'ail, cloux, thym, laurier, basilic, une lamproie coupée par tronçons, une pincée de farine, une chopine de vin rouge, sel & gros poivre ; faites réduire à courte sauce ; mettez-y le sang de la lamproie qu'il faut saigner avant ; faites lier ; servez avec un jus de citron, garnie de croûtons frits.

Lamproie frite. Faites-la mariner ; poudrez de farine, & faites frire au beurre affiné.

Lamproie grillée à l'huile. Faites griller ; mettez huile, vinaigre, sel & gros poivre, moutarde fine, un anchois, capres hachées & un peu de persil ; battez le tout ; mettez cette sauce dans une sauciere sur un plat, & autour les tronçons de lamproie. On la sert aussi grillée à sec.

Lamproie grillée avec une sauce douce. Faites une sauce avec du vinaigre ou du vin, un morceau de sucre, cannelle en bâton, une feuille de laurier : faites bouillir le tout ; retirez la cannelle & le laurier, & servez comme la précédente.

Lamproie. (*Ragoût de*) Saignez-la, gardez le sang ; faites-la dégorger dans l'eau chaude ; coupez & passez les tronçons au roux avec beurre ; farine frite, vin blanc, sel, poivre, muscade, bouquet de fines herbes, laurier ; laissez cuire ; mettez le sang pour lier, & quelques capres.

OBSERVATION MÉDECINALE.

La lamproie jeune, tendre, & tirée au printemps d'eaux pures & vives, est un manger savoureux, délicat & fort recherché. Les bons estomacs, les gens qui font de l'exercice la digerent bien, & elle devient nourrissante pour eux ; mais sa graisse la rend indigeste pour les estomacs foibles, les gens qui menent une vie sédentaire. Ils feront bien de s'en abſtenir, quoique la maniere de la préparer corrige en partie les qualités nuiſibles.

LANGOUSTE : écreviſſe de mer, qui a les mêmes propriétés que celles de riviere, & qui eſt ſuſceptible des mêmes apprêts.

Langouſtes à la ſauce blanche. Faites - les cuire, & les paſſez au beurre blanc avec perſil haché, bouillon de poiſſon, de la purée aux pois, ſel & poivre ; laiſſez mitonner, & liez la ſauce avec des jaunes d'œufs délayés avec du verjus ; ou mettez-y un coulis de champignons.

Lagouſtes au court-bouillon ; (Voyez *Carpe*,) & ſervez garnies de pattes de langouſtes marinées avec perſil frit.

OBSERVATION MÉDECINALE.

La langouſte a la chair ſavoureuſe, mais de difficile digeſtion,& échauffante ; elle approche de celle de l'écreviſſe, & eſt un peu plus délicate ; elle ne convient qu'aux perſonnes qui ont un bon eſtomac.

LANGUE : partie qui, dans les quadrupedes, leur ſert principalement à faire paſſer ſous les dents les aliments dont ils ſe nourriſſent, & à faciliter la déglutition de ces aliments & de l'eau qu'ils boivent. Cette partie, pour l'ordinaire, eſt de bon goût, & eſt ſuſceptible de beaucoup d'apprêts. Nous donnerons ici les principaux.

Langue de bœuf à la braiſe. Prenez des langues, & les mettez ſur la braiſe ou à l'eau bouillante, pour les peler plus facilement ; lardez-les de gros lard, & de lardons de jambon crud ; faites cuire à une bonne braiſe feu deſſus & deſſous, pendant environ dix heures ; égouttez - les enſuite ; dégraiſſez - les bien, & ſervez par-deſſus un bon coulis de champignons, ou ragoût de champignons, truffes, morilles & mouſſerons aſſaiſonnés de bon goût, avec un jus de citron ou d'orange. Vous pourrez auſſi garnir ou de tranches de langues, ou de fricandeaux, ou de quelques marinades, de côtelettes de veau, ou de poulets, ou ſimplement de perfil frit. On peut faire de même pour les langues de veau & de cochon, ou les farcir fans les larder, & les fervir avec le même ragoût.

Langue de bœuf à la braife en miroton. Faites cuire à très-petit feu, avec fel, poivre, bouquet, perfil, ciboules, thym, laurier, bafilic, cloux, oignons, racines, & du bouillon, ce qu'il en faut pour mouiller la langue : étant cuite, ôtez-en la peau ; coupez-la par tranches ; dreffez fur un plat, & faites bouillir doucement dans la fauce fuivante. Mettez dans une cafferole de l'échalotte & un peu d'ail écrafés enfemble, une cuillerée de bouillon, deux de coulis, fel & poivre ; faites faire un bouillon à cette fauce ; paffez-la dans un tamis ; ajoûtez-y un filet de vinaigre.

Langue de bœuf à la broche. Faites cuire comme celle à la braife en miroton ; ôtez-en la peau ; piquez-la de menu lard, & la mettez à la broche. Quand elle fera de belle couleur, fervez-la avec la même qu'au fufdit article. On peut la fervir auffi avec un ragoût de champignons. Les langues de veau & de cochon, à la broche, s'apprêtent & fe fervent de même.

Langue de bœuf aux concombres. Faites-les blanchir & cuire à la braife comme ci-deffus ; ôtez la peau, & laiffez refroidir ; faites un ragoût de concombres. (Voyez Concombres.) Mettez la moitié de ce ragoût dans un plat ; coupez votre langue par tranches, que vous arrangez deffus ; faites-leur prendre le goût de ce ragoût ; & pour fervir, mettez par - deffus la moitié du ragoût qui refte. La langue de veau qu'on fert avec une fauce hachée, fe cuit de même.

Langue de bœuf au Parmefan. Faites-la dégorger & blanchir, & cuire enfuite dans du bouillon bien affaifonné. Etant cuite, ôtez-en la peau ; coupez-la par tranches, & la mettez dans une cafferole avec un verre de vin de Champagne, deux cuillerées de coulis, deux de réduction ; faites bouillir jufqu'à ce qu'il n'y ait prefque plus de fauce ; mettez la moitié de cette fauce dans un plat ; rapez deffus du Parmefan, & y mettez vos tranches de langue ; mettez par - deffus le refte de la fauce ;

couvrez d'autre Parmesan rapé ; faites glacer au four , ou sur un couvercle de tourtiere.

Langue de bœuf en bresole. Faites-la cuire un peu plus qu'à moitié à l'eau bouillante ; ôtez-en la peau ; coupez-la en filets minces que vous mettrez dans une casserole avec persil, ciboules, champignons ; le tout haché fin, sel & gros poivre, huile fine ; & faites cuire à très-petit feu. Quand le ragoût bouillira, ajoûtez un verre de vin blanc; dégraissez ; mettez un peu de coulis; & si la sauce n'est pas assez piquante, ajoûtez-y un jus de citron.

Langue de bœuf en hâtelettes. Faites-la dégorger dans l'eau , & blanchir à l'eau bouillante ; & cuire ensuite avec du bouillon, sel, poivre, deux oignons , bouquet de fines herbes ; retirez-la presque cuite ; ôtez-en la peau, & la laissez refroidir ; coupez-la en tranches quarrées d'un doigt de longueur ; mettez ces tranches dans une casserole avec autant de lard coupé de même ; passez le tout avec un morceau de beurre, persil , ciboules, champignons, gousse d'ail, le tout haché menu, une pincée de farine , & mouillez de bouillon, deux cuillerées de réduction, deux cuillerées de coulis, un verre de vin de champagne. Quand le ragoût est cuit, & que la sauce se lie, mettez-y quatre jaunes d'œufs, pour la lier mieux; laissez refroidir ce ragoût. Passez ensuite vos tranches avec une tranche de lard à chacune dans des hâtelettes ; trempez-les dans leur sauce; panez, & faites griller de belle couleur ; arrosez de temps en temps avec des gouttes de lard brûlant, pour qu'elles ne se dessechent pas ; & servez à sec.

Langue de bœuf parfumée. Salez-la, après avoir coupé le gros bout & l'avoir lavée ; laissez-la dans son sel trois ou quatre jours, & la mettez ensuite à la cheminée jusqu'à ce qu'elle soit séche. Elle se conservera tant qu'on voudra.

Langue de bœuf. (*Pâté de*) Faites tremper toute une journée une langue ; lavez-la ensuite à l'eau tiéde ; faites-la blanchir à l'eau bouillante , & la mettez à l'eau fraîche ; faites-la ensuite cuire dans une marmite, avec de l'eau & un quarteron de beurre, demi-livre de graisse de bœuf, sel, quelques oignons & de la mignonnette ; écumez-la bien. Etant cuite, laissez-la refroidir ; ôtez-en la peau ; lardez-la de gros lardons de lard & jambon ; coupez-la par tronçons ; dressez dans une tourtiere un pâté de pâte fine ; mettez d'une farce quelconque, au fond, avec quelques tranches de jambon & la langue par-dessus ; couvrez de même farce, bardes de lard & tranches de veau battu, & le tout d'un autre abaisse ; mettez au four pendant six heures. Le pâté étant cuit, dégraissez & mettez dedans une sauce hachée.

Langue de bœuf. (*Ragoût de*) Faites cuire à l'eau avec sel & poivre, ou passez-la seulement sur la braise, pour en ôter la peau, piquez-la de petit lard, & la faites cuire à la broche, en l'arrosant de beurre, avec sel, poivre & vinaigre ; coupez-la ensuite par grosses tranches, & faites-leur faire quelques bouillons dans une remoulade faite d'anchois, câpres, persil, ciboules, le tout haché menu, & passé au jus de bœuf bien assaisonné, & un filet de vinaigre. Cuite de même & par tranches, on la sert avec un ragoût de champignons, ris de veau, culs d'artichauts, sel, poivre, beurre & lard fondu, ou on laisse mitonner les tranches. On apprête de même les langues de veau.

Langue de bœuf, (*Ragoût de*) *pour entrée.* Faites cuire comme dessus, pour en ôter la peau ; lardez de gros lardons en travers ; mettez à la braise pour les faire cuire : en les servant, fendez-les tout du long, pour que le lard paroisse ; jettez par-dessus un ragoût de truffes, ou un bon coulis bien dégraissé.

Langue de bœuf. (*Tourte de*) Coupez une langue de bœuf salée par tranches bien minces ; rangez-les dans une tourtiere sur un abaisse de pâte fine : assaisonnez de poivre, sel, fines herbes, un peu de lard rapé ; couvrez d'un abaisse pareil au premier ; faites cuire. Quand elle est à moitié cuite, mettez-y un demi-verre de vin vermeil ; achevez de faire cuire, & servez avec un jus de citron.

Langues de carpes. Ce qu'on appelle communément langues de carpes, sont proprement le palais de ce poisson. C'est un morceau fort délicat ; on en fait des tourtes.

Langues de carpes. (*Tourte de*) Elle se fait de même que la tourte de laitances de carpes ; si ce n'est que dans celles-ci on peut mettre des yeux & des cervelles de ce poisson. Les truffes y sont fort bonnes avec un jus de citron en servant. (Voyez ci-dessus au mot *Laitances.*) Quant aux qualités de cet aliment, elles sont les mêmes que celles de la carpe & des laitances.

Langues de cochon. Les langues de cochons se mettent à la braise, comme celles de bœuf, & se servent aux mêmes sauces. Pour le mieux, on les mange salées & fumées.

Langues de cochons fourrées. Echaudez-les & leur ôtez la premiere peau ; essuyez & coupez un peu du gros bout ; prenez ensuite un pot dans lequel vous mettrez un lit de poivre, sel, fines herbes, un lit de langues, en les pressant bien, & de suite lit par lit ; bouchez bien le pot, & les laissez une semaine ; retirez-les ensuite, & les faites égoutter de la saumure ; ou bien faites sécher du geniévre verd au four, du laurier, de la coriandre, thym, basilic, fines herbes, romarin, sauge, persil, ciboules. Le tout étant bien sec, pilez-le dans un mortier ; passez au tamis ; mêlez le tout avec sel & salpêtre pilé, & les arrangez dans un pot comme ci-dessus. Ne les retirez qu'au bout de six à sept jours. Quand elles seront bien égouttées, enveloppez-les de chemises de cochon de leur longueur ; liez-les & les suspendez à la cheminée, pendant quinze ou vingt jours. Quoiqu'elles puissent se garder pendant un an, il vaut mieux les manger au bout de six mois. Pour cela, faites-les cuire dans l'eau avec un peu de vin rouge, sel, poivre, girofle, ou à la braise. On les sert comme on veut, par tranches ou entieres, & froides pour entremets.

Langues de mouton à la cuisiniere.. Faites-les griller ; mettez dans une casserole de bon beurre, deux jaunes d'œufs cruds, deux cuillerées de verjus, un peu de bouillon, sel, poivre, muscade, tournez cette sauce sur le feu jusqu'à ce qu'elle soit liée comme une sauce blanche, & servez-la avec les langues.

Langues de mouton à la Gasconne. Prenez trois langues de mouton cuites dans l'eau ; coupez-les en filets minces ; mettez dans le fond d'un plat un peu de coulis, persil, ciboules, ail, échalottes, le tout haché menu ; mettez par-dessus une couche de filets de vos langues, sel & gros poivre, un peu de coulis, & une seconde couche ; panez ; faites cuire, & prendre couleur dans le four ou sous un couvercle de tourtiere. Avant de servir, pressez-y un jus de citron.

Langues de mouton à la poële. Faites-les cuire à l'eau ; ôtez la peau ; mettez dans une casserole des tranches de veau & jambon, les langues par-dessus, avec sel & gros poivre, persil, ciboules, ail & champignons ; le tout haché menu & lard fondu ; couvrez de bardes de lard, & faites cuire comme à la braise à très-petit feu. A la moitié de la cuisson, mettez un verre de vin de Champagne. Cuites, dressez - les dans un plat ; ajoûtez à la sauce un peu de coulis ; dégraissez-la, & la passez au tamis ; si elle est de bon goût, mettez-y un jus de citron, & servez sur les langues.

Langues de mouton à la sauce douce. Blanchissez-les bien de farine, & les faites frire dans la poële, avec du beurre fin ; dressez-les sur un plat ; prenez du vinaigre, du sucre, un peu de sel, cannelle & un peu de citron ; faites bouillir le tout ensemble : quand cette sauce est cuite, mettez-y un peu de poivre blanc & de jus de citron.

Langues de mouton à la sauce hachée. Faites-les cuire à l'eau ; parez - les & les fendez à moitié ; mettez-les dans du bouillon gras mitonner une demi-heure ; trempez-les ensuite dans l'œuf battu ; panez-les, & les trempez ensuite dans de la graisse,

& repanez encore ; faites griller, & fervez avec une fauce hachée, ou fauce à l'échalotte, ou fauce au verjus.

Langues de mouton en caiffe. Prenez fix langues de mouton cuites à l'eau ; parez-les & les paffez au lard fondu, avec perfil, ciboules, champignons, pointe d'ail, le tout haché : laiffez-les refroidir ; faites une farce de blanc de volaille, avec lard blanchi, perfil, ciboules & jaunes d'œuf, mie de pain trempée dans la crême, le tout affaifonné de bon goût. Foncez une caiffe de cette farce ; arrangez deffus les langues, & les couvrez de la même farce : uniffez le tout avec de l'œuf battu ; faupoudrez de mie de pain, & faites cuire au four. Quand elles feront cuites & bien colorées, dégraiffez & mettez deffus une bonne effence avec un jus de citron.

Langues de mouton en hâtelettes. Faites cuire à l'eau, & coupez en morceaux quarrés ; paffez-les, avec beurre fin, fel & poivre, perfil, ciboules & champignons hachés ; mouillez avec du coulis, ou une pincée de farine mouillée de bouillon ; laiffez épaiffir la fauce ; faites lier encore avec deux jaunes d'œuf, & laiffez refroidir ce ragoût : embrochez enfuite vos morceaux dans des hâtelettes, & les trempez dans la fauce, de forte qu'ils la prennent toute ; panez & faites griller en les arrofant d'un peu de beurre fondu. Servez à fec embrochées.

Langues de mouton en papillotes. Faites cuire à l'eau ; ôtez la peau, & mettez mariner avec fel, poivre, perfil, ciboules, champignons, pointe d'ail, le tout haché, moitié d'un citron en tranches & huile fine ; coupez-les enfuite en deux ; mettez chaque moitié avec un peu de l'affaifonnement dans du papier blanc frotté d'huile, une barde de lard deffus & deffous ; pliez le papier tout-au-tour, pour que rien n'en forte, & faites cuire fur le gril à petit feu ; & fervez avec le papier.

Langues de mouton fourrées. On fait auffi des langues de mouton fourrées. (Voyez ci - deffus.

Langues de cochon.) Les langues de mouton de Troyes sont estimées sur tout.

Langues de mouton grillées. Salez & panez, & les faites griller ; & leur faites une sauce avec verjus, bouillon, champignons, sel & poivre, farine frite, muscade, citron que vous faites bouillir ensemble. On peut aussi les servir avec un ragoût de champignons, & leur y faire prendre un bouillon avant de servir.

Langues de mouton. (*Ragoût de*) Faites rôtir sur le gril vos langues ; saupoudrez de sel, mie de pain & poivre blanc ; faites d'autre côté un ragoût de champignons, rognons de mouton, terrine de vache, le tout assaisonné de bon goût, avec bouquet de fines herbes, & passé avec beurre fin. Le ragoût cuit, liez-le avec un peu de farine frite ; mettez-y les langues mitonner, & servez chaud.

Langues de mouton. (*Tourte de*) Faites-les blanchir ; ôtez-en la peau, & les faites cuire dans une braise ; mettez-les refroidir ; foncez une tourtiere de pâte brisée ; faites une farce de volaille cuite à la broche, graisse de bœuf & lard blanchi, persil, ciboules, champignons hachés, sel, & poivre, & mie de pain trempée dans la crême & jaunes d'œuf ; mettez de cette farce sur l'abaisse ; arrangez dessus vos langues coupées en filets ; couvrez de la même farce, bardes de lard & beurre sur le tout ; couvrez d'un second abaisse ; finissez à l'ordinaire ; dégraissez & mettez une bonne essence & jus de citron.

Langues de veau à la broche. Etant à demi-cuites dans la braise, ôtez la peau ; piquez-les de menu lard ; passez une brochette dans le milieu ; attachez-les à une broche, & les faites cuire. Etant cuites & de belle couleur, mettez une essence de jambon au fond du plat, & servez dessus les langues. On les sert aussi avec une poivrade au lieu d'essence.

Langues de veau farcies. Faites un trou dedans avec un couteau bien mince, & passez le doigt dans toute leur longueur ; faites une farce avec

blanc

blanc de volaille , jambon cuit , champignons , perfil , ciboules , fel & poivre , mufcade , lard blanchi , graiffe de bœuf, mie de pain trempée dans la crême , trois ou quatre jaunes d'œufs cruds , le tout bien haché & bien mêlé , & pilé enfuite dans un mortier ; farciffez-en les langues par le côté de l'ouverture ; liez cette ouverture ; pelez-les à l'eau chaude ; faites-les cuire à la braife , avec oignons , panais & carottes. Etant cuites , égouttez-les , & fervez avec un ragoût par-deffus. On peut , étant à demi-cuites , mettre dans cette braife une grande cuillerée de jus de bœuf ; ce qui les rend plus moëlleufes , & achever de les faire cuire. On les fert avec un ragoût de ris de veau bien dégraiffé & lié d'un coulis de veau & jambon , ou avec un ragoût de jambon , (Voyez *Jambon* ;) ou une fauce hachée , (Voyez *Sauce* ;) ou avec un ragoût de chicorée & de concombres. (Voyez aux articles *Chicorée* & *Concombres.*)

Langues de veau : *différentes façons de les apprêter.* On les mange rôties avec une fauce douce. (Voyez *Sauce.*) On les frit , après les avoir bien farinées , & on les fait mitonner dans la fauce douce avec truffes & moufferons. On les fert enfin , comme on a dit des langues de bœuf , pour entrée.

LAPIN : animal connu. On en diftingue de deux fortes , le *domeftique* , & le *fauvage.* Il n'y a de bons lapins que ceux de la feconde forte. Quoiqu'il y ait beaucoup de rapport entre cet animal & le liévre , fa chair a un goût tout différent ; elle eft auffi plus tendre & plus fucculente. Le lapin vaut mieux l'hiver que l'été. Pour diftinguer un jeune lapin d'un vieux , tâtez-lui les jointures des pieds de devant , au-deffus du genou : fi vous y trouvez une petite groffeur comme une lentille , le lapin eft fûrement jeune : d'autres regardent à la tête & à l'oreille , parce que le jeune lapin a le nez plus pointu , & l'oreille plus tendre que le vieux ; mais ces marques font équivoques : d'ailleurs il faut ou beaucoup d'ha-

bitude pour les diftinguer ou des objets de compa-
raifon.

Lapins à la bourgeoife. Coupez par membres ;
paffez au beurre avec un bouquet garni, champignons,
culs d'artichauts blanchis ; paffez le tout avec une
pincée de farine, bouillon & verre de vin blanc,
fel & poivre : la fauce étant réduite, liez de trois
jaunes d'œufs délayés dans du bouillon, avec un peu
de perfil haché.

Lapins à l'Angloife. Habillez-les, & coupez les
quatre pattes : défoffez les cuiffes : faites une farce
de leurs foies, avec lard blanchi, fel & poivre, fines
herbes & fines épices : hachez le tout enfemble, & le
pilez dans un mortier : ajoûtez-y quelques jaunes
d'œufs pour lier : farciffez-en les lapins ; pliez-les enfuite en deux, & leur coufez la tête entre les jam-
bes : foncez une cafferole de tranches de bœuf,
& bardes de lard : mettez vos lapins deffus avec
fel & poivre, fines herbes & épices : recouvrez
comme deffous ; couvrez la cafferole ; faites fuer,
feu deffus & deffous : mouillez enfuite de bouillon,
& laiffez cuire.

Lapins à la Polonoife. Dépouillez deux lapereaux
moyens, mettez les foies à part : défoffez-les tout-
à-fait, excepté la tête & le cou : faites une farce
de leurs foies, avec blanc de volailles cuites, lard
rapé, perfil, ciboules, champignons, le tout haché & lié avec des jaunes d'œufs, fel & poivre :
étendez les lapereaux fens-deffus-deffous, couvrez-
les par-tout de farce que vous unirez avec de l'œuf
battu ; mettez par-deffus des lardons de lard, jambon, truffes & jaunes d'œufs durs : roûlez-les enfuite, commençant par les cuiffes : faites cuire dans
une braife blanche de veau & jambon couverts de
bardes de lard, mouillés de jus & bouillon, & d'un
verre de vin de Champagne : faites cuire à petit
feu ; paffez la fauce au tamis ; dégraiffez & ajoûtez
un peu de coulis : fervez à fauce courte & de bon
goût.

Lapins à la Roffane. Prenez-en un ou plufieurs,

& le dépecez : piquez-les de gros lard affaifonné ; paffez-les au lard fondu, avec de la farine : mettez bouillon, un verre de vin blanc, fel & poivre, bouquet : faites cuire ; la fauce étant liée, fervez avec un jus d'orange.

Lapins à la Saingaraz. Piquez-les proprement & les faites rôtir : ayez des tranches de jambon battues ; paffez-les avec un peu de lard & de farine, bouquet, bon jus point falé, un filet de vinaigre ; liez la fauce d'un peu de coulis, & quelques croûtes ; coupez les lapins en quatre ; dreffez-les, le ragoût dégraiffé par-deffus.

Lapins à l'Italienne. Il faut prendre comme pour ceux à l'Efpagnole. Quand ils font cuits, on les leve par filets avec un couteau, & on met ces filets à mefure dans une effence, & un peu de la fauce où ils ont cuit, bien dégraiffée ; & l'on fert avec un jus d'orange : au défaut d'effence, on met du coulis dans la fauce ; on lui fait faire un bouillon pour la bien dégraiffer : on la paffe au tamis ; on met dedans les filets, & l'on fert.

Lapins au coulis de lentilles. Coupez par membres, & faites cuire avec bon bouillon, petit lard, bouquet, fel, peu de poivre : faites cuire d'autre côté un litron de lentilles à la reine, avec du bouillon fans fel : étant cuites, paffez-les à l'étamine avec leur bouillon : retirez le lapin & le petit lard de la cuiffon : paffez la fauce dans le coulis de lentilles ; réduifez-la fur le feu, jufqu'à ce que le tout foit affez lié pour fervir.

Lapins au gîte. Choififfez des lapereaux de bon fumet ; dépouillez-les en confervant les pattes : vuidez-les, & ôtez-leur, fans les défigurer, quelques os des reins, pour pouvoir les plier, comme s'ils étoient au gîte : faites une farce comme celle pour les lapereaux en brezolle, & les farciffez : trouffez-les enfuite, de maniere que les quatre pattes fe trouvent jointes à la tête, piquez-les enfuite de moyen lard : faites cuire à une braife, comme à l'article *Brezolle* : égouttez enfuite leur bouillon au clair dans une autre casserole, & le faites cuire au caramel : faites-y glacer vos lapereaux, comme des fricandeaux. Quand ils sont glacés, laissez attacher le reste de leur bouillon ; mettez-y un peu de jus, & une caraffe de vin de Champagne, pour détacher ce caramel : écumez & dégraissez, passez le tout dans un tamis sur un plat, & servez dessus vos lapereaux.

Lapins au gratin. Coupez un lapereau par membres ; foncez une casserole de barde de lard, tranches de veau & jambon coupées bien égales ; mettez dessus les membres de lapereau, peu de sel ; couvrez de bardes de lard ; faites cuire à la braise avec bouquet, girofle, basilic & laurier : hachez le foie avec persil, ciboules, champignons, deux jaunes d'œufs, lard rapé, sel & poivre : mettez de cette farce dans un plat, & faites attacher sur un petit feu ; retirez-la ensuite, & en égouttez la graisse. Quand le lapereau est cuit, tirez-le avec le jambon ; dégraissez la sauce ; mouillez la d'un peu de coulis & de jus ; faites-lui faire un bouillon : dégraissez-la & la passez au tamis : dressez les morceaux de lapereau sur la farce, une tranche de jambon entre chaque morceau : mettez le plat sur un fourneau pour l'échauffer, la sauce par-dessus qui doit être claire.

Lapins au jambon. Faites-les cuire à une braise comme dessus ; faites un ragoût de jambon, autrement dit *Saingaraz*, comme ci-dessus à l'article *Lapins à la Saingaraz* : tirez les lapins de la casserole ; faites-les égoutter, & les mettez mitonner dans la Saingaraz, & servez le ragoût par-dessus.

Lapins aux champignons. Ce ragoût se fait de même que celui aux truffes. (*Voyez ci-après.*)

Lapins aux fines herbes. Faites refaire trois ou quatre lapereaux ; hachez leurs foies avec champignons, truffes, persil, ciboules, sel & poivre, muscade, lard rapé ; pilez le tout ; coupez la tête & le bout des cuisses ; farcissez vos lapins de cette farce & de fines herbes ; accolez-les deux à deux, & les mettez à la broche, bardez de tranches de lard, de veau & jambon : enveloppez-les d'une feuille de papier, & faites cuire ; servez-les avec une essence de jambon, ou coulis clair.

Lapins aux navets piqués. Coupez par membres piqués de petit lard ; mettez à la casserole avec une tranche de jambon, bouquet & bouillon : faites-le cuire & le glacez ; tournez des navets en amandes : faites-les blanchir & cuire ensuite avec du bouillon, jus & sel ; mettez-les ensuite dans une bonne essence, & du bouillon dans la casserole où se cuit le lapin : détachez ce qui reste ; passez-le au tamis, & le mettez dans l'essence : dressez le lapin, le ragoût de navets autour.

Lapins aux pois. Coupez-les par membres ; passez-les ensuite avec bon beurre, un litron & demi de petits pois, une tranche de jambon, une douzaine de champignons entiers, bouquet qu'on ôte en servant, ainsi que les champignons & le jambon ; mouillez ce ragoût de moitié jus & bouillon, avec du coulis, & faites cuire ; de forte que la sauce ne soit ni trop liée ni trop claire.

Lapins aux truffes. Faites cuire des lapins en casserole, comme on l'a dit plus haut ; passez d'autre côté des truffes avec un peu de beurre fondu : mouillez de moitié jus de veau & essence de jambon ; laissez-les mitonner pendant un quart-d'heure ; dégraissez & liez de coulis : égouttez les lapins, & les mettez dans le ragoût de truffes, & quand vous les servez, mettez le ragoût par-dessus.

Lapins. (*Boudins de*) Faites bouillir trois demi-septiers de lait avec trois oignons coupés en tranches, de la coriandre, du persil, ciboule entiere, thym, laurier & basilic ; faites réduire au tiers, passez-le au tamis, & y mettez plusieurs foies de lapins hachés, une demi-livre de panne de porc coupée en petits morceaux, un peu de sel & d'épices ; mêlez-y dix ou douze jaunes d'œufs ; faites chauffer le tout à petit feu, & remuez sans cesse. Quand le tout est bien mêlé sans être trop chaud ; entonnez-les dans des boyaux de porc bien nets, de la longueur d'environ huit pouces, qu'on ne remplit qu'aux deux tiers, parce qu’en cuisant, la farce renfle & feroit crever les boudins : faites-les cuire à l’eau bouillante environ un quart-d’heure. Si en les piquant, il en sort de la graisse, ils sont cuits à point ; mettez-les à l’eau fraîche, & faites-les griller au besoin. Ils se servent à sec pour hors-d’œuvres.

Lapins en brezolles. Prenez deux lapereaux, coupez-les en quatre, désossez-les, levez-en la chair que vous mettrez à part, & conservez la peau : faites une farce de la chair & des foies, avec graisse de veau, bœuf & lard blanchi, sel, poivre, fines herbes, épices, capres hachées : pilez le tout dans un mortier ; ajoûtez-y deux ou trois jaunes d’œufs pour lier le tout ; étendez les morceaux de la peau qui se trouve entre la premiere peau & la chair ; mettez dessus de la farce, roulez-les, & les ficelez : faites-les cuire à la casserole dans une braise, avec carottes, panais, laurier, coriandre ; mouillez de bouillon, & faites cuire à petit feu : étant cuit, égouttez ces brezolles de leur jus, que vous mettrez dans une autre casserole ; mettez avec les brezolles une essence de jambon, des mousserons hachés que vous ferez mitonner : faites attacher le jus de votre braise, mouillez encore de jus ; dressez avec les brezolles, une échalotte hachée, & jus de citron sur le tout.

Lapins en casserole. Coupez-les en quatre ; gardez les foies ; piquez de gros lard & lardons de jambon ; faites une braise comme ci-dessus ; mettez-y les membres de lapins, & mettez au four, ou couvrez la casserole d’un couvercle de tourtiere, feu dessus & dessous. Ayez un coulis de veau & de jambon, où vous aurez fait cuire des racines, champignons & truffes, & fini à l’ordinaire. Pilez les foies au mortier, & les délayez avec un peu de jus de votre coulis ; vuidez ensuite dans la casserole au coulis ; faites chauffer, & passez le tout à l’étamine. Vos lapins étant cuits, faites-les égoutter, & les mettez dans votre coulis mitonner un peu avant de servir ; dressez dans un plat le coulis par-deſſus. Ce même coulis ſert pour les pâtés chauds de lapins.

Lapins en eſclope. Faites cuire des lapins à la braiſe ; faites d'autre côté, un ragoût de ris de veau, foies gras, crêtes, champignons, truffes, mouſſerons. (Voyez aux articles *Braiſe* & *Ragoût.*) Vos lapins cuits & égouttés, mettez-les dans le ragoût, & les y laiſſez refroidir : foncez une tourtiere d'un abaiſſe de pâte briſée ; mettez-y votre ragoût de lapins ; couvrez d'un autre abaiſſe ; finiſſez à l'ordinaire, & mettez au four. Il faut que le poupeton ſoit ſec, alors vous le renverſez dans un plat, & y faites un trou au milieu, où vous mettez un petit coulis à clair ; & ſervez pour entrée. Toutes ſortes de viandes, volailles & gibier à la braiſe, avec des ragoûts, ſe mettent de même en eſclope ou poupeton.

Lapins en fricaſſée de poulets. Coupez-les par membres, & les faites dégorger long-temps à l'eau ; faites-les cuire comme la poitrine de veau, en fricaſſée de poulets. (Voyez au mot *Poitrine* cet apprêt.)

Lapins en giblotte. Habillez & coupez par membres vos lapins, paſſez-les avec un morceau de beurre, bouquet, champignons & culs d'artichauts ; mouillez d'une chopine de vin blanc, un peu de jus, & faites cuire à petit feu. Etant preſque cuits, liez d'un coulis ; dégraiſſez-les, & ſervez.

Lapereaux (Cuiſſes de) à la Mailli. Prenez les cuiſſes de deux forts lapereaux, élargiſſez le dedans le plus que vous pourrez, ſans les percer ; prenez enſuite les filets de ces lapereaux que vous couperez en dez ; maniez-les avec un peu de perſil, ciboules, champignons, ſel & gros poivre ; rempliſſez-en le dedans des cuiſſes ; couſez-les pour que rien n'en ſorte : faites cuire à la braiſe, avec bouillon & un verre de vin de Champagne, à petit feu, les carcaſſes avec. Quand tout eſt cuit à propos, dreſſez les cuiſſes, paſſez leur ſauce au tamis, dégraiſſez-la, mettez-y une cuillerée de coulis, & ſervez avec les cuiſſes.

Lapins en papillottes. Coupez-les en cinq mor-

ceaux, caſſez les gros os; faites une farce avec
le foie, lard rapé, perſil, ciboules, champignons,
ail, échalotte, le tout haché, ſel & gros poivre;
mettez ſur du papier huilé une barde de lard, un peu
de farce, un morceau de lapin, & par-deſſus de
la farce avec une barde de lard; enveloppez le tout
dans votre papier, comme une papillote; faites-
en de même des autres morceaux. Mettez un grand
papier huilé ſur le gril, les papillotes par-deſſus,
& faites griller à petit feu. Cuits, ſervez-les à ſec
avec leur papier.

Lapins (Filets de) à l'Eſpagnole. Levez-les bien
menus; foncez une caſſerole de bardes de lard avec
perſil, ciboules, champignons, ail, baſilic, le tout
haché menu, huile mêlée avec un peu de lard fondu;
mettez par-deſſus un lit de filets, ſel & gros poivre, enſuite même aſſaiſonnement comme deſſous,
& filets; couvrez le tout de bardes de lard, &
faites cuire à la braiſe : égouttez bien vos filets,
faites-leur prendre goût dans une ſauce à l'Eſpagnole, & ſervez.

Lapins & lapereaux rôtis. Dépouillez, vuidez &
laiſſez dedans les foies; faites-les refaire; piquez de
menu lard; mettez à la broche, & ſervez cuits &
de belle couleur.

Lapins & lapereaux. (Tourte de) Coupés par
morceaux, paſſez-les au lard fondu, un peu de farine frite, fines herbes, ſel, poivre, ciboulettes,
muſcade & bouillon, & laiſſez refroidir. Foncez une
tourtiere d'un abaiſſe fin, garniſſez-le de morilles,
truffes, lard pilé; mettez-y les lapins; recouvrez
d'un pareil abaiſſe; faites cuire à demi : à moitié de la cuiſſon, mettez-y la ſauce, où ont cuit les
lapereaux, & en ſervant, un jus d'orange.

Lapins marinés. Coupez-les par membres; faites-les mariner comme la cervelle de bœuf, & les
ſervez de même. (Voyez à l'article *Cervelle.*)

Lapins. (Pâté chaud de) Coupez les têtes; ſé-
parez les foies, piquez les lapins de gros lard aſſaiſonné de ſel & poivre, épices, fines herbes,

perfil & ciboules : dreffez le pâté à l'ordinaire. Foncez-le de lard rapé, avec fel, poivre, fines herbes
& épices ; arrangez-y vos lapins coupés par moitié ; affaifonnez deffus comme deffous ; ajoûtez-y
un bouquet, couvrez de tranches de veau, bardes de
lard, lard rapé ; couvrez ; dorez & mettez au four.
Foncez une cafferole de tranches de veau & de jambon, oignons, carottes, & les foies par-deffus, laiffez fuer. Quand vos foies ont fenti la chaleur, retirez-les, & les pilez ; pouffez enfuite le coulis : quand
il eft attaché, mettez-y un peu de lard fondu, une
pincée de farine ; remuez & mouillez de jus, affai-
fonnez-le de fines herbes, ciboules entieres, cloux,
perfil, champignons & truffes, deux ou trois petites
croûtes de pain ; laiffez mitonner une demi-heure,
retirez-en le veau & le jambon ; délayez-y les foies ;
paffez ce coulis à l'étamine, & le confervez chaud ;
fans bouillir. Le pâté cuit, ouvrez-le, ôtez-en les
tranches de veau, dreffez-le dans un plat ; jettez-y
votre coulis, & fervez chaud pour entrée.

Lapins (Pâté de) froid. Caffez les os des lapins, piquez-les de gros lard & jambon ; affaifonnez comme deffus ; rangez-les fur un abaiffe de
pâte ordinaire, avec laurier, beurre frais, bardes
de lard pilé, fel & poivre, fines herbes & épices ;
couvrez deffus comme deffous, façonnez votre pâté
& faites cuire. Les pâtés de dindons, canards, perdrix, faifans, farcelles, beccaffes, poulardes, oi-
fons, & autres, fe font de même.

Lapins. (Ragoût de) Prenez-le de moyenne
groffeur ; coupez-le par membres ; caffez les gros
os ; mettez-les dans une cafferole, avec champignons, ris de veau blanchis, truffes, bouquet, tranches de jambon ; mouillez avec du bouillon & un
verre de vin de Champagne, un peu de coulis ;
faites cuire à petit feu ; dégraiffez ; preffez dans la
fauce, fuffifamment réduite, un jus de citron ; fervez le lapin au milieu, la garniture autour.

Lapereaux. (Terrine de) Ôtez les têtes ; coupez-les
en quatre, & les bardez ; foncez une cafferole de

veau & jambon, paſſez les lapereaux au lard fondu, & les arrangez dans la caſſerole avec ſel, poivre, bouquet, racines, oignons, girofle, pointe d'ail, couvrez de bardes de lard; faites cuire à petit feu dans leur jus; dreſſez-les dans une terrine; mettez du coulis dans leur ſauce; faites-lui faire quelques bouillons pour le dégraiſſer; paſſez au tamis; mettez-y deux jus d'orange, & ſervez ſur les lapereaux.

Lapereaux à l'eau-de-vie. Coupez par membres deux petits lapereaux, caſſez les os; mais de ſorte qu'ils ſe tiennent dans leur état; paſſez-les au lard fondu, avec bouquet, oignons, tranches de jambon, deux verres d'eau-de-vie, où vous mettrez le feu; laiſſez le ragoût ſur le feu, & le remuez toujours, juſqu'à ce que l'eau-de-vie s'éteigne d'elle-même; mettez-y un peu de veau blanchi coupé en quatre, champignons & truffes; mouillez de bouillon & d'un peu de coulis; faites cuire le ragoût à petit feu; dégraiſſez-le, & ſervez.

OBSERVATION MÉDECINALE.

Le lapereau pris dans les lieux ſecs, où il vit d'herbes peu aqueuſes, tendre, ferme & bien cuit, eſt un aliment ſavoureux, léger, délicat, aiſé à digérer, & nourriſſant; il convient à tout le monde, ſur-tout rôti; & on peut le donner aux convaleſcents, à qui la nourriture ſolide eſt permiſe; ſouvent il leur plaît plus que le poulet qui eſt toujours plus fade.

LARD : eſt proprement ce qui eſt compris entre l'épaule & la cuiſſe du porc, depuis l'échine juſqu'au deſſous du ventre des deux côtés. Ce qu'on fait pour le conſerver, eſt de le frotter de ſel par-tout, & de mettre les quartiers les uns ſur les autres, chair contre chair, dans un vaiſſeau qu'on couvre d'un couvercle, & qu'on charge de pierre pour l'aſſujettir. Il faut le laiſſer au moins quinze jours, enſuite on le ſuſpend dans un endroit ſec. Il eſt d'un grand uſage en cuiſine, quoiqu'à parler naturellement, il y ſoit un aſſaiſonnement mal-ſain.

Le lard des cochons nourris de glands, eft plus ferme & d'un meilleur goût, que celui des cochons qu'on nourrit de fon.

On appelle *petit lard* un morceau de cochon où il y a de la chair qui tient à la graiffe ; le meilleur & le plus appétiffant, eft celui qu'on appelle *entrelardé*, c'eft-à-dire, où la graiffe & la chair fe trouvent diftribuées en plufieurs couches.

On appelle *fléche de lard* cette graiffe qu'on leve tout le long d'un des côtés du porc, qu'on fale & qu'on garde long-temps.

Le lard gras fert pour former des lardons pour piquer les viandes ou des bardes.

On fait des pois & des omelettes avec le petit lard.

Le lard fe mange auffi en griblettes. Pour cet effet, on le fait frire tout feul dans une poële, caffèrole ou terrine.

LARDER : fe dit, en cuifine, de filets plus ou moins gros de lard, qu'on paffe dans les chairs des volailles, piéces de gibier, venaifon, ou groffe viande qu'on apprête.

LAURIER : arbufte, dont les feuilles ont un goût âcre, aromatique, & un peu amer. On s'en fert beaucoup en cuifine, pour relever le goût des mets.

LAYE : femelle du fanglier. Elle s'accommode en cuifine comme fon mâle. (Voyez *Sanglier*.)

LEGUMES : on appelle, en cuifine, *légumes*, les graines qui viennent en gouffes, & qu'on cueille avec la main, comme pois, féves, lentilles & haricots.

LENTILLES : légume en grain rond & plat. Il y en a de la grande & de la petite efpece. On les emploie toutes les deux en cuifine. Les petites lentilles, ou lentilles à la reine, font celles qu'on emploie pour faire du coulis, parce que la couleur en eft plus belle.

Simon Pauli dit que ce légume abonde en fel fixe, & ne peut, par conféquent, que préjudicier à la fanté ; & il adhere au fentiment des médecins qui, avant lui, ont condamné ce légume à ne jamais paroître fur les tables. On verra à la fin de cet article, à quoi l'on peut s'en tenir fur l'ufage de cet aliment, que nous ne croyons pas avoir mérité tout le mal qu'on en dit.

Lentilles. (*Coulis de*) Epluchez & lavez ; faites cuire avec de bon bouillon gras ou maigre, fuivant l'emploi que vous en voulez faire ; paffez-les à l'étamine en les mouillant de leur bouillon, & vous en fervez, foit pour potage ou terrine.

Lentilles. (*Autre coulis de*) Prenez des croûtons de pain, carottes, panais, racines de perfil, oignons coupés par tranches ; paffez à l'huile ou au beurre bien chaud. Si c'eft en gras, mettez-y du lard bien roux ; ajoûtez-y des lentilles cuites & un peu de bouillon ; affaifonnez de bon goût ; ajoûtez un morceau de citron ; & après quelques bouillons, paffez votre coulis à l'étamine. Il fert pour les potages de lentilles ; pour les potages aux croûtes farcis de lentilles, ou du brochet aux lentilles, & beaucoup d'autres.

Lentilles. (*Autre coulis maigre de*) Mettez un peu de beurre dans une cafferole, avec un oignon coupé par tranches, une carotte, un panais, & faites rouffir ; mouillez de bouillon de poiffon ; affaifonnez de deux ou trois cloux, d'un peu de bafilic, perfil, ciboule entiere, deux rocamboles, quelques champignons, quelques croûtes ; laiffez mitonner le tout enfemble ; écrafez les lentilles cuites dans du bouillon de racines ; mettez-les dans le coulis, faites mitonner, & paffez à l'étamine pour employer au befoin.

Lentilles. (*Maniere d'apprêter les*) Choififfez les mieux nourries, larges, d'un beau blond, qui fe cuifent promptement. Après les avoir épluchées & lavées, faites-les cuire dans l'eau, & les fricaffez comme les haricots blancs. (Voyez *Haricots.*)

Lentilles (*Potage de*) *en maigre.* Mettez cuire des lentilles avec du bouillon maigre de racines ; faites un coulis, comme il vient d'être dit. Quand le coulis a été paffé, mettez-y une cuillerée de len-

tilles entieres ; mitonnez des croûtes avec du bouillon de poiſſon ; mettez un petit pain farci au milieu ; jettez le coulis de lentilles ſur votre potage,
& ſervez chaudement.

OBSERVATION MÉDECINALE.

Les lentilles de bon acabit & bien cuites ſont
adouciſſantes, nourriſſantes, légérement échauffantes
& ſaines. Il y a peu de perſonnes qui aient l'eſtomac aſſez mauvais pour être obligées de s'en abſtenir
entierement : encore trouveront-elles le moyen d'en
manger, en en faiſant faire des purées ou coulis.

LEVAIN : morceau de pâte qui s'eſt aigri par la
fermentation, ou par quelque acide qu'on y a mêlé,
& qui ſert à faire lever la pâte, & à la rendre
plus légere. Il faut tenir le levain chaud, ſur-tout
en hyver.

LEVRAUT : jeune liévre. Pour les différentes
manieres de l'apprêter, (Voyez *Lievre*.) Pour connoître un levraut de trois quarts, qui eſt parvenu à-
peu-près à la grandeur naturelle, il faut le prendre
par les oreilles en les écartant ; ſi la peau ſe relâche, le liévre eſt jeune.

LIAISON : ſe dit, en cuiſine, de ce qu'on emploie
dans les ſauces pour leur donner plus de corps &
moins de liquidité, comme ſont les coulis, les
jaunes d'œufs, la farine frite, ou la crême, &c.

LIEVRE : animal très-connu. Ceux des montagnes ſont préférables à ceux des plaines. Il faut les
choiſir jeunes, bien nourris ; & ceux qui ont été
le plus courus à la chaſſe, n'en valent que mieux.

Les liévres différent beaucoup par leur couleur.
Il y en a de bruns, d'autres d'un jaune doré. Dans
les pays ſeptentrionaux ils ſont blancs pour la plûpart ; on en trouve même quelques-uns de cette
derniere eſpece en France. Quand il eſt d'un pays
de montagnes, & qu'il ſe nourrit d'herbes aromatiques, ſa chair eſt d'une ſaveur très agréable. Le
liévre, depuis ſix juſqu'à neuf mois, eſt fort eſti-

mé : au-delà, on n'en fait pas le même cas. Le liévre eſt meilleur en hyver qu'en été.

Liévre à la bourgeoiſe. Coupez-le par membres ; mettez le ſang à part ; bardez la viande avec du gros lard ; faites-le cuire avec du bouillon , une chopine de vin blanc , bouquet de perſil , ciboules, ail , cloux de girofle , muſcade , thym , laurier, baſilic , ſel & gros poivre ; faites cuire à petit feu. Prenez le foie du liévre ; pilez-le très-fin ; paſſez-le au tamis avec une goutte de bouillon ; mettez-le avec le ſang. Quand le ragoût eſt cuit , & la ſauce réduite , mettez-y le ſang & le foie , ſans qu'elle bouille ; mettez-y de plus quelques capres fines , entieres ; & ſervez.

Liévre à la daube. Mettez-le par quartiers ; lardez de gros lard ; faites-le cuire avec bouillon, ſel & poivre , girofle , un peu de vin ; laiſſez mitonner le tout. Etant cuit , paſſez le ſang & le foie à la poële avec un peu de farine ; mêlez le tout enſemble avec un filet de vinaigre , olives déſoſſées & capres ; & ſervez pour entrée.

Liévre. (Civet de) Levez les cuiſſes entieres & les épaules ; mettez le reſte par morceaux ; lardez-les de gros lard , & les paſſez à la poële avec lard fondu & perſil ; faites-les cuire enſuite avec bouillon & vin rouge , bouquet de fines herbes , ſel, poivre laurier & citron verd ; laiſſez cuire le tout ; fricaſſez le foie à part ; & l'ayant pilé , paſſez-le à l'étamine avec farine frite , un peu du même bouillon & jus de citron ; mêlez le tout , & ſervez chaud.

Liévre. (Autre civet de) Coupez par membres ; gardez le ſang ; faites cuire avec beurre , bouquet bien garni ; mettez une bonne pincée de farine ; mouillez de bouillon , chopine de vin blanc , ſel & poivre ; mettez le ſang pour lier , & ſervez à courte ſauce.

Liévre & levraut rôtis. Dépouillez, vuidez & les frottez de leur ſang ; faites-les refaire ſur la braiſe ; piquez-les de menu lard , & mettez à la broche. Etant cuits , ſervez-les avec une ſauce douce , avec ſucre & cannelle , qu'on fait bouillir comme un ſyrop clair, ou avec une fauce faite de vinaigre bouilli, avec fel, poivre & oignon piqué de cloux.

Liévre & levraut. (*Tourte de*) Levez les filets; piquez comme deffus; foncez une tourtiere d'un abaiffe de pâte brifée, garni de lard rapé, avec fel, poivre, épices & fines herbes, vos filets enfuite; affaifonnez deffus comme deffous; ajoûtez de bardes de lard & beurre frais; finiffez à l'ordinaire; mettez au four. Etant cuite, ôtez le lard; dégraiffez; jettez-y une effence de jambon; recouvrez, & fervez chaud.

Liévre ou levraut (*Filets de*) *à la ciboulette.* Prenez un liévre ou deux levrauts; bardez & faites cuire à la broche; levez-en les filets; coupez-les le plus mince qu'il fe pourra; prenez de la petite civette; hachez-la mince; ayez une effence de haut goût; mettez-y vos filets avec la civette, gros poivre & jus de citron; faites chauffer fans bouillir. On peut auffi les mettre à la Czarienne. (Voyez *Filets à la Czarienne.*)

Liévre ou levraut à la Saingaraz. (Voyez *Lapins.*)

Liévre ou levraut à la Suiffe. Dépecez & lardez de gros lard; faites cuire dans du bouillon avec fel, poivre, cloux & un peu de vin. Paffez le foie & le fang avec un peu de farine; mêlez le tout enfemble avec un filet de vinaigre, olives défoffées; après fervez chaudement.

Liévre ou levraut. (*Terrine de*) Levez les filets; piquez-les de moyen lard affaifonné; foncez une terrine de bardes de lard, & tranches de jambon affaifonnées de fel, poivre & épices, mettez-y les filets affaifonnés deffus comme deffous, avec truffes vertes & champignons: couvrez le tout de tranches de bœuf battues, de bardes de lard; couvrez la terrine & la luttez tout autour avec de la pâte: faites cuire feu deffus & deffous, mais pas trop vif. Etant cuits, ôtez le bœuf & le lard: dégraiffez la fauce; mettez-y de l'effence de jambon, & fervez chaudement.

Liévre. (*Pâté chaud de filets de*) Levez les filets ; paffez-les dans une casserole avec du beurre, perfil, ciboules, pointe d'ail haché, champignons prefque entiers ; laiffez refroidir ; dreffez le pâté ; foncez-le de lard rapé, les filets deffus, avec fel & poivre : couvrez de bardes de lard & de beurre : finiffez le pâté à l'ordinaire ; faites cuire ; dégraiffez ; mettez-y une bonne effence & deux jus d'orange, fervez chaud.

Liévre (*Pâté de*) *à la Bourgeoife.* Dépouillez-le ; gardez le fang ; dépecez, lardez de gros lard affaifonné de fel, poivre, perfil, ciboules, ail haché menu. Empotez-le enfuite avec un demi-verre d'eau-de-vie, beurre : faites cuire à petit feu. Quand la fauce eft réduite, mettez-y le fang ; faites chauffer fans bouillir ; dreffez dans une terrine, en rapprochant tous les morceaux, de forte qu'ils paroiffent n'en faire qu'un feul. Servez ce pâté froid pour entremets.

Liévre (*Paté de*) *en pot.* Levez-en les filets : coupez du lard en lardons ; maniez le avec perfil, ciboules, ail, thym, laurier, bafilic hachés fin, fel & épices : lardez tous les filets ; mettez-les dans une marmite avec demi-potée d'eau-de-vie, beurre, fel & épices, bouquet ; couvrez de bardes de lard. Faites cuire fûr la cendre chaude, pendant quatre ou cinq heures. Etant cuits, arrangez vos filets dans une terrine ; couvrez-les de bardes de lard, la fauce par-deffus : laiffez refroidir, & fervez pour entremets.

Liévre. (*Ragoût de*) Prenez un ou deux levrauts : dépécez-les ; piquez de gros lard affaifonné. Paffez avec lard fondu & farine, bouillon, verre de vin blanc, fel & poivre, bouquet. Faites cuire à propos. Quand la fauce fera liée, fervez avec un jus d'orange.

OBSERVATION MÉDECINALE.

Le liévre & le levraut, tendres & cuits à propos, & qui ont du fumet, font un mets favoureux & affez facile à digérer. Quoique de toutes les viandes noires celle du liévre foit une des plus légeres, des moins fermes, des moins pefantes, & dont le jus eſt moins âcre, néanmoins nous ne la conſeillons pas à un eſtomac foible, & aux perſonnes qui menent une vie ſédentaire.

LIMAÇON : animal renfermé dans une coquille, faite en forme de ſpirale. Il y a des limaçons de jardin, de vigne, de mer & de riviere. Dans les pays de vignobles on mange ceux qui ſe trouvent dans les vignes & les pépinieres ; on ne s'en ſert gueres que ſur la fin de l'hyver & au printemps ; car du moment où les vignes commencent à bourgeonner, on n'en uſe plus.

Limaçons (*Maniere d'apprêter les*) Il faut les laver trois fois dans l'eau froide pour en ôter la mucoſité ; on les fait bouillir enſuite dans deux ou trois eaux différentes, afin de ramollir leur chair qui eſt fort compacte : on les farine enſuite, & on les fait frire. D'autres les mettent en pâté avec force aſſaiſonnement.

Limaçons. (*Autre maniere d'accommoder les*) Faites-les bouillir dans leurs coquilles ; tirez-les enſuite de l'eau dans laquelle ils ont bouilli, & de leurs coquilles avec une fourchette. Jettez-les dans l'eau fraîche ; levez les coquilles, & mettez dans chaque du beurre manié de fines herbes avec ſel & poivre ; remettez-y les limaçons ; couvrez du même beurre ; faites rôtir ſur de la braiſe bien allumée.

OBSERVATION MÉDECINALE.

Les limaçons de vigne, car ce ſont les ſeuls dont l'uſage puiſſe être permis, ne conviennent qu'à ceux qui ont beſoin d'une diète mucilagineuſe & gluante, ou à des eſtomacs qui digerent tout ; encore le fréquent uſage leur pourroit nuire, parce que la chair en eſt pefante, & difficile à digérer ; mais s'ils ne ſont pas ſains comme aliment, ils peuvent être très-utiles comme médicament ; & l'on en fait des bouillons qui ſont fort propres pour adoucir les âcretés qui irritent la poitrine, pour épaiſſir les humeurs trop exaltées, & pour procurer le sommeil à ceux qui sont travaillés d'insomnies habituelles.

LIMANDE : poisson de mer. On en distingue de trois sortes ; la *limande* proprement dite ; le *flez* & le *flerelet*. Ce poisson est froid & pituiteux ; mais il est des préparations qui corrigent en partie ses mauvaises qualités.

Limandes à la bourgeoise entre deux plats. Mettez du beurre fin dans un plat, avec du persil, ciboules & champignons hachés, sel & poivre, ensuite vos limandes, & même assaisonnement dessus que dessous : couvrez d'un autre plat, & faites cuire à petit feu. Servez à courte sauce, avec un filet de verjus.

Limandes (*Autre maniere d'apprêter les*) *à la bourgeoise.* Apprêtez comme dessus : panez-les, & les faites cuire au four ou sous un couvercle de tourtiere.

Limandes en casserole. Passez-les au blanc à la casserole ; joignez-y un peu de vin blanc, champignons, sel & poivre, fines herbes : faites mitonner. Dressez-les, & autour les Champignons, ou garnissez de champignons frits.

Limandes frites. Essuyez ; farinez ; faites frire dans une friture bien chaude, à feu clair, & ne les laissez point languir sur le feu, sans quoi elles deviendroient mollasses. Servez-les à sec sur une serviette pour rôt. On les sert pour entrée, en y mettant une sauce aux capres & aux anchois, ou une sauce à l'huile ; en gras, une sauce hachée, ou quelque ragoût, comme de ris de veau & de champignons.

Limandes grillées. Faites les mariner avec huile, sel & poivre, persil & ciboules entieres ; faites griller ensuite, en les arrosant de leur marinade, & servez avec telle sauce que vous jugerez à propos.

OBSERVATION MÉDECINALE.

La limande fraîche & bien cuite, est un aliment délicat, très-léger, facile à digérer, sain, incapable de nuire à personne. C'est un des aliments qu'on doit donner aux convalescents, & à ceux qui ne peuvent pas digérer la viande.

LIMON : ce fruit a un si grand rapport avec le cedrat, le citron & le poncire, qu'il n'y a point de différence dans la maniere de les confire. (*Voyez Cedrat, Poncire, Citron.*)

Limon. (*Syrop de*) On coupe les zestes de ce fruit ; on les fait bouillir dans de l'eau, & on passe cette décoction par le tamis ; ensuite il faut faire un syrop à cassé, c'est-à-dire, prêt à se cryftalli-fer, ou candir avec l'eau où vous aurez fait bouillir vos zestes ; & pendant le temps que votre syrop cuira, vous presserez vos limons, pour en tirer le jus ; & quand vous les aurez pressés, vous passe-rez le jus à la chausse, pour le clarifier ; & lorf-que votre syrop sera fait, comme nous avons dit, vous le tirerez du feu ; vous mettrez votre jus dans le syrop, en le verfant doucement, & vous re-muerez le syrop : quand tout le jus sera versé, & suffisamment remué, vous le laisserez refroidir, pour le mettre en bouteilles : c'est ainsi que se fait le syrop de limons ; & si, ayant besoin de faire ce syrop, vous ne trouvez pas de limons, vous emploierez des citrons à leur place, en obfervant exactement tout ce que nous venons de dire du degré de ma-turité ; & pour la façon de le faire, vous obferve-rez de ne mettre le jus dans le syrop, qu'après la cuisson ; & vous ne le ferez plus bouillir, quand vous l'aurez mis, parce que cette petite pointe d'ai-gre, qui fait la meilleure partie de son mérite, se difsiperoit ; & votre syrop ne vaudroit plus rien. Si vous voulez faire quatre pintes de syrop de limon, vous ferez votre décoction, comme pour le syrop de capilaire ; vous mettrez les zestes du fruit, avec quatre pintes & chopine d'eau, sept livres de sucre ; & votre syrop étant prêt à cassé, vous mettrez une pinte de jus de limon ou de citron ; mais la quan-tité des limons ou des citrons n'est pas bornée, parce qu'un fruit rend d'ordinaire plus ou moins qu'un autre.

OBSERVATION MÉDECINALE.

Le suc du limon est rafraîchissant, apéritif, calmant, propre à prévenir ou corriger la putréfaction des humeurs, dont l'usage convient à ceux qui ont une ardeur interne, de l'agitation, de l'insomnie; qui sont sujets aux maladies bilieuses, aux fièvres putrides; mais il faut en user avec modération; car son acide causeroit des coliques très-vives, & épaissiroit trop la bile.

LOCHE : petit poisson de la taille de l'éperlan, fort délicat, & qui s'apprête comme l'éperlan. (Voyez *Eperlan.*)

LONGE DE BEUF : c'est la partie qui est depuis les aloyaux jusqu'à la cuisse, qui comprend le *flanchet* & *la piéce parée.*

Longe de veau: c'est la même partie; mais elle comprend la cuisse & le rognon qui est attaché aux vertébres lombaires.

Longe de veau à la braise. Faites refaire, & piquez-la de gros lard assaisonné; garnissez une casserole ovale, comme pour une braise; placez dessus la longe, & assaisonnez dessus comme dessous; couvrez & faites cuire entre deux feux : étant cuite, faites-la égoutter, & la servez avec un ragoût de ris de veau, crêtes & champignons, truffes & mousserons pour grosse entrée. On la sert aussi avec un ragoût de concombres. (Voyez *aux articles respectifs la maniere de faire ces ragoûts.*)

Longe de veau à la broche. Faites-la cuire bien enveloppée de papier; servez dessous une poivrade, ou pour le mieux, piquez la de petit lard, faites cuire de même, & servez avec la sauce susdite.

Longe de veau à la Gascogne. Faites blanchir, lardez de gros lard & jambon : assaisonnez; faites mariner comme dessus; mais que l'ail domine dans la marinade; retirez ensuite, & essuyez; finissez comme celle à la Sainte-Menehould.

Longe de veau à la maréchale. Lardez-la de gros

lardons ; affaisonnez de sel & poivre ; faites-la cuire à la broche. Quand elle sera presque cuite , mettez-la dans une casserole avec de bon bouillon , verre de vin blanc , bouquet de fines herbes , champignons ; ajoûtez-y le dégoût de la longe , & farine frite. Laissez mitonner le tout jusqu'à ce que la sauce soit courte, & servez-la pour grosse entrée , qu'on garnit , ou de persil frit, ou de marinades de poulets.

Longe de veau à la Sainte - Menehould. Faites-la blanchir & la lardez de gros lard , & faites mariner dix ou douze heures dans une Sainte-Menehould ; faites-la cuire avec un gros morceau de beurre manié de farine, sel & poivre , girofle , ail , oignons en tranches, persil & ciboules ; faites chauffer cette Sainte-Menehould en la tournant , pour que la farine ne fasse point de grumeaux ; laissez-la refroidir ensuite , & y mettez la longe ; retirez-la ensuite & l'essuyez, & faites cuire à la broche , bien enveloppée de bardes de lard & de papier. Etant cuite , servez avec une sauce piquante.

Longe (demi) de veau au court-bouillon. Enveloppez-la d'une serviette, & la faites cuire dans un court-bouillon bien nourri & bien assaisonné ; & servez garni de croûtons ou de persil frit.

Longe de veau marinée. Faites refaire , & la mettez dans un vase assez grand, avec sel, poivre , tranches de citron, d'oignons , ciboules entieres , laurier & du vinaigre suffisamment, & l'y laissez trois ou quatre heures. Essuyez & lardez ensuite de gros lard & jambon ; enveloppez de bardes de lard & de papier ; mettez à la broche ; mettez la marinade dans la léchefrite, avec une livre de beurre ; arrosez-en votre longe de temps à autre , pendant la cuisson. Etant cuite , ôtez lard & papier ; panez-la; faites-lui prendre une belle couleur ; servez ensuite avec une essence de jambon pour grosse entrée , de côtelettes de veau frites , ou en fricandeaux.

LOTTE : poisson d'eau douce qui ressemble à la lamproie, gras & délicat, qui s'apprête comme l'anguille , & de plusieurs autres façons.

Lottes à la bourgeoise. Faites dégorger ; ôtez les foies, & faites cuire les lottes avec demi-bouteille de vin blanc, oignons en tranches, perfil, ciboules thym, laurier, bafilic, fel & poivre, girofle, demi-feptier d'eau & du beurre. Quand elles font cuites, dreffez-les, & leur faites une fauce avec beurre, une pincée de farine, un filet de vinaigre, une cuillerée d'eau, fel & gros poivre, mufcade, anchois hachés, pincée de capres entieres. Faites lier fans bouillir, & fervez les lottes.

Lottes en compôte. Prenez un ris de veau blanchi, champignons & truffes, tranches de jambon, bouquet de perfil, ciboules, demi-feuille de laurier, trois cloux, beurre ; paffez le tout avec une pincée de farine, & mouillez d'une cuillerée de réduction & coulis ; faites cuire à petit feu, & dégraiffez. Quand le ragoût eft à moitié cuit, fervez vos lottes fans ôter les foies, & les mettez dans le ragoût ; dreffez-les, étant cuites, avec un jus de citron, le ragoût entr'elles.

Lottes frites. Lavez, vuidez, & remettez les foies dans les lottes, faites-les mariner avec eau, vinaigre & fel ; égouttez-les, & les farinez ; faites frire, & fervez à fec fur une ferviette.

Lottes glacées au lard. Lavez-les, & leur laiffez les foies ; piquez-les d'un côté avec petit lard coupé en dez, une livre de rouelle de veau que vous ferez fuer dans une cafferolle ; mouillez de bouillon ; faites cuire, & paffez ce jus au tamis ; mettez-y cuire les lottes avec bouquet & tranches de jambon, & les faites glacer comme un fricandeau ; finiffez de même, & fervez avec un jus de citron.

Lottes à l'Italienne. Lavez & vuidez ; laiffez les foies, & faites frire à l'huile, & fervez avec la fauce qui fuit. Mettez dans une cafferole la moitié d'un panais & d'une carotte, deux oignons en tranches, deux gouffes d'ail, une feuille de laurier, bouquet, trois cloux, & demi-verre d'huile ; mouillez de deux verres de vin de Champagne, bon bouillon maigre, avec une pincée de coriandre ; faites bouil-

lir le tout à petit feu pendant une heure ; paſſez
au tamis ; ajoûtez un anchois & une pincée de capres hachées, ſel & gros poivre ; & ſervez avec
les lottes.

Lottes à la Pruſſienne. Faites ſuer & attacher une
tranche de jambon ; mouillez de deux verres de vin
de Champagne, deux cuillerées, une de réduction,
une de coulis, verre d'huile fine, gouſſe d'ail, bouquet de perſil & ciboules, laurier, oignons en tranches, deux pincées de coriandre ; faites cuire à
petit feu, une heure ; paſſez au tamis ; faites dégorger vos lottes à l'eau bouillante ; eſſuyez, vuidez
& laiſſez les foies ; lavez-les à l'eau fraîche ; eſſuyez
& les faites cuire dans la ſauce, ainſi dégraiſſée ;
aſſaiſonnez de ſel & gros poivre ; ſervez à courte
ſauce.

Lottes à la Romaine. Lavez & laiſſez les foies ;
faites bouillir & écumer une demi-bouteille de vin
de Champagne ; mettez-y vos lottes avec deux cuillerées de coulis de jambon, perſil, ciboules, champignons, truffes, gouſſe d'ail, le tout haché menu,
demi-verre d'huile, ſel & gros poivre ; faites cuire,
& pouſſez le feu pour faire réduire la ſauce ; dégraiſſez-la, & ſervez.

Lottes à la Villeroi. Préparez comme deſſus ;
foncez une caſſerole de tranches de veau & jambon ; faites-les ſuer une demi-heure ; étant moitié
cuites, mettez-y vos lottes, & les couvrez de bardes de lard ; mouillez d'un verre de vin de Champagne ; mettez ſel, poivre, perſil, ciboules, champignons, gouſſe d'ail, tranches de citron, laurier
& beurre frais. Faites cuire le tout à petit feu ; retirez les lottes ; trempez-les dans leur ſauce, & les
panez ; faites-leur prendre couleur au four ; paſſez
leur ſauce au tamis ; dégraiſſez-la ; mettez-y une
cuillerée de coulis ; faites-la réduire, & ſervez ſur
les lottes.

*Lottes au vin de Champagne, entrelaſſées de crê-
tes.* Prenez & échaudez des lottes ; vuidez ; gardez
les foies ; piquez-les de menu lard ; faites-les cuire

dans une bonne braise, avec du vin de Champagne ; faites une glace de rouelle de veau & bouillon ; glacez les lottes. Ayez une bonne essence où vous mettrez un verre de vin de Champagne ; mettez-y des crêtes cuites au blanc ; faites faire quelques bouillons avec les foies des lottes ; servez avec un jus de citron, les crêtes entre les lottes.

Lottes au vin de Champagne, avec un ragoût de leurs foies. Préparez comme dessus : faites suer du veau & du jambon en tranches, sur lequel vous arrangez vos lottes ; mouillez de demi-bouteille de vin de champagne, & faites cuire vos lottes ; retirez-les, & les dressez ensuite ; mettez un bon coulis dans leur sauce ; finissez-la, & la dégraissez ; passez au tamis ; faites-y cuire les foies, & servez avec un jus de citron.

OBSERVATION MÉDECINALE.

La lotte est un manger savoureux, délicat, léger, facile à digérer, que l'on peut permettre à tout le monde.

Fin de la Première Partie.